经略文丛 | 总主编: 唐 杰 李广益

西方殖民帝国

的

崛 起

1492—1914

傅正 著

中国出版集团 东方出版中心

图书在版编目（CIP）数据

西方殖民帝国的崛起：1492—1914 / 傅正著 .

上海：东方出版中心，2024. 9. -- ISBN 978 - 7 - 5473

- 2506 - 3

Ⅰ. K10

中国国家版本馆 CIP 数据核字第 2024TU9685 号

西方殖民帝国的崛起（1492—1914）

著　　者　傅　正
责任编辑　万　骏
装帧设计　钟　颖

出 版 人　陈义望
出版发行　东方出版中心
地　　址　上海市仙霞路345号
邮政编码　200336
电　　话　021-62417400
印 刷 者　山东韵杰文化科技有限公司

开　　本　890mm×1240mm　1/32
印　　张　18.125
字　　数　312千字
版　　次　2024年11月第1版
印　　次　2024年11月第1次印刷
定　　价　88.00元

经略文丛

总主编

唐　杰　李广益

主办单位

重庆大学经略研究院

北京大学国家法治战略研究院

编委会

总序

想象下一个五百年

丛书编委会

2004 年 7 月，美国哲学家理查德·罗蒂（Richard Rorty），在复旦大学与师生座谈，主题是"哲学家的展望：2050 年的中国、美国与世界"。他指出：后现代主义是没有希望的，马克思主义才是真正的出路，此为其一；"9·11"之后，美国作为一个衰落中的帝国将会很危险，而上升中的中国会因此与美国有所竞争和摩擦，此为其二；2050 年的中国将跻身世界的引领者，尽管现在的中国人还意识不到这一点，此为其三；中国的知识分子，你们应该先知先觉，应该关心世界和人类命运这样的头等大事，此为其四。

自那以来的二十年间，尤其是在 2008 年北京奥运等一系列标志性历史事件之后，"经略"（Βουλεύομεν）学人伴随着"中国式现代化"的宏大历史进程成长起来。后者在推动中华文明自我更新、走向全面复兴的同时，也在为人类文明的发展不断打开着新的可能性与典范。事实上，一种人类文明的新形态正在形成。"中国式现代化"这一宏大的历史进程一再向世界表明，新的道路是可能的、实践是多样的、未来是生机勃勃的，因此理论绝不能是灰色的。实在历史的纷乘交迫催促着精神的历史浴火重生，历史理性的内在必然性期待着学术思想担当其反省着的自我意识。

过去五百年世界格局所造就的生存处境，向近代以来的几代学人持续提出困扰性的课题："何为中国、中国何为？"今天，这一悠久的文明共同体正在以新的姿态再度焕发其青春的生命，与此同时"百年未有之大变局"激荡正酣，国际力量对比此消彼长、科学技术发展日新月异、思想话语形态交锋演化，人类的生产生活和交往方式都在深刻调整。新的历史视域、新的精神地平线，正在激励和召唤着新一代学人，从更宽广的历史视野去理解"中国与世界"，去自觉想象下一个五百年。

归根结底，大变革的时代，一定是学术思想蓬勃发展的时代，新的知识范式和思想方法正在交流碰撞中广泛孕育、风起云涌而来。突破旧世界、旧秩序及其观念，展望新世界、新未来，这不仅是当代中国学人的历史任务，也日益契合世界人民的思想需求。中国的人文社会科学必须直面正在发生的全球性变局，通变古今、融贯中西，敢于想象、敢于创造、引领潮流。

思想的力量，奠基于学术思想共同体中的相互砥砺。为此，重庆大学经略研究院、北京大学国家法治战略研究院，共同策划这套经略文丛。我们以"走向新世界"为愿景，鼓励学者从"人类命运共同体"的高度，吸纳转换新之又新的中国经验、因应和阐释日益变化的世界现实，纵论世界秩序演变的秘密和逻辑，展望新世界、新可能性，探寻更为有效、能与实践形成对话的知识、话语和理念，在面向人类未来的向度上，作出必要的思想梳理和思想筹划。

建基于深邃的过去，展望光明的未来，领悟和担当时代的思想课题，在精神历史的连续性中前赴后继，这正是经略学人的思想事业所处的"位置"和所寻求的"意义"。呈现在读者面前的这套丛书，是我们用概念和话语去把握历史真理、去关心世界和人类命运的尝试，它们肯定有诸多不足，期待来自读者的不吝指正和探讨交流。

与我的妻子洋云共勉

自　序

　　我写作本书的初衷，是普及近代西方殖民主义的缺德事迹，但我又不甘心仅止于揭示西方殖民主义者那些耸人听闻的罪行，毕竟**从这些罪行出发，思考现代世界的形成**，才是更重要的事情。

　　因此我在本书正文之前加了一份"序篇"，又在正文之后加了一份"终篇"，并在每篇末尾设有专章"余论"，用以提升全书的学术格调。倘若诸君觉得无聊，大可略去不读。

　　2006 年 11 月，中央电视台曾经播出过一部十二集纪录片《大国崛起》。它介绍了葡萄牙、西班牙、荷兰、英国、法国、德国、日本、俄罗斯、美国九个国家相继崛起的过程，并总结了国家崛起的历史规律。

　　《大国崛起》一经播出就受到了社会各界的重视。许多大中学校的历史课将《大国崛起》作为教学辅助材料，许多历史老师会布置学生课后观看这部纪录片，以观后感作为课程作业，计入平时成绩。应当说，《大国崛起》是非常成功的，在十几年后的今天，这部电视剧仍然得到了广泛的关注。

然而另一方面，随着大量西方历史学和传记文学作品在近十年间被大量译介，随着自媒体行业的迅猛发展，今天广大人民群众对于西方历史文化的了解程度较之 2006 年已不可同日而语。《大国崛起》的内容已经不能完全满足人们对于近代西方列强崛起的探索需求了。

比如纪录片的第一集"海洋时代"就热情洋溢地讴歌了葡萄牙的"航海先驱"恩里克王子：

> 恩里克出身在 1394 年，是葡萄牙国王若昂一世的第三个儿子。当时的欧洲正从蒙昧的中世纪走出，发轫于意大利的文艺复兴，如星星之火逐步燎原，科学和人文的思想一点一点地照亮了欧洲的天空。就在恩里克王子 12 岁的时候，1406 年，一本尘封了 1 200 多年的书籍的出版引发了一场地理知识和观念的革命。这就是古希腊天文学家托勒密的著作《地理学指南》。

这段解说词反映了《大国崛起》的基本历史观和叙述逻辑：文艺复兴、启蒙运动或科学精神照耀了欧洲，欧洲在这些新思想、新文化的武装下，迅速摆脱中世纪落后蒙昧的面貌，开启了卓越的现代化道路。

这样的结论当然很正确，对于文艺复兴和思想启蒙的赞扬直到今天似乎仍不过时。但它不是唯一的答案。对于西方大国崛起原因的探索，不应该仅仅停留在这个层面上。

长期以来，我们在理解西方现代化道路时，总是带有一些唯意志论的色彩，会把思想因素看成一切问题的先决条件。思想一下子解放了，剩下的问题就不再是问题了。《大国崛起》显然奉行了这样的逻辑。但问题是思想是怎么解放的呢？文艺复兴和启蒙运动为什么会在西方中世纪晚期或近代早期突然出现？

于是有些人就会强调，这是因为西方很早就奠定了宪政民主和保护私有产权的制度基础。这一下子就掉进了同义反复的怪圈：科学精神产生了宪政民主和私有产权，宪政民主和私有产权又产生了科学精神，这就好比追问"鸡生蛋"还是"蛋生鸡"。对此，曹文姣博士打过一个绝妙的比方：

　　　　这就好比一个医生对一个重症病人说，治疗他的病症的药方就是健康。这话有喜剧效果，因而可以说有审美价值，但肯定没有科学价值。①

文艺复兴、思想启蒙对于西方近代史的重要意义，诚然不可否认。但把它们当作魔术师的黑箱，仿佛无论什么难题只要扔进这个箱子就可以得到合理的解答。这么做的好处是给我们某些心理上的安慰，让我们有种已经参透历史奥秘的错觉，但它显然远离现实。

我不否认《大国崛起》的思想价值，也许《大国崛起》深刻地符合时代需求。然而历史现象如此纷繁复杂，以至于人们往往很难对它作出单一的评判。同一个历史现象，往往会有多种不同的解释，对于西方崛起之道这种重大的历史问题，尤其如此。马克思在给恩格斯的信中有一句名言："真理是由争论确立的，历史的事实是由矛盾的陈述中清理出来的。"② 对于我们而言，往往需要参照不同的叙事，才有可能逼近大国崛起的历史真相。

基于这样的原则，《大国崛起》中已经提到的史实，本书将不再重复。我们需要讨论一些纪录片中没有提到的史实，

① 曹文姣：《法统抉择与政治妥协：从 1916 年民国约法之争说起》，《政治与法律评论》第 6 辑，北京：法律出版社，2016 年，第 230 页。出于注释精简的考虑，本书以篇为单位，每篇之中第二次及以上引用的书目，一律省略出版信息，只保留责任人、书名和页码。
② 《马克思恩格斯通信集》第 1 卷，李季译，北京：生活·读书·新知三联书店，1957 年，第 567 页。

编织关于"大国崛起"的另外一种叙事，讲述一个个截然不同的西方大国崛起故事。这些故事无关乎光明伟岸的人文主义、启蒙运动。相反，它们充斥着背信弃义、残暴狡诈、血腥杀戮和黑暗恐怖。驱使这些历史现象的原因往往不是理性主义或科学精神，而是狂热的宗教意识形态或蛮不讲理的文明等级观念。西方大国崛起不只有文明进步的一面，它的另一面是殖民地人民的累累白骨。学习西方大国崛起历史的好处，也许正在于提醒我们，这条崛起的道路不是我们可以学习的。

与纪录片《大国崛起》类似，本书分别叙述葡萄牙、西班牙、荷兰、英国、法国、德国、俄罗斯、美国的崛起过程。与纪录片不同的是，**本书并不讲述西方国家"思想解放""追求进步"的"光明历程"，它着重于讲述这八个西方近代列强对殖民地人民巧取豪夺的血腥历史。**

大哲学家黑格尔曾这样描述世界精神及其代理人：

一个"世界历史个人"不会那样有节制地去愿望这样那样事情，他不会有许多顾虑。他毫无顾虑地专心致力于"一个目的"。他们可以不很重视其他伟大的甚或神圣的利益。这种行为当然要招来道德上的非难。但是这样魁伟的身材，在他迈步前进的途中，不免要践踏许多无辜的花草，蹂躏好些东西。①

历史进步的铁蹄"不免要践踏许多无辜的花草，蹂躏好些东西"，黑格尔的说法在今天诚然极端政治不正确，但他多少道出了这样一个真相：**世界现代化进程绝不温情脉脉、充满善意，相反，它蛮不讲理，杀伐无度。**

正因如此，其造就的当代国际政治经济秩序也挥不去强权、欺诈和剥削。**只有了解近代殖民主义的血腥和当代世界体系的不公，我们才能真正体会"民族独立，人民解放"这八个字的千钧之重！**

作为一部通史性读物，本书力图涉及西方近代殖民史上的各个时期，故对各章作如下安排：

序篇梳理**"殖民""帝国"**这两个概念，并探讨**西方近代殖民帝国的特点**及其与**古代殖民帝国的不同之处。**

第一篇介绍西方近代殖民主义的先驱**葡萄牙**和**西班牙**的情况，指出**大航海时代并不启自人文主义和理性精神，相反，它来自极端宗教狂热情绪和对财富的过度贪婪。**通过选取 16 世纪葡萄牙人在亚洲、西班牙人在美洲的个案，我们凸显了近代

①〔德〕黑格尔：《历史哲学》，王造时译，上海书店出版社，2001 年，第 32—33 页。

早期西方殖民者的一般形象。

第二篇介绍 17 世纪来自**新教国家的殖民者**在大西洋沿岸杀人越货、贩卖黑奴的历史。本篇的故事主角是彼时刚刚崛起的**"路德海盗"**和黑奴贩子，目的在于让读者意识到，**所谓"新教资本主义精神"**究竟是如何起源的。

第三篇把目光从美洲、非洲转到亚洲，介绍 17 至 19 世纪的**荷兰**与**英格兰的东印度公司**。尤其是英国东印度公司实现了从**垄断贸易企业**向**殖民地政府**的转变，并最终颠倒了欧亚两洲的贸易格局。

第四篇介绍 **19 世纪西方殖民者**对北非的侵略和对撒哈拉沙漠以南非洲的瓜分。我们试图结合西方殖民者深入非洲腹地的历史，探讨**自由资本主义**向**帝国主义**的转型。

第五篇涉及中亚、北美和东南亚，介绍 19 世纪**沙皇俄国**东进中亚和**美国**西进太平洋。俄国向亚洲腹地的扩张和美国向太平洋的扩张，使得这两个国家的"非欧洲"属性愈发鲜明。相较于欧洲民族国家体系，美俄更具有**"普世"帝国**的特点。

终篇意在回到当下，以哈特、奈格里的《帝国》和埃伦·伍德的《资本的帝国》为例，探讨目前思想界对于资本主义帝国的两种不同解读：**当代资本主义**统治究竟是去国家化的、去中心化的、弥散性的，还是仍以某个**新帝国主义国家**为主导，将世界分割为边缘与中心、依附与被依附的不平等关系？

随着美国霸权的逐步衰落，逆全球化的趋势越来越强劲，世界也越来越呈现**多极化**的格局，某些**19世纪的国际准则**是否会在21世纪得到复活？我相信这同样是我们回顾西方殖民史的意义所在。

我坦承，西方殖民者的罪恶罄竹难书，有关的记录浩如烟海。哪怕一个人再怎么学识渊博，再怎么精力旺盛，都不可能在这辈子里头穷尽西方殖民史的全过程。知识浅薄如我，只是选择一些最典型的案例，做最简要的陈述，管中窥豹，以见西方近代帝国之一斑。如果诸君对某个时期的某个殖民帝国或某次殖民事件感兴趣，可选择阅读水准更高的专题类著作。

书中讹误错漏在所难免，恳请读者诸君原谅！

目 录

序篇　殖民帝国的古今之变　/ 001

第一篇　伊比利亚与大航海时代的开启　/ 037

序章　/ 039

第一章　印度洋上的"香料帝国"　/ 041

第二章　探险家的"浪漫"与残忍　/ 075

第三章　银矿井底的鲜血与呻吟　/ 103

余论：孤岛、宝藏与文明等级　/ 119

第二篇　基督教世界分裂下的大西洋贸易　/ 131

序章　/ 133

第一章　哈布斯堡王朝与基督教世界的分裂　/ 137

第二章　大西洋上的海盗事业　/ 158

第三章　大西洋两岸的贩奴船　/ 170

余论：海盗、国际法与海洋帝国　/ 188

第三篇　东印度公司与殖民贸易的变革　／ 201

序章　／ 203

第一章　一手火枪一手账簿的劫掠者　／ 207

第二章　棉纺织品与欧亚贸易格局的颠倒　／ 225

第三章　拥有官僚和军队的殖民公司　／ 246

余论：海洋帝国的霸权之道　／ 272

第四篇　帝国主义时代的扭曲和癫狂　／ 281

序章　／ 283

第一章　英法魔爪下的北非　／ 289

第二章　瓜分非洲狂潮下的血泪史　／ 321

第三章　布尔战争幕后的大国竞争　／ 356

余论：安全、科学与帝国扩张　／ 390

第五篇　俄国的东进和美国的西进　／ 405

序章　／ 407

第一章　俄国东进中亚　／ 417

第二章　美国的西进运动与印第安的血泪　／ 459

第三章　作为西太平洋国家的美国　／ 486

余论：西进运动、门户开放与冷战的根源　／ 509

终篇　新帝国与新帝国主义　／ 523

参考文献　／ 539

后记　／ 553

序篇

殖民帝国的古今之变

雅典当然是一个帝国，因为它领导了整个提洛同盟；当代美国同样是一个帝国，因为它通过《北大西洋公约》《美日安保条约》《美韩共同防御条约》等军事条约，掌控了一系列同盟体系。

殖民帝国不是西方近代才有的事物，它历史久远，可以上溯到古希腊罗马时期。近代殖民帝国既是古代殖民帝国的延续，又是包含了与古代殖民帝国十分不同的特点。本"导论"意在简要梳理殖民帝国的历史渊源，并对西方近代殖民帝国进行整体素描。

既然本书的主角是西方近代殖民帝国，就需要先解释"**殖民**"与"**帝国**"这两个核心概念。在导论中，我试图解答以下几个问题：一、什么是殖民？近代殖民与古代殖民有哪些异同？二、什么是帝国？西方人理解的帝国与中文语境里的帝国有何不同？三、近代西方殖民帝国有哪些特点？它会如何塑造今天的国际政治经济秩序？

一、古今殖民之异同

"殖民"（colonization）、"殖民地"（colony）源于拉丁文 *colonus*，本意是隶农。隶农既不同于自由民，他们没有土地，人身依附于大地主，又不同于奴隶，他们还受到一定的法律保护，不得被随意拷打，并拥有微薄的财产。*colonus* 会延伸为

"殖民地"，可能跟罗马扩张过程中形成的大地产制有关。这种大地产制是隶农存在的基础。

如果我们把"殖民"视作通过海外移民占有土地的行为，那么西方殖民史的源头可以溯及古希腊。罗马共和国的政治家西塞罗首次用 colonia 翻译古希腊语的"殖民"（ἀποικία）。15 世纪意大利人文主义者洛伦佐·瓦拉（Lorenzo della Valle）承袭了西塞罗的翻译，并逐渐传播到欧洲各地，演化为英语的 colonization。[1]

从广义上说，古希腊文明源于迈锡尼时代，大约从公元前 20 世纪延续至前 12 世纪，主要包括迈锡尼文化、克里特文化及周边其他早期城邦文化。公元前 1200 年至前 1150 年，迈锡尼文明走向灭亡，无论是语言文化还是政治制度、宗教习俗都消失在历史长河之中。

严格意义上的古希腊文明是迈锡尼文明灭亡后的产物。[2]

---

[1] Jean-Paul Descoeudres, "Central Greece on the Eve of the Colonization Movement," in Gocha R. Tsetskhladze, ed., *Greek Colonization: an Account of Greek Colonies and other Settlements Overseas*, vol. 2, Leiden, Boston: Brill, 2008, pp. 290–293，转引自李永斌：《殖民运动与希腊城邦的兴起》，《首都师范大学学报》（社会科学版）2020 年第 4 期，第 32 页。

[2] 也有少数学者认为，迈锡尼文明与古希腊文明并非断裂的，迈锡尼文明影响到了古希腊的社会习俗和生产方式。（参见 Lin Foxhall, "Bronze to Iron: Agricultural Systems and Political Structure in Late Bronze Age and Early Iron Age Greece," in *The Annual of the British School at Athens*, vol.90, Centenary Volume(1995), pp. 239–250；黄洋：《迈锡尼文明、"黑暗时代"与希腊城邦的兴起》，《世界历史》2010 年第 3 期；李永斌：《殖民运动与希腊城邦的兴起》，《首都师范大学学报》（社会科学版）2020 年第 4 期。）即便如此，迈锡尼文明对后来古希腊文明的影响仍然是较为模糊的。

从公元前 12 世纪至前 9 世纪为黑暗时代，从公元前 8 世纪至 5 世纪初为古风时代，从 5 世纪中期至前 4 世纪中叶为古典时代，公元前 4 世纪后期至前 2 世纪中期则为希腊化时代。

古希腊文明诞生伊始就与周边地区的其他文明频繁往来，并深受周边文明的影响。例如切茨赫拉泽（Tsetskhladze）甚至根据考古资料推断，远在公元前 2000 年前后的迈锡尼文明早期，黑海地区的部落就开始在爱琴海地区渗透。[①] 慎重地说，爱琴海地区与周边的交往开始于黑暗时代，可能早至公元前 11 世纪，最初的形式是小规模的海上贸易和抢劫。[②]

现代考古学、人类学、比较语言学和比较神话学研究证明，黑暗时代的爱琴海先民正是在**东方化**的过程中，逐步形成了古希腊文明。例如古希腊语大量借用闪米特词汇，并吸收古代西亚北非的宗教文化、服饰器具和建筑风格。尤其是腓尼基人对古希腊文明影响深远。**古希腊文明实质上是经由殖民、贸易和战争形成的次生文明。**正如英国学者奥斯温·默里（Oswyn Murray）所说：

---

① 参见 G. R. Tsetskhladze, "Greek Penetration of the Black Sea," in G. R. Tsetskhladze and Franco De Angelis eds., *The Archaeology of Greek Colonization*, Oxford: Oxford University School of Archaeology, 2004。

② 参见〔英〕奥斯温·默里：《早期希腊》（第二版），晏绍祥译，上海：上海人民出版社，2008 年，第 62 页。

艺术中的自然主义、宗教上的系统化、字母和文字，希腊人自己几乎都没有意识到，他们到底从东方借鉴了多少。像黑暗时代一样，东方化时期几乎从希腊人的视野中消失了，它需要在现代的研究中得以重新发现。可是，正是在这个短促但富有创造力的世纪，产生了希腊文化，同时也是西方文明许多非常富有特色的方面。[1]

黑暗时代的贸易往来为古风时代的大规模殖民开辟了道路，"早期殖民地许多地址的选定正是取决于从商人那里获得的信息"[2]。在公元前 734 年至公元前 580 年这一个半世纪中达到了高潮，"那里建立的新城市的数量至少可与殖民运动开始前爱琴海地区城市的数量比肩"[3]。

值得强调，与其说爱琴海城邦创造了殖民地，倒毋宁说殖民地创造了爱琴海城邦。不同于本土松散的族群组织，海外殖民地更有凝聚力，更早地形成了民族观念或"希腊性"（Greekness）意识，也更早地建立了城邦结构。[4] 正如顾准先生所论，"海外殖民城市是城邦制度的发源之地"[5]。

---

[1] 默里：《早期希腊》，第 93 页。
[2] 默里：《早期希腊》，第 99 页。
[3] 默里：《早期希腊》，第 94 页。
[4] 参见吴于廑：《希腊城邦的形成和特点》，《历史教学》1957 年第 6 号。
[5] 顾准：《希腊城邦制度——读希腊史笔记》，北京：中国社会科学出版社，1982 年，第 43 页。

不难看出，古代殖民与近代殖民有许多类似的地方，古今殖民有其相似之处。首先，贸易扩张是殖民活动的前提，殖民活动是贸易扩张的延伸；其次，殖民活动最初具有自发性，积累到一定程度才实现政治组织化；再次，殖民者在扩张的过程中，发明了一系列强制手段和政治机构，这些强制手段和政治机构又反过来输入宗主国。

无论是古代西方文明还是近代西方文明，都不是西方独立发展的结果，两者都建立在殖民贸易的前提之上，都有东方化的鲜明烙印。区别只在于古代西方殖民的脚步局限在东地中海和黑海沿岸，他们只把欧亚非三大洲的交界处连成了整体；但近代西方殖民者的脚步遍及世界，他们把全球连为整体，并缔造了世界资本主义体系。

卡尔·施米特（Carl Schmitt）认为："希腊的古代世界诞生于海洋民族的航海和战争活动。"然而古典时代视域中的"海洋"仅仅意味着海湾，它仍然是陆地的延伸。伟大的萨拉米海战是一个象征，对于雅典人而言，海军舰队倒毋宁是"木制长城"，陆地才是其根本。这在罗马与迦太基的战争中表现得更加明显，罗马人习惯"向敌船抛掷木板，以此搭成一座桥梁，然后徒步登上敌船"，古代海战的实质仍然是"在船上进行的陆战"[1]。近代海洋

---

[1] 〔德〕卡尔·施米特：《陆地与海洋——古今之"法"变》，林国基、周敏译，上海：华东师范大学出版社，2006年，第8、14页。

民族的禀赋与古代海洋民族根本不同，他们的本质是"捕鲸人"：

> 这些猎鲸人从地球的北部航行到南部，从南极洲航行到太平洋。永远跟着鲸鱼们的神秘踪迹，这些捕猎者发现了很多岛屿和大陆，但并没有大肆渲染此事。……米歇莱特曾经问过，谁为人类开启了海洋的门户？谁发现了海洋的区划和航线？一言以蔽之：谁发现了地球？鲸和捕鲸人！……米歇莱特继续评论道：这些捕鲸人才是人类勇气的最高代表。如果没有鲸鱼，这些渔民恐怕永远会在海岸流连往返。是鲸将他们引向海洋，并从海岸解放出来。人类借助鲸鱼发现了洋流和北部的航线。是鲸引领着我们。①

施米特的文字中蕴含太多修辞和隐喻，我们把这些话翻译成更加直白的语言：古代海洋活动局限于靠近陆地的港湾，其影响力只能波及本区域内部；近代资本主义则走向了大洋深处，它通过漫长的贸易航线和复杂的海军技术**把原本相对孤立的各大洲文明连成整体**。自此，广袤的大洋不再是隔绝各大洲文明的障碍，也不再是保护弱势民族的屏障。欧洲殖民的范围和烈度

---

① 施米特：《陆地与海洋》，第18—19页。

空前增加了，美洲、亚洲、非洲民族文化的消亡和灭绝速度也大大加快了。

尽管古代帝国总宣称代表某种"普世"主义（the Ecumenicalism），然而这些帝国眼里的世界或天下，终不过是区域而已。第一个真正的世界性帝国是荷兰，它的升级版本是英国，英国的升级版本则迭代为美国。荷兰、英国、美国无一例外都是海洋帝国，它们构成了资本主义自由贸易或金融市场的基本原型。

于是，接下来的问题是**何谓帝国？古今帝国有何不同？**

二、中西"帝国"之别

"帝国"的英文和法文都是 empire，它源于拉丁文 *imperium*，本意是至高无上的权力。法国学者帕特里斯·格尼费（Patrice Gueniffey）和蒂埃里·伦茨（Thierry Lentz）指出：

> 我们大体上可以把帝国定义为一个群体及其政治对其他的一些群体、政治（也许没有）、政权、行政区划、部落、种族、文化进行统治的结果……从更广义上来说，法语中"帝国"（empire）一词起源于拉丁语 *imperium*，意为最高权力，即中世纪的"绝对统治权"（*souverainete parfaite*），拥有这项权力的人能够制定法律，而不受其他

规则的束缚。皇帝即众王之王。①

　　然而"最高权力"或"众王之王"的定义仍旧是不完整的。近代民族国家的主权者，不管他是君主还是全体人民，都享有比古代或中世纪强大得多的统治力，但我们显然不能将之称为"帝国"。

　　时至今日，"帝国"在中文语境里仍然是一个复杂而充满争议的概念。这主要是因为我们习惯的"帝国"含义与empire差异甚大。

　　在中国古代文献中，"帝""国"二字极少连用，偶尔出现的个别案例也与今天理解的"帝国"大异其趣。例如汉代《老子指归》："提挈万物，帝国治民，解情释意，俱及始真。"（卷五"为无为"）这里的"帝"是一个动词，自然与今人之"帝国"毫无干系。又如隋朝王通的《中说》：

　　　　强国战兵，霸国战智，王国战义，帝国战德，皇国战无为。天子而战兵，则王霸之道不抗矣，又焉取帝名乎！故帝制没而名实散矣。②

① 〔法〕帕特里斯·格尼费、蒂埃里·伦茨主编：《帝国的终结》，邓颖平等译，深圳：海天出版社，2018 年，第 2 页。
② 王通著，张沛译注：《中说译注》，上海：上海古籍出版社，2011 年，第141 页。

无疑，王通理解的"帝"特指上古五帝或类似于五帝的君主。王通称，"王泽竭而诸侯仗义矣，帝制衰而天下言利矣"，又称，"帝国战德"。这里的"帝国"不惟不能等同我们常说的"帝国"，甚至跟我们常说的"帝国"截然相反。再如，唐代文豪王勃撰有《江宁吴少府宅饯宴序》，其中写道："遗墟旧壤，数万里之皇城；龙踞虎盘，三百年之帝国。"这里的"国"是与"野"相对之"国"，指的是都邑，而非领土国家。王勃所说的"帝国"即"帝都"。

上述古代文献里的"帝国"不惟与今人之"帝国"截然不同，甚至没有相对固定的含义。显然，"帝国"并不是中国传统政治术语。"帝国"成为固定搭配来自日本的"和制汉语"。1895年1月31日，日本外务大臣陆奥宗光在致清政府和谈代表张荫桓、邵友濂的《日本全权姓名通知书》中使用了这样的抬头："大清帝国钦差全权大臣张荫桓阁下""大清帝国钦差全权大臣邵友濂阁下。"这是"大清帝国"的称谓首次出现于中文文献。显然，日本人称呼"大清帝国"是为了在形式上与"大日本帝国"对等，这被认为体现了西方外交主权平等的文明行为。①

1908年，清政府效法日本颁布《钦定宪法大纲》，宣称"大清皇帝统治大清帝国，万世一系，永永尊戴"，这明显化用

---

① 刘文明：《"大清帝国"概念流变的考察》，《历史研究》2022年第3期，第136页。

自“大日本帝国”的称号。这里的“帝国”仅指**皇帝之国**。后来袁世凯复辟帝制，将“中华民国”改称“中华帝国”，也取“皇帝之国”之义。

根据此义推及以往，“帝国”在中文语境里往往指称**大一统的郡县制王朝**，如秦帝国、汉帝国、隋帝国、唐帝国、明帝国等。权威辞书《辞海》如是定义“帝国”：“通常指以皇帝为最高统治者的君主制国家”“也指某些占有殖民地的帝国主义国家。”[①]

然而这个定义与 empire 有很大的差别。因此我们很难理解为什么西方人会有许多题为《雅典帝国》的著作？为什么西方人反而不把 20 世纪以前的美国称为“帝国”？

拉丁文 *imperium* 所蕴含的“至高权力”“众王之王”，显然不是现代意义上的行政管理权，它毋宁体现为某种臣服与被臣服关系。《兰登书屋辞典》定义“帝国”：“在一位帝王或其他强势君主或政府统治下的多个国家或民族的集合，其版图通常大于王国。”[②] 所谓 empire 指周边不同民族、不同文化臣服于某个权力中心。

根据这个意义，**雅典当然是一个帝国**，因为它领导了整个

① 《辞海》编辑委员会编：《辞海》（缩印本），上海：辞书出版社，1979 年，第 353 页。
② 张世平：《帝国战略：世界历史上的帝国与美国崛起之路》“前言”，北京：解放军出版社，2011 年，第 1 页（前言页）。

提洛同盟；**当代美国同样是一个帝国**，因为它通过《北大西洋公约》《美日安保条约》《美韩共同防御条约》等军事条约，掌控了一系列同盟体系。

依照这个标准，最有资格称"帝国统治"的反倒是周天子，自秦以后的大一统王朝，书同文、车同轨、统一度量衡，推行编户齐民和郡县制，反而不像帝国了。

也许是意识到"帝国"对应 empire 实属比类不伦，严复甚至直接将 empire 音译为"英拜尔"①。钱穆则明确强调："西方人称中国为大清帝国，又称康熙为大帝，西方有帝国，有所谓大帝，中国则从来就没有这样的制度，和这样的思想。而我们却喜欢称大汉帝国乃及秦始皇大帝了。在正名观念下，这些都该谨慎辨别的。"② 尽管以钱穆微弱的西学兴趣，未必会去探究 empire 或 emperor 的真实含义，但这番话本身很在理。

在我看来，中西"帝国"更重要的区别是，近代中国人自称"帝国"，恰恰是他们被迫放弃**"天朝上国"**观念，试图挤进世界民族国家之林的表现，"帝国"在中文语境里完全可以是民族国家的一种形式；然而在西方语境中，帝国即便不与民族国家对立，也至少是**非民族国家的存在**。

---

① 〔英〕亚当·斯密：《原富》，严复译，汪征鲁等主编：《严复全集》第 2 卷，张华荣点校，福州：福建教育出版社，2014 年，第 473 页。
② 钱穆：《中国历代政治得失》，北京：生活·读书·新知三联书店，2001 年，第 161 页。

德国历史学家于尔根·奥斯特哈默（Jurgen Osterhammel）将民族国家与帝国的区分概括为八个方面。

第一，民族国家有明确的国界线，帝国的边界往往是一片模糊的缓冲带。

第二，民族国家强调内部的同质性和不可分割性，帝国的内部则是多元异质的。

第三，民族国家的合法性来自其全体人民，帝国的合法性则来自优越的君主或领导者。

第四，民族国家内部的"公民身份"（citizenship）在形式上是一种权利义务平等、直属国家的普遍身份，帝国内部的不同人群则有明显的等级差异。

第五，民族国家的全体公民共享着同一种文化或身份认同，帝国的文化共性或身份认同则局限于统治阶级或精英阶层。

第六，民族国家将建立文化认同视作为国家的教育义务；帝国虽然也赋有普及王道教化的使命，但这往往只是统治阶级追求荣耀的体现，而不是强制性的国家义务。

第七，民族国家往往建构全民族的共同历史记忆；帝国则不在乎共同的历史记忆，其历史叙事往往只描绘军事征服者的荣耀经历。

第八，民族国家往往强化国家的神圣地理疆域，这片地理疆域专属于本民族，具有鲜明的排他性；帝国的地理疆域则是开放的、变动的，完全可能包容不同的民族。[①]

奥斯特哈默的概括细致详尽，但不免啰嗦繁复。在我看来，帝国与民族国家的区别可以简化为三点。

首先，帝国具有普遍主义的特性，而民族国家则强调其特殊性。

帝国往往强调它的立国精神或价值追求是"放之四海而皆准"的，借用我们中国人的传统术语，帝国往往具有"王道天下"的属性，这是帝国扩张的精神动力。民族国家则致力于强化本民族的特殊性，它往往通过追溯本民族光荣的历史记忆，来培育国家认同，这种历史记忆必须是独特的、专属的，不能与其他民族共享的。尽管民族国家也有可能走上对外扩张的道路，但扩张的理由不是推行普世精神，而是国家安全的需要，是为本民族谋求生存或发展的空间。

其次，帝国采用间接统治的方式，而民族国家则采用直接统治的方式。

一个帝国，比如罗马帝国、阿拉伯帝国、奥斯曼帝国等，在征服新领土后，往往不会干预其原有的社会结构，被征服民族往往只需要宣誓效忠和进贡上税，就可以保留其原有的宗教文化和政治制度。权力中心与被征服臣民只有间接的关系，两

---

① 参见〔德〕于尔根·奥斯特哈默：《世界的演变：19世纪史》（Ⅱ），强朝晖等译，北京：社会科学文献出版社，2016年，第812—814页。

者之间横亘着多个封建中间阶层。民族国家则一方面打破封建中间阶层，建立从国家到人民的垂直管理；另一方面将全体人民视为政治合法性的来源。总之，帝国与基层的关系是间接的，民族国家与基层的关系是直接的。

再次，也是最重要的一点，帝国内部各部分呈现多元性、异质性，而民族国家则强化内部的同一性。

帝国的各个行省或各个属国之间相对独立、互不关联。罗马帝国下辖元老院行省、元首行省、地方行省和附属国等多级机构。各个行省相互独立，没有共同的法律制度和宗教习俗。又如 1550 年的哈布斯堡帝国，其君主既是神圣罗马皇帝查理五世，又是西班牙国王卡洛斯一世，还是尼德兰执政和意大利北部城市的大公。德意志、西班牙、尼德兰和意大利北部相互独立，其纽带仅仅是效忠同一个君主。民族国家则全然不同。尽管民族国家内部也可能存在不同的宗教习俗和行政区划，但同一的国民身份必须超越其他一切宗教或族群身份。

民族国家的同质性与帝国的异质性之区别，可以概括为在民族国家，同一性的国民身份具有绝对优先性；而帝国则不存在同一性的国民身份。世界上有中国人、日本人、法国人、德国人、英国人，却从未有过波斯帝国人、罗马帝国人或阿拉伯帝国人。罗马帝国统治下的日耳曼人还是日耳曼人、埃及人还是埃及人，他们不会有罗马帝国人的共同身份。

通过对比民族国家，我们大体可以理解西方意义上的帝国是什么。那么**古代帝国与现代帝国有何区别呢？**

三、帝国的古今之变

早在 1901 年 10 月，梁启超发表政论《国家思想变迁异同论》，其中这样描述人类历史的演进图式：

> 今日之欧美，则民族主义与民族帝国主义相嬗之时代也。今日之亚洲则帝国主义与民族主义相嬗之时代也。[①]

按照梁氏的逻辑，"帝国主义—民族主义—民族帝国主义"是人类一切重要文明都必须经历的历史三阶段，中西之别仅在于其发展阶段不同而已。彼时欧洲早已迈入民族帝国主义的阶段，中国却仍停留在帝国主义的阶段，"于所谓民族主义者犹未胚胎焉"。中国苟欲立足于世界文明竞争之林，"速养成我所固有之民族主义"，"斯今日我国民所当汲汲者也"[②]。

---

① 梁启超：《国家思想变迁异同论》，汤志钧、汤仁泽编：《梁启超全集》第 2 集，北京：中国人民大学出版社，2018 年，第 324 页。
② 梁启超：《国家思想变迁异同论》，《梁启超全集》第 2 集，第 327 页。

从帝国主义到**民族帝国主义**的历史运动模式频繁见诸当时梁启超的各种文章，是他一再下笔论证的"真理"。在梁启超坚持不懈的宣传下，该历史图式深入人心，成了当年中国留日学生信之不疑的"客观规律"。例如杨毓麟依照梁氏的观点解释帝国主义与民族帝国主义的区别：

> 民族主义之前固已有所谓帝国主义矣，顾其为此主义之原动力者，或出于世主一人之野心，或出于武夫健将一二人之权略，而非以其全国人之思想为发生之基本，非以其全国人之耳目为运动之机关，故其末路往往丧败不可收拾。民族主义变而为民族帝国主义则异是；其为此主义之原动力者，非出于政府一二人之野心也，国民生殖蕃盛之力之所膨胀也，亦非出于武夫健将一二人之权略也，国民工商业发达资本充实之所膨胀也，发生之基本则全国人之思想也，运动之机关则全国人之耳目也。[①]

根据梁、杨等人的解释不难看出，所谓的"帝国主义"指我们今天所说的传统帝国王朝，如波斯帝国、罗马帝国、查理曼帝国等，而"民族帝国主义"倒庶几类于我们今天所说的

[①] 湖南之湖南人：《新湖南》，张枏、王忍之编：《辛亥革命前十年间时论选集》第 1 卷下册，北京：生活·读书·新知三联书店，1978 年，第 623 页。

帝国主义。

从帝国主义演进到民族帝国主义，需要经由民族主义的中介。也许这么说更准确，"帝国主义—民族主义—民族帝国主义"似乎符合辩证法"肯定—否定—否定之否定"的逻辑规律。民族帝国主义像是"正题"帝国主义与"反题"民族主义的"合题"，它既有传统帝国的特点，又有近代民族国家的特点，是**民族国家时代的帝国**。

单从欧洲近代史内部看，**所谓的近代化就是帝国王朝迈向民族国家的进程**。这个转变与其说是人类理性的进步，倒不如说是**战争驱动的结果**。欧洲国家在高度频繁的战争压力下，（1）被迫进行军事技术改革，以制造更先进的武器、使用更先进的战术，而军事技术的进步又推动了其他领域的技术进步和科学发现；（2）被迫扩大财政收入，以维持规模越来越大的战争，而财政需求的扩大又推动了西方政治组织和治理方式的变革。

在中世纪早期，欧洲还不存在我们习以为常的定期缴税，征税总是跟特定事件联系在一起。比如领主被俘后需要赎金、领主儿子受封骑士典礼、领主女儿出嫁婚礼等大事发生时，领主才需要向农民征税。

12 世纪以后，战争攻伐或公共紧急状况的压力下，国王或领主才开始征收新的常态化税种，"最终打开了通向按时间而非事件、永久、每年征税的大门"①。西方学者通过研究英格兰财政史证明，至公元 1200 年前后，英格兰国王已经从完全依靠领地临时性征税的财政体制，发展为一般化的、常态化的且更具有剥削性的财政体制。②

换句话说，欧洲在渐趋频繁的王权或领主权争夺战中，逐步实现了从"领地国家"向"财政国家"的转型。正如菲利普·霍夫曼（Philip T. Hoffman）所说：

> 战争、政治革命和金融创新会使部分但不是全部统治者降低其可变成本。那些能够以低政治成本征集人力、装备的统治者和那些无法以低成本这样做的统治者之间形成越来越大的差距。只要没有出现霸主，强国就会涌现，相互交战，进而在发展火药技术中获得领先。③

类似的过程我们不应该感到陌生，中国早在 2 000 多年前战国时代就已经完成了类似的转型。仅止于此，欧洲还远不能体现出相较于中国的"发达"之处，它离民族国家化还有很长一段

---

① 〔德〕康托洛维茨：《国王的两个身体》，徐震宇译，上海：华东师范大学出版社，2018 年，第 404 页。
② 〔美〕理查德·邦尼：《经济系统与国家财政：现代欧洲财政国家的起源：13—18 世纪》，沈国华主译，上海：上海财经大学出版社，2018 年，第 69 页。
③ 〔美〕菲利普·霍夫曼：《欧洲何以征服世界》，赖希情译，北京：中信出版社，2017，第 138 页。

路要走。

从传统帝国王朝到近代民族国家的巨大转变，乃以两波变革高潮为标志。**第一波来自宗教改革和宗教战争。**

（一）宗教改革与欧洲民族意识的觉醒

须知类似的宗教改革运动或原教旨主义运动在中世纪欧洲屡见不鲜，何以直到马丁·路德才发挥出巨大的社会影响力呢？其中一个很重要的因素是造纸术的普及和活字印刷术的出现。

1517 年，路德把他反对赎罪券的《九十五条论纲》钉在威登堡（Wittenburg）教堂门口。令路德始料未及的是，出版机构捕获了这一商机，通过活字印刷术批量复制，并大加售卖。几天以后，路德惊讶地发现，周围的人竟然都在阅读这份文件。

在宗教改革的作用下，《圣经》等宗教文献开始用民族语言书写，并最终代替了大公教会的语言——拉丁文。从 1520 年到 1540 年的 20 年时间，德文书出版的数量是 1500 年到 1520 年这段时期所出版的三倍之多。这是由路德扮演绝对核心角色的一个惊人转型。在 1518 年到 1525 年之间售出的所有德文书籍中，他的作品不下三分之一。从 1522 年到 1546 年，总共出现了 430 种（全部或局部的）路德《圣经》译本的版本。[①]

---

① 参见〔美〕本尼迪克特·安德森：《想像的共同体——民族主义的起源与散布》（增订版），吴叡人译，上海：上海人民出版社，2011 年，第 40 页。

更具有象征性的例子出现在 1521 年 4 月 18 日的晚上，路德受邀参加沃尔姆斯（Worms）会议，他在辩词中说道：

> （想让我认错）除非从《圣经》中找到明证，或者有其他清晰明了的理由（我不相信教皇和议会，众所周知，他们常常犯错、自相矛盾），我只相信我所引用的圣言，我的良知都出于上帝之道。

次日，神圣罗马帝国皇帝查理五世发布声明，强硬地回击路德：

> 我们是血统尊贵之人，代表着声誉卓著的德意志邦国，特权和重任赋予我们"天主教信仰的守护者"的称号，如果我们的时代，异端和疑似异端的思想因为我们的忽视扎根于我们身后的人民和继承人心中，那将是莫大的耻辱。①

讽刺的是，德意志皇帝是在用高贵的法语强调自己的正统地位，反而是身为"异端"的路德在用德语维护他的立场。对

---

① 上述两段引文，皆转引自〔美〕尤金·赖斯、〔美〕安东尼·格拉夫顿：《现代欧洲史·卷一：早期现代欧洲的建立 1460—1559》，安妮、陈曦译，北京：中信出版社，2016 年，第 284 页。

此，西方学者评论道："查理用法语发表了这番讲话，这提醒人们德意志国王是位外邦人。……路德革命运动中表现出的德意志文化民族主义和宗教民族主义，对他而言是完全陌生的。"①

宗教改革的直接后果是残酷的三十年战争，而三十年战争的政治结果就是《威斯特伐利亚和约》。该和约划分了新教与天主教的势力范围，并逐步形成了**教随国定**的原则，为近代欧洲主权国家的形成奠定了基础。施米特便将此视为欧洲公法的起源：

> 从 16 和 17 世纪的教派内战中产生了 *jus publicum Europaeum*【欧洲公法】。欧洲公法开始之时有一条敌视神学家的口号，这就是现代国际法的一个奠基人向神学家提出的保持沉默的要求：*Silete, theology, in munere alieno*【闭嘴，神学家，不要谈不相干的事】！②

简言之，**国家理由**（state reason）代替了**宗教理由**，成为战争

① 赖斯、格拉夫顿：《现代欧洲史·卷一：早期现代欧洲的建立 1460—1559》，第 284 页。
② 〔德〕卡尔·施米特：《从图圄获救》，朱雁冰译，载《论断与概念：在与魏玛、日内瓦、凡尔赛的斗争中（1923—1939）》，上海：上海人民出版社，2006 年，第 358 页。

的依据和目的。不过需要强调，这时的主权国家还不能等同于我们熟知的民族国家，它仍属于旧式王朝的范畴。

希顿-沃森（Hugh Seton-Watson）提醒我们：

> "主权国家"与"民族国家"两个概念不能互换。许多著名的历史学家，特别是英国和美国的历史学家常常犯下不可饶恕的错误，当然这两个概念常常互换使用。苏格兰、荷兰、卡斯蒂利亚和瑞典不仅成为主权国家而且还成为民族国家。然而，这种情况并不适用于西班牙王国，也不适用于数目众多的欧洲公国（其中有些公国长期拥有有效的国家主权、相当大的权力和影响）。[1]

事实上，18世纪欧洲大陆的主要战争，例如西班牙王位继承战争、奥地利王位继承战争和七年战争都很难说是民族的战争。交战双方争夺的对象既不是民族利益，也不是宗教信仰，而是王位继承权。王位继承权仅限于极少数贵族精英，而无关乎普通国民，它标识的是出身高贵的血统，而不是持有不同语言、习惯不同风俗的各国普罗大众。

总而言之，宗教改革和宗教战争只孕育了**欧洲近代民族意**

---

[1]〔英〕休·希顿-沃森：《民族与国家——对民族起源与民族主义政治的探讨》，吴洪英、黄群译，北京：中央民族大学出版社，2009年，第21页。

识的觉醒，而不是**民族国家的建立**。它使欧洲人脱离了罗马天主教的束缚，具有了**民族身份**，但它没能够使欧洲人脱离**封建层级的束缚**，并获得形式上平等的**国民身份**。正如希顿－沃森所说：

> 封建君主制妨碍了主权国家和民族意识的产生。这是当时君主制的普遍趋势。它们往往将庞大疆域的控制权分配给多位继承人，从而使庞大的政治权力中心出现分裂，延缓了国家的建立与民族的形成。①

欧洲民族国家的出现需要战胜两个对手：第一个是大公教会，宗教改革和宗教战争已经实现了这个目标；第二个是封建层级关系，战胜这个对手需要**以法国大革命、拿破仑战争和1848年革命为标志的第二波变革高潮**。

（二）法国大革命、1848年革命与民族国家的形成

法国大革命打碎了横亘在君主与臣民之间的"**中间阶层**"，创造了欧洲近代意义上的"**全民动员体制**"。拿破仑战争则建立"起另一套**中央控制**"，使得国家与人民之间的垂直关系代

---

① 希顿－沃森：《民族与国家》，第22—23页。

替了"国王—领主—臣民"的封建层级关系，并将这种新体制传播到中西欧的广大地区。①

对此，梁启超早在 120 多年前就明确指出，法国大革命是"民族主义飞跃之时代"，"其《人权宣言书》曰：凡以已意欲栖息于同一法律之下之国民，不得由外国人管辖之。又，其国之全体，乃至一部分，不可被分割于外国。盖国民者，独立而不可解者也云云"②。从法理上讲，法国大革命缔造了"**人民主权**"原则，只有当人民作为一个整体，代替君主成为主权者时，法国才是法国人的法国，德国才是德国人的德国，才会有**现代主权不可分割**的原则。

无疑，仅凭法国大革命，民族国家这个新生事物仍然是脆弱的。平民造反、血统低贱的拿破仑居然登堂入室，这些"惨痛的教训"不可能不引发欧洲旧势力的疯狂反扑。代表性事件就是 1815 年 3 月 25 日的《维也纳条约》。经由这份条约，英国汉诺威王朝、俄国罗曼诺夫王朝、普鲁士霍亨索伦王朝、奥地利哈布斯堡王朝，连同复辟的法国波旁王朝共同创立了维也纳体系。该体系的根本任务是预防法国大革命和拿破仑帝国的重演，正如殷之光所论，"作为一种欧洲保守主义政治的创造

---

① 〔美〕查尔斯·蒂利：《强制、资本和欧洲国家（公元 990—1992 年）》，魏洪钟译，上海：上海人民出版社，2007 年，第 119、121 页。
② 梁启超：《国家思想变迁异同论》，《梁启超全集》第 2 集，第 324 页。

物，维也纳体系几乎像是一场绝对主义（Absolutism）国家在欧洲国际层面上进行的集体复辟。……是欧洲国家在大革命之后寻找到的自卫机制"①。

这里的"绝对主义"不是确立现代民族国家的主权原则，而是重申以血统联姻关系为纽带的欧洲王室"**正统主义**"原则。简言之，《维也纳条约》的实质是老式"正统主义"原则的复辟。真正将其彻底扫进历史垃圾堆的转折性事件是1848年革命。

尽管工人阶级在这场革命中登上了历史舞台，尽管马克思在革命之初就号召"全世界无产者，联合起来"②，但无可否认，1848年革命首先是一场**民族主义革命**，是欧洲的"**民族之春**"③。经由这场革命，一方面，普鲁士、撒丁王国不得不宣布立宪，以扩大国王的民意基础，而参与政治的民意代表又促使这些王国把统一德意志、意大利的任务提上议事日程；另一方面，奥地利同样面临宪政改革的巨大压力，但其结果却是皇

---

① 殷之光：《多种普遍性的世界时刻：19世纪的全球史读法》，章永乐：《万国竞争——康有为与维也纳体系的衰变》"序言二"，北京：商务印书馆，2017年，第22页（序言页）。
② 一般认为，1848年革命的起点是2月22日的巴黎人民起义，而2月21日，《共产党宣言》在伦敦第一次以单行本问世，24日正式出版。《共产党宣言》的出版和1848年革命的爆发正好同步。
③ 参见〔美〕迈克·拉波特：《1848：革命之年》，郭东波、杜利敏译，上海：上海社会科学院出版社，2019年，第126页。

帝弗朗茨·约瑟夫一世（Franz Joseph I，1830—1916）不得不扩大境内各个民族的自治权。简言之，在民族主义革命浪潮的推动下，一方面新兴民族国家越来越凝聚，另一方面传统帝国越来越分裂。

从表面上看，维也纳体系存续了整整一百年（从1815至1914年），但其内部的作用机制却发生了根本性的变化。维也纳体系建立之初，欧洲事务的协调仍然有赖于各大王室之间的联姻关系。但到了19世纪后期，"正统主义"联姻关系的政治作用却迅速下降，维也纳体系表面上仍然维持着它的效力，但其内部机制却已经变成了民族国家实力之间的恐怖平衡。简言之，**民族国家之间的均势原则取代了传统王朝之间的联姻原则**，成了维系维也纳体系的基石。

也许血统联姻基础之上的王朝协调关系仍然是"温情脉脉的"，毕竟国家间的纠纷可以化约为亲戚之间的家族内部纠纷；实力均衡之间的国家协调关系则无疑是残酷冰冷的。19世纪后期，尤其是德国统一以后，欧洲列强之间都在避免战争，却都在竭尽所能地为下一场大规模战争作准备。水面上风平浪静，水面下暗流汹涌。**国家安全**由此代替了宗教、财富和野心，成为衡量欧洲国际关系的首要标准。

为了维护国家安全，就需要做好战争准备。为了做好战争准备，就需要建立完善的军事动员体制和军工生产体制。为了建立完善的军事动员体制和军工生产体制，就需要发达的工业生产能力。为了发达的工业生产能力，就需要高素质的劳动力人口。为了高素质的劳动力人口，就需要进行社会改革，掌控全体国民的出生率、死亡率、健康程度和受教育程度。一种新型的"**生命政治**"（Bio-Politics）出现在欧洲舞台上，它关注的不是政治有机体之下的个别生命，而是掌控个别生命的政治有机体。

正是在这个背景之下，一方面，欧洲产生了现代意义上的人口普查，产生了现代治理技术，产生了行政学、行政管理学和行政法学，以量化统计和数学分析为主要内容的实证主义成为学术研究的主要范式；另一方面，国家往往被视为**生命有机体**，它始终处于达尔文主义式的生存竞争之中，为了赢得生存竞争，**国家有机体**需要更充足的养料和更宽阔的空间。欧洲太狭小了，提供不了充足的养料和空间，养料和空间必须到欧洲以外的世界去寻找。

（三）民族帝国主义的实质

1871 年，德意志帝国建立，深刻地变更了欧洲政治版图，大大强化了欧洲国家间的竞争。几乎与此同时，欧洲列强开始疯狂地扩张海外殖民地。过去的欧洲殖民主义是为了尽可能地攫取贸易财富，除了拉丁美洲以外，欧洲殖民者大多局限在争夺亚洲和非洲的沿海据点和金银矿产地。从这时起，欧洲殖民主义迅速深入亚洲和非洲的大陆腹地，很快将整个世界瓜分殆尽。

如此疯狂地扩张殖民地，对于欧洲列强带来的经济收益是非常可疑的。因为亚洲和非洲的大陆腹地远离海上贸易交通线，其地理条件和民族宗教都异常复杂，投入和预期收益不成比例。欧洲帝国主义瓜分世界的主要动机与其说是经济，毋宁说是**安全**；它**不以市场贸易为导向**，而是**以国家政治为导向**。我们在理解"帝国主义瓜分世界狂潮"时，切不可陷入"经济决定论"的窠臼。

一方面，在欧洲内部，民族国家得以确立并不断强化，欧洲民族国家间的竞争愈演愈烈；另一方面，在欧洲以外，几个主要民族国家又在尽可能地扩充殖民地，为迟早将要到来的大规模战争作准备。欧洲列强一边在国内推动社会改革，清扫封建残余；一边在殖民地维系封建制度。

显然，在殖民地废除封建关系、推动社会改革，需要花费大量人力、物力和时间，这会大大延缓吞并新殖民地的脚步。为了尽快扩张，欧洲列强来不及深入海外属地的社会基层，它们只在乎那里的矿产、税收和军事地理。这种任意妄为的情况在非洲大陆达到了登峰造极的地步，欧洲大国的外交官们在会议室里，用铅笔分割了非洲地图，全然不顾当地的民族构成和宗教风俗。这给独立以后的非洲各国造成了无休无止的纷争：

一个民族又往往分布在多个国家，而一个国家往往上百个民族、几十种语言，使非洲国家难以形成统一的国内市场和行政管理。

欧洲本土的现代化与海外殖民地的封建性，构成了近代西方帝国主义的双重属性。因此，梁启超当年使用的"民族帝国主义"概念格外恰如其分——它充分体现了近代帝国主义的两重性：**在欧洲本土是民族国家，在欧洲以外是传统帝国**；在欧洲本土建立国家与人民的垂直关系，在欧洲以外维持封建等级体系；在欧洲本土强化同一性的国民身份，在欧洲以外维持旧帝国的多元异质。这一内一外，区分出了所谓的**"文明世界"**和**"非文明世界"**。

我始终认为，"民族帝国主义"的概念仍应得到今天学术界的重视，它比"帝国主义"的简单称呼更能够概括19世纪后期的欧洲殖民帝国。无疑，近代的民族帝国主义不同于古代帝国主义的地方，不在于欧洲以外，而在于欧洲以内。欧洲内部的民族国家化，扫除了旧帝国王朝的桎梏，赋予了欧洲人民现代的物质条件和政治权利。

反过来说，民族帝国主义与古代帝国主义的相同之处，则在于欧洲以外，而不在欧洲以内。仅从欧洲列强在亚洲和非洲的殖民地来看，它们跟古代帝国没有什么本质不同。非要说有什么区别的话，也只是近代帝国更暴力、更血腥，其剥削和压榨的艺术更高效而已。

一言以蔽之，欧洲民族帝国主义清理了自身的封建帝国残留，却把封建帝国遗产丢给了亚非拉人民继承。因此我们不难得出结论，殖民主义的历史绝不会遵循某些思想家的乐观估计，即欧洲殖民者具有"破坏殖民地封建生产关系"和"为殖民地引入资产阶级生产关系"的"双重使命"，好像亚非拉人民有义务接受欧洲殖民主义带来的文明进步似的。

我们也不得不同意沃勒斯坦（Immanuel Wallerstein）的观点，在世界资本主义体系，"令人惊异的并不是无产阶级化程度之高，而是无产阶级化程度之低。一个历史社会体系已经存在了至少 400 年，而直到今天，我们还不能说，资本主义世界经济中完全无产阶级化的劳动力已经达到了百分之五十"。这个体系的实质是，"人们如何使尽解数使自己得到好处，同时使别人得不到同样的好处"[1]。

综上所述，西方近代殖民帝国的"民族国家"和"传统帝国"双重属性，决定了它只能给当今世界资本主义体系镌刻上这样的烙印：处于中心地位的西方发达国家，凭借制定游戏规则，获得了经济掠夺和武装干涉前殖民地半殖民地国家的特权；发达国家之所以发达，主要在于它们能够持续不断地压榨欠发达国家。

---

[1]〔美〕华勒斯坦：《历史资本主义》，路爱国、丁浩金译，北京：社会科学文献出版社，1999 年，第 8、25 页。

四、余论：新帝国

相较于欧洲的殖民帝国或民族帝国主义，美国与俄国是另类的存在。它们邻近欧洲，都具有鲜明的欧洲性，但它们又不是正统意义上的欧洲，而是欧洲的边缘。

随着俄国向亚洲深处扩张，尤其是它在 1870 年代基本吞并中亚以后，其欧亚属性愈加鲜明。随着美国在 1890 年代完成西进运动以后，它也不仅仅是个北大西洋国家，也是个亚太国家。俄国的**欧亚主义传统**和美国的**亚太主义传统**，是这两个国家超越于欧洲属性的地方，也是这两个国家相较于欧洲列强而言，更具有"世界主义"特性的地方。

美俄两国扩张的方式有别于欧洲列强攫取殖民地，前者更喜欢直接吞并新领土，并扩充其本部，而不是建立殖民帝国；换句话说，它们与新兼并领土的关系远比欧洲列强与殖民地的关系更紧密。诚然，美国也会通过强占夏威夷、古巴、波多黎各和菲律宾，以建立自身的殖民帝国，并把拉丁美洲划进自己的势力范围；俄国也会强占东欧，并把伊朗和中国北部划进自己的势力范围。但这些殖民地半殖民地和势力范围，相对于两国庞大的本土来说，仍然是较小的。

总之，美俄两国的本土体量远远大于欧洲列强，而海外殖民地或势力范围则明显小于欧洲列强。一方面，庞大而粗笨的疆域使得美俄两国迄今仍然面临无休无止的种族或民族冲突，两国的社会治理水平也远远逊色于欧洲和日本；但另一方面，新领土，而不是新殖民地，仍然使美俄两国具备远超欧洲列强的国家潜力。

因此我们不难理解，为什么是美国和以俄国为基础建立的苏联，能够取代欧洲成为 20 世纪的超级大国？为什么美国和苏联乐于颠覆欧洲的殖民地体系？

不可否认，美苏两国既有理想主义的一面，又不可避免地沉湎于实用主义的逻辑。从现实功利的角度看，颠覆殖民主义体系对于欧洲列强的打击，远大于对于美苏自身的打击。两国的体量足够大，不需要庞大的殖民地来维持其竞争力。从精神价值的角度看，美苏两国都有世界主义的道德追求，都希望人类社会能够依照其价值观运行，这判然有别于高度现实主义的欧洲列强。

在上述理想主义和实用主义两方面因素自觉不自觉地共同作用下，美苏两个超级大国在第二次世界大战以后大力推动殖民主义体系的终结，取而代之的是全新的、更加灵活的帝国控制。尽管新的帝国控制仍旧以军事实力作支撑，仍旧追求其他民族的臣服，但其很少直接使用武力征服的手段，而是采取制订国际规则、建构国际体系来维持其霸权。尤其是美国，在这方面更加灵活和精明，促使它赢得了冷战。

从某种意义上说，当今世界人民追求更公平、更合理的国际政治经济新秩序的斗争，依然是反对臣服、追求独立的斗争。这与当年的殖民地半殖民地解放运动并没有本质不同。

只不过**"灵活的帝国"**不同于以往的帝国，它倾向于在保持武力威慑的同时，尽量不直接使用武力，那么反对"灵活的帝国"控制的斗争方式，也必然不同于过去的殖民地半殖民地解放运动。暴力革命不是唯一的手段，甚至不是主要的手段。亚非拉人民的当务之急是彼此合作，强化自身的国家主权，并共同制订符合自身发展需要的国际议题，以变革国际政治经济规则和秩序。

关于当代新帝国模式的介绍，我将在全书的结语部分展开。以下简要地概括导论各小节的要点。

第一，本书的主旨是讲述一个**不同于启蒙主义叙事**的大国崛起故事。西方大国的崛起与其说是理性进步和商业精神的体现，毋宁说是战争逼迫和殖民掠夺的产物。

第二，"殖民"一事，古已有之，它根植于西方社会的传统。与古希腊殖民者不同，近代西方殖民者不再局限于某个区域，如东地中海沿岸，而是把世界连成整体。

第三，中文语境里的"帝国"原本指"皇帝之国"，往往让人联想到大一统的郡县制国家。与之不同，本书采用西方学界的"帝国"定义，即通过武力扩张和军事征服，建立起来的多元异质体系。它即便不是民族国家的对立物，也至少是非民族国家的。

第四，不同于古代帝国，近代民族帝国主义兼具民族国家和传统帝国的双重属性。近代欧洲殖民帝国一方面在其欧洲本土推动以民族国家化为主要内容的现代化进程，另一方面则在殖民地维持封建关系和传统帝国统治。

第五，近代殖民帝国的"民族帝国主义"特性，或者说民族国家和传统帝国的两重性，导致了当代世界资本主义体系中心与边缘、依附与被依附的实质。与近代殖民帝国不同，当代"灵活的帝国"更善于在保持武力威慑的同时，利用制定游戏规则的方式，维护其通信垄断和金融霸权。

一句话概括本书的初衷：我们只要了解西方现代化道路上殖民主义的血腥，就能理解其造就的当代国际政治经济秩序及世界体系的霸权主义面向，才能真正体会**"民族独立，人民解放"**这八个字的千钧之重！

第一篇

伊比利亚与大航海时代的开启

葡萄牙和西班牙的帝国事业，坊间的故事已经够多了，这里说说它们的"浪漫"与残忍。这是一个所谓的"大航海时代"，因为"地理大发现"，欧洲人逐渐走出了中世纪后期的悲观和阴郁。此时的欧洲人开始相信，人类可以凭借理性的力量，为世界树立新的法则。一种历史进步主义观念油然而生。这就是"文明等级论"的诞生。到了今天，这套思维并没有改变："文明"变成了"自由民主"或"开放社会"，"半文明"变成了"威权政体""警察社会"，"野蛮"则变成了"专制主义""邪恶轴心"。他们并没有完全学会如何真正尊重一个异质的文明。

序　章

为什么是葡萄牙人开启了"大航海时代"？

我们思考西方近代殖民帝国的兴起时，需要明确一个前提：人类历史并不是简单的线性进步过程。往往看似繁荣的盛世暗藏保守和僵化，往往看似危机的乱世却孕育变革和创新。欧洲中世纪的历史就是如此，它不是一个不断进步的过程。近代转型不是中世纪繁荣的结果，而是中世纪混乱衰败的结果。

从公元 11 世纪开始，欧洲迎来了中世纪的繁荣期。穆斯林、马扎尔人和维京人逐渐进入低潮，教皇的权威大大增强，修道院的改革重振了教会雄风，主教、贵族和国王之间的关系走向稳定，贵族阶层的识字率显著提高，地中海沿岸的商业开始复兴，农业技术的改良提高了粮食产量，欧洲人口大大增加。

与此同时，周边的拜占庭帝国和伊斯兰教势力明显走向下坡路。这一正一反两相叠加，令罗马教廷具备了充足的实力，发动多次十字军东侵。十字军东侵对于人类历史究竟造成了怎样的长远影响？对此，历史学家评价不一。但可以肯定，这场对外战争尚不足以催动欧洲内部的根本性变革。借用一个曾经时髦的术语，当时的欧洲类似"超稳定结构"，教权和王权的力量都在加强，各方力量仍然处于相对平衡的状态。

欧洲内部的稳定是什么时候破裂的？近代转型的前夜，欧洲经历了怎样的变动？为什么是葡萄牙人开启了"大航海时代"？

第一章　印度洋上的"香料帝国"

葡萄牙殖民亚洲是因为商路被奥斯曼帝国阻断，
这是不对的。

在经历了两三百年的稳定发展后，从 14 世纪开始，欧洲进入了衰退期，饥荒、瘟疫和战乱引发了严重的社会危机，社会危机又反过来强化了宗教极端情绪，使欧洲进一步陷入黑暗与混乱。也就是说，15 世纪的欧洲人丝毫不比 12 世纪的欧洲人更加开明，他们反而更加狂热和愚昧。

欧洲的近代化启自宗教狂热，而不是科学理性和人文精神。线性史观无法解释欧洲大航海运动的展开。中世纪晚期的欧洲经历了怎样的社会危机？社会危机又将如何扭曲欧洲人的精神？病态扭曲的精神对于大航海的开启产生了什么影响？

一、中世纪晚期的危机

中世纪晚期的危机表现在以下几个方面。

首先是人口问题。14 世纪初，人口增长达到了中世纪的顶点。公元 1300 年，英格兰人口超过了 600 万，这一数字相当于 1066 年的三倍。[1] 类似的情况也发生在中西欧的其他地区。从公元 1000 年到 1300 年间，法兰西的人口大约从 600 万增加到 1 400 万，德意志的人口从 400 万增加到 1 100 万。这是当时农业生产可以承载的极限，根据粗略估计，"人口增加的曲线在 13 世纪后期拉平，然后下降"[2]。人口的快速增长意味着，传统农业根本没有办法喂饱这么多张嘴巴。

其次是气候变化问题。也许源于所谓的"小冰期"，14 世纪初欧洲人口饱和的时候，气候开始极端反常。1314 年的冬天，欧洲的降水出奇得多。第二年，情况变本加厉，大雨从 1315 年 5 月开始，一直下到当年秋季。

人们纷纷祈祷无休无止的大雨能够赶快停止。坎特伯雷大主教命令教士进行宗教游行，他们赤裸着双脚，摇动着法铃，

---

① 〔美〕朱迪斯·本内特、沃伦·霍利斯特：《欧洲中世纪史》，杨宁、李韵译，上海：上海社会科学院出版社，2007 年，第 358 页。

② 〔美〕布莱恩·蒂尔尼、西德尼·佩因特：《西欧中世纪史》，袁传伟译，北京：北京大学出版社，2011 年，第 450 页。

高举着圣物，咏唱连祷文，祈求上帝能够赐给大家好天气。这样的游行频繁出现在当时的中西欧，一位法兰西作家就曾描写宗教游行的景象："很多人，甚至妇女也光着身子……他们虔诚地抬着圣徒遗体和其他受崇拜的圣物。"①

尽管人们很虔诚，但他们的举动丝毫不可能改变任何事情。1316 年的灾荒超过了 1315 年，往后 1317 年、1318 年……灾荒一直持续到 1322 年才渐有好转。据估算，这场史上最严重的饥荒"造成了至少十分之一的欧洲人死亡"②。我们可以从当时人的记录当中看到许多人吃人的惨状。"英格兰编年史家记载过父母吃自己子女的事，爱尔兰作家讲过尸体被从墓地里挖出来，波兰作家叙述过从绞架上攫食罪犯尸体的事实。"③

粮食大面积减产，牲畜大范围死亡，食物短缺严重损害了欧洲人的身体素质，使他们在疾病面前更加脆弱。1347 年末至 1348 年初，一种全新的瘟疫在西西里和撒丁岛流行起来，并很快传向了整个欧洲大陆。我们今天把它叫作淋巴腺鼠疫。不久以后，欧洲又流行起肺鼠疫和败血型鼠疫。当时人不知道这些瘟疫是从老鼠那里来的，他们只能根据死者全身发黑的现

---

① 蒂尔尼、佩因特：《西欧中世纪史》，第 452 页。
② 本内特、霍利斯特：《欧洲中世纪史》，第 358 页。
③ 蒂尔尼、佩因特：《西欧中世纪史》，第 452 页。

象，把它称为"黑死病"。

　　肮脏拥挤的欧洲社会就像一个超级巨大的病菌培养皿，黑死病在这里肆无忌惮地传播肆虐。仅英格兰从 1348 年到 1485 年，就大规模爆发过 31 次疫情，平均每四年半黑死病就会大范围肆虐一次，局部疫情更不计其数。此外，"到 1630 年为止，瘟疫造访威尼斯多达 21 次。到 1500 年为止，佛罗伦萨人经历了 20 次瘟疫爆发。到 1596 年为止，巴黎人经历了 22 次瘟疫爆发。事实上，在欧洲，从 1347 年到 1782 年，每年都有一些地区成为瘟疫肆虐之处"[①]。

　　据估算，1400 年的欧洲人口比鼠疫之前减少了 1/3 至 1/2，人口急速下降的趋势一直持续到 15 世纪前半叶。直到 17 世纪，欧洲的人口密度才恢复到 13 世纪的水平。讽刺的是，黑死病会在 18 世纪消停下来，并不是因为医疗技术或卫生状况的改善，而是"带疫黑鼠被不同品种的褐鼠所取代"[②]。

　　这场史无前例的恐怖瘟疫不仅残害了欧洲人的身体，更扭曲了他们的精神。与其他人类文明一样，过去西方人也相信世界上存在某种和谐的自然秩序。这种自然秩序是上帝完美意志的体现，每个人都应该顺应它，应该满足自己在秩序结构中应

---

① 〔美〕威廉・乔丹：《企鹅欧洲史・第 3 卷・中世纪盛期的欧洲》，傅翀、吴昕欣译，北京：中信出版社，2019 年，第 356 页。
② 蒂尔尼、佩因特：《西欧中世纪史》，第 455 页。

图 1-1　法国马蒂格的一座集体坟墓中埋葬的黑死病受害者遗骸

有的位置，而不是僭越它。

　　但到了这个时候，这样的信仰开始崩塌了，极端的唯名论哲学大行其道。尽管这种哲学理论繁复庞杂，但大都宣扬世界上根本不存在永恒的理型、实体或自然秩序。唯名论哲学家问道：难道连上帝都不能让 1+1 ≠ 2 吗？都不能让太阳西升东落吗？在他们看来，预设永恒的理型、实体或自然秩序是在贬损上帝的绝对权威。上帝的意志至高无上，变幻莫测，再怎么伟大的人物都无法捕捉到它的一丝一毫。只要上帝乐意，随时都能够改变我们眼里的永恒真理或自然规律。黑死病就是上帝绝对意志的体现，人类理性在它面前是软弱无力的，人类唯一能做的就是虔敬地服从它的安排。

唯名论哲学大行其道是一个缩影，它反映了当时欧洲盛行的虚无主义价值观。与今天的虚无主义类似，中世纪晚期的虚无主义也可能表现为这样一种生存哲学："该吃吃，该喝喝，为我们明天死去而高兴。"与今天的虚无主义不同，中世纪晚期的虚无主义还可能表现为某种极端的宗教狂热，例如鞭笞派（Flagellants）相信，"瘟疫是上帝对罪孽深重的人类的审判，只有采取非常措施才能拯救人类免遭毁灭。一群男女聚在一起，互相鞭打着走遍全国。他们劝诫别人相信，任何人只要投身于此 33 天就可以洗清全部罪孽"[1]。

尽管鞭笞派在 1349 年 10 月被教皇认定为异端，但类似的行为却屡见不鲜。当时有人这样记载教廷组织的游行活动：

> 有来自各种地方的约 2 000 人参加了这些游行，男人女人都有，大多赤足，穿着苦行衣或涂着灰。他们面目悲哀，涕泪纵横，披头散发地行走，并残酷地鞭打自己直到血流如注。[2]

---

[1] 蒂尔尼、佩因特：《西欧中世纪史》，第 455 页。
[2] 本内特、霍利斯特：《欧洲中世纪史》，第 360 页。

如果仅仅是自虐，那么问题倒简单了。然而事实一再证明，一切宗教狂热都不会局限于自虐，它更善于虐人。人们把黑死病视为魔鬼撒旦的阴谋，他们相信上帝之所以惩罚人类是因为人们没有展现出捍卫上帝的决心。那么应该如何展现这份决心呢？撒旦在尘世中的化身又是谁呢？

日耳曼传统神话中有许多关于女巫的传说。这些携带黑猫、骑着扫把的女魔法师总能调制出一些奇奇怪怪的汤药，为善良的人们治病。应当说，女巫的形象一直不坏，但到了黑死病肆虐的中世纪晚期，情况就颠倒了。

1484 年，教皇英诺森八世（Pope Innocent VIII）发布谕令，严厉谴责了巫术。1487 年，两名德意志的宗教裁判官出版了《女巫之锤》一书，教导人们如何识别女巫，怎样对女巫实施酷刑。欧洲从此掀起了一波波捕杀女巫的浪潮，一直持续到 18 世纪末期。无数少女无辜惨死。

比女巫更惨的是异教徒。1349 年 2 月，斯特拉斯堡有 2000 多名犹太人惨遭杀害；同年 7 月，法兰克福的犹太人被处决一空；8 月，美因茨和科隆地区取缔了犹太人定居点……这些遗留下来的记录只不过是持续种族灭绝活动的冰山一角。

总之，饥荒与瘟疫彻底改变了人与人的关系。恐惧促使人们抛弃病患者、残杀异教徒，与之一道被抛弃和残害的，还有许多社会基本准则。锡耶纳城的一个居民如是记载了那番人伦沦丧的残酷景象：

> 父弃子，妻抛夫，兄弟相背，只因疾病被认为是在呼吸与目光之间传播的。人们死后也无人肯为他们安葬……在锡耶纳的很多地方，人们挖出巨大的坑，并把大量尸体堆在里面……而在这座城市周围，还散落着很多仅被一层薄土覆盖的尸体，常有尸首被野狗挖出吞食。[1]

需要强调，挑战教会权威的精神力量并不是常被人渲染的人文主义和理性精神，而是极端的虚无主义和宗教狂热。人们否定永恒的理型、实体或自然秩序，也就取消了人与上帝的中介。既然上帝的意志完全无法捉摸，那么还要教廷的引导干什么呢？极端唯名论哲学的效果就是让每个人都直面反复无常的上帝意志，这相当于架空了教宗的权威。

饥荒与瘟疫不仅损害了教廷的威望，也损害了教廷的组织。须知教会的重要职责就是给病人照顾，给死人祷告，这使得教会成为疫情的高发地。据粗略估计，欧洲许多地区的教会在几年时间里就损失了超过了 60% 的成员。[2] 教士阶层是当时欧洲最有文化知识的群体，他们的大量死亡直接拉低了欧洲人

---

[1] 本内特、霍利斯特：《欧洲中世纪史》，第 362 页。
[2] 乔丹：《中世纪盛期的欧洲》，第 357 页。

的受教育程度。为了弥补空缺，教会不得不大量提拔尚未充分接受经学训练的人，甚至让世俗人士承担教会事务。"一些学者还发现，1350年之后，教会人士的拉丁语知识和书写能力都下降了。"①

教士阶层的庸俗化带来了多方面的影响。由于缺乏必要的拉丁语技能，新晋教士不得不运用各种方言俗语解释经文。"俗语运动在这场危机中兴起了。"②它无形之中削弱了罗马教宗的权威，推动了欧洲民族主义的萌芽。王权越来越不受教宗的约束，也越来越善于利用狂热的宗教情绪来为自己服务。

总之，不是科学理性，而是宗教狂热，才是推动欧洲人突破地理局限的精神动力。为什么率先把狂热情绪转化为殖民扩张的地方不在德意志、法兰西或英格兰，而在伊比利亚半岛呢？第一，那里必须存在异教徒的政权，否则就不会有宗教战争；第二，那里的异教徒政权必须是相对弱势或处于衰退状态的，否则宗教战争也打不赢。

伊比利亚半岛显然是合适的地方。首先，法兰西或德意志只存在犹太人社区，而伊比利亚半岛还存在着由摩尔人建立的穆斯林政权，所以前者只有宗教屠杀，而后者却需要宗教战

---

① 乔丹：《中世纪盛期的欧洲》，第357页。
② 乔丹：《中世纪盛期的欧洲》，第357页。

争。其次，东面的奥斯曼帝国太强大，而西面的摩尔人则较为弱小。当时的摩尔人早已内部分裂，他们满足于跟基督教国家和平贸易，早已武德沦丧。

因此，伊比利亚半岛成了欧洲基督教世界对外扩张的突破口，走在前面的是葡萄牙。

二、葡萄牙对外扩张的动因

许多人把葡萄牙人开启大航海时代的原因简单地归结为商路被突然崛起的奥斯曼帝国所阻断。这是片面的，今天的历史学家大多抛弃了这个观点，因为奥斯曼帝国没有阻断过东方世界与欧洲的贸易往来。

1535 年，奥斯曼帝国苏丹苏莱曼一世（Suleiman the Magnificent，1494—1566）甚至与法兰西国王弗朗索瓦一世（François I，1494—1547）签订了《特惠条约》。这份条约不仅维护了奥斯曼帝国与欧洲国家的商贸往来，更"规定由欧洲国家自己设立的领事法庭，来负责审理该国侨民之间或者与当地居民发生的民事、刑事案件"[1]。这就是"治外法权"的由来。

---

[1] 周东辰、王黎：《再论十六世纪法国—奥斯曼同盟外交的特点》，《世界近现代史研究》（第十辑），北京：社会科学文献出版社，2013 年，第 138 页。

不是土耳其人割断了欧洲人前往亚洲的陆上商道，才迫使葡萄牙人另辟蹊径，而是葡萄牙人的扩张欲望促使他们主动选择了侵略亚洲。葡萄牙历史学家萨拉依瓦（José Hermano Saraiva）明确指出：

> 扩张是解决国家集体生活的主要矛盾的一种办法。在中世纪，国王与教会的矛盾、贵族与人民的矛盾、富豪与平民的矛盾，都产生于同一个原因：财富增加缓慢与需求增加过快，两者之间比例失调；一些人生产太少而另外一些人消费太快，两者之间不成比例。随着新的领土的发现，葡萄牙人开始消费葡萄牙领土以外的生产资料，或者说消费通过生产得到的财富。这就是为什么大规模航海事业开始以后，国内战争时期就告结束。从那时开始，扩张成了一项全国的大事，每个人都想从扩张中得到好处。[①]

萨拉依瓦的解释无疑是正确的，但仍然是不完整的。它只说明了殖民扩张对于葡萄牙的好处，却没有充分解释殖民扩张的原因。毕竟"财富增加缓慢与需求增加过快"的文明有很多，当时的明代中国不也面临类似的窘境吗？萨拉依瓦隐去了"圣

---

① 顾卫民：《葡萄牙海洋帝国史（1415—1825）》，上海：上海社会科学院出版社，2018年，第99—100页。

战"和宗教狂热，这是遥远的明代中国所不具备的。

1453 年 5 月 29 日，奥斯曼帝国攻占了君士坦丁堡，东罗马帝国彻底灭亡。这严重刺激了欧洲基督教世界。三年以后，1456 年，奥斯曼军队包围了贝尔格莱德。教皇英诺森八世，也就是那位下令处死女巫的教皇，他命令欧洲各个国王组织十字军抵抗奥斯曼人。当时各个国王对于教皇的呼吁阳奉阴违，只有葡萄牙国王阿方索五世（Alfonso Ⅴ）热烈拥护。毕竟对于大多数欧洲国王而言，伊斯兰势力还很遥远，但对于葡萄牙人而言，伊斯兰势力近在眼前。①

阿方索五世禀告教皇，他征召了 12 000 名士兵，购买了大量武器，甚至铸造了大批金币。当一切都准备妥当的时候，传来消息，英诺森八世死了，奥斯曼人也撤离了贝尔格莱德，预想中的"圣战"不了了之。

本着不浪费的原则，葡萄牙国王决定把船只、武器、金币和军队都用来进攻北非的摩尔人。战争拖拖拉拉持续到 1471 年，摩尔人内讧了。阿方索五世的军队利用这个机会，占领了

---

① 在奥斯曼帝国军队步步紧逼的大环境下，阿方索五世成为基督教世界的英雄。例如埃涅阿斯·西尔维乌·比科洛米尼（Aeneas Silvius Piccolomini），也就是后来的教皇庇护二世（Pope Pius II），便把阿方索五世视为模范君主和领导十字军东侵的理想人物。参见 John-Paul Heil, "Assassinations, Mercenaries, and Alfonso V of Aragon as Crusader King in the Thought of Aeneas Silvius Piccolomini", *The Catholic Historical Review*, Washington Vol. 107, Iss. 3 (Summer 2021), pp. 325−348。

北非好几座城市。这次胜利让阿方索五世声名大噪，获得了"非洲人"（Africano）的美名，也进一步激发了伊比利亚半岛的狂热宗教扩张情绪。①

1481 年，阿方索五世驾崩，其子若昂二世（João Ⅱ，1481—1495 年在位）继位。若昂二世比乃父更热衷于对外扩张，正是他在 1493 年，跟卡斯蒂利亚国王签署了瓜分世界的《托尔德西里亚斯条约》（Treaty of Tordesillas）。

1495 年，若昂二世驾崩，由于没有合法的儿子，王位落到了小舅子头上，史称曼努埃尔一世（Manuel Ⅰ，1495—1521 年在位）。在他的时代，葡萄牙在亚洲的殖民帝国崛起了。

英国学者罗杰·克劳利（Roger Crowley）这样描述该国王"天命在我"的乐观心态：

> 15 世纪末，基督降生一千五百周年快到的时候，全欧洲的人都感到世界末日仿佛要降临了。伊比利亚半岛尤其如此，穆斯林和犹太人被逐出西班牙被认为是一个预兆。在这种氛围下，曼努埃尔一世相信，并且其他人也鼓励他相信，他必然要成就伟大的事业：消灭伊斯兰教，将基督教传播至全球，并且由一位世界君主来统治天下。②

---

① 顾卫民：《葡萄牙海洋帝国史》，第 73—74 页。
② 〔英〕罗杰·克劳利：《征服者：葡萄牙帝国的崛起》，陆大鹏译，北京：社会科学文献出版社，2016 年，第 48 页。

图 1-2 曼努埃尔一世的画像，收藏于梵蒂冈宗座图书馆

也许在这位国王眼里，末日审判很快就要来临了，那是基督徒与敌基督者最后决战的时刻，而他就是领导基督徒取得最终胜利的人。航海家杜阿尔特·帕谢科·佩雷拉（Duarte Pacheco Pereira）迎合了曼努埃尔一世的心理，他在给国王

的信中溜须拍马道："西欧的所有君主当中，上帝只选择了陛下。"①

佩雷拉的马屁绝非无的放矢，因为那个时候的葡萄牙是实现他这类航海家梦想的地方。从 14 世纪以来，葡萄牙统治者就出台政策，给予意大利、西班牙和法国的商业家族各种特殊优惠，鼓励他们前来定居。"这项政策成功地使葡萄牙成为北海和地中海之间的码头，服务于北欧和地中海国家。"到 14 世纪末，热那亚人、威尼斯人、佛罗伦萨人、法国人和德国人都在葡萄牙建立了自己的航海飞地。他们的到来为葡萄牙注入了雄厚的资金和当时欧洲最先进的船舶技术，"这些都鼓励了王室扩大它同欧洲以外地区的商务联系"②。

所有这些为欧洲航海的中心由地中海转向大西洋沿海，提供了基础。在此基础之上，葡萄牙人建立了一支足以战胜阿拉伯人的海军力量。正如英国历史学家霍尔（D. G. E. Hall）所说：

> 在对摩尔人进行长期的宗教战争中，他们建立了一支令人畏惧的海军力量。他们雇佣技术熟练的热那亚水手。

---

① 克劳利：《征服者：葡萄牙帝国的崛起》，第 48 页。
② 〔新〕尼古拉斯·塔林主编：《剑桥东南亚史·第 1 卷·从早期到公元 1800 年》，贺圣达等译，昆明：云南人民出版社，2003 年，第 291 页。

在建造能够容纳大批水手从事长距离远洋航行的"大船"方面，他们也胜于其他国家。

......

根据阿拉伯人在马拉巴尔海岸的一个主要贸易中心卡利卡特所取得的经验，葡萄牙人主要的考虑已是从香料贸易中获取巨大的利润，并渴望从摩尔人手中夺取贸易垄断权。幸而敬上帝与拜财神可以并行不悖，因为葡萄牙打击了阿拉伯人在印度洋的贸易，同时也就打击了奥斯曼帝国，后者的主要收入来自香料垄断。[1]

一方面，葡萄牙人从意大利人那里获取了雄厚的资本和先进的海军技术；另一方面，他们又从阿拉伯人那里知道了香料的原产地在哪里，了解了哪里是香料贸易的中转站。

利用强大的海军可以劫夺阿拉伯人的香料贸易，这不仅可以为葡萄牙王室带来巨额的财富，更能够从侧面削弱伊斯兰世界的财政能力。正如《剑桥东南亚史》所说："15 世纪下半叶，土耳其控制了黎凡特，迫使传统的香料通道从波斯湾改道红海。避免对穆斯林的依赖和直接参与高额利润的香料贸易的

---

[1] 〔英〕霍尔：《东南亚史》，中山大学东南亚历史研究所译，北京：商务印书馆，1982 年，第 301—302 页。

愿望，对葡萄牙探索通往亚洲的海路，是一个重要的刺激。"①
毫不夸张地说，葡萄牙每一步深入海洋，每一步走向非洲和亚洲，都是在与穆斯林的宗教战争中迈出的。

印度的卡利卡特（Calicut，今印度南部喀拉拉邦港口城市），就是香料贸易线上的重要据点，是葡萄牙人必须掌控的地方。然而卡利卡特并不是穆斯林的地盘，它是印度教徒的城市。这意味着，无辜的印度人会成为了葡萄牙人发动宗教战争、掠取香料财富道路上的牺牲品。

三、达·伽马的血腥屠杀

1497 年 7 月 8 日，达·伽马奉葡萄牙国王曼努埃尔一世之命，率领四艘船只和 140 多名水手，开启了前往印度的旅程。两年以后，1499 年 9 月 9 日，他率领船队返回里斯本。这是欧洲人第一次通过海洋到达遥远的印度，它开辟了从葡萄牙到印度的香料航线。纪录片《大国崛起》这样解释达伽马取得该成就的原因：

与郑和不同，葡萄牙人这次带来的不只是友好的问

---

① 塔林主编：《剑桥东南亚史·第 1 卷·从早期到公元 1800 年》，第 291 页。

图 1-3　葡萄牙恩里克王子（1394—1460）

候。当印度人问他们到来的目的时，达·伽马很简练地回答说：基督徒、香料。这正是葡萄牙孜孜以求的目的。经过近一个世纪的艰难探索，恩里克王子的愿望，终于变成了现实。欧洲航海家几十年知识和勇气的积累，开始转化为耀眼的财富。

从字面上来讲，这些话都是正确的。然而如若不介绍相关历史背景，不讲述达·伽马的所作所为，这样的历史书写就必定会给观众带来错觉，让观众以为达·伽马给亚洲带去的是"进步与文明"。但事实恰恰相反，除了血腥杀戮和强取豪夺以外，达·伽马不可能给印度人民带来任何实质性的东西，因为"不只是葡萄牙，在那个时代，整个欧洲都没有能够大量买到亚洲去的有价值的物产"①。葡萄牙人侵略亚洲，与过去一切野蛮民族入侵文明社会没有任何区别。

需要指出，达·伽马之所以会向印度人坦承他此行的目的是"基督徒"和"香料"，还缘于一个误会。1498 年 4 月 14 日晚，达·伽马船队抵达马林迪（Malindi，今肯尼亚东部沿海城市）。在这里，他们遇到了前来贸易的印度船只。达·伽马在日记里写下了欧洲人对于印度人的第一印象："这些印度人皮肤黄褐，穿的衣服很少，蓄着长胡须和长头发，并且把胡须与头发编成辫子。他们告诉我们，他们不吃牛肉。"②

葡萄牙人向印度人展示了耶稣和圣母玛利亚的画像。印度人十分虔诚地在画像面前祈祷，并奉献了丁香、胡椒等祭品。夜间，印度船只友好地鸣放了礼炮，向葡萄牙人致敬，并提醒他们不要信任穆斯林。印度人的善意让葡萄牙人欣喜不已，尤其令葡

---

① 福井宪彦：《近代欧洲的霸权》，第 32 页。
② 克劳利：《征服者：葡萄牙帝国的崛起》，第 81 页。

萄牙人兴奋异常的是，印度人虔诚地高呼："基督！基督！"在这些葡萄牙人看来，遥远的东方竟然存在基督教文明，这是何等大事！如果印度的基督徒能与欧洲人联合起来，两面夹击穆斯林，不就可以彻底铲除异教徒，让上帝精神遍洒世界吗？

但事实上，葡萄牙人想多了。他们遇到的不是基督徒，而是一个从未了解的古老宗教——印度教。印度教徒会虔敬地供奉耶稣和圣母玛利亚，只是因为多神崇拜的习惯。这些印度教徒呼喊的不是"基督"，而是"黑天"。①

在阿拉伯航海家伊本·马吉德（Ibn Majid）的帮助下，达·伽马船队仅仅用了24天就横跨阿拉伯海。1498年5月28日，船队抵达印度西海岸的港口卡利卡特。这里是印度教的地盘。然而，得益于拙劣的阿拉伯翻译，达·伽马一行竟然认为他们踏上了基督教兄弟的领土。他们相信神庙里供奉的是圣母玛利亚，东方人习惯于用另一种技法绘画耶稣及其门徒。卡利卡特的印度教国王萨莫林（意为"海王"）对于葡萄牙人采取了包容友好的态度，这更令葡萄牙人相信他们发现了遥远的基督教文明。②

---

① 在印度教里，黑天是毗湿奴的第八个化身，是诸神之首。黑天的神话主要来自《摩诃婆罗多》和《往世书》。

② 类似对达·伽马船队保持友好态度的地方不只卡利卡特，事实上，达·伽马船队在非洲大陆沿岸探索航线时，当地的酋长或国王大多对他们提供了帮助，有西方学者甚至将达·伽马与非洲当地人的互动称为"相互发现"。参见 David Northrup, "Vasco da Gama and Africa: An era of mutual discovery, 1497-1800", *Journal of World History* (Honolulu), Vol. 9, Iss. 2(Fall 1998), pp. 189-211。

1499 年 9 月，达·伽马回到了里斯本。他不仅带回了大量的香料和宝石，更带来了一个令曼努埃尔一世惊喜的消息：遥远的印度存在基督教文明。曼努埃尔一世很快把这个消息通知给教皇亚历山大六世（Rodrigo Borgia；Alexander VI）及其红衣主教："教皇与各位大人一定要公开地表达喜悦，并向上帝感恩。……上帝的旨意和意愿是让葡萄牙成为一个大国，因为葡萄牙发现了一大奥秘，为上帝作出了贡献，并提升了神圣的信仰。"不仅如此，他还向西班牙君主费迪南和伊莎贝拉吹嘘了此事，宣称："我知道，两位陛下听闻此事，必定心花怒放、满心欢喜。"①

　　在基督徒和香料的诱惑下，佛罗伦萨和热那亚的银行家给曼努埃尔一世投入了大量资金。葡萄牙国王很快任命贵族佩德罗·阿尔瓦雷斯·卡布拉尔（Pedro Álvares Cabral）担任总司令，率领一支由 13 艘船和 1 200 人组成的庞大船队，再次前往印度。

　　1500 年 9 月 13 日，卡布拉尔的船队抵达卡利卡特。他要求同为"基督徒"的萨莫林给予欧洲人优先进货的权利，并且在欧洲船只没有满载货物以前，穆斯林商人不得进货。还没等到萨莫林的答复，迫不及待的葡萄牙人就洗劫了一艘穆斯林商

---

① 克劳利：《征服者：葡萄牙帝国的崛起》，第 109—110 页。

船。这种强盗行为引发了包括穆斯林和印度教徒在内所有人的愤怒。

12月16日，穆斯林报复了葡萄牙人，他们袭击了葡萄牙商站，打死53人。恼羞成怒的卡布拉尔随即炮轰卡利卡特城，并不加区别地洗劫了港口内的其他商船，杀害了无辜船民600多人。

次年6月23日，卡布拉尔的船队回到葡萄牙。除了整船香料以外，他还带来了一个不幸的消息：遥远的印度并没有基督徒，他们信奉一种欧洲人过去不知道的异教。既然印度人和穆斯林都属于异教文明，那么他们理应成为"圣战"的对象，葡萄牙人没有必要向印度人履行那种欧洲人之间的信用。

1502年2月，达·伽马率领船队再次出发前往印度，"其中有15艘船装备着大炮。这是一次血腥的航行，通过这次航行，葡萄牙殖民帝国开始形成"[1]。葡萄牙人一路烧杀劫掠。船队行驶到基卢瓦（kilwa，今坦桑尼亚南部港口）时，当地苏丹上船拜访达·伽马，居然被葡萄牙人当场扣押！达·伽马以处死威胁苏丹相威胁，命令他每年都要向葡萄牙人进贡。

比比后面的事情，基卢瓦苏丹还算幸运的，因为葡萄牙绑匪的特点不是拿了钱就放人，而是拿了钱再撕票！达·伽马

---

[1] 王加丰：《西班牙、葡萄牙：帝国的兴衰》，西安：三秦出版社，2005年，第45页。

的船队行驶到坎纳诺尔（Kannur，今印度喀拉拉邦北部沿海城市）时，劫持了一艘由麦加前往卡利卡特的阿拉伯商船，船上有380多名去麦加朝圣后回家的人，包括许多妇女和儿童。其实这艘叫作"米里"号的商船并没有主动挑衅葡萄牙人，他们甚至没有抵抗葡萄牙人的劫持。按照马拉巴尔海岸沿线的规矩，遇到海盗，只需要缴纳一部分赎金就可以获得自由。不幸的是，葡萄牙人比任何海盗都要残忍。他们索要了米里号上所有的财物，又背信弃义地把所有船员和乘客关进船舱，一把火烧掉了整艘船。

米里号上无辜的人们在熊熊大火中，发疯嚎叫，抽搐挣扎，最终被火焰所吞没。这是一幕人间地狱般的惨状，不远处的葡萄牙人却以之取乐，哈哈大笑。有少数人撞开了米里号的舱门，奋不顾身地出来救火或逃生。达·伽马就下令向逃亡的人群开炮，又命人继续放火。总之，一边是挣扎逃难，另一边是放火取乐，这样的搏斗持续了四天四夜，直到米里号彻底化为灰烬。

"米里号事件"只是葡萄牙殖民者在亚洲罪行的一个缩影。在烧死了所有的船员和乘客后，达·伽马先后迫使坎纳诺尔和科钦（Cochin，今印度喀拉拉邦的港口城市）的土王跟自己结盟。在控制了这两个港口的香料贸易后，达·伽马命令截获和击沉一切来往于印度西南海岸的船只，来自坎纳诺尔和科钦的除外。用当地一位穆斯林统治者的话说，"竟然要禁止别人在大海上航行"，"这是闻所未闻的"。英国作家罗杰·克劳利这样评价达·伽马的所作所为：

> 葡萄牙人来自一个充满激烈竞争、根深蒂固仇恨的环境，并且在那个环境里的人们致力于将最先进的技术应用于航海和火炮。他们来到印度洋的时候，对伊斯兰世界的观念非常狭隘，因为其是在摩洛哥海岸与穆斯林冲突的条件下获得的。1494 年在托尔德西里亚斯瓜分世界的两大伊比利亚强国受到历史与环境的塑造，只相信垄断贸易和十字军"圣战"的责任。[1]

1502 年 10 月 30 日，达·伽马的船队来到了卡利卡特。他要求萨莫林必须跟自己结盟，为此萨莫林必须做到两点：第一，加倍赔偿上次卡布拉尔船队的损失；第二，驱逐所有穆斯林，不管他们是商人还是居民，并保证以后不准任何来自麦加的人在卡利卡特经商。

萨莫林答应了第一条要求，他派人向达·伽马解释自己已经逮捕了所有参与袭击葡萄牙商站的人。对于第二条要求，萨

---

[1] 克劳利：《征服者：葡萄牙帝国的崛起》，第 144—145 页。

莫林做了尽可能温和抚慰的回答："他希望和平，但穆斯林自古以来就在卡利卡特，城里有四五千户穆斯林；他们的人民诚实守信，忠心耿耿，为他做了许多宝贵的服务。"然而，葡萄牙人要的就是这里的一切，怎么可能允许穆斯林分一杯羹呢？达·伽马蛮横地宣称萨莫林的回答是对他的"侮辱"，甚至毫无顾忌地践踏外交礼仪，扣押了萨莫林的信使。正如萨莫林所说的那样，"基督徒更喜欢在海上偷窃和侵略，而不是贸易"。尽管如此，萨莫林还是谦恭地表示，"他的港口始终是开放的"，希望"总司令绝不可以阻挠或驱赶麦加穆斯林"[1]。

尽管历来坊间总是不遗余力地赞扬近代欧洲人的商业精神和理性主义，但试问天底下哪有这样的商业精神呢？历史上又何曾存在过宗教癫狂且杀气腾腾的理性主义呢？

为了恐吓卡利卡特人，达·伽马随即逮捕了 38 名印度渔夫。他下令把这些无辜的平民绞死在桅杆上。海滩上很快人山人海，当地居民惊恐万状地看着桅杆上悬挂着的尸体，努力地辨认其中有没有自己的亲戚朋友。这时葡萄牙人竟然肆无忌惮地向海岸开炮取乐了。随行人员洛佩斯记载人们"像蛇一样匍匐逃走；看到他们在哭喊，我们高声讥笑他们，海滩很快就肃清了"。

---

[1] 克劳利:《征服者：葡萄牙帝国的崛起》，第 149 页。

为了增加恐怖氛围，达·伽马又命令船员在夜间砍下死尸的头颅和手足，把躯干扔进大海，把手足和头颅堆放进一条渔船，送往卡利卡特。他在渔船里附了一封信，其中蛮横地写道：

> 我现在给你们送上这份礼物。这也是送给你们的国王的。如果你们想和我们友善，就必须为在此港掳走的我国商品付账。你们还强迫我们开炮，所以还要为我们消耗的火药与炮弹买单。①

按照洛佩斯的记录，渔船里的头颅和残肢引发了当地群众的恐慌：

> 他们伤心欲绝，不敢相信自己的眼睛。有些人跑过来，但看到那些首级，又跑开了。也有人拿走了一些首级，手里提着它们走开。……这一夜我们无人入眠，因为岸上传来呼天抢地的哀哭，被海水冲上岸的死尸周围也有人在吟唱。②

拂晓时分，葡萄牙船上的大炮再次轰鸣起来。由于海岸边

---

① 克劳利：《征服者：葡萄牙帝国的崛起》，第 152 页。
② 克劳利：《征服者：葡萄牙帝国的崛起》，第 152 页。

的房屋大多在上次炮击中被摧毁，这次大炮的仰角比较大，瞄准了市区的居民区。炮击持续了一上午……

总之，达·伽马的第二次印度之行，给亚洲人民带来了深重的灾难。对于葡萄牙而言，则是其全面控制印度洋香料贸易的开始。此后葡萄牙国王每年都会派出舰队前往印度洋耀武扬威，他们的目的是彻底破坏阿拉伯人与印度人的海上商路，以使自己能够垄断从亚洲到欧洲的香料贸易。为此，葡萄牙设置了印度副王的职位。

第一任印度副王是弗朗西斯科·德·阿尔梅达（Francisco de Almeida）。此人的残忍血腥更甚于达·伽马。正如王加丰教授所言：

> 阿尔梅达的任务是夷平所有印度和非洲的伊斯兰贸易城市，在沿途的关键港口设立堡垒，派武装人员驻守，保护葡萄牙到印度的航线。他还应当消灭埃及和印度的海军，严密控制一切港湾，不让非葡萄牙的船只运走一颗香料。①

阿尔梅达的舰队一路抢劫屠杀，所到之处，鸡犬不宁。比

---

① 王加丰：《西班牙、葡萄牙：帝国的兴衰》，第47页。

如在霍尔木兹海峡沿岸，"他们抢劫、烧毁两岸的村庄，打死了许多阿拉伯人，又下令割掉所有被俘人员的鼻子。这些残忍的葡萄牙人还砍断男人的右手，割掉女人的耳朵"[①]。

1509 年，阿尔梅达率领葡萄牙舰队在第乌岛（Diu Island，位于印度西侧，今属印度达曼－第乌邦）附近，与阿拉伯人和印度人的联合舰队爆发了大规模海战。当时葡萄牙仅有 19 艘军舰和 1 800 名士兵，而联合舰队则有 2 000 多艘各色船只和 20 000 多名士兵。然而联合舰队的武器技术和海战经验都远逊于葡萄牙海军，其内部更是矛盾不断。海战的结果是葡萄牙人大获全胜。这标志着葡萄牙正式开始建立起在印度洋的殖民帝国。

四、葡萄牙的香料帝国

当时欧洲王室和贵族非常依赖亚洲商品，比如丝绸、茶叶、瓷器、象牙、黄金、玳瑁等，尤其是香料，在欧洲上流社会广受欢迎。然而欧洲人却拿不出对等的商品销往亚洲。这决定了欧亚海上贸易的模式——葡萄牙人的基本工作就是把亚洲的商品贩运到欧洲，赚取中间差价。为了尽可能地牟

[①] 王加丰：《西班牙、葡萄牙：帝国的兴衰》，第 48 页。

取暴利，葡萄牙人必须尽量在亚洲压低商品的收购价格，并尽量在欧洲抬高商品的收购价格。要实现这点，只有一个办法——垄断。

第一，为了排挤竞争者，葡萄牙人在印度洋四处出击，无差别地劫掠来往船只。这深刻地改变了亚洲海上运输的模式。按照《剑桥东南亚史》的说法，过去印度洋的海上商路相对和平。在这种和平环境中，阿拉伯人和印度人大多采用了吃水较深的大型帆船，其好处是运载量较大，坏处是灵活性较差。

但这些大型帆船此时却变成了葡萄牙人肆意抢劫的猎物。因此印度人和阿拉伯人不得不放弃划算的大型帆船，而采用速度快、吃水浅、运量小的船只，以便能够在遇上葡萄牙人时尽快逃离，即便遭葡萄牙人捕获也不至损失太大。"到16世纪，葡萄牙的船只越来越大，而东南亚国家的帆船则越来越小。……帆船的消失是东南亚参与大规模国际贸易能力下降的最直观的表现。"[1] 可以得出结论，**不像很多人以为的那样，葡萄牙人的到来并没有促进印度洋周边的商业往来和文化交流，相反，他们大大削弱了印度洋周边民族的交流。**

第二，为了避免葡萄牙人之间的竞争（这样会抬高在亚洲收购商品的价格），王室设立专营公司，出面垄断商品贩运事

---

① 塔林主编：《剑桥东南亚史·第1卷·从早期到公元1800年》，第392页。

业。这种模式一直持续到 1533 年。为了刺激欧洲商人的积极性，葡萄牙政府改变政策，只要求商人按照规定价格转售 1/3 的商品给王室，其余部分由商人自由支配。

第三，为了减少中间环节，葡萄牙人开始殖民东南亚的香料产地。其中，马鲁古群岛（Moluccas，又译为"摩鹿加群岛"）位于今天印度尼西亚东部，赤道从中穿过，气候湿热多雨，很适合香料作物的生长，素有"香料群岛"的美名。1562 年和 1564 年，葡萄牙先后吞并了其中的安汶岛（Ambon）和特尔纳特岛（Ternate），基本控制了整片马鲁古群岛。这使得葡萄牙人能够以最低的价格收购香料，比如胡椒在当地的收购价格竟然只有里斯本售价的 1/25。

第四，为了掌控整条贸易线，葡萄牙人占据了马六甲海峡。来往商船但凡稍有不顺从者，他们就没收其货物，焚毁其船只，把船员卖为奴隶。在统治马六甲 100 多年的时间里，葡萄牙人通过多种方式榨取了天量的财富。其一，对来往商船征收高额"过路费"。

> 船舶来境，须纳人头税，凡船员少于 5 个马来人的，每人纳人头税半个里尔，超过 5 个人的船舶，须纳 3 葡元；爪哇人和马六甲人免税；所有船只都须付下碇费，这项收入由国王赏给达·伽马的后裔；所有出境船舶须付许

可证费。对于像英国这些与葡萄牙敌对的国家的人，葡萄牙人勒索得更厉害。1636 年，他们要求在澳门、马六甲和果阿等港口的英国东印度公司的商船纳税，税率有时为 9%，有时为 20%。[①]

其二，规定所有通过马六甲海峡的商船必须停下来低价出卖一部分货物，以便尽可能廉价地获取亚洲商品。

> 16 世纪里，葡萄牙在马六甲的税收不断攀升。1544 年以前，向来自印度的所有货物征税 6%，但运往中国的货物中有 1/4 必须打 8 折卖给葡萄牙人。……从 1547 年起，对从孟加拉来的货物的征税增至 8%，从中国来的货物增至 10%。这样，马六甲的税收每年达到了 2.75 万杜卡特，到 1600 年竟达到 8 万杜卡特。[②]

在亚洲掠夺的财富滚滚流向葡萄牙王室，根据当时欧洲人的描述，曼努埃尔一世"奢侈和豪华，是罗马皇帝以来从未有过的。他的宫殿是最华丽的，他的宴会是最奢侈的，他的大使是欧洲最阔气的"。与之形成鲜明反差，亚洲人民付出了不可计

---

① 王加丰：《西班牙、葡萄牙：帝国的兴衰》，第 57 页。
② 王加丰：《西班牙、葡萄牙：帝国的兴衰》，第 56 页。

数的血汗。1511年，马六甲是一座拥有10万人口的大城市，葡萄牙人到来后，它的人口迅速下降到只有原来的四分之一。直到葡萄牙统治终结之时，马六甲的人口也没有超过3万。[1]

1546年，一位来到安汶的耶稣会教士就这样写道："在摩鹿加，人们对葡萄牙语的了解，只限于'掠夺'这个动词的变化。"[2] 英国史学家霍尔也指出：

> 休·克利福德爵士曾经描述葡萄牙人是以公开掠夺的方式涌入亚洲的。他们对穆斯林的"圣战"热忱，激励了而不是抑制了他们的残暴和肆无忌惮的暴行。他们在马鲁古犯下的罪行，甚至连他们自己的历史学家也感到羞愧。在那里，他们的不公平的贸易手段，迫使当地人民起来反抗。[3]

五、卡萨督斯与黑奴

葡萄牙是一个欧洲小国，人口不多，却意外地控制了从东南亚到非洲东海岸，再到欧洲西海岸的远洋商路，其殖民帝国的范围东至今天的印度尼西亚，西至今天的巴西。本土之狭小

[1] 塔林主编：《剑桥东南亚史·第1卷·从早期到公元1800年》，第388—389页。
[2] 王加丰：《西班牙、葡萄牙：帝国的兴衰》，第59页。
[3] 霍尔：《东南亚史》，第309页。

与殖民地之广阔，形成了鲜明的反差。这导致葡萄牙根本严重缺乏维持海外殖民帝国的力量。1610 年，葡萄牙在全球范围内只有区区 6 000 名海员，除了澳门等极少数例外，葡萄牙人没有在海外建立大型殖民点。[①]

为了解决海外人员不足的问题，葡萄牙人做了两件影响深远的事情。

第一件是与当地人通婚。"果阿公爵"阿方索·阿尔布克尔克（Afonso de Albuquerque，Duke of Goa）就曾鼓励葡萄牙男子与皈依基督教的印度雅利安族妇女通婚。他认为这类婚姻可以为葡萄牙在亚洲培育忠实的后代，以解决殖民地劳动力短缺的问题。那些迎娶亚洲妇女的葡萄牙男性被称为"卡萨督斯"（Casados）。这种做法影响到后来的荷兰殖民者，荷兰人甚至愿意挑选卡萨督斯的女性后代为妻子。"到 17 世纪，这种混血文化流行于欧洲人所控制的城市和大多数亚洲贸易港口。"[②]

如果说第一件事尚不违背人类基本道德底线，那么第二件事则可以说罪大恶极了。

葡萄牙人开创了近代大规模奴隶贸易的先河。他们将成千上万的非洲人运往巴西，充当甘蔗种植园的奴隶。后来的欧洲

---

① 〔美〕丽贝卡·斯蒂福夫：《达·伽马和其他葡萄牙探险家》，吕志士、马建威译，北京：世界知识出版社，1998 年，第 134—135 页。
② 塔林主编：《剑桥东南亚史·第 1 卷·从早期到公元 1800 年》，第 303 页。

图 1-4　为纪念恩里克逝世 500 周年建造的"发现者纪念碑"，位于里斯本特茹河河口北岸，这里是葡萄牙殖民者东去的帆船起航之地

其他国家的殖民者纷纷效法葡萄牙人的先例，利用奴隶在美洲和亚洲建立了各种农业种植园。这些种植园改变了当地的土地所有制结构和农业生产模式，直到今天仍然是当地现代化道路的巨大障碍。

第二章　探险家的"浪漫"与残忍

> 西方独眼龙强盗的形象，
>
> 就是源于西班牙殖民美洲的一群地痞流氓。

葡萄牙与西班牙能成为欧洲近代史上首批海洋霸主，并不是因为他们的人文主义和科学精神，而是来自他们的宗教狂热。相对于葡萄牙，西班牙宗教战争道路更加曲折，他们与摩尔人的纠纷持续了八个世纪。直到 1492 年 1 月 3 日，西班牙人才征服了信奉伊斯兰教的格拉纳达王国，完成了收复失地运动。几乎与此同时，西班牙人也瞄上了深邃的大海。当年 10 月 12 日，克里斯托弗·哥伦布达到了美洲。

相较于葡萄牙殖民者奴役亚洲人民，西班牙强盗对于美洲的掠夺更具有"全新的"历史意义。毕竟欧亚大陆两端的文明交流古已有之，美洲却是几乎完全陌生的新世界。印第安人长期生活在欧亚文明之外，也没有经历过欧亚民族残酷血腥的战争。尽管印第安民族之间互有功伐，但相对来说还是和平安宁的。美洲大陆对于印第安人而言足够富饶，他们不需要频繁地争夺生存资源，没有大规模战争的经验，也就无法在战争的刺激下变革社会组织或发明高效的掠夺工具。

印第安社会是相对原始和低效的。相较于狡诈善变、习惯杀戮的欧洲人，印第安人显得如此单纯质朴。这反过来使他们在欧洲强盗面前脆弱不堪。印第安民族的灭亡史深刻地警醒我们：生于忧患，死于安乐，一个民族的韧性往往造就于外部压力的磨炼。

一、"我选择下地狱"

1492 年 10 月 12 日，哥伦布的船队经过两个多月的航行，终于来到了今天的圣萨尔瓦多岛（San Salvador Island，处于巴哈马群岛中部）。当地土著好奇地前来围观这群远道而来的陌生人。哥伦布在日记里这样描述当时的场景：

> 我们意识到他们是将被解救的人。为了让他们感到我们是友好的，我们不用武力只用仁爱就可以让他们皈依我们的神圣教义，我给了他们中的一些人几个小红帽，一些

玻璃珠，他们立刻就挂在颈上了。我还给了他们一些价值不高的小东西，他们看到这些东西非常高兴，立刻变成了我们的朋友，真是奇迹！

一个相对封闭的民族对于外来的新鲜事物总是那么好奇，以至于让哥伦布产生了某种错觉，以为用小恩小惠就可以使他们皈依上帝。哥伦布接着评估起了当地人的战斗力：

后来他们游泳来到我们的舢板上，用带来的鹦鹉、成团的棉线和梭镖等东西，交换我们的玻璃珠子、驯鹰铃等物品。事实上，他们带来的是自己拥有的全部东西，他们已友好地把拥有的一切给了我们，但在我们看来，他们很贫穷。他们赤条条的就像母亲生下他们时的样子，连女人也这样，虽然我只见到一个年轻的女孩，其他都是男青年，没有一个超过30岁的。他们长得很结实，身材魁梧，面貌英俊，他们的头发粗得像马尾一样，而且很短，前面留到眼眉之上，后面披着几束不曾剪过的长发缕。有的人身上染成黑色，他们本身的肤色像加那利人，不黑也不白，但有人涂成白色，还有人涂成红色或其他的颜色。他们有的只涂脸，有的涂全身，有的只涂眼部，有的涂鼻子。他们不带武器，也不懂什么是武器，因为我让他们看我的剑时，他们由于无知，竟用手去抓剑刃而受了伤。他们没有铁；他们的长矛只是一群没有铁头的棍棒，有的长矛头上装着一根鱼齿骨，有的长矛头上削成各式各样的尖梢。他们一般都很高大，相貌端正，比例匀称。我见到有的人身上带着伤疤，就用手势问他们这是什么造成的。他们比划着告诉我说，附近岛屿上有人来俘虏过他们，他们进行自卫而受过伤。①

这就是欧洲人对于美洲印第安人的最初印象。后人把巴哈马群岛上的印第安人称为"泰诺人"（Taíno），划为阿拉瓦克人（Arawak）一系，把他们使用的泰诺语划进阿拉瓦克语系（Arawakan）。

通过哥伦布的描述，我们可以看出泰诺人有几个特点。

第一，泰诺人的社会发展程度比较低，还带有原始社会的特征。他们的生产工具十分落后，以石器为主，很少采用青铜器。不过相对于周边的印第安人来说，泰诺人的生产力水平还是比较高的，他们有成熟的渔业和畜牧业，还懂得开垦农田。他们能够种植木薯、红薯和玉米，能够培育蔬菜水果。

第二，泰诺人比较热情好客，能够友好地对待外来人。因

---

① 转引自王加丰：《西班牙、葡萄牙：帝国的兴衰》，第 100—101 页。

此哥伦布才会说，"他们带来的是自己拥有的全部东西，他们已友好地把拥有的一切给了我们"。

第三，也是更重要的，虽然泰诺人和其他印第安民族时有摩擦，但大体而言，他们都是和平的民族。因此哥伦布会看到，这些印第安人"不带武器，也不懂什么是武器"。

淳朴的泰诺人热情地接待了哥伦布一行，他们不知道，这些白皮肤的欧洲人对自己而言意味着什么。毕竟任何善良的人都不可能用正常的伦理道德来揣摩当时的欧洲人。两天以后，哥伦布就在日记里露出了他的真面目："这些人根本不会摆弄武器，用上 50 个人就能全部征服他们，使他们做我们想要他做的任何事情。"①

哥伦布说得没错，仅仅 20 年功夫，西班牙人就用屠刀和瘟疫血洗了圣萨尔瓦多岛。至 1548 年，这个加勒比地区的泰诺人只剩下不到 500 人。16 世纪的西班牙档案就已经宣布泰诺人已经灭绝。尽管后来时不时有关于泰诺人事迹的零星报道，但作为族群的泰诺人不复存在了。

葡萄牙人在亚洲的所作所为是极端恶劣和残酷的，但比比西班牙人在美洲干的好事，葡萄牙人还真算"节制"了。

有一件事实很能反映西班牙匪徒在当地人心中的形象。

① 转引自王加丰：《西班牙、葡萄牙：帝国的兴衰》，第 100—101 页。

1511年，哥伦布的长子迭戈·哥伦布派遣副手贝拉斯克斯（Diego Velázquez de Cuéllar）率领300人，不好意思，应该是300头禽兽入侵古巴。

贝拉斯克斯捉住了一位从海地逃难到这里的印第安酋长，名叫"阿图埃伊"。西班牙匪徒把阿图埃伊酋长绑在柱子上，让一名教士向他讲解基督教教义。教士对酋长说："如果你信仰上帝，按照上帝的旨意做事，那么你就能上天堂，在天堂里享受快乐和富贵。如果你不皈依上帝，你就会下地狱，在地狱里遭受无穷无尽的痛苦和折磨。"

酋长想了一下，问教士："你们基督徒是不是也要上天堂？"

教士回答："善良的基督徒当然会上天堂啊。"

听完这句话，酋长毫不犹豫地回答："那么我选择下地狱，我实在不想看到那些可怕的'善良基督徒'。"①

……

这个故事只是千万印第安血泪中微不足道的一滴。随行的西班牙天主教神甫拉斯·卡萨斯（Las Casas）曾描写他所见到的恐怖景象：

> 他们（西班牙人）闯进村庄，见到老少、孕妇和产妇

---

① 参见〔西〕巴托洛梅·德拉斯·卡萨斯：《西印度毁灭述略》，孙家堃译，北京：商务印书馆，1988年，第28—29页。

便挑破他们的肚皮，然后剁成碎块，犹如宰割畜栏中的羔羊。歹徒们还打赌，看谁能一刀把人从中间劈开，谁能一下子砍掉人头或开膛破肚。他们还从母亲怀中把吃奶的婴儿夺走，提起孩子的双脚往石头上摔。还有一些人从背后将孩子推下水，一面狞笑，一面戏弄他叫道："狗娘养的，下去吧！"西班牙人还用利剑把母亲连同怀中的婴儿一起刺穿，用力之猛，如果他们前面还有别人，也会一起被刺伤的。暴徒们还做了一些长架，把印第安人每13个一排，吊在一个架上，双脚稍离地面，在脚下放上柴草，点上火，以上帝和其十二使徒的名义把他们活活烤死。另一些西班牙人则把印第安人全身捆上干草，然后点火把他们活活烧死。对那些企图逃跑的人，暴徒们便砍掉他们的双手，然后把手挂在肩上，对他们说："这就是信，快给那些逃跑的人送去吧！"意思是叫那些已逃进山里的人感到恐惧。①

西班牙暴徒的兽行让他们的同胞卡萨斯都看不下去了，因此卡萨斯发出了这样的感慨：

无论什么语言，什么宣传工具和人类的新技术都不

---

① 拉斯·卡萨斯：《西印度毁灭述略》，第21页。

足以表现这些人类不共戴天的敌人在那片土地上同时在几个地方一起犯的，或在不同时间分别犯下的令人发指的罪行。他们的罪恶真是惨绝人寰，再大的智慧，再多的时间，再好的文笔也难以述尽。[1]

贝拉斯克斯花了三年时间，征服了古巴，他成了首任西班牙驻古巴总督。在西班牙人到来以前，古巴约有 30 万印第安人。短短三十多年时间，1548 年，那里的印第安人基本灭绝。

不只是古巴，整个加勒比地区的印第安人都遭受了同样的命运。不同于美洲大陆的印第安人，这些岛上的原住民四面环海，他们在西班牙匪帮的屠刀面前无处可逃。古巴东北面的巴哈马群岛在短短 12 年时间里，印第安人就几乎绝迹了。[2]

二、特诺奇蒂特兰城的废墟

相比北美和加勒比地区的印第安部落，中美洲的印第安社会要发达得多。比如位于今天墨西哥的阿兹特克人就创造了丰富灿烂的文化艺术和缜密有序的社会组织。

---

① 拉斯·卡萨斯：《西印度毁灭述略》，第 38 页。
② 王加丰：《西班牙、葡萄牙：帝国的兴衰》，第 110 页。

按照阿兹特克人和玛雅人的古老宗教信仰，他们有个守护神"克查尔科亚特尔"（Quetzalcoatl 或 Ketsalkoatl），直译过来就是"羽蛇神"。"Quetzalcoatl"这个词由大咬鹃（Quetzal）与蛇（Coatl）组合而来，克查尔科亚特尔兼具鹃和蛇的特点，是浑身长满羽毛的蛇。他象征着生命、光明和智慧，掌管着人世间的播种、收获，让人们五谷丰登。

相传在第五太阳纪时期（即现世），羽蛇神克查尔科亚特尔和他的孪生兄弟金星神肖洛特（Xolotl），一起下到冥界取回了人类的遗骨，创造了新人类。羽蛇神教给阿兹特克人各种知识，帮助阿兹特克人建立神庙，让阿兹特克人的生活富足美满。

不幸的是，狡诈的黑暗之神泰兹卡特里波卡（Tezcatlipoca）联合了战争神威齐洛波契特里（Huitzilopochtli）、妖神特拉克胡潘（Tlacahuepan），篡夺了羽蛇神的王位。这三位神喜怒无常，他们把黑暗、战争和巫术引向人间，让人们采用活人祭祀，他们常常让富裕的人突然赤贫，让健康的人突然重病，让和平的部族战争连绵，让安宁的社会动荡颠沛。

失势的羽蛇神因此从海上离去了。他向阿兹特克人承诺：以后一定会回来，当阿兹特克人看到白皮肤、白胡子的人从海上而来时，不要惊慌，这是他化身为人形，前来解救阿兹特克人，让阿兹特克人回归幸福美满的乐土。

千年以来，阿兹特克人就在等候这个诺言，在等候羽蛇神的回归。当他们看到海上漂来白皮肤的西班牙人时，兴奋异常，以为羽蛇神终于实现了他的诺言，前来帮助阿兹特克人了。阿兹特克人为心目中的"神"接风洗尘，设宴款待，贡献了大量的金银器皿和棉皮制品。然而这尊所谓的"神"却来谋他们的财，害他们的命！

1518 年，古巴总督贝拉斯克斯派遣科尔特斯（Hernán Cortés）出征墨西哥。科尔特斯有位随从迪亚斯·卡斯蒂略（Bernal Diaz Del Castillo）后来写作了《新西班牙的发现与征服》一书。书中形容阿兹特克帝国的首都特诺奇蒂特兰（Tenochtitlan）的美丽雄壮超过了热那亚、佛罗伦萨和威尼斯等任何一座欧洲城市。[1] 卡斯蒂略说道：

> 我们沿堤道前行，这条堤道宽八步，不偏不斜直通墨西哥城。……
>
> 那地方不但旱地上有许多城镇，湖上也有许多城镇，湖上到处是小船，堤道上每隔一段距离便有桥，规模宏伟的墨西哥城就在前边；眼见这些令人惊叹不已的情景，我们不知说什么好，不知展现眼前的是否真实。……

---

[1] 李春辉：《拉丁美洲史稿》上卷，北京：商务印书馆，1983 年，第 29 页。

我们看见通到墨西哥城的三条堤道……我们还看见三条堤道上每隔一段距离所架设的桥梁，堤道两侧的水便是经桥下流动的。我们看见大湖里的无数船只，有的运来粮食，有的运回各种商品。我们看到，这座大城池与建在湖上的所有其他城池的房屋之间，仅靠木吊桥或独木船交通。我们看见那些城池内像塔楼和城堡那样耸立的神庙和神堂，全粉刷得白晃晃的，令人赞叹不已；我们还看见平顶的房屋，看见堤道上像城堡那样的小塔和神庙。

　　后来，我们在饱览这一切并仔细思忖之后，重又观看了大广场和广场上熙熙攘攘的人群，他们有的在购买，有的在售卖，人声嘈杂，几里地以外都能听到。我们兵士中有些人到过世界上许多地方，到过君士坦丁堡，走遍意大利和罗马；他们说，面积如此宽广、布局如此合理、人众如此之多、管理得如此并并然有序的市场，他们尚未见到过。[1]

卡斯蒂略的话没有任何夸张。在西班牙匪徒到来以前，特诺奇蒂特兰城占地超过 13 平方公里，有近 8 万人口。直到 1530 年，西班牙最大的城市塞维利亚也才 45 000 人。

---

[1] 〔西〕贝尔纳尔·迪亚斯·德尔·卡斯蒂略：《征服新西班牙信史》上册，江禾、林光译，北京：商务印书馆，1989 年，第 194、213 页。

就是这样一座凝结了无数中美洲印第安人血汗的城市，在1521 年遭到了西班牙匪徒的无情洗劫。这群强盗绑架了阿兹特克国王夸乌特莫克（Cuauhtemoc），逼他说出了宝藏的下落，夸乌特莫克宁死不从。于是西班牙人处死了夸乌特莫克国王，把他的尸体挂到树上示众，理由居然是"叛国罪"！

总之，西班牙人抢走了城里的一切财物，拆毁了城里的一切庙宇，在把城市付之一炬。在特诺奇蒂特兰城的废墟上，这群匪徒按照自己的恶趣味重建了一座具有欧洲拉丁风格的新城市，取名墨西哥城。

1535 年，新西班牙总督区成立，首府设在墨西哥城，它负责统治西班牙在中北美洲及加勒比地区的殖民地。首任总督是西班牙大贵族安东尼奥·门多萨（Antonio de Mendoza y Pacheco）。

三、零成本创业团队

南美洲的印加帝国代表了印第安文明的高峰。征服印加帝国的过程也更加符合西方殖民者的"浪漫"想象——探险、宝藏、诡计、争夺、反目成仇……这段历史为西方文学作品和影视剧提供了无数烂俗的情节，经久不息。

"浪漫"的主角是一个叫作弗朗西斯科·皮萨罗（Francisco

Pizarro）的人。

大概在 1471 年，可能是 1475 年，也可能是 1476 年或 1478 年，还有人说 1462 年，弗朗西斯科·皮萨罗出生在西班牙的一个叫作特鲁希略（Trujillo）的小镇。

人们之所以对于他出生年月众说纷纭，倒不是因为这个人特别神秘，而是因为他自己都不知道自己几岁。他是个私生子。

没有人会记得这场意外发生的具体时间。面对突如其来的惊喜，皮萨罗的母亲选择悄悄把惊喜放到了教堂门口，再装出一副不认识它的样子。

上天有好生之德，小皮萨罗还是在严重缺乏父爱母爱的环境中成长起来。他教育履历就像是山泉一样纯净无瑕，连正经胎教都没有接受过！

少年皮萨罗的主要职业是给人放猪，长大后还兼职敲诈勒索、收取保护费。按照当地人的传言，皮萨罗是靠喝母猪奶长大的，从小与猪相伴。这种说法当然是没有科学依据的，但它至少可以证明：在当地人的心目中，这小子太不咋地了！

因为在当地混不下去，青年的皮萨罗来到了港口城市塞维利亚。在当时，塞维利亚是一个承载着西班牙人"暴发户"梦想的地方。许多在家乡了无牵挂的西班牙街溜子都梦想着能从这里起航，实现自己一夜暴富的远大理想。

图 1-5　西班牙早期殖民者弗朗西斯科·皮萨罗的画像

皮萨罗很快加入了逐梦团队。他头脑灵活、作战英勇，依靠自己不断定义人类道德下限的特殊禀赋，在巴拿马赢得了一座种植园。

但是拥有远大的理想的皮萨罗会满足眼前的富贵吗？显然不会，他追求的是更大的富贵。富贵的方向在巴拿马的南边，那里有着黄金遍地的西班牙式美丽传说。

在招募合伙人时，皮萨罗遇见了一个叫作迭戈·德·阿尔马格罗（Diego de Almagro）的人渣。这个阿尔马格罗因为抢劫杀人而在家乡了无牵挂，同样逐梦海外。真是一对活宝！

这对活宝一拍即合，一起逐梦。一个小小的零成本创业团队，就这样建立起来了。很快，团队又招募了一个叫作埃尔南多·德·卢克（Hernando de Luque）的下流神甫，因而有了自己的狗头军师。

皮萨罗负责指挥团队，阿尔马格罗负责押运粮食、调试武器和训练兵卒，卢克负责四处化缘，给团队骗取经费。三人分工明确，团队的事业开始蒸蒸日上，很快就招募了一百多名地痞流氓。

1524 年 11 月，这一百多号流氓强盗，不对，应该叫作一百多名"探险家"，乘坐着两艘船，离开了巴拿马，踏上了前往南美洲寻找黄金的道路。

这伙人在秘鲁登陆后，毫不令人意外地在茫茫亚马逊热带雨林里头迷路了。沼泽四布、食物短缺、烟瘴缠绕、毒虫肆虐，皮萨罗团伙中的一些人因为饥饿难耐，甚至吃起了毒蘑菇。

在因为疾病和营养不良死了二十多个人以后，皮萨罗团伙终于在森林深处发现了一些亮光。那里坐落着一个印第安人的一个小村庄。西班牙人发疯似的冲进村庄，激动地把里头的玉米和椰子统统据为已有。

村民们看到这伙西班牙梦想家饿狼扑食的样子后，小心翼翼地比划着问了他们一个直击灵魂的问题："你们为什么不待在家里种自己的地，而要跑出来到处抢劫那些从来没有伤害过你们的人？"①

其实答案倒也简单，就在这些印第安人手脚或脖子上挂着的、闪着黄白光芒的金属小物件上。这些西班牙匪徒要的就是这些东西，哪怕丧命也在所不惜。套用莎士比亚的台词：

> 金子！黄黄的、发光的、宝贵的金子！……这东西，只这一点点儿，就可以使黑的变成白的，丑的变成美的，错的变成对的，卑贱变成尊贵，老人变成少年，懦夫变成勇士。②

就是金子，一个跟上帝等价的东西，西班牙匪徒敢于为了它而践踏一切人世间的法律和道德，又怎么会因为小小的困难而退缩呢？

经过六个多星期的折腾，皮萨罗团伙终于等到了补给，重整

---

① 〔美〕普雷斯科特：《秘鲁征服史》，周叶谦等译，北京：商务印书馆，2009年，第186—187页。
② 〔英〕莎士比亚：《雅典的泰门》，《莎士比亚全集》第4卷，朱生豪译，北京：人民文学出版社，2010年，第142页。

队伍继续南下。这回他们学乖了，不敢随便登陆，而是沿着秘鲁的海岸线小心翼翼地前进。一直行驶到某处海岬，皮萨罗才下令抛锚。他看到海滩后面的丛林中貌似有几条道路，判断这里一定有人居住。于是，西班牙人列队下船，向丛林深处摸索前进。

事实证明，皮萨罗确实有眼力见，这里确实有一个印第安部落，而且是一个比较大的印第安部落，这没有问题。唯一的问题是，这里的印第安人可比之前碰到的那些武德充沛得多。招呼西班牙人的不再是玉米、椰子或者金银首饰，而是弓箭、投枪和石块。

一顿招呼下来，西班牙人死了好几个。更要命的是，印第安人很快就发现皮萨罗就是首领，于是纷纷慷慨解囊，把手里的各种投掷物贡献给他。这一仗下来，尽管皮萨罗身披甲胄，仍然至少受了七八处伤。

他的合伙人阿尔马格罗则不幸瞎了一只眼睛。也许这个"杰出的"西班牙探险家这辈子对于全人类做出的最大贡献，就是为西方小说漫画和影视剧提供了"独眼龙强盗"的形象。可惜了印第安人的投枪不够锋利，没有一下子戳死这个人渣。

总之，皮萨罗团伙第一次逐梦南美的尝试，就这样失败了。他们也不是一无所获，除去搜刮了一些金银首饰以外，皮萨罗团伙得到了更加确切的信息——南美大陆深处确实存在一个繁荣的国家，那里有的是他们梦寐以求的黄金。

四、"神圣"协议

总结了上次失败的教训后，皮萨罗一伙人意识到，没有巴拿马总督佩德拉里亚斯·达维拉（Pedrarias Davila）的支持恐怕是不行的。

于是，在狗头军师卢克神甫的耐心说服下，总督大人终于批准了这个零成本创业团队。为了表明决心，团队的三个骨干皮萨罗、阿尔马格罗和卢克还拟定了一份神圣的协议。

1526 年 3 月 10 日是这份协议签字的时刻。三人分别用手指在弥撒书上划了一个十字，对着主耶稣和圣母玛利亚发誓：将来他们会平分印加帝国的土地、财物和其他一切税收。

尽管这三个人渣连印加帝国具体在哪里、到底有多大、统治者是谁、有哪些资源，都统统不知道，但这一点也不妨碍他们就这样把帝国瓜分了。为了显示瓜分协议的神圣性，他们还煞有介事地平分了一块圣饼。据当事人的说法，围观群众都被这些探险家甘于奉献、自我牺牲的精神感动到热泪盈眶。[1] 然而事实将会证明，在西班牙匪徒忠贞不二的"弃约精神"面前，主耶稣和圣母玛利亚并没有什么用。

---

[1] 普雷斯科特：《秘鲁征服史》，第 199 页。

签字仪式结束后，皮萨罗团伙就着手准备第二次逐梦南美了。他们购买了两艘更大的船，招募了160多个地痞流氓，再次踏上了前往秘鲁寻找黄金的道路。

这次皮萨罗团伙又困在了一个孤岛上，再次深陷饥饿和疾病。绝大多数人都认为，我们还是不要再冒险了，搞不好黄金没找到，小命都要丢了。但这绝不符合皮萨罗的性格。

皮萨罗本来就一无所有，他从小与猪相伴，最懂得"手里没把米，叫鸡都不来"的道理。黄金对于他来讲意味着一切，要是没有黄金，他就永远都是别人眼里的野种。

皮萨罗索性拔出了宝剑，在地上划了一条线。他对随行的流氓无产者摊牌了：

> 伙计们！线的那边是劳累、饥饿、衣不蔽体、狂风暴雨、荒凉甚至死亡，线的这边则是安逸和欢乐。然而线的那边却有着富饶秘鲁，线的这边只是贫瘠的巴拿马。
>
> 选择吧，诸位！做个勇敢的卡斯蒂利亚人最适合去做的事情。
>
> 我本人选择南方，选择线的那一边！ ①

说完这番话，皮萨罗就跨到了线的另一侧。很快有13个

① 普雷斯科特：《秘鲁征服史》，第218页。引用时对译文略有改动。

人站在了皮萨罗一侧。后来某些无耻的西方史学家把他们称为"十三勇士"。

在这十三太保的扶持下，皮萨罗熬过了重重考验。这次，他们终于到达了梦中的乐园——印加帝国。与之前的蛮族不同，印加帝国有整齐的街道和巍峨的宫殿，印加人穿着精细的棉毛纸品，用着精致的器具。在这里，欧洲人还第一次见到了秘鲁驼羊！

不同于那些蛮族，印加人十分好客，他们热情款待了西班牙人，不仅为皮萨罗团伙提供了丰富的食物，还表演了优美的舞蹈。

总之，印加帝国的繁荣让西班牙匪徒兴奋不已。皮萨罗一下子有了信心，这次他要找一个更大的后台。

1528年，皮萨罗回到了阔别已久的西班牙，这个原本令他了无牵挂的国度。了无牵挂到什么程度呢？皮萨罗在塞维利亚刚一上岸，就被人五花大绑关了起来——你小子欠了我一屁股债，还敢回来啊！

然而，此时的皮萨罗早已不是当年的吴下阿蒙了。他开始吹嘘秘鲁如何如何遍地黄金，西班牙王室听闻消息后，立马就展现出了灵活的道德底线和更加灵活的法治精神。终于皮萨罗见到了国王查理一世。

请注意，西班牙国王查理一世，就是神圣罗马帝国皇帝查理五世。以中世纪的眼光看，查理五世是一方雄主。三年前，1525 年，他指挥德意志大军在帕维亚战役（Battle of Pavia）生擒了法兰西国王弗朗索瓦一世。千万别误会，这位德意志皇帝平常说法语，不存在"法国人唯一能听懂的外语就是德语"这个问题。

总之，此时的查理五世或者说查理一世意气风发。作为德意志的皇帝、西班牙的国王、尼德兰的执政和意大利北部城市的大公，他相信自己才是"天选之子"，有义务代表基督教世界打败一切"异教徒"和消灭一切"异端"。因此查理五世迫切地需要大把大把的金银来维持自己的霸主地位，听到皮萨罗的报告，顿时心花怒放，直接册封了皮萨罗等人一堆头衔，还给皮萨罗发了一张特许状。

得到了国王的支持，皮萨罗招募了将近两百名的正规士兵，还认了两个同父异母的弟弟贡萨洛·皮萨罗（Gonzalo Pizarro）和埃尔南多·皮萨罗（Hernando Pizarro）当作副手。在准备妥当后，1531 年 1 月初，年近六十岁的皮萨罗第三次踏上了征服秘鲁的道路。

五、装满牢房的黄金

前往印加帝国的道路已经侦察好了，现在的问题是皮萨罗只有不到 200 名士兵，面对的却是拥有 600 万人口的印加帝国。怎么凭借这区区 200 人，一举征服如此庞大的帝国呢？

皮萨罗耍起了阴谋诡计，他派人捎信给印加皇帝阿塔瓦尔帕（Atahuallpa），约皇帝在卡哈马尔卡（Cajamarca）河谷的西班牙营地当面谈判。

阿塔瓦尔帕在一年前刚刚以十分残忍狡诈的方式赢得了内战，夺取了印加皇位。按照道理来讲，西班牙人如此拙劣的计谋绝对骗不了他。但令人费解的是，他就是上当了。阿塔瓦尔帕不仅答应了西班牙人的谈判要求，还把大多数军队留在了城外。

西班牙人预先埋伏好了军队，就等着印加皇帝上钩。1532 年 11 月 16 日，双方在卡哈马尔卡（Cajamarca）河谷的西班牙营地会面了。狡猾的皮萨罗先派遣随军牧师维森特·德·巴尔维德（Fray Vicente de Valverde）上前劝降。

这个神甫一手端着《圣经》，一手握着十字架，上来就跟印加皇帝阿塔瓦尔帕滔滔不绝地讲起了基督教教义。他不厌其烦地从上帝创世谈起，一直谈到耶稣钉死十字架后又升天。最后，巴尔维德神甫露出了真面目，他要求印加人必须改变错误的信仰，必须皈依天主教，接受罗马教皇的谕令，向西班牙国王查理一世称臣，以获得查理一世的庇护。

尽管印加皇帝阿塔瓦尔帕不理解什么是三位一体，什么是道成肉身，但他还是一下子就明白了对方的来意——西班牙强盗所谓的谈判，就是让他放弃皇位，向外国君主投降。印加皇帝气愤地回答道：

> 我决不向任何人称臣！我比世上一切王子都伟大。你们的皇帝或许是伟大的，看到他派遣臣民远渡重洋时，我对此并不怀疑。我愿以兄弟之礼相待。至于你谈到的那位教皇，他一定是个疯子，因为他说要把不属于他的国家赠送旁人。

印加皇帝接着高傲地说道：

> 我决不改变自己的信仰。如你所说，你们自己的神被他创造的人处死。但是我的神仍居天宫，保佑着他的孩子们。

说道气愤之处，阿塔瓦尔帕啪啪地把《圣经》扔在地上，向神甫大声呵斥道：

> 告诉你的伙伴们，他们务必把他们在我的国土上的所作所为向我交代。我要对他们干下的大小坏事统统加以清算，直到我完全满意为止。否则，我就不走！

应当承认，印加皇帝阿塔瓦尔帕的回答有礼有节，掷地有声。然而他终究不明白，理论上罗马教廷超越一切世俗政权。印加人无论如何都理解不了，为什么远在天边的罗马教廷居然能够对他们指手画脚，居然能够要求他们把国家贡献给毫不相干的西班牙人。在狂热的欧洲人眼里，只要奉行上帝的名义，再怎么丧尽天良的事情都是善举，要求印加帝国臣服这种区区小事，又算得了什么呢？

巴尔维德一溜烟跑回到了西班牙匪帮头子皮萨罗那里，他添油加醋地向皮萨罗汇报了一通，然后狂妄地叫嚣：

> 你没看见我们跟这只骄横至极的狗在枉费口舌时，印第安人大批开进来，把田野都挤满了吗？立即行动吧！我宣告你无罪。①

皮萨罗要的就是这句话，既然上帝都赦免他无罪了，那么任何人世间的道德伦理都没有办法再约束他！皮萨罗挥舞着一块白色的头巾，这是事先约定的暗号。西班牙伏兵看到这个信号，一齐杀出，结结实实打了印加人一个措手不及。

印加士兵虽然人数众多，但他们手里只有简陋的石器和青

---

① 普雷斯科特：《秘鲁征服史》，第 328—330 页。

图 1-6　印加皇帝阿塔瓦尔帕被西班牙征服者弗朗西斯科·皮萨罗俘虏的画作

铜器，西班牙人的枪声和炮声令他们阵脚大乱。在乱军中，皮萨罗俘虏了阿塔瓦尔帕皇帝。

按照西班牙匪帮的条件，印加人想要赎回他们的皇帝，就必须用黄金把关押皇帝的牢房填满！

印加人真的这么做了！他们贡献出了几乎所有的黄金。前往印加帝国首都库斯科（Cuzco）押送黄金的西班牙士兵和公证人，竟然闯进了太阳神庙，把神庙里的黄金饰品统统撬了下来，席卷一空，总计掠走了 700 多块金板。[1]

---

[1]〔美〕金·麦夸里：《印加帝国的末日》，冯璇译，北京：社会科学文献出版社，2017 年，第 157 页。

据估计，为了赎回皇帝，印加人足足贡献了大约1.3万磅黄金和2.6万磅白银，足以填满三座牢房。[1] 然而，他们错了。葡萄牙绑匪的特点不是拿钱放人，而是拿钱撕票。这个规律同样适用于西班牙绑匪。

于是，西班牙绑匪拿到了黄金和白银以后，"灵活地"履行了契约，在1533年8月29日，绞死了印加皇帝阿塔瓦尔帕。阿塔瓦尔帕的死是一个缩影，这件事证明了，美洲大陆的原住民信奉的世界秩序和交往规则，在欧洲人眼里一文不值。与以往野蛮的草原民族不同，欧洲人不仅善于不讲信用、无视规则，更善于发明各种哲学理论，把"不讲信用""无视规则"的大帽子扣到对手头上。

阿塔瓦尔帕死后仅仅两个半月，1533年11月15日，西班牙匪徒攻破了印加帝国的首都库斯科。他们洗劫了整座城市，把值钱的东西抢劫一空，更拆毁了太阳神庙，践踏了一切印加文化，其他诸如庙宇、陵墓和宫殿等都在劫难逃。

接着，皮萨罗在利马河畔建立了利马城，作为殖民政府的首都。皮萨罗团伙只把1/5的黄金交给了西班牙王室，把剩下的4/5瓜分了。

不甘屈服的印加人发动了一次一次的起义，直到1572年

---

① 李春辉：《拉丁美洲史稿》上卷，第65页。

才被西班牙匪帮的火枪彻底碾压。

十分讽刺的是，尽管签署过"神圣的"瓜分协议，但皮萨罗团伙还是很快因为分赃不匀而内讧了。他的老伙计阿尔马格罗因为晚来一步，分到的黄金不多，一怒之下，索性反了。1538 年，皮萨罗俘虏并处死了阿尔马格罗。三年以后，1541 年，他又被阿尔马格罗的手下杀死了。皮萨罗的两个弟弟也没有好下场，1548 年，贡萨洛·皮萨罗因为反叛殖民地总督而被砍头，埃尔南多·皮萨罗则在大牢里度过了余生。真是恶有恶报！只不过这个恶报对于印加人来讲，毫无意义。①

1542 年，秘鲁总督区设立，负责统治南美洲的西班牙殖民地。印第安人更大的苦难才刚刚开始。

总结一下，皮萨罗、阿尔马格罗代表了那个时代欧洲探险家的一般形象。他们的所作所为对于后来西方的文学和影视艺术产生了深远的影响。

我举一个看似风马牛不相及的例子。许多人喜欢看金庸武侠小说，对于《雪山飞狐》《连城诀》和《鹿鼎记》里头争夺宝藏的故事，以及明霞岛、冰火岛等海外孤岛的故事如数家珍。但大家也许没有意识到，中国传统侠义小说里头完全找不

---

① 关于皮萨罗兄弟在秘鲁的生平事迹，可参见 Rafael Varón Gabai, *Francisco Pizarro and His Brothers: The Illusion of Power in Sixteenth-Century Peru*, Translated by Espinoza, Javier Flores, Norman: University of Oklahoma Press, 1997。

到这些元素。

航海、孤岛、宝藏、复仇……这些灵感完全来自西洋小说家，比如大仲马。它们都是西方大航海时代和地理大发现的产物，不可能产生于中国传统文化，因为我们没有相关的历史经验。

不同于小说里头那些快意恩仇的大侠，历史上皮萨罗、阿尔马格罗之类的探险家就是一群地痞流氓、强盗土匪。只是需要强调，这些欧洲探险家道德水平虽然极其低下，但他们毕竟不是掌权者。尽管他们给美洲印第安人带来了深重的灾难，但灾难还不是毁灭性的。真正毁灭性的灾难来自西班牙、葡萄牙或荷兰、英格兰上流精英的文明统治。

第三章　银矿井底的鲜血与呻吟

欧洲强盗是怎么在一百年时间内，

"文明地"消灭拉丁美洲 90% 的印第安青壮年的？

　　欧洲殖民者远赴重洋无非是出于两个原因：第一，宗教狂热；第二，贪婪欲望。宗教狂热需要传教士，贪婪欲望需要武力抢劫。一手十字架，一手枪炮，一边读《圣经》，一边抢黄金，这看似矛盾的两面就共同构成了西方近代殖民史的基本元素。

　　《圣经》总是"普世"的，但抢劫却需要因地制宜。16 世纪亚洲的手工业生产远远胜过欧洲，亚洲能够出产欧洲上流社会亟需的香料、茶叶、瓷器等商品，欧洲殖民者只需要低价买入，高价卖出，就可以谋取暴利。相比之下，美洲的社会组织性较低，几乎不出产欧洲贵族迫切需要的商品。这决定了欧洲殖民者必须改变美洲的生产方式，按照自己的需要重构美洲经济体系。

为此西班牙匪帮给美洲带来了两类"全新的"事物：一是甘蔗等农作物种植园，二是金银等贵金属矿井。

一、世 界 银 都

1494 年 1 月，哥伦布在写给西班牙君主的信中就大肆吹嘘，在海地发展发展甘蔗种植园会有如何如何美妙的前景。仅仅过了半个世纪，甘蔗、棉花、可可、靛蓝、烟草等种植园就在美洲大陆遍地开花。

西班牙殖民者迫使印第安人放弃了他们传统的农业生产，把印第安人成批成批地赶进种植园和农作物加工厂。1516 年，海地出现了第一家制糖厂。1523 年，牙买加有了 30 家制糖厂，五年后波多黎各也出现了 10 家制糖厂。1542 年，海地出口的蔗糖达到 1 200 英吨[1]，16 世纪下半叶，古巴的蔗糖出口平均每年达 460 英吨。[2]

一句话，欧洲殖民者彻底摧毁了美洲的传统经济模式，在美洲植入了新的依附型经济模式。**这种依附型经济直到今天仍然没有得到根本的改变，它成了拉丁美洲现代化道路上最大的障碍。**

---

[1]　每英吨约合 1 016 千克。
[2]　以上数据来源于王加丰：《西班牙、葡萄牙：帝国的兴衰》，第 159—161 页。

与种植园经济的"发展壮大"几乎同步，采矿业也"繁荣"了起来，毕竟黄金白银是欧洲人入侵美洲的第一要务。1492年10月13日，在到达美洲的第二天，哥伦布就在日记里写道：

> 我尽力留神，看其中是否有黄金。我发现他们中有人鼻孔上挂着一小块黄金首饰，通过手势，我明白了往南或由南边绕过这个岛屿有一个拥有大量金罐的酋长。

很快，哥伦布就开始发疯似的寻找一个据说遍地黄金的岛屿，11月12日，他在日记里写道：

> 在这片土地上储藏着大量的黄金。随行的印第安人说，印第安人脖子上、胳膊上和腿上所戴的首饰上的黄金，就是从这个岛的一些地方开采出来的，这种说法并非毫无道理。这里也有宝石、珍珠和无数的香料。①

毫不夸张地说，哪里能闻到黄金白银的味道，西班牙强盗就往哪里钻。遗憾的是，印第安人生产工具落后，也没有发展出欧洲式的商品关系，黄金白银对于他们来讲只是圣物或装饰品。

---

① 转引自王加丰：《西班牙、葡萄牙：帝国的兴衰》，第163—164页。

西班牙强盗即便把印第安人手里所有的黄金都抢过来，也远远不能填满他们的欲壑。

既然印第安人手里的黄金白银不多，那么西班牙人就只有自己勘探开采了。1531 年，墨西哥米却肯州（Michoacán）发现了大型银矿，1550 年前后，墨西哥萨卡特卡斯州（Zacatecas）和瓜纳华托州（Guanajuato）又相继发现了大型银矿。秘鲁总督区的收获更加丰富，1545 年，西班牙人发现了举世闻名的波托西（Potosí）银矿（位于今天的玻利维亚）。这座超级银矿的产量后来一度占到了全世界总量的一半。西班牙国王查理一世在此建立了波托西城，一个世纪后，波托西城的人口就达到了近 20 万，是当时世界最大的手工业城市。

根据波托西皇家商业局的统计，1579 至 1635 年间，波托西银矿的平均日产值就达到了 3 万比索，王室按照 1/5 的税率征税，每年可以征收 200 多万比索。有一个西班牙矿场主为了迎接新任总督到来，竟用银子铺了一个十字路口。因为产银太多，银子变得比铁还贱。1612 年时，一个殖民地官员给国王写信说："在这儿，买一束纸需要付 10 个金比索，一个时钟要付 100 个金比索，一匹马要付 3 000 到 4 000 金比索。"[1]

大量金银的出土托起了西班牙王室极尽奢靡的生活，引

---

[1] 王加丰：《西班牙、葡萄牙：帝国的兴衰》，第 166 页。

发了欧洲社会的价格革命。为了保障财政收入，西班牙王室雇佣了大批官员监督贵金属的开采和征收工作。为了改进炼银技术，西班牙王室还在墨西哥设立了采矿学校。16世纪中期，西班牙人采用了一种新的炼银方法，用水银把白银从矿物中分离出来，大大提高了银矿开采效率。

总而言之，种植园一个一个被建立，金银矿一个一个被发掘，所有这些都迫切需要大量劳动力。一方面，西班牙殖民者在本国招募了大批恶棍无赖、地痞流氓、社会渣滓，负责监督管理种植园和金银矿的生产；另一方面，西班牙殖民者在美洲毁掉了印第安人的社区，像驱赶牲口一样把印第安人赶进了种植园和矿井深处。

二、委托监护制

早在1494年11月，哥伦布掳获了1 500名印第安土著，他从中挑选了500名精壮男女，贡献给西班牙女王伊莎贝拉。令哥伦布万万没想到的是，伊莎贝拉女王居然不接受自己的孝心。女王指使哥伦布可以向印第安人征税，但绝不可以把印第安人变成奴隶。

看起来，西班牙王室还是比那些跑到美洲烧杀抢掠的欧洲渣滓要"仁慈"一些。但女王的动机真的是因为奴隶制不

图 1-7 伊莎贝拉一世（1451—1504）

人道吗？非也！女王考虑到，如果允许海外殖民者采用奴隶制或者农奴制，那么他们变成一个个独立王国，不听王室号令怎么办？

当时的西班牙王室很害怕美洲也会重蹈欧洲封建采邑制度的覆辙。当年欧洲国王就是把土地分封给有功的军事贵族，这些封建领主在自己的土地上享受征税权和司法管辖权，甚至出现"封君的封君，非我的封君，封臣的封臣，非我的封臣"的现象。为了杜绝这种现象再次出现，西班牙王室想方设法强化本国对于殖民地的直接管辖权，也想方设法防止印第安土著人身依附于本国殖民者。

这就是伊莎贝拉女王"仁慈"的真相。面对女王的限制，哥伦布的对策也很巧妙，他抓住"允许征税"这点大做文章，发明了一种特殊的贡税制度。1495 年，哥伦布规定，在矿区，每个年满 14 岁的印第安人每 3 个月必须缴纳一定量的金砂，酋长必须多缴一些；在不产金的地区，每人每 3 个月必须缴纳25 磅棉花；凡已纳税的印第安人发给一张小牌，挂在脖子上作为凭证，未挂此牌的要处以死刑。[1]

大批印第安人为了缴足赋税，不得不投身于金矿开采或棉花种植园。因为女王的"仁慈"，奴隶制确实没有出现，但在

---

① 王加丰：《西班牙、葡萄牙：帝国的兴衰》，第 167—168 页。

哥伦布的努力下，变相的奴隶制却冉冉升起了。

这件事情反映出西班牙王室面临着一个两难的境地：如果放任殖民者建立奴隶制度或准奴隶制度，那么不出数年他们就要脱离王室的控制；但如果严格限制殖民者使用奴隶，则没有办法迫使印第安人供其驱使，没有办法获得种植园和矿场所需的大量劳动力。

怎么样才能既奴役印第安人，又不放任海外殖民者呢？

于是，西班牙王室逐步发明了一种非常"有创意"的制度——**委托监护制**。请注意，在他们眼里，美洲的土地都是无主地，无主地那当然是先到先得，多占多得了。那么无主地上的原住民印第安人该怎么处理呢？

委托监护制就这样应运而生了。它"很文明地"宣称，印第安人跟我们欧洲人一样，都是自由的，但他们又是野蛮的、未开化的、不成熟的，就好像儿童一样，需要家长的照管。西班牙殖民者就是印第安人的爸爸，印第安人被委托给西班牙殖民者监护。委托监护制的职能就是，"承担起教化印第安人的责任，使他们'文明化'，并用天主教的信仰引导他们"①。

王加丰先生指出，"这种监护，实际上具有人身依附的性

---

① 〔美〕福斯特：《中美洲史》，张森根、陈会丽译，上海：东方出版中心，2016年，第83页。

质，这些印第安人的处境与奴隶和农奴也没有什么区别"①。对于印第安人来讲，委托监护制与奴隶制当然没有什么区别。但对于西班牙王室来讲，还是有明显区别的。区别就在于，国王我要是觉得哪个监护人"虐待子女"，就可以剥夺他的监护权。总之，殖民者对于印第安人的监护权，是受西班牙王室委托的，西班牙王室可以随时剥夺殖民者的监护权，这为王室控制殖民者提供了法律依据。

1503 年，西班牙女王伊莎贝拉发布谕令，可以视作委托监护制的开始。女王在谕令中说道：

> 印第安人享有过多自由，他们回避同西班牙人接触和相处，以致不愿为挣工资而劳动，宁可无所事事；同时，基督教徒也无法使这些印第安人改信神圣的天主教教义……有鉴于此，我命令你们，我们的总督，从你接到此信开始，你必须强迫印第安人同岛上基督教徒交往，为他们建造房屋，采集黄金和其他金属，耕种土地，并为岛上基督教居民生产粮食。②

接下来，女王又"很仁慈地"要求西班牙人"善待"印第安

---

① 王加丰：《西班牙、葡萄牙：帝国的兴衰》，第 171 页。
② 王加丰：《西班牙、葡萄牙：帝国的兴衰》，第 172—173 页。

人。这多少都令人想起郭德纲的相声："你爸爸心善，见不得穷人，把方圆二十里地的穷人都赶走。"毫无疑问，伊莎贝拉女王就是这样一个"大善人"。在她和她丈夫的"爱心"帮助下，美洲的印第安人都过上了"幸福的"生活。

按照拉斯·卡萨斯的说法：一个普通的印第安人至少要侍奉四个主人：第一个主人是西班牙国王，每个人印第安人都必须向国王纳税；第二个主人是委托监护主，监护主能够任意搜刮印第安人的任何财物；第三个主人是收税官，收税官在征税时，往往会为自己多盘剥一份；第四个主人是酋长，印第安人还必须像被征服以前一样供养酋长。如此层层盘剥，以至于许多印第安人一年之中竟要缴纳 20 次赋税！①

在这么多爸爸共同的悉心照顾下，西印度群岛的印第安人"茁壮成长"。1502 年，西班牙殖民者来到海地的时候，那里拥有 25 万印第安人，仅仅 9 年以后，1511 年，那里的印第安人就只剩 29 000 人了，到了 1548 年，海地的印第安人仅存500 人。

随着时间的推移，西班牙王室又发现，如此"善良的"委托监护制，也存在着严重的弊端——监护权可以转让、可以继承。因此，美洲的监护主越来越大，受他监护的印第安人也越

---

① 参见李春辉：《拉丁美洲史稿》上卷，第 84—85 页。

来越多。

　　为了改革这个弊端，1542 年，西班牙国王查理一世颁布了《西印度新法》。这项法令规定：一、监护主不得兼任教士或政府官员；二、撤销规模庞大的监护区；三、监护主死后，监护权立即收归国王所有，也不再授予新的监护权。

　　这项法令一出台，就引发了美洲殖民者的大规模叛乱，西班牙政府一面出兵平叛，一面以更加温和的方式限制委托监护制。

　　1549 年，查理一世又命令禁止印第安人用劳役代替贡税，这相当于规定监护主只能向印第安人强制征税，但不能强迫印第安人无偿劳役。然而，各种强迫印第安人劳役的现象仍然屡见不鲜，直到 1720 年，西班牙政府才正式废除了委托监护制。此时美洲成体系的印第安文明已经基本不复存在了。

三、"米达制"

　　西班牙政府在逐步限制委托监护制的同时，又发明了另一种新的统治方式——**劳役分派制**。劳役分派制又称为"米达制"。"米达"（Mita）的意思是轮换。它本来是印加帝国的一项古老制度，"古代秘鲁印第安人当中盛行的米达制，是指公社成员按一定比例定期轮换参加社会公益劳动的一种义务劳动制"①。

随着大型种植园的建立和大型金银矿的开采，西班牙殖民者迫切需要当地劳动力，怎么样才能尽量榨取印第安人的劳动力呢？

西班牙殖民者想到了米达制，他们赋予了这项古老制度以截然不同的全新含义。1550 年，新西班牙总督维拉斯科（Luís de Velasco，为第二任总督）在国王查理一世的批准下，建立了一种强制性的工资劳动制度。你查理一世不是不准我们强迫印第安人无偿劳役吗？行，我们给钱，这够仁慈了吧。基于新西班牙总督区的成功经验，1562 年，秘鲁总督区也开始推行米达制。

请读者注意，从 1540 年起，殖民当局改变了原先征收实物贡赋的惯例，强迫印第安人必须缴纳银币作为贡赋。随着时间的推移，货币贡赋占整个贡赋的比重越来越大。

以鲁帕盖地区的公社为例，1553 年征收的贡赋中，规定该地印第安人缴纳 2 000 比索的银币，占贡赋总额的百分之十左右，到 1559 年，则强制印第安人上缴 18 000 比索的银币，此数已占贡赋总额的百分之七十六。公社没有能力上缴偌大一笔银币，只好派出 500 名成年男子到矿山去劳动。根据当时矿区的规定，每个劳工一年可得 36 比

① 张铠：《秘鲁历史上的米达制》，《世界历史》1982 年第 6 期，第 46 页。

索的工资，500 名劳工一年所得工资恰为 18 000 比索，鲁帕盖公社的印第安人只是在靠出卖劳动力的情况下，才勉强缴纳上贡赋。1569 年秘鲁第五任总督托莱多到任后，指派给鲁帕盖公社的货币贡赋猛增到 35 200 比索，即比 1559 年定额增加百分之七十六。在这种情况下，公社只好抽调 2 200 名成年印第安人到矿山去劳动，比原来抽调的人数增加了百分之四百四十。强制印第安人缴纳货币贡赋已成为驱使印第安人从事矿业生产的一种手段。[1]

1574 年，秘鲁总督托莱多（Francisco Álvarez de Toledo）规定：除酋长及其子女和残疾者以外，每年都要在所有 18—50 岁的印第安男子中抽取七分之一的人前往矿区或种植园进行劳动，服役时间为四个月。服役期每劳动一周，休息两周，这样算来，这些人要在服役区强制劳动一年。等他们服役期满回到家乡时，房屋早已破败，田地早已荒芜。直到 18 世纪，尼加拉瓜当地的印第安人仍然流传着一句谚语："他们（西班牙人）跟我们玩各种钱的花样，却让我们衣不遮体。"[2]

印第安人的劳动环境异常恶劣。比如在银矿中，印第安劳工需要在井底从星期一干到星期六，才被允许登上地面。从井

---

① 张铠：《秘鲁历史上的米达制》，《世界历史》1982 年第 6 期，第 52 页。
② 福斯特：《中美洲史》，第 112 页。

上到井下的坑道很深，用皮条编制的软梯年久失修，常常突然断裂，许多劳工因此摔死在井底。

坑道狭窄，通风不良，井底下又采用蜡烛照明，消耗本就不多的氧气，这致使矿井常常发生窒息事故。当时的矿井没有良好的排水设施，矿工们不得不站在冰冷的水中劳动，这导致了大量的疾病。

当时的银矿需要水银提炼，硫化汞、酸酐毗素等有毒有害物质弥漫在空中，通过口鼻和眼睛侵入人体，严重破坏了印第安劳工的神经，使他们留下了难以治愈的后遗症。

根据托莱多时代的规定，矿工每周可以得到两个比索的工资。两百多年间，殖民地物价翻番上涨，工资却从没有变过。这点有限的工资还要遭到矿主和监工的层层克扣。据粗略估计，在波托西银矿，印第安人每年被克扣的工资就高达 200 万比索。[1] 矿工们拿到手的工资连果腹都不够，只好向矿主借钱糊口。还不上钱怎么办？加倍劳动清偿债务，直到还清为止！许多矿工旧债未偿又欠新债，循环不已，永无脱身之日。

有人估算，印第安劳工的死亡率居然高达 70%。许多人为了逃避劳役，纷纷躲进深山。随着劳动力的锐减，西班牙殖民

---

① 参见罗埃尔：《殖民时期社会经济史》(V. Reel, *Historia Social y Eccnomica de la Colonia*)，1970 年利马版，第 121 页，转引自张铠：《秘鲁历史上的米达制》，《世界历史》1982 年第 6 期，第 54 页。

图 1-8　格兰杰 1590 年的版画，描绘了玻利维亚波托西残酷的采矿条件

者不得不重复利用遗留下来的劳动力，这造成许多人刚刚从矿区侥幸生还，旋即被征召去另一个矿区服役。

波托西银矿周围几个省份在 1573 年至 1673 年这一百年时间里，印第安人劳动力丧失十分之九。西班牙殖民时期，约有808 万印第安人葬身矿井。许多印第安母亲甚至宁愿掐死生下的男婴，免得他们将来受罪。

连西班牙殖民者自己都承认，印第安人的劳动环境已经恶劣到无法维系的地步了。1669 年，秘鲁总督佩德罗·费尔南德斯·德·卡斯特罗（Pedro Antonio Fernández de Castro）就在给国王的报告中感叹道："这些印第安人何时休息，何时睡眠？世界上没有比他们更疲劳的种族了！"鉴于大量印第安矿工死在井下，卡斯特罗总督在 1670 年给国王的信中又写道："我确证，波托西的矿石中浸满了印第安人的血。如果压榨银币，那么从银币中流出的血要比银子的成分还多。"①

与之形成鲜明对比的是，西班牙殖民者从美洲榨取了 250 万公斤黄金和 1 亿公斤白银。②

英国作家威廉·霍维特曾这样评价西班牙人对于美洲的统治：

> 西班牙人在征服美洲过程中，至少屠杀了一千万印第安人。读那些记载，谁也禁不住愤怒，恨不得上苍伸出手来，把这些欧洲暴君从地面上彻底消灭。他们像觅食的野兽，在世界各地巡游，肆意破坏，比任何蛮族更为野蛮地嗜血。③

霍维特的评价是公正的，尽管他的同胞一点都不比西班牙人更仁慈。如果上帝真的存在，那么欧洲那些打着基督教旗号无恶不作的殖民者一定比谁都更早下地狱！

---

① 阿玛多：《图帕克·阿马鲁革命》(J. B. Amado, *La Revolucion de Tupac Amaru*)，1970 年利马版，第 70 页，转引自张铠：《秘鲁历史上的米达制》，《世界历史》1982 年第 6 期，第 53—54 页。
② 参见王加丰：《西班牙、葡萄牙：帝国的兴衰》，第 183 页。
③ 威廉·霍维特：《殖民地与基督教》，伦敦：朗曼公司，1838 年版，第 6 页，转引自李春辉：《拉丁美洲史稿》上卷，第 69 页。

余论：孤岛、宝藏与文明等级

今天西方人对近代文明等级论的清算仍然是极不彻底的，
他们并没有完全学会如何尊重一个异质的文明。

历史学家斯塔夫里阿诺斯（Leften S. Stavrianos）曾这样描述地理大发现对于欧洲精神的影响：

1500 年以前，西欧几乎一直是今日所谓的不发达地区。西欧诸民族地处边缘地带，从那里窥视内地。它们充分意识到自己是孤立的、脆弱的……这些胆怯的、中世纪的欧洲人是多么不同于他们那自信的、敢作敢为的后代啊！他们的后代从被围困的半岛出发，赢得对外洋航线的控制，由被围攻者成为围攻者，从而决定了直到现在的世界历史的主要趋向。[①]

因为"地理大发现",欧洲人逐渐走出了中世纪后期的悲观和阴郁。新的乐观主义情绪出现在近代早期的欧洲。

此时的欧洲人开始相信,人类可以凭借理性的力量,为世界树立新的法则。一种历史进步主义观念油然而生。

一、"食人番"与文明等级

最有代表性的例子是《鲁滨逊漂流记》,不殖民美洲,欧洲人就写不出这样的文学作品。马克思视《鲁滨逊漂流记》为资产阶级价值观的代表,因为笛福(Daniel Defoe)在小说里非常清楚地展现了西方近代才产生的产权观念。对此,约翰·洛克在名著《政府论》中有过清晰的论述。在洛克看来,私人财产占有权的范围应该以人的劳动能力为限,人能够劳作多大的土地,就有资格占有多大的土地。[②]

他能想到这点,完全得益于美洲的殖民经验。洛克指出,美洲印第安土著不善于通过劳动充分利用自然资源,因此印第

---

① 〔美〕斯塔夫里阿诺斯:《全球通史:1500 年以后的世界》,吴象婴、梁赤民译,上海:上海社会科学院出版社,1999 年,第 7—8 页。
② 参见〔英〕洛克:《政府论》下篇,叶启芳、瞿菊农译,北京:商务印书馆,1964 年,第 19 页。

安人没有能力占有那里的土地，美洲的土地是无主地；相反，欧洲人则具备这种劳动能力，他们有权利通过开发美洲而占有美洲。①

通过劳动取得私人财产权，这是近代英美自由主义的理论基石，马克思把它称为"资产阶级法权"②。直到今天，私人劳动占有权仍然是许多人眼里的"政治正确"，是神圣不可侵犯的现代社会原则。但人们往往忽略，它的产生充斥着蛮横杀戮，绝不是天经地义的。

在大航海时代和地理大发现的过程中，殖民美洲比殖民亚洲更具有典范效应。例如葡萄牙人为了解决劳动力不足的问题，率先把大量非洲黑人贩运到了巴西，这是西方近代史上第一次大规模奴隶贸易。它给新大陆造成了极其深远的后果，"造成了长期的种族压迫、种族反抗和种族斗争的悲剧性历史"③。

西班牙人的所作所为同样流传后世。他们不仅参与奴隶贸易，更创造了一种殖民主义的观念体系。事情源于哥伦布第二

① 参见〔美〕阿米蒂奇：《现代国际思想的根基》，陈茂华译，杭州：浙江大学出版社，2017年，第95—119页；王锐：《近代西方"文明等级论"的基本特征与话语实践》，《政治学研究》2021年第5期，第135—136页。

② 《马克思恩格斯文集》第3卷，北京：人民出版社，2009年，第434页。原文译作"资产阶级权利"，但德语"Rechts"既指主观权利，又指客观意义上的法，因此译为"法权"更为恰当。

③ 斯蒂福夫：《达·伽马和其他葡萄牙探险家》，第141页。

次前往西印度群岛，为了说服西班牙女王伊莎贝拉支持他的殖民事业。哥伦布在报告中大肆渲染了一个传闻：印第安民族普遍存在"吃人"的习俗，尽管他并没有目睹过这种习俗。

"食人番"很快就成为当时欧洲人对于印第安人的刻板印象。卡尔·施米特（Carl Schmitt）曾这样形容欧洲人的文明优越感：

> 他们相互指责对方是杀人犯、强盗、强奸犯、海盗等。只缺少一项指责，而这项指责通常是奉送给印第安人的；他们不指责欧洲人自身为食人番。除此之外，各种充斥着愤恨、恶毒的语汇无一缺失。然而，所有的这些指责在如下一个占支配地位的事实面前都戛然而止了：欧洲人共同瓜分了新世界。①

施米特说得没错，尽管欧洲国家之间相互功伐、杀戮不断，但他们都承认对方是同等文明的存在。在德国人眼里，法国人可能是自大狂、偏执狂和诈骗犯；在法国人眼里，英国人可能是一群海盗或唯利是图的小商贩。但他们从来不会称对方是"食人番"。这个称号最初专门留给印第安人，后来则夸大至欧洲

---

① 〔德〕施米特：《陆地与海洋——古今之"法"变》，林国基、周敏译，上海：华东师范大学出版社，2006年，第43—44页。

以外的其他野蛮民族。

在"食人番"传说的鼓噪下，一种文明与野蛮的等级观念被建立起来了。平情而论，文明与野蛮的区别古已有之，比如中国古人就有夷夏之别，但古代文野之辨与近代文明等级论却有一个根本不同。唐晓峰教授一针见血地指出：

> 古典的文野之辨，文明一方对于野蛮一方，除了要"怀柔远人""边境晏安"之外，基本别无所求，更恨不得以长城永久隔限其往来（中国和罗马帝国都修过长城）。而此时的文明一方对于野蛮一方，却要侵入、统治、剥夺。[1]

无论是古代中国人，还是古希腊人、罗马人，都相信世界遵循着某种永恒的自然秩序，每个人应该在自然秩序中占据他本有的位置。文明人就该待在文明人的位置上，野蛮人就该待在野蛮人的位置上，彼此互不僭越。

地理大发现之后的欧洲人则持有一种截然不同的历史哲学观——野蛮代表着人类历史的落后过去，文明则代表着人类历史的前进方向，文明必将取代野蛮，因为历史总要进步。

---

[1] 唐晓峰：《地理大发现、文明论、国家疆域》，载刘禾主编：《世界秩序与文明等级：全球史研究的新路径》，北京：生活·读书·新知三联书店，2016年，第20页。

不管西方近代历史哲学再怎么花样繁多、故弄玄虚，都不外乎一个简单的逻辑：人类历史的进程就像人的成长过程，它同样可以分为婴儿、幼儿、少年、青年和成年。野蛮人处在人类社会的婴幼儿阶段，半文明人处在人类社会的青少年阶段，只有欧洲人才能代表人类社会的成年阶段。成年人当然有义务照管婴幼儿。

西班牙人率先把这种历史哲学和文明等级论运用到对印第安人的殖民统治当中，委托监护制就是例子，西班牙人是以"成年人"的名义去监护作为"婴幼儿"的印第安人的！"成年人"应该怎么行使监护权？不好意思，这完全取决于成年人的决断。当英国殖民者要榨取印度人或爱尔兰人的财产时，他们就会强调成年人必须监管好未成年人；而当印度或爱尔兰爆发大饥荒，需要社会救济时，英国殖民者又会强调，父母应该多多锻炼孩子，让孩子学会独立成长。

尽管文明等级论在今天的西方社会已经是一件"极不正确"的事情，但相关的历史哲学思维方式并没有真正消失。"文明"变成了"自由民主"或"开放社会"，"半文明"变成了"威权政体""警察社会"，"野蛮"则变成了"专制主义""邪恶轴心"。直到今天，英美新自由派或新保守派仍然热衷以"父母不能溺爱孩子"为理由，鼓吹放任市场、削减福利。欧洲社会民主派则更热衷于鼓吹开放社会的道德义务和人权责任。

可见今天西方人对于近代文明等级论的清算仍然是极不彻底的，他们并没有完全学会如何真正尊重一个异质的文明。

二、"帝国的回旋镖效应"

文明人对于野蛮人的监管责任渗透到了社会生活的方方面面，为了改进和完善殖民地的治理技术，一系列现代知识被发明了出来。如果我们关注科学史，就会意识到地理学和博物学对于近代西方科学体系的巨大作用。这两门科学的产生或发展却典型地有赖于殖民主义。

以地理学为例。地理学的产生不是人类活动适应地理环境的结果，而是人类活动突破地理环境局限的结果。打个比方，我的部落和你的部落分别处在高山的两侧，我们都安于各自的环境，都待在各自的地盘上老死不相往来，我们是不需要地理学的。只有当我越出了过去的地理局限，侵占你的地盘时，我才需要地理知识，才会发展出地理学。

地理学最初是作为一门军事技术出现的，比如《孙子兵法》就有"九地篇"。直到近代，例如林则徐的《四洲志》、魏源的《海国图志》、徐继畬的《瀛寰志略》、梁廷枏的《海国四说》等著作，都属于"兵要地志"一类的书。

与中国人不同，欧洲人在殖民扩张的过程中，大大丰富了地理学的内涵和外延。为了更好地统治殖民地人民、榨取殖民地资源，欧洲人开始研究殖民地的物产、土壤、洋流、气候以及语言民俗，所有这些活动都大大扩充了他们的地理学知识，发展出了一个又一个的分支学科。直到 1899 年，英国牛津大学才设置了地理学系，使得这门古老的技术获得了学院体制的身份。

总之，随着时间的推移，当初的殖民技术知识慢慢地学科化、慢慢地成为现代科学体系的一部分，也慢慢地显得"脱离政治"而"客观公正"起来。只有我们对其进行"知识考古"，追踪它们的产生和变化，才能发现西方近代实证科学并不源于单纯的求知欲，才会感到也许尼采是对的：知识的背后往往具有权力意志，知识和权力往往具有共谋关系。①

讽刺的是，西方殖民者道德统治技术不仅可以用来奴役殖民地人民，也很可能会反噬自己，用福柯的话说："殖民化……对于西方的权力机制具有相当大的回旋镖效应……一系列殖民模式被带回了西方。"一个鲜明的例子是纳粹，诗人和理论家艾梅·塞泽尔（Aimé Césaire）在《关于殖民主义的话语》（*Discourse on Colonialism*）一书中强调，希特勒"将殖民

---

① 详见〔法〕米歇尔·福柯：《知识考古学》，谢强、马月译，北京：三联书店，2003 年。

主义的措施应用到了欧洲，而在那之前，这些措施一直是专门留给殖民地的"①。后面我们会看到，美国人针对黑人和印第安人发明了种族法案，英国人则在南非发明了集中营，所有这些都被纳粹学习了过去，并运用到欧洲人头上。

事实上，"帝国的回旋镖效应"不只出现在纳粹头上，它普遍地存在于今天的西方社会，只不过纳粹把它演绎得比较极端而已。

三、"礼品"与"人类学的赎罪"

除了自命不凡的文明论和日趋繁复的殖民技术外，美洲印第安人还带给了现代欧洲其他一些东西。当代西方的人类学家和文化左派乐于发掘印第安文明的遗迹，讲述截然不同的"野蛮人"故事，他们往往通过这些故事，揭露西方资本主义文明的虚伪狡诈与唯利是图。

这种做法的源头可以追溯到卢梭和狄德罗。比如卢梭在名

---

① Connor Woodman, "The Imperial Boomerang: How colonial methods of repression migrate back to the metropolis," 9th June 2020, *Versoblog*: https://www.versobooks.com/blogs/4383-the-imperial-boomerang-how-colonial-methods-of-repression-migrate-back-to-the-metropolis，中文翻译参见：《帝国回旋镖效应①：殖民地的镇压方式如何回归帝国大都市》，杜云飞译，微信公众号"澎湃思想市场"：https://mp.weixin.qq.com/s/ZeNTvWLU2KR6gcH6holkiQ，最后访问日期：2022 年 10 月 21 日。

著《论人类不平等的起源与基础》中，就根据印第安人的形象刻画了一种美好的人类史前文明景象。卢梭这么做的目的当然不是为了倒退回自然状态，他意在据此指出：当时的绝大多数政治理论家都是错误的，文明社会并不起源于社会契约，它毋宁来自巧取豪夺、欺诈利用。史前文明并不存在私有产权，私有产权一经产生，就不可避免地导致阶级分化。统治阶级为了维护其地位，才发明了政治和法律。[1]

卢梭的演绎是有道理的。印第安人社会没有系统的商品关系，印第安人也理解不了西班牙匪徒对于黄金的热爱。金·麦夸里（Kim MacQuarrie）就指出，印加帝国没有任何货币体系，它奉行一种建立在公有制基础上的再分配经济。土地是国家所有的，大多数土地上的产出也要由国家统一分配。正如麦夸里所说：对于印加人而言，"黄金由于拥有太阳一样的颜色而被认为是神圣的，因为太阳在印加人的宗教信仰中就是万神之主。黄金从没有被当作可交换的商品。同样，白银被认为是月亮女神玛玛基利亚（mama-kiliya）流下的眼泪，因此也是要献给神的，只能在神庙中使用"[2]。

法国人类学家马塞尔·莫斯（Marcel Mauss）就把上述社

① 详见〔法〕卢梭：《论人与人之间不平等的起因和基础》，李平沤译，北京：商务印书馆，2007年。
② 麦夸里：《印加帝国的末日》，第135页。

会关系概括为礼品关系。商品买卖源自纯粹的利益，商品关系的实质是交易。与之截然不同，礼品关系则基于人情和地位，礼品之间并不遵循等价交换的原则，赠予礼品需要的是慷慨，通过慷慨来显示赠予者的地位。[①] 在莫斯的基础上，西方文化人类学家纷纷以印第安人社会的礼品关系为理论武器，批判资本主义商品关系对人的异化作用。

比如法国人类学家列维－施特劳斯（Claude Levi-Strauss）曾在年轻时考察了残存在美洲深山老林中的印第安人社会。1955 年，他把考察记录汇集成书，出版了名著《忧郁的热带》。尽管列维－施特劳斯一再强调，我们不应该把印第安人传统"理想化"。但他同时承认，人类学家总是"偏爱其他的社会，偏向于反对自己的社会"，"人类学家是赎罪的象征"[②]。正如他所说：

对我们这些欧洲土地的居民来说，在新世界的中心所进行的冒险之意义是：首先，那个世界不是我们的，我们对那个世界的被毁灭这项罪恶要负责任；其次，再也不会有另外一个新世界：既然旧世界与新世界的对立使我们因

---

① 详见〔法〕莫斯：《礼物——古式社会中交换的形式与理由》，汲喆译，陈瑞桦校，上海：上海人民出版社，2002 年。
② 〔法〕列维－施特劳斯：《忧郁的热带》，王志明译，北京：生活·读书·新知三联书店，2000 年，第 507—508 页。

此意识到我们自己，让我们至少用它原本的名词把它表达出来，表达的地点则是那个地点，在那里我们的世界丧失掉新世界所提供的一个机会，没能在各个不同的传教站之间作选择。[①]

列维-施特劳斯等人的态度是公正的，他们对于西方资本主义文明的批判也是深刻的。但是我们仍然很难说，当代西方人类学家和文化左派的理论具有多少解放意义，因为他们的思想代表了另一个极端。

在西方媒体资本和政客集团的炒作下，批判理论被不断标签化、浪漫化、极端化，从而远离了第三世界人民的现实需求。它们与各种环保主义、性别主义一道成为新的"政治正确"，使今天的欧洲社会上演了一幕幕光怪陆离的景象。

从过去肆无忌惮地杀戮殖民地人民，到今天极度夸张的多元主义，近代西方人与当代西方人像是两个对立的世界，令人诧异两者之间竟然存在着明确的历史关联。然而，极端变化的背后潜藏着不变的底色——当年的宗教狂热与当今的"政治正确"都是对意识形态的放纵。

---

① 列维-施特劳斯：《忧郁的热带》，第 514 页。

第二篇

基督教世界

分裂下的大西洋贸易

我们不要被《茜茜公主》里的英俊国王与美丽公主蒙住了眼睛，哈布斯堡家族不但统治着奥地利，还是神圣罗马帝国的君主，妥妥的欧洲霸主。正是诸侯贵族对哈布斯堡的反抗引发了宗教战争，促成了荷兰的独立和英格兰的壮大。相较于伊比利亚半岛的天主教殖民者，荷兰、英格兰殖民者更具现代性，这里不是在说后者更加斯文或人道，而是因为后者在殖民的过程中逐渐形成了现代世界的运行规则，更能体现资本原始积累的特征。不幸的是，近代资本主义的屠戮远比中世纪式的屠戮更高效。

序 章

与18世纪欧洲大陆较为有序的战争节奏不同，新大陆及大西洋航线上的斗争却毫无法则可言，那里是一片纯粹无序的场所。

在地理大发现和殖民扩张中走在前面的是葡萄牙和西班牙，然而葡萄牙和西班牙却并没有因为掠取天量的黄金、白银而掌握控制欧洲的权力。地理大发现不经意间推动了宗教改革。新教势力的扩张，反而打击了控制西班牙、葡萄牙的天主教势力。变革是通过残酷的宗教战争开始的，美国史学家威尔·杜兰（Will Durant）这样描述欧洲三十年战争带来的巨大破坏：

> 保守的估计认为，德意志和奥地利境内的人口由2 100万降至1 350万……波西米亚境内的人口从300万降至80万。1618年，波西米亚境内的3.5万个村落中有2.9万个在三十年战争中变得荒无人烟。神圣罗马帝国全境数以百计的村落变成空无一人。有些地区纵横60

英里看不到一个村庄和房屋。1618 年，19 座绍令吉林（Thuringian，又译为"图林根"）村庄中共有房屋 1 717 间，1649 年时仅剩下 627 间，而且很多无人居住。[①]

毫不夸张地说，三十年战争给中欧德意志地区带来的破坏远远超过两次世界大战。何以这场具有鲜明中世纪烙印的战争会造成比现代战争更大的破坏了呢？

除了宗教仇杀的原因以外，军事管理的落后，尤其是后勤保障体系的缺乏是重要的原因。三十年战争期间，交战双方军队的供应补给主要靠就地掠夺。对于平民而言，敌军到来不仅意味着烧死异端或强迫改宗，更意味着无情的抢劫，正如杜兰所说："这些军队吃的是由当地掳掠而来的米谷、水果和牲畜，住的是老百姓的民屋，他们用以报答人民的则是劫掠和奸杀"[②]。同理，为了防止敌军获得补给，本方军队在撤退前同样无情地对待人民，"农产品除供给军队食用之外，剩下的均烧掉以免为敌人所获"[③]。因此，三十年战争才会对德意志地区造成空前绝后的破坏。

进入 18 世纪，情况大为改观了，随着常备军的完善和后勤保障体系的建立，军队不再需要掠夺人民以获得补给。相

---

① 〔美〕威尔·杜兰：《世界文明史》第 7 卷 "理性开始时代"，幼狮文化公司译，北京：东方出版社，1998 年，第 440 页。
② 杜兰：《世界文明史》第 7 卷，第 439 页。
③ 杜兰：《世界文明史》第 7 卷，第 440 页。

反，四处抢劫被认为是军纪败坏，缺乏战斗力的表现。因此，战争逐渐远离了普通民众。国家的强弱主要取决于职业外交官和军官团的素质，跟人民没有多少关系，非要扯上点关系不可，也仅仅体现在征税上。例如腓特烈大帝时期，普鲁士人口只有三百多万，夺取西里西亚之后，也只上涨到六百多万，而同期法国人口超过两千万，但两国在国际斗争中的表现并没有多大的差别。卢梭曾引用寓言小说家拉封登（Jean de la Fontaine）的作品《老人与驴》，形象地说明了这个问题：

> ……
>
> 敌人此时即将到来。
>
> "快逃跑呀！"老人喊道。
>
> "为什么？"驴回答道："敌人难道会让我驮两副鞍，驮两倍的东西吗？"
>
> "不是。"逃跑的老人说道。
>
> "我归谁所有，这没有关系。"驴回答道：
>
> "你逃你的命，我吃我的草。其实，我们的敌人，是我们的主人。"[1]

正是这种权贵或专家之间的战争有效地限制了其破坏规

---

[1] 〔法〕卢梭：《论人与人之间不平等的起因和基础》，《卢梭全集》第 4 卷，李平沤译，北京：商务印书馆 2012 年，第 290 页注释①。

模，使得欧洲尽管战事频仍，却再没有出现过三十年战争时期那种赤地千里的景象。对此，克劳塞维茨曾指出："在鞑靼人出征时，是全体人民参加战争，但在 18 世纪的这种状态下，人民根本没有直接参加战争，只是通过其一般素质的优劣对战争有些间接的影响。……于是各国政府所能使用的手段就有了一定的限度，也就是说使用手段的规模和持续时间都有了一定的限度，这种限度是作战双方彼此都能估计出来的。"[1]

既然敌方的实力和手段完全可以估算出来，那么战争就处于一种可控的状态。克劳塞维茨把这种战争形态称为"有限战争"，他进一步解释道："知道了敌人最多有多大的力量，自己不致遭到完全的毁灭就有了相当的把握；意识到自己力量有限，就会选择适当的目标。既然不致遭到极端的打击，自己也就没有必要去追求极端了。"[2]

与之相应，18 世纪的欧洲出现了古典意义上的战争法，规定战争只针对敌方的军队及其辅助人员，而不针对敌国的平民。尽管掠夺和杀戮平民的事件时常有之，但其行为是相对收敛的。与 18 世纪欧洲大陆较为有序的战争节奏不同，新大陆及大西洋航线上的斗争却毫无法则可言，那里是一片纯粹无序的场所。造成这一切的原因无疑是来自新教国家的海盗。

---

[1] 〔德〕卡尔·克劳塞维茨：《战争论》第 3 卷，军事科学院译，北京：商务印书馆，1978 年，第 870 页。

[2] 克劳塞维茨：《战争论》第 3 卷，第 871 页。

第一章　哈布斯堡王朝与基督教世界的分裂

荷兰、英格兰崛起的原因不是所谓的资本主义自由精神！
尼德兰革命是宗教战争的产物，而欧洲的宗教战争与
诸王室贵族反对哈布斯堡的霸权有直接的关系。

关于葡萄牙和西班牙海洋帝国衰落的原因，有这样一种说法十分流行：在强大的王权和狂热的宗教信仰的支撑下，伊比利亚半岛征服了海洋，获得了世界。但是，像潮水一样涌入的财富，几乎都用来支撑为宗教信仰、为殖民扩张而进行的战争，而没有用来发展真正能够让国家富强起来的工商业，势力强大的王公贵族不愿意看到工商业的发展导致新兴势力的崛起。他们甚至荒唐地把数以万计的从事工商业的外国人，从自己的国土上赶走了。这个说法对不对？从道理上讲，这么说没什么错。当然，历史现象纷繁复杂，对其原因的解释不

会只有一种。

还是那句话，以往我们对于历史的理解总有点"唯意志论"的倾向，仿佛思想问题是根本问题，只要思想解放了，其他问题就不再是问题了。葡萄牙、西班牙为什么能崛起呢？是因为思想解放，有了人文主义和科学理性。葡萄牙、西班牙又为什么会衰落呢？是因为思想不够解放，人文主义和科学理性还不够，残留了太多宗教狂热和封建迷信。在坊间诸众眼中，荷兰、英国才是资产阶级文明的典范，思想解放得最彻底。那么近代荷兰人的资本主义精神又是被如何塑造出来的呢？

一、荷兰人的"文明"神话

关于近代荷兰资本主义有过许多童话般的描述，比如有人这样形容荷兰与葡萄牙、西班牙的区别：

> 如果说，最早开始远洋冒险的葡萄牙和西班牙，主要是依靠暴力，去进行赤裸裸的财富掠夺。那么，紧随其后的荷兰人，由于缺少强大的王权和充足的人力资源，十分自然地选择了依靠商业贸易来积累财富，同时也积累着足以让自己强盛起来的竞争技巧和商业体制。

言下之意，荷兰就是资本主义精神的化身，他们不打仗、不抢劫、不谋财害命，他们只是做生意，是美美与共、你好我好大家发财。马克思讲"资本在原始积累的过程中，从头到脚每一个毛孔都滴着肮脏的鲜血"，在荷兰人这里似乎并不成立。

为了塑造荷兰人的美好形象，市面上还流传过这样一个故事，令人印象深刻：

> 三文雅地处北极圈之内，巴伦支船长和 17 名荷兰水手，在这里度过了 8 个月的漫长冬季。他们拆掉了船上的甲板做燃料，以便在零下 40 度的严寒中，保持体温。他们靠打猎来取得勉强维持生存的衣服和食物。在这样恶劣的险境中，8 个人死去了，但荷兰商人却做了一件，令人难以想象的事情，他们丝毫未动别人委托给他们的货物，而这些货物中就有可以挽救他们生命的衣物和药品。冬去春来，幸存的商人终于把货物，几乎完好无损地带回荷兰，送到委托人手中，他们用生命作代价，守望信念，创造了传之后世的经商法则。在当时，这样的做法也给荷兰商人带来了显而易见的好处，这就是让他们赢得了海运贸易的世界市场。

受学力限制，笔者无法验证这个故事的真实性，但笔者曾看到过另一个类似的故事，只不过故事的主人公不是富有资本主义精神的欧洲人，而是"野蛮落后"的亚洲人。故事发生在印度港口城市卡利卡特。

有一个商人在红海经商发了大财，他的船上装满了黄金，返航回家。不幸他在途中遇到了恶劣的天气，黄金太重，导致船只行动不便。没办法，商人只能勉强让船停靠在卡利卡特的港口。他把装有黄金的大箱子交给卡利卡特的统治者保管，就离开了。

其实商人这个时候是大呼倒霉的，好不容易赚了这么多黄金，都交给当地统治者，看样子是拿不回来了。抱着试试看的心态，商人再次路过卡利卡特的时候，拜访了当地统治者，结果统治者原封不动地把所有黄金都还给商人。商人大受感动，坚持要把黄金分一半给对方。对此，当地统治者是这样回答的："我只是做了一个国王应该做的事。"他谢绝商人的好意，分文不取。

这件事情充分展现了卡利卡特的商业信誉，正因如此，它会成为印度洋贸易的重要集散地。[①] 然后我们也看到了，达·伽马等葡萄牙人来了，洗劫了这个地方。

所以就算荷兰商人的故事是真实的，又能说明什么问题

---

① 故事参见〔日〕羽田正：《东印度公司与亚洲之海》，毕世鸿、李秋艳译，北京：北京日报出版社，2020年，第25页。

呢？荷兰人是靠商业信誉走上资本主义道路的吗？那为什么同样具有商业精神的印度卡利卡特只配成为欧洲人的殖民地呢？

总之，关于荷兰的崛起充斥着各种神话鬼话，不绝于耳，关于尼德兰革命的原因，曾有过一个流传甚广的说法：

> 当西班牙国王宣布，荷兰是西班牙神圣不可分割的一部分时，荷兰人认同了这种说法。当西班牙国王重新划分荷兰的行政区域时，他们坦然地接受了。当西班牙国王为荷兰派来新的总督时，他们也顺从地臣服了。但是，当西班牙国王菲利普二世把手伸向他们的钱袋时，荷兰人奋起反抗了。

这调子是不是很令人熟悉？我们把它套到英国议会造反头上，没有问题；把它套到美国独立战争头上，也没有问题。"风能进，雨能进，国王不能进"，资本主义自由民主精神的神话已经重复了太多遍，人们没有想到，这样的神话完全可以用来形容中国人。我们不妨再发散一下，把故事的主角换成中国农民：

> 当古代皇帝说，你们全都是我的臣民，中国农民认同了这种说法。当古代皇帝重新划分了行政区域时，中国农

民也坦然地接受了。当古代皇帝给为农民派来新的父母官时，他们也顺从地臣服了。但是当×××皇帝把手伸进农民的钱袋，向农民加税时，中国的农民反抗了。

杀牛羊，备酒浆，开了城门迎闯王，闯王来了不纳粮！"风能进，雨能进，国王不能进"，中国农民战争精神！

一个历史常识：相比较当时的欧洲，中国才是轻徭薄赋的国家。纪录片没有告诉你，脱离西班牙统治的荷兰恰恰是当时欧洲赋税最高的地区之一！现代化怎么来的？不是"各家自扫门前雪，不管他人瓦上霜"，它恰恰需要暴力地打破封建关系，并集中社会财富。

诚然，西班牙、葡萄牙帝国衰落的原因有很多，荷兰、英格兰崛起的原因也有很多，但人们往往忽略了其中有一个重要的因素，这个因素是我们理解西方现代化历程不可或缺的。荷兰的崛起与西班牙的衰落曾有人这样形容：

> 严峻的现实，让各自为政的荷兰省份不得不团结起来。1579年，来自荷兰北方七个省的代表，在这间大厅中签署协议，组成军事同盟，共同对敌。此后，战争开始向有利于荷兰人的方向转化。一方面是由于荷兰人的联合，另一方面也是由于菲利普二世在欧洲四面树敌，连年的争

霸战争耗尽了西班牙的国力。

请注意，在当时的欧洲政治舞台上，没有我们今天熟悉的民族国家。当时的欧洲思想界，也不存在国别史这样的东西。国别史在法国大革命以后，才成为欧洲史学界的主流。[1]

　　16 世纪欧洲的基本政治单位是家族王朝，家族王朝不等于民族国家。西班牙这个民族国家不是当时欧洲政治舞台上的演出者，这幕舞台剧的主角叫作：哈布斯堡王朝！

二、"普世"君主的阴影

　　菲利普二世的父亲是本书第一章的"老朋友"神圣罗马帝国皇帝查理五世。这位神圣罗马帝国的皇帝同时是西班牙的国王查理一世，西班牙语的读法是"卡洛斯一世"。这位西班牙国王其实很少呆在西班牙，他本人也不说西班牙语，而说当时欧洲王室通行的法语。

　　德意志的皇帝、西班牙的国王，却使用法语，我们就能知道家族王朝和民族国家的区别在哪里了。马克思有句名言：

---

[1] 李伯重：《火枪与账簿：早期经济全球化时代的中国与东亚世界》，北京：生活·读书·新知三联书店，2017 年，第 8 页。

"贵族的秘诀在于动物学。"[①] 欧洲王室和贵族的兴衰成败，往往取决于他们的交配能力和生殖能力。查理五世就是哈布斯堡家族强大交配能力和生殖能力的结晶。只不过欧洲王室的交配术与生殖术叫作联姻。

他出生在尼德兰，1506 年，从父亲那里继承了勃艮第公爵的头衔，成了尼德兰的统治者。十年以后，1516 年，得益于家族联姻关系，他又从外公那里继承了西班牙王位。又过了三年，1519 年，这位西班牙国王和勃艮第公爵又从祖父那里继承了奥地利王位。又过了一年，1520 年，这位三料统治者在意大利银行家的支持下，靠极其阔绰的行贿，战胜了法兰西国王弗朗索瓦一世、英格兰国王亨利八世等一众竞争者，成功当选神圣罗马帝国皇帝，由此被称为查理五世。这是他最重要的一个头衔。

请注意，这里的英格兰国王亨利八世就是那位因为离婚而脱离天主教的著名国王。为什么亨利八世离婚再娶就能引发宗教仇杀？这跟他与哈布斯堡家族的尖锐矛盾有直接关系。假使赢得神圣罗马帝国皇位的人是亨利八世，也许未来就不会出现某个头号海洋殖民大国了。

所以我们看到，查理五世这个哈布斯堡家族的统治者，他

① 转引自〔英〕西蒙·蒙蒂菲奥里：《罗曼诺夫皇朝：1613—1918》上册，陆大鹏译，北京：社会科学文献出版社，2018 年，第 18 页。

图2-1　神圣罗马帝国皇帝查理五世（1500—1558）

同时是德意志的皇帝、尼德兰的执政、西班牙的国王，还统治着意大利北部。北京大学的章永乐曾经打过一个比方，哈布斯堡王朝就相当于一个总公司，底下的德意志、尼德兰、西班牙、意大利什么的，都不过是它的淘宝店分店。学术界把这样的体制叫作"复合君主制"（composite monarchy）。

神圣罗马帝国地处中欧，是当时欧洲最富饶、最先进的地区。更重要的是，它还具有极大的象征意义。神圣罗马帝国在名义上可以追溯到查理曼帝国，查理大帝在当时很多人眼里是神圣罗马帝国的开创者，是神圣罗马的第一位皇帝。用英国学者布伦丹·西姆斯（Brendan Simms）的话说："对于西欧各国的国王来说，谁能成为神圣罗马帝国的皇帝，谁就可以宣称自己是罗马帝国的继承者，并且具有'普世'的权威。"[1]

查理五世在加冕神圣罗马皇帝时说道：

> 德意志人民一致同意，授予我管理帝国的权力。我认为，上帝也对此满意，并要求我这样做……西班牙的统治权，一并包括巴利阿里群岛（Balearics）、撒丁岛（Sardinia）、西西里王国、意大利、德意志以及法国的大

---

[1]〔英〕布伦丹·西姆斯：《欧洲：1453 年以来的争霸之途》，孟维瞻译，北京：中信出版社，2016 年，第 14 页（序言页）。

部，还有另外一个世界，我愿意称之为黄金的产地——西印度群岛……所有这些都难以存在或者保存下去，除非我将西班牙与德意志联结起来，在西班牙国王的头衔前面加上恺撒的名字。①

他的这番宣言就是神圣罗马帝国皇位重要性的直接证明！1519 年，也就是查理刚刚当选皇帝的时候，他的首相加蒂纳拉（Mercurino di Gattinara）就这样吹捧他：

> 上帝，伟大的造物主，已经恩赐你至高无上的高贵，使你位于基督教世界中的所有君主和诸侯之上，让你成为罗马帝国分裂以来最伟大的皇帝和君主，你的祖先中只有查理大帝曾经达到过这样的巅峰。上帝赐予你王权，让你引导世界重新回归到统一。②

一位西班牙的主教则公开宣称查理五世为"上帝授予的'罗马人民的国王'和世界的君主"③。

也许这些话我们今天听起来觉得十分肉麻，但在当时真能

---

① 转引自西姆斯：《欧洲：1453 年以来的争霸之途》，第 1 页。
② 西姆斯：《欧洲：1453 年以来的争霸之途》，第 11 页。
③ 西姆斯：《欧洲：1453 年以来的争霸之途》，第 4 页。

代表查理五世的雄心壮志。得益于美洲的黄金白银，他也有足够的财力去实践他的雄心壮志。因此我们看到，查理五世马不停蹄地在欧洲各条战线之间来回穿梭。

1525 年，查理五世在帕维亚战役中俘虏了法兰西国王弗朗索瓦一世，这场胜利让他成为意大利实际上的主人。

1527 年，查理五世派遣阿尔瓦公爵（Duque de Alba）率领西班牙军队和德国雇佣军血洗罗马城，囚禁了教皇克雷芒七世（Pope Clement VII）。[①] 正是在查理五世的威逼下，教皇拒绝批准亨利八世的离婚请求。

1529 年，查理五世的军队在维也纳城下，阻挡了奥斯曼帝国苏丹苏莱曼一世前往欧洲的脚步。

……

这一连串的胜利让查理五世成为当时欧洲最有权势的人。以至于当时欧洲各个王室都在传言，查理五世的目标是让"世界只应该有一个君主"。为了搞垮哈布斯堡王朝，这些欧洲君主就开始绞尽脑汁。

比如法兰西国王弗朗索瓦一世甚至冒天下之大不韪，跟身

---

① 查理五世对于罗马城的血洗，令哈布斯堡家族成为意大利歌剧经久不息的大反派，从文艺复兴到 19 世纪，意大利表演艺术家对哈布斯堡家族的嘲讽层出不穷。参见 Larry Wolff, "Verdi's Emperor Charles V: Risorgimento Politics, Habsburg History, and Austrian-Italian Operatic Culture", *Austrian History Yearbook* (Houston), Vol. 54, (May 2023), pp. 69-88。

为穆斯林的土耳其苏丹苏莱曼大帝暗通款曲。在这个关键的时刻，历史给了这些欧洲王室一个千载难逢的机会，也让哈布斯堡家族永远丧失了统一欧洲的机会。

三、王权争霸催生的革命

1517 年 10 月 31 日，当时还名不见经传的神甫马丁·路德在维滕堡（Wittenberg）的教堂门口张贴了足以改变历史的《九十五条论纲》。1535 年，另一个叫作约翰·加尔文的神甫在瑞士日内瓦发表了同样载入史册的名著《基督教要义》。——查理五世是神圣罗马帝国的皇帝，瑞士则是哈布斯堡家族的老巢，新教势力的兴起对于哈布斯堡家族而言，属于后院起火。

在各方压力之下，1555 年 9 月 25 日，查理五世与德意志新教诸侯签订了《奥格斯堡和约》（*Treaty of Augsburg*）。这份和约承认了路德宗与天主教的平等地位。和约根据"教随国定"原则，承认德意志各个诸侯有权力决定他臣民的信仰归属。

条约签订的第二年，1556 年，查理五世宣布退位。他先把西班牙、尼德兰和西印度的统治权交给了儿子菲利普二世。接着他又放弃了最重要的神圣罗马帝国皇位。两年以后，1558

年，查理五世的弟弟当选新的神圣罗马帝国皇帝，被称为斐迪南一世。德意志和西班牙从此分离了，再也没有人统治过欧洲如此广大的领土，直到那个科西嘉矮子登上历史舞台。

但西班牙国王菲利普二世也不是一无所获，他多少也继承了哈布斯堡家族出色的联姻技能。1543 年 11 月 12 日，当时还是王子的菲利普就迎娶了他的表妹、葡萄牙公主玛丽亚·曼努埃拉（Maria Manuela）。利用这层关系，菲利普二世在 1580 年获得了葡萄牙王位，使伊比利亚半岛联合在了一起。

对于哈布斯堡王朝而言，曼努埃拉公主是非常非常称职的。她的称职不仅表现为她给菲利普生了一个合法的儿子，更在于她在生完儿子的四天以后就悄然离世了。这让菲利普王子有机会再度发动他的联姻技能，这次他的目标从表妹升级到了表姑——英格兰女王玛丽一世，也就是英国历史上赫赫有名的"血腥玛丽"。

1554 年 7 月 23 日，菲利普王子第一次见到了去年才继位女王的玛丽一世，两个星期以后他们就结婚了。所以马克思才会说"贵族的秘诀在于动物学"，哈布斯堡家族的动物学造诣堪称顶尖。

可惜菲利普二世千算万算，算不到他的妻子玛丽一世天不假年，更算不到他的小姨子伊丽莎白一世竟能统治英格兰 44 年，且终生未婚。所以动物学的内容不仅包括交配，还包括养生。

图 2-2　菲利普二世（1527—1598）和玛丽一世（1516—1558）

上面说了这么多，不是跑题，而是为了解释一个根本的问题，为什么西班牙国王从来都不把主要的精力放在海外殖民扩张，而把它放在争夺欧洲的霸权？须知菲利普二世是哈布斯堡家族的人，而且他是一个狂热的天主教徒。

从这里我们就能看出荷兰独立的奥秘是什么了。尼德兰革命是宗教战争的产物，而欧洲的宗教战争又与各个王室争夺霸权密不可分，再说得确切点，与欧洲诸王室贵族反对哈布斯堡家族的霸权有直接的关系。这根本不是什么"风能进，雨能进，国王不能进"，**这种观念是 19 世纪辉格史学的意识形态，不是 16—17 世纪的欧洲政治现实。**

1557 年，菲利普二世击败了法兰西军队。1559 年 4 月，他迫使法兰西国王亨利二世签订《卡托-康布雷齐和约》(*Peace of Cateau-Cambresis*)。通过这份条约，菲利普二世控制了意大利。

1571 年 10 月，菲利普二世在勒班多海战（Battle of Lepanto）中，以惨重的代价击败了奥斯曼帝国。从此终结了土耳其人染指东地中海的希望。

欧洲其他王室会怎么看待他的胜利？又一个查理五世。

1559 年 1 月，著名的伊丽莎白一世加冕英格兰女王，她的首相塞西尔（William Cecil）就提醒她："神圣罗马帝国最近不断扩大其势力范围，他们的实力已大增，而英格兰却还是老样子，一点儿新鲜血液都没有，这样的形势尤为危急。"怎么办？塞西尔建议，北边还有两个天主教势力呢！"将英格兰与苏格兰联合起来，同时兼并爱尔兰，以增加国家的实力，这值得好好考虑。"[1]

然后我们看到了英国历史上极其狡诈的一幕，伊丽莎白一世最终处决了苏格兰女王玛丽一世。玛丽一世的死促使菲利普二世下定决心向英格兰开战，他打着为玛丽一世复仇的旗号，在1588年向英格兰派出了无敌舰队。[2] 然后就是决定人类历史走向的一战。

为了削弱哈布斯堡王朝的霸权，欧洲其他王室贵族不惜利用宗教改革运动。对于英格兰而言，最重要的就是海峡对岸的尼德兰。只要保证尼德兰的独立，欧洲大国就没有渡海攻击英格兰本土的能力。

于是，1568年，尼德兰爆发了革命。需要强调一点，1572年，荷兰低级贵族推举奥兰治亲王威廉一世担任执政王，赋予他广泛的赋税权力。1579年，荷兰、泽兰、乌得勒支（Utrecht）、格罗宁根（Groningen）等省份的贵族缔结了"乌得勒支同盟"。

此后，战争开始向有利于荷兰人的方向转化。但这绝不是

---

① 西姆斯：《欧洲：1453年以来的争霸之途》，第18—19页。
② 〔美〕马克·胡克：《荷兰史》，黄毅翔译，上海：东方出版中心，2009年，第90页。

因为"乌得勒支同盟"严格执行了"风能进，雨能进，国王不能进"的小政府原则，而是因为尼德兰是当时欧洲海外贸易的重要中转站，"乌得勒支同盟"在这里征收了全欧洲最高的赋税，远远超过了西班牙王室！ [①]

四、"自由制衡"的真相

荷兰独立战争断断续续持续到 1648 年，整整八十年。1648 年，欧洲各国签订了《威斯特伐利亚和约》[②]，这份和约规定北部七省成为独立的国家，南部仍归西班牙统治。

《威斯特伐利亚和约》是欧洲历史的转折点，后世的国际法学家和国际关系学家认定这份条约奠定了欧洲的主权概念，它是现代主权国家的起点。但这只是后人的追认。这份条约的最初目的就是为了狠狠宰哈布斯堡家族一刀！

比如参与签订条约的瑞典外交官约翰·阿德勒·萨尔维乌斯（Johan Adler Salvius）就明确指出：如果哪个君主完全掌握了德意志，那么所有的邻国都不得不向他臣服。对于瑞典的安全来说，"波罗的海就像是一条护城河，波美拉尼亚和梅克伦

---

① 西姆斯：《欧洲：1453 年以来的争霸之途》，第 18 页。
② 《威斯特伐利亚和约》是 1648 年签署的两项不同条约的结果，一项在奥斯纳布吕克，一项在明斯特。在《明斯特条约》中，西班牙国王菲利普四世承认荷兰独立。

图2-3 铜版油画《明斯特条约的批准》

堡（Mecklenburg）则是缓冲带，而神圣罗马帝国的其他属国就好比是外部工事"。瑞典的目的就是要通过条约，筑牢这些外部工事。

为了掩盖自己争权夺利的目的，为了让自己争权夺利的行径变得高大光辉，这些欧洲的王室贵族发明了一套政治理论，用萨尔维乌斯的话说，瑞典是在"恢复德意志的自由……并以此来维护整个欧洲的均衡"[①]。

———————————

① 西姆斯：《欧洲：1453年以来的争霸之途》，第31页。

"自由—均衡"这套学说延续到后来，被很多人誉为"自由宪政"。但在 17 世纪中叶，它只有一个意思，就是必须削弱神圣罗马皇帝的权力，让他没有办法再威胁其他君主，欧洲政治的舞台不允许再出现一个查理五世！为了实现这个目的，《威斯特伐利亚和约》大大削弱了神圣罗马皇帝的权力，又大大扩充了德意志各个诸侯的权力。因此所谓的自由只是"德意志的自由"，绝不会是法兰西的自由、英格兰的自由或者瑞典的自由。

人类历史的进程是如此现实和冷峻，那些粗鄙的欧洲君主贵族不可能意识到，他们为了争权夺利而发明出来的自由学说，终有一天将会被新兴资产阶级用来针对其子孙后代。

总结一下，如果我们是哈布斯堡王朝的统治者，我们会放弃德意志和意大利，而把目光专注于海外殖民贸易吗？

这与思想解不解放，与具不具备资本主义商业精神，没有任何关系！事实上，新教比天主教更加狂热，来自新教国家的殖民者的行径比天主教更加恶劣。英格兰与荷兰的统治者之所以把注意力集中在海外殖民贸易，最重要的原因是因为他们脱离了与罗马教廷的关系，是因为他们失去了控制中欧的能力。既然我得不到，那么我就不允许任何人得到，一种欧洲前所未见的外交方针出现了，它叫作"离岸平衡"。

借用美国历史学家斯塔夫里阿诺斯在《全球通史》里的划

分，1500 年以前的世界是各个文明相对孤立的世界。每一个区域的各个政治力量，都在争夺该文明的中心地区。整个欧亚大陆从东往西的文明中心依次是黄河流域、恒河流域、印度河流域、波斯高原、两河流域、小亚细亚和中欧地区。谁能掌握文明的中心，谁就掌握了这片区域的霸权。

但从 1500 年以后，更确切地说，1648 年以后，规则变了。大人们，时代不同了！就民族而言，英格兰、荷兰处于欧洲的西部边缘，俄罗斯则处于欧洲的东部边缘；就宗教而言，新教处于欧洲的西部边缘，东正教则处于欧洲的东部边缘。但恰恰是这些边缘势力最终脱离了对中欧地区的向心力，它们分别从欧亚大陆的外围海洋和腹地深处，把欧亚大陆的各个文明连成了一个整体。

人类历史拉开了新的一幕，西方殖民主义也将开始其更加血腥残酷的表演！

第二章　大西洋上的海盗事业

为什么现代资本主义起源于荷兰？

荷兰人是如何摧毁西班牙霸权的？

对于哈布斯堡王朝而言，尼德兰就像是一个大吸盘。西班牙人、葡萄牙人辛辛苦苦从美洲掠夺的白银，从非洲掠夺的黄金、象牙，从亚洲掠夺的香料、茶叶和瓷器，都会源源不断地流向尼德兰，再通过尼德兰，分配到欧洲各地。

正是这种大吸盘的角色，为尼德兰奠定了充足的物质基础，使那里有条件发展出近代意义上的金融市场。关于这一点，著名历史学家布罗代尔（Fernand Braudel）讲得很清楚：

> 尼德兰对查理五世的帝国来说，不只是一个练兵场，还是一个金钱市场。通过这个市场，美洲的贵金属在尼德兰进

行重新分配，分别流向德意志、北欧和不列颠群岛。这种再分配对欧洲的经济活动起着决定性的作用，欧洲的经济活动毕竟并不是完全自发产生的。因此，一种交换、流通和银行放贷系统终于建立起来，以位于埃斯科河出海口的安特卫普城为起点，逐渐向上德意志、英格兰乃至里昂延伸。[①]

布罗代尔所说的安特卫普，位于今天的比利时境内，是当时欧洲最富有的城市。

1568 年，尼德兰爆发反抗哈布斯堡王朝的起义，我们的历史教科书认它为史上第一场资产阶级革命。

为了杀一儆百，西班牙军队在 1576 年洗劫了安特卫普城，并杀害了几千居民，史称"安特卫普大屠杀"。这场屠杀使安特卫普的贸易地位一蹶不振，尼德兰的贸易中心转移到了阿姆斯特丹。

总而言之，尼德兰独立战争使得哈布斯堡王朝失掉了一大块富庶地区，它大大削弱了哈布斯堡王朝的财政基础。

更要命的是，脱离了哈布斯堡王朝控制的尼德兰，反过来成为哈布斯堡在大西洋和印度洋贸易线上的最有力竞争者。荷兰人逐步瓦解了哈布斯堡在亚非拉的贸易垄断地位，使欧洲的

---

① 〔法〕费尔南·布罗代尔：《菲利普二世时代的地中海和地中海世界》，唐家龙等译，吴模信校，北京：商务印书馆，1996 年，第 715 页。

图 2-4　匿名画作《西班牙之怒》，描绘了 1576 年的安特卫普大屠杀，现藏于安特卫普河畔图书馆

经济中心从地中海沿岸转移到了大西洋沿岸。

在这场竞争中，西班牙、葡萄牙衰落了，荷兰、英格兰崛起了。

一、烟草和蔗糖

当西班牙殖民者来到美洲后，惊奇地发现当地印第安人喜欢吸食一种特殊的叶子。

1574 年，塞维利亚的一名医生尼古拉斯·莫纳德斯（Nicolás Monardes）根据探险家的见闻，出版了一本厚厚的专著，叫作《关于新世界的趣闻》(*Joyfull Newes out of the Newe Founde Worlde*)。三年后，这本书被翻译成英文，引发了英格兰上流社会的兴趣。

这本书详细介绍了新大陆的各种奇闻异事，其中专门谈到了印第安人吸食的叶子。莫纳德斯说：印第安人吸食这种植物，"对于治疗头痛格外有效，尤其是着凉引起的头痛……头痛发作时，必须将加热后的叶子敷在痛处。必要时多敷几次，直到疼痛消退"。除了治疗头痛以外，这种神奇的叶子还能治疗胃痛，祛除口腔溃疡，化解胸腔积液，杀死体内寄生虫，缓解关节痛。

美洲印第安祭司在许多仪式上都要使用这种这些神奇的叶子，按照莫纳德斯的说法，"印第安人用这种东西来消遣，他们吸闻烟草产生的烟雾，为的是让自己醉倒，看到某些幻觉，使某些逝去的东西再现,进而让他们产生强烈的愉悦感"[1]。除了点着叶子吸入烟雾以外，印第安人还会通过咀嚼、榨汁或者将它拌在奶油当中食用。[2]

---

[1] "Of Tobaco", in Nicolás Monades, *Joyfull Newes out of the Newe Founde Worlde*, original translation by John Frampton (1577), and edited by Stephen Gaselee (AMS Press, 1967), vol. 2. 转引自〔英〕卡丽·吉布森：《帝国的十字路口：从哥伦布到今天的加勒比史》，扈喜林译，北京：社会科学文献出版社，2018 年，第 70 页。

[2] Iain Gately, *Tobacco: The Story of How Tobacco Seduced the World* (Grove Press, 2001), pp. 2-5. 转引自吉布森：《帝国的十字路口》，第 70 页。

这种神奇的叶子就是烟草，但似乎烟草没有那么大的法力。令人怀疑，莫纳德斯到底是在介绍烟草，还是在介绍大麻？他是不是把当时印度人吸食的大麻跟印第安人吸食的烟草给搞混了？

不管怎么说，烟草在16世纪初就传入了伊比利亚半岛，又在16世纪中期传入了英格兰，很快风靡欧洲的上流社会。欧洲宫廷烟雾缭绕的环境引发了教会和国王的警惕。[①]

1604年，英格兰国王詹姆斯一世（James Ⅰ）发布了《抵制烟草》（*A Counterblaste to Tobacco*）的谕令。詹姆斯一世在谕令中痛斥烟草是"野蛮的印第安人"的玩意儿。他不满地说道：

> 出于最低等的品位，让自己容忍、愚蠢地接受这种腌臜之物，幼稚地以为在正确地使用它，你没有感到羞耻吗？滥用此物之时，即在对上帝犯罪，在身体和外物方面戕害自己，装模作样，招摇过市……这种习惯看着恶心，闻着呛人，它还伤害大脑，危及肺脏……[②]

---

① 尽管教会和国王认为烟草是堕落的，但烟草也为英格兰上流社会带来了充分的帝国想象。烟草对于英格兰上流社交礼仪的影响，参见 Lauren Working, "Tobacco and the Social Life of Conquest in London, 1580–1625", *The Historical Journal*(Cambridge), Vol. 65, Iss. 1, (Feb 2022), pp. 30–48。

② James Ⅰ, *A Counterblaste to Tobacco* (1604), italics in original. 转引自吉布森：《帝国的十字路口》，第71页。

图2-5　英格兰国王詹姆士一世的《抵制烟草》谕令

然而，禁令颁布仅仅三年以后，1607 年，英格兰人就把烟草引入北美大陆的弗吉尼亚。1618 年，弗吉尼亚出口到欧洲的烟草就高达 2 万磅。仅仅九年以后，1627 年，这个数字增长了二十几倍，达到了 50 万磅。[①]

---

① 吉布森：《帝国的十字路口》，第 72 页。

所以当英格兰王室或者议会痛斥一样东西十分堕落时，我们应该明白它的真实意思是什么：这么堕落的东西，你怎么能用它来赚钱呢？良心都被狗吃了吗？这种钱明明应该我来赚！

在本书后面的章节，我们会看见，英格兰人还痛斥过茶叶、鸦片，甚至棉纺织品十分堕落。然而我们只有在英帝国殖民史的缺德语境中，才能懂得"堕落"只有一个意思：堕落？这么高级的玩意儿你也配？

总之，在王室的高尚禁令下，堕落的烟草以摧枯拉朽之势攻陷了欧洲的上流社会。为了进一步防止人们堕落下去，越来越多的英格兰投资者把钱砸向了殖民地的烟草种植园。①

为了尽可能地"限制"堕落的烟草，不，应该说，为了尽可能地限制堕落的西班牙或葡萄牙当局征收更加堕落烟草出口税，英格兰与荷兰的商人还玩起了走私。加勒比地区星罗棋布的岛屿为走私活动提供了天然的屏障，各个小岛上的山洞和港湾成了隐藏走私货物和进行秘密交易的理想场所，即使再强的缉私队也没有办法挨个搜查这些岛屿。

---

① 在传统的英帝国史研究中，17 世纪早期往往被人忽略，詹姆斯一世常常被塑造成一个对于殖民帝国不感兴趣的君主。然而劳伦·沃金的研究表明，詹姆斯一世时期，英格兰人有关美洲的构想对于帝国政策的形成十分重要。参见 Lauren Working, *The Making of an Imperial Polity: Civility and America in the Jacobean Metropolis*, Cambridge: Cambridge University Press, 2020。

与烟草类似的还有咖啡、可可等经济作物，这里最值得一提的是蔗糖。蔗糖的原产地并不是美洲，而是地球另一端的巴布亚新几内亚草原。在很早的时期，这种作物就传到了中国和印度。

根据季羡林先生的考证，先秦的文献典籍中就已经出现了甘蔗的记载（当时作"柘"字），而魏晋时期，中国已经掌握了完善的蔗糖提取技术。[①]

大约在公元前 4 世纪，亚历山大大军在印度河流域发现了蔗糖，他们把蔗糖带到了波斯、美索不达米亚和小亚细亚。

公元 7 世纪，阿拉伯帝国又把甘蔗传到了整个环地中海地区。但直到 11 到 12 世纪，欧洲北部的人才依靠十字军东侵，接触到了蔗糖。英格兰和法兰西的王室贵族很快就迷恋上了这种令人快乐的东西。据估计，仅 1288 年一年，英格兰王室的蔗糖消耗量就高达 6 000 磅。

当时欧洲人的蔗糖供应几乎完全依赖跟阿拉伯人的贸易。为了不让异教徒把钱都赚了，欧洲人曾经尝试过西西里岛以北的地区种植甘蔗，但都宣告失败了。这种作物只适应于高温潮湿的气候，欧洲的气候条件根本无法适应甘蔗的生长。[②]

---

① 季羡林：《文化交流的轨迹——中华蔗糖史》，北京：昆仑出版社，2010 年，第 37、67 页。
② 吉布森：《帝国的十字路口》，第 107 页。

直到新大陆的发现，才完全改变了这种状况。据说哥伦布第二次前往美洲，就尝试在那里移植甘蔗，但没有成功。直到16世纪中叶，甘蔗种植园才在加勒比地区兴起。1571年，波多黎各出口了大约21.2万磅蔗糖，圣多明各的蔗糖出口量更是高达129万磅。[①]

最先从事美洲蔗糖贸易的是西班牙人和葡萄牙人，但很快，荷兰人和英格兰人也加入进来了。与伊比利亚半岛的天主教徒不同，他们最初是以海盗和走私犯的身份参与这场游戏的。

二、西印度公司与海盗

1568年爆发的荷兰独立战争是西方基督教文明大分裂的一次标志性事件。新教徒不仅在欧洲的土地上反抗信奉天主教的哈布斯堡王朝，更把西班牙、葡萄牙的海外船只当作了自己"合法的"攻击目标。一些北欧水手更加胆大，他们公然闯入西属或葡属美洲殖民地附近的海域进行抢劫。

就在这个背景下，西印度公司登上了历史舞台。人类近代史上第一家西印度公司不是荷兰人创立的，也不是英格兰人或

---

① 吉布森：《帝国的十字路口》，第108页。

者法兰西人创立的，而是来自丹麦。

　　1600 年和 1602 年，英格兰与荷兰分别成立了东印度公司，作为掠夺亚洲的殖民主义工具。这让丹麦人眼红得不得了，1616 年，他们也成立一家东印度公司，往印度洋分一杯羹去了。

　　那个年代的丹麦人似乎比英格兰人或者荷兰人更加善于举一反三，他们意识到，有了东印度公司，为啥不再搞个西印度公司呢？于是，第二年，1617 年，丹麦人索性成立了西印度公司，系统管理丹麦在加勒比地区的走私和抢劫工作。

　　四年以后，1621 年 6 月 3 日，荷兰人创建了人类历史上最负盛名西印度公司（Geoctroyeerde Westindische Compagmieor West India Company，WIC）。荷兰联省议会授予公司垄断大西洋贸易的特权。这家公司很快吸引了大批好战的加尔文宗教徒，显得格外尚武。

　　尽管荷兰西印度公司成立的时候只有区区 15 艘船只，但这一点也不妨碍他们烧光西班牙船只、抢光西班牙白银的雄心壮志。为了尽可能地榨取利润，荷兰西印度公司还把业务范围扩大到了非洲西海岸，把烧光抢光的对象扩展到了葡萄牙人。

　　自打西印度公司成立的那天起，大西洋的海盗就更加富有组织性纪律性。1664 年，法兰西也成立了西印度公司。算上长期活跃在此的英格兰海盗、瑞典海盗，可以说各路"英雄豪杰"齐聚大西洋，热闹非凡。

借用今天的网络术语，那是一个"真人吃鸡"的时代，如果说人类历史上确实存在全员真人吃鸡的状态，那么它就发生在16至17世纪的大西洋航线附近。这绝不是我夸大其词，德国公法学家卡尔·施米特曾明确指出，当时的大西洋和新世界是霍布斯笔下"自然状态"的原型。那里是一片彻底的法外之地，在那里，人与人的关系就好比狼与狼的关系，一切人反对一切人。[①]

1678年，法国西印度公司职员亚历山大·奥利维尔·埃克斯姆林（Alexandre Olivier Exquemelin）在荷兰出版了名著《美洲海洋的掠夺者》（de Americaensche Zee-Roovers）。这本书让加勒比海盗的形象为世人所熟知，为后来西方的文艺作品提供了丰富的素材。

荷兰人出版过很多小册子，编造了各种传奇故事来讴歌这些抢劫放火、杀人越货、胆大妄为、粗鄙不堪的"英雄豪杰"。在荷兰人的笔下，这些人都是淳厚质朴的人，都是渴望自由、无拘无束的人。

与荷兰人的描述截然相反，西班牙人非常痛恨这些文化程度低下、道德水平卑劣、只知道杀人和抢劫的家伙。西班牙人按照信仰的分类，把他们称为"路德的海盗"。

[①]〔德〕卡尔·施米特：《大地的法》，刘毅、张陈果译，上海：上海人民出版社，2017年，第65—66页。

抢劫组织完备了，海盗事业也开始蒸蒸日上，是时候发展自己的美洲殖民地了。

三、过 渡 时 期

总结一下，无论对于欧洲旧世界，还是对于美洲新大陆，17世纪都是一个过渡时期。这个时期的欧洲宗教战争走向了它极端血腥恐怖的高潮，这个时期的美洲路德海盗却迎来了他们无拘无束、无法无天的黄金时代。

17世纪过渡时期结束于1700年的西班牙王位继承战争和1713年的《乌得勒支和约》。西班牙王位继承战争终结了哈布斯堡王朝在西班牙的统治，《乌得勒支和约》则确立了英国在海洋上的霸权。正是《乌得勒支和约》第一次把"势力均衡"写进了条约文本，法国陆权与英国海权的分野开始形成。

取得了海洋霸权的英国人不再需要那些无法无天的海盗了，现在他们需要的是秩序，为大西洋航线和美洲新大陆确立一种秩序。在英国的呼吁下，欧洲各国开始打击海盗，大西洋两岸的绞刑架数量大幅增加。过去的海盗纷纷加入皇家海军或者西印度公司，从非法的抢劫转向了"合法的"奴隶贸易。

海盗抢劫的黄金时代结束了，奴隶贸易的黄金时代开始了。这种罪恶的贸易始于16世纪初，在18世纪到达了高潮。

第三章 大西洋两岸的贩奴船

荷英法如何不断刷新奴隶贸易的下限？

丹麦、瑞典又在其中扮演了什么角色？

说起奴隶贸易，几乎是西方殖民史上最常被人提及的往事。1978 年 1 月 31 日至 2 月 4 日，联合国教科文组织在海地首都太子港召开了非洲奴隶贸易专家会议。会议的工作文件、讨论总结报告以及相关附录，为国际科学委员会编纂《非洲通史》提供了重要帮助。[①]

时至今日，奴隶贸易的罪恶历史早已大白于天下，其相关研究层出不穷，本章主要介绍荷兰在非洲的奴隶贸易与美洲的

[①] 会议的相关文件曾结集翻译出版，参见联合国教科文组织出版办公室：《十五至十九世纪非洲的奴隶贸易——联合国教科文组织召开的专家会议报告和文件》，黎念等译，北京：中国对外翻译出版公司，1984 年。

殖民活动。

一、英荷战争

早在西印度公司成立的十多年前，1609 年，荷兰人就派遣了一名英格兰船长亨利·哈德逊（Henry Hudson）率领 20 多名荷兰人，绕过今天加拿大，开辟一条向西方前往亚洲的捷径。

这支船队在今天加拿大的东海岸绕来绕去，找不到出路，只好沿海岸线南下，一直航行到今天的美国北卡罗来纳州，然后又折返北航。9 月，船队误打误撞，进入了今天的纽约湾。在那里，他们发现一条大河从北方而来。哈德逊率领船员考察了这条大河。因此后人把河流命名为哈德逊河。

1614 年，荷兰人根据哈德逊的考察结果，在北美东海岸建立了一个贸易站。为了保护贸易站，荷兰人又建了一座要塞，取名"奥伦治堡"（Fort Orange），并把要塞周围的地区称为"新尼德兰"（New Netherland）。

1621 年，西印度公司成立不久，就开始积极推动向新尼德兰殖民。1625 年，第一批殖民者 30 户家庭共 110 人，来到了哈德逊河口，他们分成三拨。第一拨沿河北上，在奥伦治堡定居了下来。第二拨去了今天的康涅狄格和新泽西。剩下的一拨人则在今天的曼哈顿岛（Manhattan）居住了下来。

此后几年，又有一些荷兰人陆陆续续到达哈德逊河口，他们在建立了一座名叫"新阿姆斯特丹"的城镇。这是荷兰在美洲的第一个殖民地，西印度公司以新阿姆斯特丹为中心建立了一片行政管理区域，并逐步清除了周边的印第安人。

正当荷兰人在北美默默地进行殖民事业的时候，英格兰人毫不令人意外地来了。那时的英格兰，詹姆士一世的儿子查理一世被砍了脑袋，成为一个共和国，史称"克伦威尔空位期"，这也是一个充斥着"崇高道德使命感"的国度。召唤英格兰统治者"道德使命感"的人，是一个叫作托马斯·盖奇（Thomas Gage）传教士。他是英格兰人，早年是天主教多明我教会的修士，1625 至 1637 年间在墨西哥、危地马拉传教，目睹了西班牙人在美洲烧杀抢掠、无恶不作。

回到英格兰后，盖奇果断地改宗了清教。1648 年，他出版了回忆录，讲述自己在美洲的经历，一下子引发了轰动。这让盖奇获得了上达天听的机会。不久以后，他就给执政者克伦威尔护国公提交了一份报告，题为《有关西印度群岛的一些简单真实的发现》（"Some Briefe and True Observations Concerning the West-Indies"）。

盖奇在报告里痛骂西班牙人丧尽天良，他说道：

世界上再没有人比美洲的西班牙人更加罪孽深重。不管是显赫还是卑微，不管是总督、法官，还是贫穷的农民，都身背罪孽。他们毫不掩饰自己的罪恶……因此，只要有任何国家反对他们，他们的罪恶就会出卖他们，对抗他们。[①]

克伦威尔看完盖奇的报告以后，深受震动，义愤填膺。然而他义愤的与其说是美洲原住民的悲惨遭遇，毋宁说是英格兰没能在此分得一杯羹。确实，这么丧尽天良的事情要做也应该是英格兰人来做，怎么能是你们这些西班牙人来做呢？

1651 年，克伦威尔政府出台了《航海法》(*Navigation Act of 1651*)，规定任何销往不列颠及其殖民地的商品，只能由英格兰的船只运输；换句话说，任何国家的船只都不能把商品运往大不列颠及其殖民地。

1656 年 9 月 17 日，克伦威尔在英国议会发表对外政策演说。克伦威尔说，世界上存在某个"邪恶轴心"，他们疯狂地敌视英国。敌视英国的人"全是世界上邪恶的人，他们或在海外，或在英国国内"。所谓的"邪恶轴心"就是西班牙，用克伦威尔的话说，英格兰与西班牙的斗争是上帝选民与魔鬼撒旦的斗争，是光明之子与黑暗之子的较量。[②]三百多年以后，他

① 吉布森：《帝国的十字路口》，第 92 页。
② 〔美〕沃尔特·米德：《上帝与黄金：英国、美国与现代世界的形成》，涂怡超、罗怡清译，北京：社会科学文献出版社，2014 年，第 23 页。

的撒克逊表亲重复了这些"邪恶轴心"的传说。

在这个背景下，拉斯·卡萨斯的著作《西印度毁灭述略》在英格兰多次再版，引发了全国上下一致声讨西班牙的热潮。然而讽刺的是，遭受 1651 年《航海法》打击最严重的势力不是西班牙哈布斯堡王朝，而是荷兰。《航海法》出台的第二年，1651 年 7 月，英格兰与荷兰就爆发了第一次英荷战争。1654年，荷兰战败，被迫承认了英格兰的《航海法》。

几年以后，1658 年 9 月 3 日，护国公克伦威尔死了。1660 年，查理二世回到了"忠实"于他的伦敦，复辟了斯图亚特王朝，对克伦威尔开棺戮尸。这位查理二世深受英格兰人民的"爱戴"，他精通声色犬马，尤其擅长偷猎人妻，有据可查的情妇就有 20 多名，还有至少 14 个私生子，人送外号"快活王"（Merrie Monarch）。

但问题是，快活王似乎并不打算跟荷兰人快活下去。他刚一复辟，就出台了一部比克伦威尔更狠的航海法，史称《1660年航海法》（Navigation Act of 1660），规定所有经过指定的物品，比如烟草、蔗糖、棉花、皮毛、靛青等，必须先运送到大不列颠及其殖民地，经由英国人之手，才能转销各地。

1664 年 9 月 8 日，英国人又占领了荷兰在美洲的殖民地，把"新阿姆斯特丹"改名为"新约克"，把"奥伦治堡"改名为"奥尔巴尼"。

图 2-6　范·索斯特所绘第二次英荷战争荷兰进攻梅德韦河场景，现藏于格林威治皇家博物馆

　　荷兰人不能忍受这样的侮辱，1665 年 2 月 22 日，"第二次英荷战争"爆发。在战争中，荷兰舰队甚至在 1667 年 6 月奇袭泰晤士河口，打沉英国皇家海军 6 艘大型军舰，掠夺了大量黄金和木材，然后扬长而去。

　　1667 年 7 月 31 日，双方签订《布雷达和约》(*Peace of Breda*)。英国被迫放宽了《航海法》，被迫放弃了东印度群岛。

二、苏　里　南

　　根据《布雷达和约》，荷兰放弃哈德逊河口和新阿姆斯特丹，作为交换，他们从英国人手里得到了苏里南。

以今天的眼光看，仿佛英国人赚大发了。纽约是个什么地方，苏里南又是个什么地方。除了贡献黑人足球运动员以外，苏里南似乎没有对荷兰作出过什么贡献，反而每年都要吃掉荷兰大把大把的财政，荷兰人求苏里南人独立而不得。

但在当时并不是如此，荷兰人得到了苏里南，就意味着他们有了一个桥头堡，可以向葡萄牙殖民地薅羊毛。早在从 1630 年 2 月开始，荷兰人就打着"夺回蔗糖""杀死天主教"的口号，入侵了葡属巴西。战争断断续续持续到了 1654 年 1 月 28 日，这一天，葡萄牙军队攻克了巴西城市累西腓（Recife），这是荷兰人在南美洲的最后一个要塞，也是最坚固的要塞。累西腓的陷落让荷兰人伤心欲绝，直到今天，还有很多荷兰人认为这场失败是荷兰海洋帝国由盛到衰的转折点。①

其实荷兰人不用伤心，有时上帝在剥夺了你一件东西时，又会给你另一件东西。荷兰人丢掉了在巴西的据点，却从英国人手里换来了苏里南，同样快乐无边。华东师范大学的顾卫民教授指出："荷兰人进攻葡属非洲殖民地是与他们自己在巴西的战略，特别是与荷兰人需要从非洲引进黑人奴隶的劳动力有

---

① 顾卫民：《荷兰海洋帝国史：1581—1800》，上海：上海社会科学院出版社，2020 年，第 319—320 页。

关。"① 巴西的重要性不仅在于巴西本身，更在于跟它隔海相望的几内亚湾，这里是传说中的"西非黄金海岸"。荷兰人失去了在巴西的据点，却得到了苏里南，一样可以自由地连接南美洲与西非几内亚湾。

在南美洲，有了苏里南，荷兰西印度公司仅仅依靠低价从巴西买入蔗糖，再高价到欧洲卖出，就赚得盆满钵满。与西印度公司一起发财的还有大量不知名的走私商，他们在 1646 年以前的贩运量甚至大大超过了西印度公司。②

在把南美洲的蔗糖运往欧洲的同时，荷兰人也一箱一箱地把西非的黄金运回本国。当时的荷兰人掌握了西非海岸一半以上的黄金，他们对于西非黄金的掠夺在 1680 年代达到了顶点。仅仅 1685 年一年，荷兰人就向国内运回了价值超过 50 万荷兰盾的黄金。③

---

① 顾卫民：《荷兰海洋帝国史》，第 278 页。
② 从 1638 年至 1650 年期间，西印度公司从荷属巴西运往本国的蔗糖统计：1638 年 2 043 箱，1639 年 3 874 箱，1640 年 1 848 箱，1641 年 3 450 箱，1642 年 3 483 箱，1644 年 797 箱，1645 年 1 086 箱，1646 年至 1650 年每年都达到 2 045 箱。同期私商运往本国的蔗糖统计：1638 年 3 644 箱，1639 年 4 414 箱，1640 年 7 126 箱，1641 年 11 092 箱，1642 年 7 256 箱，1643 年 9 559 箱，1644 年 7 790 箱，1645 年 6 193 箱，1646 年 695 箱，1647 年 812 箱，1648 年 714 箱，1649 年 963 箱，1650 年 538 箱。参见 Jonathan I. Israel, *Dutch Primacy in World Trade*, 1585-1740, Oxford: Clarendon Press, 1989, p. 169。
③ 1676 年的时候荷兰从几内亚进口的黄金价值 484 421 荷兰盾，1685 年的时候为 515 119 荷兰盾，1694 年的时候为 405 798 荷兰盾，1697 年为 317 232 荷兰盾，1700 年只有 252 503 荷兰盾，1702 年则为 274 238 荷兰盾。参见 J. I. Israel, *Dutch Primacy in World Trade*, p. 329。

总之，一手南美贩蔗糖，一手西非抢黄金，让欧洲各个王室贵族羡慕不已。于是，英国人、法国人、丹麦人、瑞典人纷纷前来插一脚，蔗糖贸易的竞争越来越激烈。它导致荷兰蔗糖、咖啡和黄金、象牙的贩运量从 1690 年代开始，都出现了明显的下滑。

面对这种不利的局面，联省议会的寡头们开会合计一番，终于在 1730 年得出了一条妙计：仅仅贩卖蔗糖是不够的，贩卖劳动力才能带来新的增长点。

三、奴 隶 贸 易

按照目前医疗史研究的共识，哥伦布到达美洲以前，当地的印第安人没有疟疾、黄热病等烈性传染病。这些疾病是欧洲人带到美洲的。

当时没有人知道疟疾和黄热病的病理原因，他们意识不到，过度砍树造田，会严重破坏生态平衡，使农田的死水里大量滋生传播疾病的蚊子，更不知道人类免疫系统对抗病毒的工作原理。欧洲人只看到非洲人皮糙肉厚，对于疟疾和黄热病的抵抗力更强。

在欧洲人的眼里，非洲黑人更适合在炎热条件下工作。那么为什么不使用非洲人，用来代替印第安人或欧洲本土的劳动力呢？非洲黑奴既省钱，又皮实，实在划算得不得了。

据估计，从 1600 年到 1650 年间，共有 27 751 名非洲黑奴被运到加勒比地区。从 1650 年至 1700 年间，这个数字猛增到 464 743 人。

在刷黑奴数量这个方面，大英一向都是"榜一大哥"，17 世纪下半叶，仅仅在殖民地巴巴多斯，大英就怒刷 156 099 名黑奴。[①]

荷兰人次之，有 124 158 名黑奴被送到了荷属岛屿和苏里南。此外，还有 38 140 名黑奴被送到法属岛屿，18 146 名黑奴被送到丹麦属的岛屿。

这仅仅是加勒比地区，而不是整个美洲，这仅仅是运到加勒比地区的黑奴，而不包括路上死掉的那部分。

1730 年，荷兰联省议会做出决定，不再对奴隶贸易施加任何限制，希望通过这种手段压低荷兰种植园的生产成本，提高荷兰庄园主在英国、法国庄园主面前的竞争力。因此从 1750 年到 1780 年，苏里南平均每年都要接收 12 艘运奴船和多达 3 000 至 4 000 名奴隶。[②]

如果说葡萄牙人开辟了奴隶贸易的先河，那么荷兰人和英

[①] Hilary Beckles, "The Economics of Transition to the Black Labor System in Barbados, 1630－1680", *Journal of Interdisciplinary History* 18, 2(1987), p. 226. 转引自吉布森：《帝国的十字路口》，第 116 页。

[②] 顾卫民：《荷兰海洋帝国史》，第 284—285 页。

格兰人则把奴隶贸易带到了一个新的历史高度。在他们的带动下，法国人、丹麦人和瑞典人纷纷大干快上，彻底解除了对于奴隶贸易的限制。越来越多的黑奴被运往美洲，深刻地改变了美洲的人口构成。奴隶制连同种植园经济制造了拉丁美洲畸形的土地所有制结构，直到今天为止，它仍然是拉美现代化道路上的巨大障碍。

从 1700 年到 1807 年，英国船只从西非贩运了 2 530 969 名奴隶，法国船只贩运了 1 139 381 名奴隶，荷兰船只贩运了 333 504 名奴隶，丹麦船只贩运了 83 444 名奴隶。这只是有统计在册的奴隶数量，它既不包括路上死掉或被海盗掠走的人数，也不包括偷运的人数。①

1789 年，一篇报道发表，轰动了美国。奥拉达·艾奎亚诺（Olaudah Equiano），一位有幸获得自由的黑奴，在报道中讲述了自己悲惨遭遇。按照他的说法，他家里有兄弟姐妹七人，他是最小的男孩。11 岁的时候，某天，大人们照例外出干活，只有他和姐姐在家。两个男人和一个女人翻墙而入，立刻抓住了他们。姐弟从此永远分离了。

没过多久，艾奎亚诺就被送上了运奴船。他看到船上还有许许多多跟他一样的人。艾奎亚诺说道：

---

① 吉布森：《帝国的十字路口》，第 128 页。

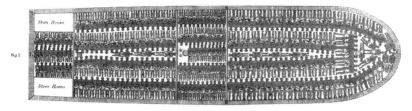

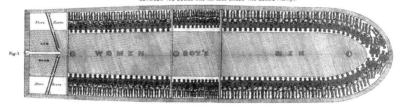

图 2-7 英国布鲁克斯船载运奴隶的方式

> 一大群被锁链拴在一起的各种各样的黑人，每个人的脸
> 上都写满了沮丧和悲痛。……我不再对自己的命运心存侥幸。
> 一阵恐惧和痛苦袭来，我一头栽倒在甲板上，失去了知觉。

在船上，艾奎亚诺染上了疾病，毫无食欲。他不吃东西，就会
遭到一顿毒打，这是他从未遭受过的惩罚，艾奎亚诺说："我
从来没见过这么凶残暴戾之人；他们不仅对我们黑人如此，对
一些白人也是同样。"①

---

① 吉布森：《帝国的十字路口》，第 127—128 页。

运奴船上空间狭小，疾病流行，黑奴的死亡率常常高达30%，甚至50%。黑奴并不是没有反抗过，但是漂泊在大西洋上的运奴船就像海里的一叶孤舟，即便他们的反抗取得了胜利，也会因为缺乏必要的驾驶技术，而不知道何去何从。

如果你是一名黑奴，如果你有幸到达了美洲，那么恭喜你，你渡过了第一关。往后还有更多的惊喜在等待着你。

在18世纪中期，英属加勒比群岛上大约60%的奴隶从事蔗糖生产。从大类上来讲，蔗糖加工主要分为两个阶段。第一个阶段是研磨榨汁，就是把甘蔗送进三辊研磨机，经过三个滚轮的挤压，把纤维里的糖水榨出来。第二个阶段是熬制提炼，就是把甘蔗糖水放到高温炉上加热，把水分烘干。

在当时，有许多人控诉甘蔗制糖厂的工作条件十分恶劣。比如爱德华·利特尔顿（Edward Littleton）就是其中著名的一位。此人出生在英格兰什罗普郡（Shropshire），毕业于牛津大学，是名律师。

利特尔顿大律师在1698年出版了著作《种植园的呻吟》（*The Groans of the Plantations*）。书中这样描写制糖厂奴隶的处境：

甘蔗研磨机操作工不小心将手指卷入机器，他的整个身体就会被卷进去，整个人就会被挤成碎片。如果烧炉工不小心碰到滚烫的糖液，那东西就像胶水或鸟胶那样黏，那一部分肢体或者性命就很难保住。①

　　锅炉房几乎是当时世界上最热的地方，白天的温度高达 60℃，长期在里面工作，简直就像在地狱。就算到了晚上，锅炉房里仍然高达 50℃。黑奴们长期挤在这种高温环境下日夜工作，疾病丛生，死亡率极高。

　　像利特尔顿这样的"良心人士"在当时的英格兰为数不少，他们四处奔走呼号，大声控诉：你们这些议会老爷眼睛瞎了吗？看不到奴隶的生活如此悲惨吗？每一粒蔗糖里头都渗满了黑奴的鲜血，你们还好意思向蔗糖征税吗？

　　不要奇怪，这位利特尔顿自己就是个大奴隶主，他在加勒比地区拥有 600 英亩土地、一座种植园和 120 个奴隶。按照利特尔顿的说法，对殖民地的蔗糖业征税会导致殖民地经济破产。② 要是殖民地经济都破产了，像他们这样的人就用不起奴隶。是的，这就是英格兰自由主义的光荣理想：国王或议会不可以向企业征税，但企业可以随心所欲地奴役劳动力。"风能进，雨能进，国王不能进"的另外一面是毫无节制的工厂暴政

---

① Edward Littleton, *The Groans of the Plantations: Or, A True Account of Their Grievous and Extremes Sufferings by the Heavy Impositions Upon Sugar, and Other Hardships Relating More Particularly to the Island of Barbados* (1698), p. 17. 转引自吉布森：《帝国的十字路口》，第 117 页。
② 吉布森：《帝国的十字路口》，第 118—119 页。

或庄园暴政！

据说美洲奴隶的平均寿命只有 7 年左右，就算你有幸没有分到矿井或锅炉房这种高危职业，也不见得就能获得善终。幸运儿黑奴玛丽·普林斯（Mary Prince）在获得自由后，出版过一本回忆录，里面讲述了她和同伴的悲惨遭遇。普林斯说道：

> 可怜的赫蒂（Hetty），和我在一起的奴隶……最悲惨不过……她拴到草地橛子上的一头牛的绳头松了，牛拖着绳子四处游荡。主人勃然大怒，虽然她当时正怀有身孕，主人仍命人将她衣服扒光，绑在院子里的一棵树上。接着，他用鞭子和牛皮鞭拼命抽打她，直到她全身血肉模糊。他停下来喘了口气，然后接着打。就这样一阵又一阵地打。她的尖叫声撕心裂肺。这件事情的结果是，在她生产前，被人抬到床上，经过极度痛苦的分娩，她产下了一个死婴。产期过后，她的身体似乎有所恢复——这期间，她还是经常被主人和女主人毒打——但是，她身上的力气从来没有恢复到之前的水平。不久，她的身体和四肢明显肿大起来。她整天躺在厨房的一张席子上，直到体内的腹水破裂而死。[1]

---

[1] Mary Prince, *The History of Mary Prince: A West Indian Slave*, London, 1831, p. 7. 转引自吉布森：《帝国的十字路口》，第 135 页。

某些美国南方小说曾刻意描绘黑奴与种植园主的和谐氛围，在这些小说作家的笔下，奴隶主虽然偶有恶行，但大多数都会悉心照料奴隶，给予奴隶足够的衣食和药物。类似的论调蛊惑了许多人。

事实上，奴隶的命运完全取决于奴隶主的人品或者心情，而不是任何法律或制度上的保障。要是哪天奴隶主他心情好了，你的日子当然挺好过，但你怎么保证奴隶主的心情一直好下去，要是他哪天赌钱输了，心情不好了怎么办？

逃跑？欧洲人早有法律规定奴隶逃跑会有什么后果。1685年，法兰西国王路易十四颁布了一部关于殖民地奴隶的法典，被人称为《黑人法典》（*Code Noir*）。这部法典规定："逃亡奴隶……必须割去双耳，在一只肩膀上烙上百合花。如果从他被告发之日算起，第二个月又犯同样的错，他将被割断腿筋，另一只胳膊也烙上百合花。如果第三次犯同样的错，将被处死。"类似的法律不仅出现在法国，也出现在英格兰、荷兰或丹麦。[1]

汉斯·斯隆（Hans Sloane）在1707年的著作中这样记载牙买加的英格兰奴隶主是怎么对付奴隶逃跑或反抗的：

　　针对奴隶的犯罪行为，主要是反抗，一般是用火烧，

---

[1] 吉布森：《帝国的十字路口》，第147页。

用弯曲的木棍将他们的四肢钉在地上，然后用火从手脚烧起，逐渐烧到头部。受刑者的那种痛苦超乎想象。对于性质轻一点的犯罪行为，实施阉割，或用斧头砍掉他们的半只脚。这些惩罚给受刑者带来的痛苦要持续整个后半生。对于逃跑者，会给他们的脚腕套上沉重的脚环，或者给他们的脖子套上"Pottock"，抑或给他们戴上铁项圈，项圈对着嘴的位置，有一个突出的类似马刺的东西，正好塞进奴隶的口中。"Pottock"是项圈，项圈两端焊接了两个钢筋做的螺旋圈。如果工作中犯了错，一般是将他们带到加工厂，将双手绑起来，监工用枪木（Lance wood）枝条抽打，直到数条树枝被打断，受刑者身上到处是血为止……在伤口未愈时，将胡椒粉和盐撒在伤口上，让受刑者更加痛苦。有时候，主人也将融化的蜡滴在奴隶身上，动用一些让人钻心痛苦的刑罚。①

随着时间的推移，美洲黑奴的数量越来越多，黑奴与白人的比例越来越高，奴隶主也越来越倾向采用残酷的刑罚对待不听话的奴隶，试图在奴隶当中塑造一种恐怖的氛围，使奴隶不敢有贰心。

---

① Hans Sloane, *A Voyage to the Islands Madera, Barbados, Nieves, S. Christophers and Jamaica (1707)*, p. l ⅶ . 转引自吉布森：《帝国的十字路口》，第 147 页。

除了黑奴以外，荷兰人还向苏里南贩卖过其他有色人种。1863 年，荷兰国王威廉三世在国际舆论的压力下，不得不废除了奴隶制。种植园和矿井缺乏劳动力怎么办？荷兰人开始在全世界各地到处骗人来苏里南做苦力，这当然少不了华人劳工。

苏里南是西方殖民主义的缩影，在那里既有黑人后裔，也有华人后裔，说明了奴隶贸易的兴衰始终跟亚洲的命运紧密联系在一起。这个转变过程又可以表现为某个企业的兴衰，它就是大名鼎鼎的——东印度公司！

余论：海盗、国际法与海洋帝国

《海洋自由论》让格劳秀斯成为后来西方国际法和
自由贸易原则的鼻祖。这本书的核心内容只有一条：
所有欧洲人都在亚洲有份。它由两部分构成：
第一，确立了欧洲主权国家平等的原则；
第二，把亚洲设置为欧洲人的掠夺对象！

相较于伊比利亚半岛的天主教殖民者，荷兰、英格兰殖
民者更加具有**现代性**。这不是因为后者更加斯文或人道，而
是因为后者在殖民的过程中逐渐形成了现代世界的运行规则。
换句话说，葡萄牙、西班牙殖民者还多少带有鲜明的中世纪
烙印，荷兰、英格兰则更能体现资本原始积累的特征。不幸
的是，近代资本主义的屠戮远比中世纪式的屠戮更高效。

除了之前提到的金融业以外，近代荷兰、英格兰殖民者对

于西方游戏规则和社会科学理论起到了什么影响呢？

一、海盗与国际法

近代西方国际法的奠基人胡果·格劳秀斯，他有一个亲戚雅各布·范海姆斯凯克（Jacob van Heemskerk）。这位亲戚是一位掠（海）私（盗）船的船长。1602 年，他出海打劫，抢了一艘葡萄牙商船。这艘葡萄牙商船不得了，里面装满了日本的铜、中国的丝绸和瓷器、墨西哥和秘鲁的金银，总价值超过了 300 万荷兰盾。

300 万荷兰盾在当时是个什么概念呢？荷兰东印度公司的总资产是 650 万荷兰盾。英格兰政府一年的总开支也就值 300 多万荷兰盾。事实上，荷兰东印度公司能在这一年开张，跟这次抢劫有直接的关系。它的很大一部分成为荷兰东印度公司的资产。[①]

这件事情给格劳秀斯刺激很大。1604 年，他开始构思一篇论文，实际上写成了一本书《论印度》(*De Indis*)。该书的原稿在 1864 年被发现，编者给它换了一个新名字——《论战利品法》(*De iure praedae*，又译为《捕获法》)。

这件事情让新成立的荷兰东印度公司知道了。公司高层欣

---

① 〔美〕理查德·塔克：《战争与和平的权利：从格劳秀斯到康德的政治思想与国际秩序》，罗炯等译，南京：译林出版社，2009 年，第 97 页。

喜若狂，荷兰当局正在跟哈布斯堡王朝谈判和平协议。法学这种东西，他们拿去谈判有用。在东印度公司的强烈要求下，格劳秀斯在 1609 年先出版了这部书的第十二章，这就是对于法学史上影响深远的《海洋自由论》。[1] 荷兰当局能很快跟哈布斯堡王朝签署休战协议，这部书是起到作用的。

《海洋自由论》的核心内容是什么呢？否定葡萄牙人对于印度和东南亚的统治权。格劳秀斯论证，不管葡萄牙人宣称自己的统治权来自"先占先得"的古老原则，还是来自罗马教廷的赠予，或是来自战争征服，都是站不住脚的。

格劳秀斯说葡萄牙人没有权力垄断亚洲的贸易，因为他们没有权力统治亚洲。亚洲是向一切欧洲人开放的，谁都可以在那里赚一票。因为葡萄牙人试图垄断对亚洲贸易，所以荷兰人向葡萄牙人开战或抢劫他们的商船，完全是正当的。格劳秀斯说道：

> 为了对海洋的共同无害的使用——依照自然法它是人人共有的——而发动的那些战争，难倒不是要远为正义得多吗？倘若那些禁止与他人贸易的国家被正当地攻击，另外那些人该怎样？——他们用暴力压制不隶属于他们的人

---

① 〔美〕理查德·塔克：《哲学与治术：1572—1651》，韩潮译，南京：译林出版社，2013 年，第 179—180 页。

们，阻止人们相互交易。假如这件事被公正地抗拒了，一个好人所期望的判决不应该被怀疑。①

《海洋自由论》让格劳秀斯成为后来西方国际法和自由贸易原则的鼻祖。这本书的核心内容只有一条：所有欧洲人都在亚洲有份。它由两个部分构成：第一，确立了欧洲主权国家平等的原则；第二，把亚洲设置为欧洲人的掠夺对象！

近代欧洲的国际法是荷兰东印度公司对于历史的一个重要影响。但荷兰或者英格兰、法国的东印度公司对于西方思想史和哲学社会科学的影响绝不止于此。

以下的内容堪称一个"双标"现场。

二、大型双标现场

讲到英美自由主义，我们就不能不提及它的奠基人约翰·洛克。洛克在名著《政府论》上篇一开头就猛烈抨击他的政敌，保皇党人菲尔麦爵士。洛克说：

奴隶制是一种可恶而悲惨的人类状态，它同我们民族

---

① 〔荷〕格劳秀斯：《海洋自由论》，宁川译，载《海洋自由论·新大西岛》，上海：上海三联书店，2005 年，第 67 页。

的宽宏性格与英勇气概那样直接相反，以致难以想象，一个"英国人"——更不用说一个"绅士"——竟会替它辩护。①

洛克摆出了一副与奴隶制或君主专制势不两立的架势，看得人血脉偾张。但大家不要误会，《政府论》出版于光荣革命以后，那个时候他批判的对象菲尔麦爵士都被抄了十几次家了。洛克对于一条死狗，发动一场毫无悬念的战争。

这还不是洛克最虚伪的地方。他更虚伪的地方是，此人满嘴大骂奴隶制如何如何违背人类理性，自己却深度参与奴隶生意。他是英格兰皇家非洲公司（Royal Africa Company）的大股东。这家公司的主要业务就是奴隶贸易。此外，洛克还担任贸易和种植园委员会（Board of Trade and Plantation）、北美卡罗莱纳大领主会议（Lord Proprietors of Carolina）的秘书。他不仅在罪恶的奴隶贸易和种植园经济中赚得盆满钵满，更深入接触了各种有关奴隶贸易和种植园经济的账单和财务报表。

所以洛克一边在《政府论》前几页当中骂完奴隶制，又在后几页中偷偷承认：

　　另外还有一种仆人，我们以一个特殊的名称叫他们为

---

① 〔英〕洛克：《政府论》上篇，瞿菊农、叶启芳译，北京：商务印书馆，1982年，第3页。

图 2-8　自由主义之父约翰·洛克（1632—1704）

奴隶，他们是在一次正义战争中被获的俘虏，基于自然权利要受他们主人的绝对统辖权和专断权力的支配。像我所说过的，这些人既已放弃了他们的生命权，因而也放弃了他们的自由，丧失了他们的财产——处在奴隶状态中不能有任何财产——他们就不能在那种状态中被认为是政治社会的任何部分，因为政治社会的首要目的是保护财产。①

所以我们看西方近代政治学、法学著作时，要细心一点，指不定某些看上去光鲜亮丽的皇皇巨著，实际上是个大型双标现场呢。

然而对奴隶制的论述仍然不是洛克最虚伪的地方，最虚伪的地方是他对于私有财产的论述。洛克说道：

> 人们的超过需要的占有欲改变了事物的真实价值，而这种价值是以事物对人的生活的功用而定的……同样的限度也适用于土地的占有。凡是经过耕种、收获、贮存起来的东西，在败坏之前予以利用，那是他的特有权利；凡是圈入、加以饲养和利用的牲畜和产品也都是他的。②

简言之，人们只能通过劳动，占有土地等私有财产。私有产权的核心是劳动占有权。宣布了这项英国自由主义的基本原则以后，洛克又强调，印第安人没有劳动能力的，他们不能通过双手开发和利用美洲，所以只有我们欧洲人才有资格占有美

---

① 〔英〕洛克：《政府论》下篇，叶启芳、瞿菊农译，北京：商务印书馆，1964年，第52页。

② 洛克：《政府论》下篇，第24、26页。

洲。^①这个观点跟他那个什么北美卡罗莱纳大领主会议秘书的身份非常贴合。

上演大型双标现场的西方国宝级思想家，当然不只洛克一个人。比如有个叫孟德斯鸠的人，我们都知道，这个人在名著《论法的精神》中提出过"三权分立"原则，奠定了后来美国宪政体制的基础。

孟德斯鸠在《论法的精神》当中大肆宣扬，"专制统治的原则是恐怖"，专制制度的实质是"一个主人，其他所有人都是奴隶"，显得一副与奴隶制度不共戴天的样子。然而，他又说了：

> 欧洲人把美洲人灭绝之后，不得不把非洲人当奴隶，为的是开垦这许多土地。如果不使用奴隶种植制糖作物，糖价就会太高。
>
> 这些人从脚黑到头，鼻子扁得令人难以怜悯。我们无法想象，睿智的上帝竟然会把一个灵魂，而且是一个优秀的灵魂，放到一个黝黑的躯体中去。^②

所以亚洲人搞奴隶制当然是罪恶的，但欧洲人搞奴隶制，那能

---

① 〔美〕阿米蒂奇：《现代国际思想的根基》，陈茂华译，杭州：浙江大学出版社，2017 年，第 95—119 页。
② 〔法〕孟德斯鸠：《论法的精神》上册，许明龙译，北京：商务印书馆，2017 年，第 290 页。

叫奴隶制吗？那是"文明的教化"。

相较于洛克，孟德斯鸠更善于把欧洲殖民者对于亚非拉人民的奴役，披上一层科学的外衣。亚非拉为什么活该被欧洲人奴役呢？这是由于地理环境决定的，亚非拉民族所处的地方都很热，欧洲人则处于温带。炎热地方的人整天躲在家里，所以胆子很小，习惯于当奴隶。温带地方的人则喜欢户外活动，培养了他们自由、勇敢善于冒险的精神。孟德斯鸠得出结论：

> 炎热削减人的力量和勇气，而生活在寒冷气候下的人有一种体力和精神力量，使他们能够从事长时间的、艰苦的、宏伟和勇敢的活动。
>
> 炎热地区的人民几乎总是因怯懦而沦为奴隶，寒冷地区的人民则因勇敢而享有自由。
>
> 这种现象也在美洲得到证实，两个专制帝国墨西哥和秘鲁都位于赤道附近，几乎所有自由的小国则过去和现在都靠近南极。[1]

他接着又补充道：

---

[1] 孟德斯鸠：《论法的精神》上册，第 320 页。

奴役精神主宰着亚洲，亚洲从来不曾摆脱奴役精神。在这块土地的全部历史上，找不出任何一个能表明自由精神的标记，除了敢于奴役的气概而外，再也不可能看到别的精神。……非洲的气候与亚洲南方相似，也处于同样的奴役之下。①

这算什么呢？人人都是平等的，有一些人更平等。

除此之外，杰出的苏格兰启蒙主义思想家大卫·休谟也在论文《谈民族性格》(*Of National Characters*)中指出：

我很怀疑黑人，以及其他所有人种（共有四五个不同的种类）天生就比白人劣等。在白人之外没有产生过文明国家，甚至没有产生一个行动上或思想上出色的大人物。他们没有独具匠心的产品，没有艺术，没有科学。②

有些人可能会反驳我：照你这么说，西方大思想家的著作都不值一读吗？我的回答很简单：怎么不值得一读？当然值得读，但任何经典著作都不能把它当作教条语录来读。我们已

---

① 孟德斯鸠：《论法的精神》上册，第 327 页。
② David Hume, "Of National Characters", in *Political Essays*, edited by Knud Haakonssen, Cambridge: Cambridge University Press, 1994, Note f of p. 86.

经有过太多寻章摘句式的研究，即在经典著作中挑几句对自己有用的话，然后大加附会，却丝毫不问这些经典作品的作家想要干什么、有什么问题意识。这样的做法不是在研究西方思想史，而是把西方思想家当偶像来崇拜。

因此西方近代的经典著作不仅需要读，更需要认真研究，是真正意义上的研究，而不是语录摘抄或偶像崇拜。唯其如此，我们才能从西方思想经典中学到真正有益的东西。

三、海洋帝国的版本

最后做个总结。

美国巴德学院有个著名的外交学家和战略学家，沃尔特·米德（Walter Mead）。强调一下，这个人我们不应该陌生，近三年前，也就是 2020 年 2 月，他在《华尔街日报》上发表过一篇社论，题为《中国是真正的亚洲病夫》（"China Is the Real Sick Man of Asia"）。因此遭到了我外交部新闻司一个月内三次点名批评，十分引人注目。

这个米德就把荷兰称为西方海洋帝国 1.0 版本，之后的英国是海洋帝国 2.0 版本，3.0 版当然就是美国。无独有偶，复旦大学的殷之光教授曾在网上有过一场线上讲座，题为《自由帝国主义的前世今生》。米德与殷之光都把荷兰、英国与美国视为"海洋自由帝国"或"自由帝国主义",只不过两者的立场正好相反。米德教授为自由帝国主义的霸权沾沾自喜,殚精竭虑地想要维护自由帝国主义的存续;殷之光教授严厉批判自由帝国主义的虚伪狡诈,努力思考更加公平的国际政治经济秩序。我们不禁要问,什么是"自由帝国主义"?为什么今天许多研究者喜欢把荷英美统称"自由帝国主义"?

古往今来的一切帝国都是军事上的强权者,英美自由帝国主义也不例外。但与过去的一切帝国都不同,英美同样是金融、文化、法律制度上的强权者。它们不仅善于使用武力征服或经济渗透,更善于制定一整套所谓的自由贸易规则或金融市场化规则。让殖民地半殖民地或边缘国家自觉地服从它们的统治,以服从它们的统治为荣。荷兰正是自由帝国主义的先驱或者说测试版。

荷兰人开创了近代意义上的股份制公司,用发行股票的方式为殖民活动募集资金。荷兰人又创造了近代意义上的证券交易所,使得股票能够自由地成为买卖的对象。荷兰人发明了近代国际法和自由贸易原则。所有这些东西都为近代自由帝国主义的产生奠定了基础。

如果说荷兰正是自由帝国主义的先驱或者说测试版,那么英国就是自由帝国主义的升级版。在追求殖民利润的过程中,英国人发明了海洋自由贸易的原则,而这一切都跟我们中国人耳熟能详东印度公司有着密切联系。

第三篇

东印度公司与殖民贸易的变革

西班牙人的白银是印加人的累累白骨，荷兰人的香料则是原住民的斑驳血色。至于英格兰人，在印度反英民族大起义之后，著名的辉格主义史学家乔治·屈维廉就说过，镇压印度反叛者的战争，"不由自主地提醒了我们，我们是至高无上的种族，我们凭借英勇和远见在被征服的土地上立足"。荷兰人和英格兰人的恶行从"东印度公司"开始，一手拿账簿，一手拿火枪，就是这些海洋殖民帝国最初的形象。

序　章

　　事实上，荷兰人的宗教狂热绝不会仅仅停留在其本土，

它会更延伸到广大殖民地人民头上———不仅在大西洋沿岸，

在印度洋和西太平洋地区也同样如此。

　　荷兰学者维姆·克罗斯特（Wim Klooster）坦承，在近代殖民过程中，"暴力成为在宗教和文化意义上对作为荷兰人意味着什么的终极表达"。这种暴力不仅体现在荷兰人如何对待殖民地人民，也体现在他们如何对待天主教的竞争者。例如荷兰海盗在加勒比地区俘获西班牙船员，往往会直接把他们丢进大海喂鱼。至于西班牙人和葡萄牙人在美洲的后裔，即所谓的"克里奥尔人"（Creole），他们的境况更加悲惨。荷兰殖民者登陆以后，往往不问青红皂白，整村整村屠杀当地克里奥尔人，并焚毁他们的村庄。正如克罗斯特所说，"暴力也是荷兰征服者与伊比利亚半岛殖民地信奉天主教的居民之间关系紧张的一个原因。

在多次征服行动中，荷兰士兵并不总会区分军事敌人和平民目标，对敌方城市和村庄的袭击常常伴随着洗掠"[①]。造成这些极端行为的原因除了对于财富的贪婪，还有宗教的狂热。

比如在尼德兰革命期间，破坏圣像运动此起彼伏、蔚为壮观。在加尔文宗看来，天主教堂里有关圣母玛利亚和天使的造像，统统都是偶像崇拜，是异教文化篡改基督教的产物，是难以容忍的异端行为。破坏圣像既是人们把对哈布斯堡王朝统治的不满发泄到宗教精神上的产物，也是宗教精神实现人们反抗哈布斯堡王朝的政治动员。

我们往往把破坏圣像运动称为"尼德兰资产阶级革命的重要组成部分"，认为它具有破坏封建生产关系的进步作用。在这个尺度下，加尔文宗独特的宗教狂热往往被过度美化了。事实上，荷兰人的宗教狂热绝不会仅仅停留在其本土，它更会延伸到广大殖民地人民头上——不仅在大西洋沿岸，在印度洋和西太平洋地区也同样如此。

让我们把目光从大西洋两岸重新移回亚洲。与罪恶的奴隶贸易几乎同时，亚洲的殖民主义也在酝酿一场变革。

继葡萄牙人之后的亚洲殖民霸主是荷兰人。相比较葡萄牙人，荷兰人更是穷凶极恶的强盗。如果说葡萄牙人还多少设想

[①] 〔荷〕维姆·克罗斯特：《荷兰海洋帝国的兴衰——17世纪大西洋世界的战争、贸易与殖民》，杨淑青译、刘一冰校，成都：天地出版社，2023年，第379—380页。

着要在亚洲做一些"可持续性的掠夺"，那么荷兰人连"可持续性"都不想要。

这很大程度上跟两者不同的心态有关。1660 年，在锡兰（今斯里兰卡）服役的荷兰军官科普罗尔·约翰·萨（Corporal Johann Saar）曾感慨道：

> 一旦他们（葡萄牙人）到了哪里，这就意味着他们在哪里安家落户，度过余生，他们不想再回到葡萄牙了。但是，当荷兰人来到亚洲以后，他就在想"只要我的六年服役期一到，我就要回欧洲了"。

这种赚一票大的就开溜的抢劫犯心态，使荷兰人在对待殖民地时更加乱来，更加无所顾忌。法国胡格诺派教士、旅行家简·巴蒂斯塔·塔维尼（Jean-Baptiste Tavernier，1605—1689）说得更加直白：

> 葡萄牙人不论到哪里，总是比后来的那些欧洲人将当地建设得更好。相反，荷兰人总是在他们涉足的地方破坏一切。①

因此尽管葡萄牙人到处设卡收费、焚烧船只、劫掠财物。但亚洲

① 上述两段引文，顾卫民：《荷兰海洋帝国史：1581—1800》，上海：上海社会科学院出版社，2020 年，第 325—326 页。笔者引用译文时在不变更原意的情况下，略有修改，以使其更符合中文的阅读习惯。

人仍然更愿意与葡萄牙人相处。[①] 殖民者？没有最坏，只有更坏！

相比较荷兰人信奉的新教，尤其是加尔文宗，葡萄牙天主教更容易被亚洲群众接受。

天主教会的仪式丰富多样，教堂的壁画和雕塑华丽动人。这更接近亚洲人对于寺庙的理解。天主教使用圣象、崇拜圣徒，这些都跟亚洲本土宗教相对接近。更重要的是，天主教会还愿意向亚洲民众和统治精英讲授一些经院知识，诸如算术、几何、天文、历法、逻辑、修辞之类的。这点让许多当代研究者对于天主教有着更高的评价。

新教呢？教堂里，四面白墙，除了十字架，什么都没有。当地人要拜个谁，来自新教国家的殖民者会说这是偶像崇拜，被魔鬼撒旦蛊惑了。教士布道严肃、刻板、单调、无聊，这使得新教在东南亚的影响力远远不及天主教。

然而，塞翁失马，焉知非福。荷兰人在东南亚传教争不过葡萄牙人，却意外在日本获得了优势。某种程度上是因为天主教比较成功，日本幕府统治者禁止了天主教，这反而给荷兰人钻了空子。所谓的"兰学"成了日本幕末时期武士阶层了解西方世界的重要途径，那就是另外一个故事了。

荷兰人究竟在亚洲干过哪些丧尽天良的事情呢？他们的所作所为对于英格兰人产生了什么影响？

---

① 顾卫民：《荷兰海洋帝国史》，第 326 页。

第一章　一手火枪一手账簿的劫掠者

"火枪与账簿"才是近代荷兰海洋帝国的真实形象，

它的最好写照就是东印度公司。

　　什么是近代荷兰人的商业形象？"左手拿着账簿，右手拿着刀剑。"清华大学的李伯重教授说，"考虑到这个时期发生的军事技术革命"，刀剑太落后了，应该改为"火枪"。"火枪与账簿"才是近代荷兰海洋帝国的真实形象。①火枪象征着武力征服，账簿象征着金融增值。一边开火，一边算账，开火的目的是为了有账可算，算账的结果是能更多次地开火。"火枪与账簿"的最好写照就是东印度公司！

---

① 李伯重：《火枪与账簿——早期经济全球化时代的中国与东亚世界》，北京：生活·读书·新知三联书店，2017 年，第 394 页。

一、荷兰东印度公司

在 16 世纪，亚洲出产的香料、茶叶、瓷器等商品大多被葡萄牙商人垄断。运往里斯本的大部分香料都由与葡萄牙王室签有协议的商人负责销售。出于宗教立场，葡萄牙王室只跟信奉天主教的意大利商人、西班牙商人和德意志南部的名门望族做生意。

这让英格兰、荷兰的商人眼红得不得了。怎么办呢？砸摊子，抢银钱！

英格兰、荷兰的海盗频繁地出现在大西洋航线上，逢伊比利亚半岛的船只就抢。面对这种抢劫行为，英格兰王室、荷兰王室岂止是"睁一只眼闭一只眼"！他们给各路江洋大盗颁发特许状，于是乎拥有了"合法身份"的海盗船就不再是海盗船，而叫作"私掠船"。

从表面上看，英格兰、荷兰的私掠船四处收割，好不威风，却不经意间造成了一个意想不到的后果——香料价格的直线飙升，反而影响了本国王室贵族的日常消费。看来光靠抢是不行的。大西洋、印度洋又没封盖，葡萄牙人能去亚洲搞香料搞茶叶，我们荷兰人、英格兰人为什么不行？

总之，1595 年 4 月，一支荷兰船队从阿姆斯特丹出发，踏上了前往亚洲寻找香料的道路。注意，这支船队总共有四条船，装备了 100 多门大炮，携带了价值超过 10 万荷兰盾的银币和大量货物。所以那种不带大炮的荷兰商船，并不能保障荷兰人的商业利益。

尽管当时欧洲的水手已经十分熟悉前往亚洲的航线，但这次航行还是付出了巨大的代价：一艘船在途中损毁；离开阿姆斯特丹时，共有 240 多名船员，等到两年后，也就是 1597 年 8 月，船队返回时，还剩下 87 人，将近三分之二的人殒命大海。

不过这都不重要，重要的是，前往亚洲一次，可以获得至少三四倍的净利润，投资商发了大财。在高回报率的刺激下，越来越多的贵族富豪把钱投给了荷兰的船队，反正有的是亡命之徒。

到 1602 年，荷兰人总共派出了 15 支船队，共 65 艘船前往亚洲。这远远超过了同时期的葡萄牙商船数量。[①]

荷兰船队的成功，让英格兰人眼红得不得了。1601 年 1 月，英国女王伊丽莎白一世颁发特许状，正式成立了对亚洲历史影响巨大的东印度公司（East India Company），英文缩写"EIC"。

英格兰东印度公司成立两个月后，就派遣了一支由 4 艘商船组成，携带 120 多门大炮的船队，前往亚洲。这次航行同样

---

① 〔日〕羽田正：《东印度公司与亚洲之海》，毕世鸿、李秋艳译，北京：北京日报出版社，2020 年，第 60 页。

图 3-1　英格兰东印度公司纹章

获得了巨大的回报。

消息传到荷兰，荷兰坐不住了。为了与英格兰人竞争，阿姆斯特丹、代尔夫特、霍伦、鹿特丹、恩克赫伊曾和米德尔堡这六个地区的荷兰金融寡头决定坐下来，共同组建一家类似的贸易垄断公司。1602 年 3 月，荷兰东印度公司成立（Verenigde Oostindische Compagnie），荷文缩写"VOC"。

荷兰东印度公司与英格兰东印度公司有两点非常不同。

第一，英格兰的寡头基本集中在伦敦，但荷兰的寡头却分散在各个省份。荷兰要成立东印度公司，就必须协调几个省份

图 3-2　荷兰东印度公司的匾额（17 世纪）

的利益。

　　第二，荷兰东印度公司的资本规模远远大于英格兰东印度公司，它在刚起步的阶段，就拥有 650 万荷兰盾的资产，超过了英格兰东印度公司的 12 倍。

　　这决定了荷兰东印度公司采用了跟英格兰东印度公司很不一样的运营模式。英格兰东印度公司每次出航前，先向投资人募集资金，等到海航结束变现以后，再按比例向投资人返还资金。荷兰东印度公司不一样，它凭借雄厚的财力，发明了一种全新的集资方式——股票。纪录片《大国崛起》这样描述：

1602 年，在共和国大议长奥登巴恩韦尔特的操纵下，荷兰联合东印度公司成立。就像他们创造了一个前所未有的国家一样，如今他们又创造了一个前所未有的经济组织。

……

通过向全社会融资的方式，东印度公司成功地将分散的财富，变成了自己对外扩张的资本。甚至阿姆斯特丹市市长的女仆，也成了东印度公司的股东之一。成千上万的国民，愿意把安身立命的积蓄，投到这项利润丰厚，同时也存在着巨大风险的商业活动中。一方面，是出于对财富的渴望，更重要的是因为，荷兰政府也是东印度公司的股东之一。政府将一些只有国家才能拥有的权力，折合为 25 000 荷兰盾，入股东印度公司。这就大大增加了东印度公司的权限和信誉。

荷兰东印度公司是现代股份制公司的雏形。为了方便交易东印度公司的股票，1613 年，阿姆斯特丹成立了人类历史上第一家证券交易所，并改革了银行制度。这些历史都没错，然而荷兰人所有的金融账簿都难以脱离殖民掠夺。没有殖民掠夺的驱动，近代荷兰金融业是难以想象的。

阿姆斯特丹等六个地区的 76 名代表组成了东印度公司的董事会。为了便宜行事，这 60 名董事中又选举了 17 人作为董事会的常设会议，因此它也被称为"十七人会议"。这 17 个寡头就是东印度公司的首脑，负责领导财务、监察、舾装、通信等委员会。

随着殖民主义活动的深入，1610 年，东印度公司又在巴达维亚，也就是今天的印尼首都雅加达，设立了印度委员会，并派遣了总督。按规矩，印度委员会每年都要向"十七人会议"提交报告。但实际上，印度委员会和总督天高皇帝远，几乎全权决定了在亚洲的殖民扩张。

东南亚人新的噩梦开始了！

二、血色斑驳的香料

当时的东南亚爪哇岛，分别存在两个穆斯林苏丹国——万丹和马打蓝。这两个伊斯兰王朝分别盘踞在爪哇岛的东边和西边。它们不仅相互斗争，各自内部也存在王位斗争。这给荷兰东印度公司提供了一个绝佳的机会，让荷兰人能够"拉一派，打一派"，时而利用两国之间的矛盾，又时而利用两国内部的矛盾。

实际上，如果亚洲的封建统治者足够开明，也足够强有力，完全是可以驱逐西方殖民势力的。因为西方殖民主义者之间也有矛盾可以利用啊，荷兰人与葡萄牙人、英格兰人与荷兰人、法兰西人与英格兰人，他们之间明争暗斗，节操掉尽。然而封建统治者终归是封建统治者。

1615 年至 1619 年，荷兰人和英格兰人在班达群岛上大打出手。这让荷兰人意识到一个问题，仅仅设卡收费和强买强卖是不行的，想要垄断东南亚的香料，就只有建立对于东南亚的直接统治。

1619 年，简·皮特森·科恩（Jan Pieterszoon Coen）就任荷兰东印度群岛总督。他在上任之前向公司"十七人会议"发表演说，宣称没有战争就没有贸易，荷兰人必须武力征服印度尼西亚。

1619 年 3 月 12 日，荷兰东印度公司将查雅卡尔塔改名为巴达维亚，后来这座城市成了印尼首都雅加达。5 月 13 日，在科恩总督的授意下，荷兰人把万丹的军队和官员统统赶出了巴达维亚，建立了自己对于巴达维亚的直接统治。这标志着荷兰殖民东南亚进入了一个新的历史阶段，荷兰人在东南亚有了一个牢靠的据点。

在入侵东南亚的过程中，荷兰人作风恶劣，手段残忍，他们奉行的原则是"解决不了人的问题，那就解决人"。举个例子，1620 年，班达群岛的居民拒绝以极低的价格向荷兰人提供香料。荷兰人一看，敢不卖给我们？不对，这肯定是英格兰人在背后搞鬼。这还了得？！

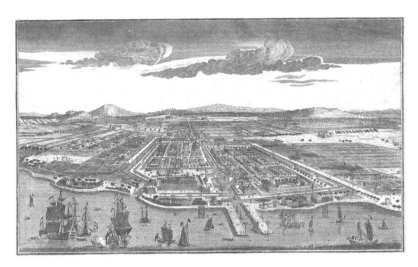

图 3-3　约 1780 年，荷属东印度群岛首都巴达维亚（位于今雅加达北部）

很快，荷兰东印度公司派遣军队占领了班达群岛，那些暗通英国佬的人应该统统处决。荷兰殖民者强行登陆了英格兰人的据点伦岛（Run），绑架了 800 多个当地人，把他们统统卖到巴达维亚当奴隶。

荷兰人在班达群岛上大肆烧杀抢掠，为了使自己的杀人行为更加具有仪式性和震慑性。他们还煞有介事地逮捕了 47 名当地土著领袖，公开集体处决。一名负责监刑的荷兰军官在日记里写道：

　　事件就这样结束了！到底谁是正确的，只有上帝才知道。死刑结束后，首级到处都是，混乱不堪，参加这种工作真是抱歉，只想尽快收场。①

总之，有原住民想要逃跑，荷兰人就实行连坐法，把周边所有的原住民都杀了。就这样，荷兰东印度公司物理清楚了许多岛屿的人口，创造了一个又一个崭新的"无人岛"。他们用奴隶填充了这些无人岛，在无人岛上建立了一个又一个奴隶制香料种植园。

1615 年，贵金属占荷兰东印度公司全部出口总量的 94%，从 1660 年到 1720 年间，这个数字是 87%，略微下降了一些。②贵金属占出口总量的九成，也就是说，当时的欧洲人基本只能靠全世界搜罗黄金白银，去亚洲那里换商品。

荷兰东印度群岛总督科恩就这样描述荷兰的贸易模式：

我们可以用古吉拉特的布匹，在苏门答腊岛沿海换取胡椒和黄金；用来自（科罗曼德尔）海岸的里亚尔和棉花在班特姆换取胡椒；用檀香、胡椒和里亚尔换取中国的商品和黄金；用中国商品换取日本的白银；用科罗曼德尔海岸的布匹换取中国的香料、物品和黄金；用苏拉特的布匹

---

① 转引自羽田正：《东印度公司与亚洲之海》，第 73—74 页。
② 陈燕谷：《序一·重构全球主义的世界图景》，载〔德〕贡德·弗兰克：《白银资本：重视经济全球化中的东方》，刘北成译，成都：四川人民出版社，2017 年，第 7 页（序言页）。

换取香料；用阿拉伯的商品和里亚尔换取香料和其他各种奢侈品——用一种货物换取另一种货物。而且，这一切都无须花费尼德兰的一分钱，只要有了船，我们就有了最重要的香料。那么，我们会失去什么呢？毫无所失，只要有些船，再用一点水注入水泵引动（我解释一下，科恩讲的"水"是用来比喻投资，只需要"一点水注入水泵引动"，指的是只需要一点投资，就可以获得超高的回报）……因此，绅士们，高明的长官们，没有什么能够阻止东印度公司获得世界上最豪华的贸易。①

到处抢劫倒手，赚取中间差价，这就是当年欧洲人在亚洲的主要工作。这种贸易格局直到荷兰人的同行和竞争对手英国东印度公司那里，才得到了改变。这将是一个更加残忍血腥的故事。

三、砍向华人的屠刀

华人与东南亚的关系源远流长。在荷兰殖民者来到东南亚以前，印度尼西亚地区的当地统治者就喜欢委托华人充当包税人。

---

① 弗兰克：《白银资本》，第288页。

包税制？荷兰殖民者当然喜欢，他们占领巴达维亚以后，大力推广了这种包税制。如果说东南亚的华人只是给荷兰殖民者充当打手和包税人，那么他们应该不会轻易遭受荷兰人的屠刀。但问题是，一贯勤劳精明的华人不可能不动到荷兰人的奶酪。

18 世纪，由于欧洲市场需求量的增加，东南亚的制糖产业有了很大的发展。华人生产的蔗糖质优价廉，很受欧洲商人的喜爱。在这个背景下，华人制糖业迅速发展。1710 年，巴达维亚华侨经营的制糖厂有 125 家之多，约有 7 800 名华侨从事甘蔗种植和蔗糖加工，产量达到了每年 7.8 万石。与之形成鲜明对比，荷兰人经营的制糖厂仅仅 5 家。[①]

所以千万不要再说什么西方人善于经商，如果真按市场逻辑玩下去，用不了几年，荷兰在东南亚的蔗糖产业就要被华人挤没了。怎么办？荷兰人的态度很简单，直接抢不就行了吗？东印度公司出台规定，华侨制糖厂必须以公司规定的极低价格全部卖给荷兰人。从此以后，中国人不准再经营蔗糖、香料、咖啡和矿产了。

荷兰人这种强行垄断的做法只可能产生一个后果——大量地下小作坊和走私活动泛滥成灾。

---

① 梁英明、梁志明等：《东南亚近现代史》上册，北京：昆仑出版社，2005年，第 124 页。

在 18 世纪，荷兰东印度公司，因为经营不善，举步维艰。各种职员整天忙着营私舞弊、贪污盗窃和敲诈当地华人，公司经营这种小事，哪比得上个人发财重要？比起东印度公司的职员，更加贪婪的是那些股东。他们在意的是如何尽可能地从股票当中分红，而不是长期投资。所以从表面上看，东印度公司到处抢钱收取保护费，似乎赚得盆满钵满，但过高的分红率使得公司没有充足的流动资金，一旦发生急需用钱的状况，就只有到处借贷。

　　一方面，东印度公司各种坏账烂账一大堆；另一方面，它却在无休无止地发动侵略战争。庞大的军费使得东印度公司连年亏损，到 1734 年，公司的债务竟然高达 3 000 万荷兰盾，远远超出了公司的资产规模！事情往往是这样，它越经营不善，就越穷凶极恶，越穷凶极恶，就越经营不善。东印度公司各种恶劣的破坏行为大大损害了东南亚的劳动力和社会购买力。这使得荷兰人收购香料的成本越来越高，也越来越在东南亚卖不出去东西。

　　怎么办？这里我们就不得不佩服荷兰人的强盗思维了。他们想出了一个杀鸡取卵的办法——没钱了不要紧，中国人有钱，中国人不是善于做生意吗？狠狠榨一笔。

　　1727 年、1729 年、1736 年，荷兰殖民当局多次颁布法令，规定只有那些"有用"的中国移民才可以取得居留证，其他中国人一律当作垃圾人口，发配到锡兰、好望角，甚至苏里南充当劳工。1740年7月，荷兰殖民当局又出台法令，只要被他们认为可疑的华人，不管有没有证据，也不管他有没有居留证，有没有正经职业，都将立即遭到逮捕，流放锡兰。

什么？大清王朝？大清巴不得跟这些海外华人撇得干干净净，荷兰殖民者清理华侨，这不就相当于帮大清处理潜在的反贼吗？所以那个时代的东南亚华人没有祖国可以依靠，他们只能靠自己。在荷兰当局出台这条法律仅仅两个月后，1740年9月下旬，巴达维亚大约5 000名华侨聚集在了一起，公推黄班为首领，准备发动起义。

10月初，华侨起义军约2 000人向巴达维亚推进，路上打死了一名荷兰军官。这让荷兰东印度公司感到事态严重了。荷兰人毫不令人意外地采用了一个两面三刀的做法。表面上，他们派出代表在10月5日跟华侨起义军谈判，背地里却集中兵力，准备武装镇压。10月8日，荷兰殖民当局觉得准备已经妥当，下达了一个命令，巴达维亚所有华人不得外出，全城搜查武器，如有中国人敢私藏武器，立即处死！

就在这个关键时刻，毫不令人意外地出现了一个意外，类似的故事我们已经听过N多遍了，由于叛徒的告密，华侨起义军攻打巴达维亚的计划惨遭失败。许多起义者被变卖为奴隶，甚至被扔进大海。

10 月 9 日晚，巴达维亚城里几处房屋着火。荷兰殖民者认定这是城内华人起义的信号，他们立即展开了对华人的无差别大屠杀。残暴的荷兰人奸淫妇女，抢劫财物，纵火焚烧华侨的房屋。大火持续了三天，城里华人居住区一片涂炭，只有 100 多人侥幸逃离。这次事件史称"红溪惨案"或"红溪大屠杀"。

事已至此，所有人都知道，凶残成性的荷兰人绝不可能放过任何一个中国人。不管怎么样，拼了！华人反对荷兰殖民者的斗争持续了很多年。

可惜的是，大敌当前，亚洲人民应该团结起来，但马打蓝的统治者首鼠两端，他们时而希望华人起义军能够消耗荷兰东印度公司，时而又向东印度公司出卖华人起义军。这种首鼠两端的行为大大分化了反殖民主义的力量，最终搬起石头砸了自己的脚。1755 年，荷兰殖民者利用马打蓝的内部分裂，将该国一分为二，从此以后，马打蓝沦为了东印度公司事实上的殖民地。

四十年以后，1795 年，拿破仑占领了荷兰，宣布由法国人出面保护，巴达维亚共和了！这时的荷兰国王威廉五世逃到了英国，他以流亡政府的名义颁布谕令，要求荷兰东印度公司将全部财产转移给英国人。

这个所谓法国保护下的巴达维亚共和国该听谁的呢？国王

图 3-4 1740 年红溪大屠杀

老儿不是要把东印度公司的财产转移给英国人吗？他们索性一不做二不休，解散东印度公司了！1799年，存在了197年的荷兰东印度公司正式解散，财产由巴达维亚共和国接收。

但问题是，那个时代的英帝国，哪有吃亏的道理？他们更加一不做二不休，在1811年打下了整个爪哇，武力接管了荷兰的殖民地。然后，到达爪哇的英国人目睹荷兰殖民者没节操的残暴统治，震惊了。英国驻爪哇总督拉弗尔斯（Thomas Stamford Raffles）说道：

荷兰东印度公司一心只想赚钱，它对它的臣民还不如过去的西印度种植场主对那些在他们的种植场干活的奴隶那样关心，因为这些种植场主买人的时候是付了钱的，而荷兰东印度公司却没有花钱，它开动全部现有的专制机器压榨它的臣民，迫使他们献出最后一点东西，付出最后一点劳力，从而加重了恣意妄为的半野蛮政府所造成的祸害，因为它把政客的全部实际技巧和商人的全部独占一切的利己心肠全都结合在一起。①

连英国殖民者都看不下去了，你能想象荷兰人得是有多么残暴吗？

1815 年，拿破仑帝国垮台。英国将爪哇归还给荷兰。1824 年，英荷两国在伦敦签订条约，正式瓜分了东南亚的殖民地和势力范围。英国独占马来半岛，而荷兰独占印度尼西亚。

英荷两国之间逐渐和平了，但东南亚人民的更大苦难则刚刚开始。1832 年，荷兰正式吞并万丹苏丹国。荷兰殖民者对于东南亚，由间接统治转向了直接统治。

关于荷兰东印度公司的故事，我们姑且停留于此，这是

---

① 〔英〕托·斯·拉弗尔斯：《爪哇史》，1817 年伦敦版第 1 卷第 151 页，转引自马克思：《不列颠在印度的统治》，《马克思恩格斯文集》第 2 卷，北京：人民出版社，2009 年，第 678—679 页。

一系列血腥却枯燥的故事。荷兰殖民者比葡萄牙殖民者更残暴，带来的破坏也更大，尽管他们在掠夺亚洲人民的手段上做了许多创新，但这些创新不是根本性的变革。说得再直白些，荷兰人对于亚洲的掠夺方式与葡萄牙人只有程度上的不同，并没有本质上的区别。亚洲对于他们来说都是消费品的产地，而欧洲则是消费品的市场；尽可能地垄断，都是他们希望实现的目标。

从某种程度上来说，荷兰东印度公司对亚洲的殖民倒像是一个过渡阶段，他们自觉地承接并发扬了之前葡萄牙人的所作所为，却不自觉地把后来的英格兰人逼到了一个非变革不可的地步。这就是下一章的内容了。

第二章　棉纺织品与欧亚贸易格局的颠倒

为什么英国东印度公司能建立它的殖民帝国？

英国工业革命的真正原因又是什么？

　　过去在许多历史科普读物和文艺作品中，英国的工业革命都被解读为启蒙精神、科学理性或商业精神的产物。人们谈起西方近代工业的崛起，往往是浓墨重彩地描述了牛顿的科学精神、瓦特的发明创新，更浓墨重彩地描绘了英格兰的商业氛围，进而指出，英国之所以能够出现工业革命，完全归功于13世纪的《大宪章》。《大宪章》确立了英国自由宪政的基本原则，工业革命就是这套自由宪政原则理所当然的产儿。

　　亚当·斯密以前讨论得非常多，斯密的地位被推得很高，仿佛斯密所说的"自由市场"是一个万能的魔法师黑箱，一切新鲜事物只要扔到"自由市场"这个黑箱里，就显得那么顺理成章。

本章拟从一个截然不同的角度谈谈西方近代工业崛起的故事。这个故事的主角不是牛顿、不是瓦特、不是亚当·斯密，而是被人们有意忽略的一股强大力量：东印度公司！

这里补充一点：1692 年，也就是那个所谓"不流血的"光荣革命四年以后，信奉新教的英格兰国王威廉三世的军队血洗了信奉天主教的高地苏格兰，随后他又血洗了同样信奉天主教的爱尔兰。1707 年，英格兰与苏格兰正式合并。至此，联合王国才真正登上历史舞台。本书以此时间为界线，18 世纪以前，称呼它为"英格兰"，18 世纪以后则称呼它为"英国"。

一、荷兰屠刀下的英国人

1601 年初，英格兰女王伊丽莎白一世签发了一份皇家特许状，名为"伦敦商人在东印度的监管者兼公司"（The Governor and Company of Merchants of London Trading into the East Indies），这份特许状标志着后来大名鼎鼎的英格兰东印度公司的成立。

英国学者西蒙·沙玛（Simon Schama）指出：东印度公司成立的目的并不是为了实行武力征服和直接统治，他们的初衷还是尽可能地获得商业垄断利益。沙玛说道：

当初英格兰人第一眼看上印度的时候，心里想的就是要做迦太基人，而不是罗马人；是做贸易商人而不是征服者。①

《牛津不列颠帝国史》(*The Oxford History of the British Empire*)的作者也强调，东印度公司早期的殖民征服活动是在一种非常私下层面进行的，直到 17 世纪末，殖民征服仍然"处于公共和私人领域之间的边缘"②。在当时，所谓的殖民征服不是一项有组织有计划的行动，尽管东印度公司频繁地介入东南亚的政治斗争，但这一切只是为了尽可能地获得贸易特权，而不是扩张自己的领土。

英国学者的说法是符合实际的。其实不只英国，所有西方殖民帝国的建立都不是一项早有预谋的系统规划。西方殖民者的初衷往往很简单：基督教以及黄金白银和亚洲的商品。为了实现这些有限的目的，西方殖民者进入了一片片未知的区域，卷入了一桩桩捉摸不透的纷争。

如何获得稳定的商业利益呢？最好的办法就是商业利益变成政治权力。如何保障稳固的政治权力呢？最好的办法就

---

① 〔英〕西蒙·沙玛：《英国史》第 2 卷 "不列颠的战争：1603—1776"，彭灵译，北京：中信出版社，2018 年，第 469 页。

② *The Oxford History of the British Empire*, Volume Ⅰ : "The Origins of Empire", edited by Nicholas Canny, Oxford: Oxford University Press, 1988, p. 26.

是把政治权力变成文化认同。**从商业利益到政治权力，从政治权力到文化霸权，西方列强在亚洲的殖民帝国就这样一步步实现了。**

总之，统治和管理数以亿计的亚洲庞大人口，不是东印度公司想做的事情，他们的初衷只是赚钱、赚钱，还是赚钱！

这也部分地解释了英国人扩张的动力所在。对于古代中国人而言，一片新的领土像是一个新的负担，因为要治理那片地区的人民，需要无数人力物力和财政支持。但对于英国人而言，一片新的领土就意味着潜在的新收益。这就好比面对一头牛，中国人想的是我要是把这头牛据为己有，需要耗费多少多少草料，需要花费多少多少精力。但英国人不一样，他们想的是我要是能够占有这头牛，我就可以从上面挤出多少多少奶，割下多少多少肉。

所以我们会看到，中国传统士大夫对于扩张没有多少兴趣，他们想的是"礼闻来学，不闻往教"。我作为王道的中心，就应该四海咸服，天下归往。但英国人完全不同。

亚洲是个什么情况，英国人原本没有兴趣，也不想了解，甚至连公司的名称"东印度"都是一个极其含混的术语。东印度到底是指东南亚的群岛，还是南亚的次大陆？事实上，欧洲人一开始根本看不上印度次大陆，印度尼西亚群岛才是他们梦寐以求的地方，因为那里有丰富的胡椒、肉豆蔻、丁香和蔗糖。葡萄牙人是这么想的，荷兰人是这么想的，英格兰人也是这么想的。[1]

当英格兰人来到印度尼西亚的时候，葡萄牙人与荷兰人早就捷足先登了。1622年，英格兰东印度公司成立仅仅二十年，他们就在东南亚被荷兰人搞得举步维艰，不得不撤出印度尼西亚东北部的著名香料产地马鲁古群岛。

但荷兰人连这个体面跑路的机会都没有给英格兰人。就在英格兰商人犹豫不决的时候，荷兰人就把军刀架到了他们的脖子上。这次"黑吃黑"的结果就是1623年的"安汶岛惨案"（the Amboina massacre）。

安汶岛（Amboina Island）是印度尼西亚马鲁古群岛南部的一个小岛，荷兰殖民当局在上头建有一座军事要塞。按照英荷两国在1619年的协议，英格兰人获准在安汶岛的荷兰要塞里头，建立一座小型商馆。

1623年初的某一天，荷兰哨兵跟一名英格兰东印度的日本雇员攀谈了起来。双方聊天的内容就是很普通的拉家常，没有什么特别的话题。

然而令英格兰人打死都想不到的是，很快荷兰人就以这次闲谈为依据，宣布英格兰商人正在策划一个阴谋，准备秘密夺

---

[1] 沙玛：《英国史》第2卷，第469页。

The TORMENTS Inflicted by the Dutch, on the English in AMBOYNA.

图 3-5　安汶岛大屠杀：英国囚犯关在牢房里，其中一人正在遭受酷刑

取要塞。2月27日，荷兰人大开杀戒，不由分说地处决了10
名英格兰人、9名日本人和1名葡萄牙人。这就是"安汶岛惨
案"的大体过程。

　　直到今天为止，历史学者仍然普遍认为，安汶岛惨案是
荷兰殖民当局的阴谋。荷兰人的目的很简单，就是通过制造事
端，把英格兰人彻底赶出东南亚，以便自己完全垄断东南亚的
香料贸易。[1]

---

[1] 〔日〕浅田实：《东印度公司：巨额商业资本之兴衰》，顾姗姗译，北京：社
　　会科学文献出版社，2016年，第29页。

荷兰巴达维亚总督科恩大骂英格兰人都是癞蛤蟆，以"安汶岛事件"为契机，荷兰殖民当局没收了英格兰东印度公司的财产，把英格兰商人统统赶出了马鲁古群岛。

当时的英格兰东印度公司还不是荷兰人的对手，他们在荷兰人的压力下，不得不大幅度缩水了在东南亚和东亚的贸易。"安汶岛惨案"爆发三个月后，1623年5月，英格兰被迫关闭了在日本平户的商馆，完全撤出了日本。不久以后，他们被迫撤出了马六甲北部以及暹罗（今泰国）。到1627年，英格兰人在东南亚仅仅勉强守住了爪哇岛西端的一小块地盘。

那么问题来了，处处受到荷兰人排挤而举步维艰的英格兰人，该何去何从？打又打不过荷兰人，又不甘心就此退出亚洲，处在两难境地的英格兰东印度公司该怎么办？

二、东印度公司的改组

首先是对东印度公司的内部改革。1657年，克伦威尔颁发特许状。三年以后，查理二世复辟。他刚复辟不久，就在1661年，又颁发了一部特许状。这些特许状大体包括了以下内容。

第一，效法荷兰东印度公司的集资模式，把英格兰东印度公司改组为股份公司。

第二，承认东印度公司在亚洲具有司法权、货币铸造权，许可东印度公司可以建立军队，自行检举和查处非法贸易的船只，可以自行与亚洲当地政府签订条约。

一方面，英格兰东印度公司从此变成了一个得到政府承认的准军事组织，另一方面，东印度公司又可以名正言顺地取缔一切不听从它指挥的英格兰商人，获得了合法垄断的地位。

在这个过程中，英格兰东印度公司形成了固定的组织结构。每年4月，公司都要召开股东大会，投票选举24人组成的董事会，其中包括一名总裁和一名副总裁，以负责领导公司的日常管理工作。

与荷兰东印度公司不同，英格兰东印度公司的股东可以按照出资比例，间接地参与公司的经营和管理。门槛是500英镑，500英镑值一票。也就是说，如果你是一个拥有500英镑股票的股东，你可以在董事会的选举中享有一票的投票权。以此类推，如果你拥有1 000英镑股票，你就可以投两票；1 500英镑的股票，就可以投三票。

内部改组只是一个方面，更重要的方面是，英格兰东印度公司在荷兰人的挤压下，不得不把主要的活动区域放到了南亚次大陆。沙玛指出：

因为荷兰人垄断了香料的来源，英格兰人无计可施，才想通过走印度这个后门以便能更方便地进入印尼，这才将印度作为先手。他们相信，在印度可以和莫卧儿皇帝的代表谈判，后者倒是已经答应给他们辟出一块商业专用地区。①

　　印度，这是一片神奇的土地。在印度，一切皆有可能。那个时代的印度，孟买的天空仍然是蔚蓝的，恒河的水仍然没有重金属污染。这意味着英国人可以在这里大展拳脚，从这里出发，彻底改变世界贸易结构。

图3-6　英国东印度公司在印度苏拉特建立的贸易站，约1680年

---

① 沙玛：《英国史》第2卷，第470页。

三、棉布与工业革命

1681 年，东印度公司董事约瑟亚·柴尔德（Josiah Child）爵士发表了报告《关于东印度贸易的考察》。他乐观地宣称，英格兰东印度公司在对抗荷兰的过程中，通过进口香料，成功地打压了荷兰的垄断价格，至少为英格兰王国节省了 50 万英镑。[①]

尽管柴尔德爵士很乐观，但事实情况是，荷兰人控制着东南亚群岛，那里的自然环境对于胡椒、肉豆蔻、丁香等经济作物而言得天独厚。英格兰东印度公司的那点儿替代性生产根本不足以动摇荷兰人的垄断权力，英格兰人想要广开财源，就必须找到另一种亚洲商品，这种商品荷兰人不掌握，但它同样深受欧洲上流社会的喜爱。

在印度，英格兰人终于找到了这种梦寐以求的新的亚洲商品。大家不妨猜一猜它是什么？

棉布！英格兰人发现印度手工业作坊生产的棉布质地柔软，做工精美，它的品质远远胜过欧洲人日常穿戴的亚麻织物和皮毛衣物。垄断棉纺织贸易同样可以获得巨额利润，而且相

[①] 浅田实：《东印度公司》，第 36 页。

较于香料，棉布更加不可替代。

英格兰人可以在印度开辟香料种植园，这里生产的香料同样可以行销欧洲，但荷兰却没有办法在印度尼西亚开辟这么大规模的棉纺织手工业生产。英格兰人在棉布那里，找到了一个打开商业帝国的密码。后来的历史将会证明，棉布的能量是香料没有办法比拟的。因为香料再怎么样也是农作物，但棉布却是手工业制品。

在那个没有化肥和农药的时代，农产品的产量基本取决于自然条件，比如气候、土壤和降水量。在没有遇到异常天气的情况下，一块土地的产量基本是固定的。你往这块土地上投入再多的劳动力，也不可能改变它的产量。但是棉纺织品远远不同。正是棉纺织品相较于香料、蔗糖的特殊性，决定了它将给人类历史带来截然不同的影响。

印度的棉布经由东印度公司，一进入英格兰，立即受到了达官显贵的热烈欢迎。相比较那些又厚又硬的皮毛制品，棉布质地柔软，印染方便，裁缝可以把棉布制作成更多款式的衣服，染坊可以把棉布染上更多鲜艳的颜色和图案。贵妇们穿上这些新材料制作的衣服，显得花枝招展、光艳照人。

棉布贸易的繁荣改变了欧亚两大洲之间的贸易结构。在1620 年前后，香料在欧洲从亚洲进口商品的比例是 75%，但到了 1670 年时，它降到了 41%，1700 年时，更降到了 23%。与之形成鲜明对比，1670 年，棉纺织品占欧洲进口商品总量的 36%，1700 年则达到了 55%。[①]

英格兰人找到了一条新的发财致富之道，但是苦恼也随之而来。甘蔗、香料这些农作物只适合于炎热潮湿的气候环境，欧洲本土没有办法同类竞争品。但棉布不同，棉布贸易的繁荣意味着英格兰本土的亚麻产业和皮毛产业会遭受灭顶之灾。怎么办？

就在东印度公司向欧洲大量销售棉纺织品的时候，英国本土却开始了一次又一次对于棉纺织品的激烈批判。至 17 世纪末 18 世纪初，英国国内对于印度棉布的批判达到了高潮。

按照当时主流的重商主义学说，世界上的财富总量大体上是恒定的，你占有的财富多，就意味着我占有的财富少。所以问题不在于怎么增加财富，而在于怎么分配财富。

英国本土对于印度棉布归根结底也不外乎这点：大量进口棉纺织品会导致英国的金银流向印度，会使得英国的财富骤然减少。按照当时英国本土的主流观点，这些印度棉纺织品大部分都在英国国内消费掉，而不是转销欧洲大陆。这意味着英国没有办法从欧洲大陆套取金银，以弥补金银流向印度的损失。

---

① 浅田实：《东印度公司》，第 41 页。

这样怎么行？！

在亚麻和皮毛工场主的推动下，1700年，英国下议院通过了《威廉三世第十一年及第十二年（1699—1700）奖励王国各制造业以提高贫民雇佣率的法律》，简称《禁止进口棉织物法》。它的主要内容是：

自1701年9月29日起，严禁在英格兰王国、威尔士以及特威德河河口的贝里克市内穿着或使用波斯、中国、东印度出产的任何绢制品、孟加拉织布和含有生丝、草本原料的纺织物，以及在这些地区经过彩染、单染、印染、着色，目前已输入或即将输入本王国的所有棉制品。①

为了保障《禁止进口棉织物法》的执行，1720年，英国议会又通过了《禁止使用棉织物法》，对棉织物的进口和使用范围都做出了严格的限制。

后来德国国民经济学家弗里德里希·李斯特（Friedrich List）这样评价英国人的棉布禁令。他说道：

这个禁令是绝对的，毫无伸缩余地的。印度制造的哪

---

① 浅田实：《东印度公司》，第53页。

怕是一根线，英国人也不许动用。这些制造品物美价廉，但英国自己弃而不顾，它宁可使用质量较差、代价较昂的它自己的东西。但是它却十分乐意把这些印度产的精美得多的织物在较低价格下供应欧洲大陆各国，情愿把这个廉价的利益让给它们，而自己却一无沾染。[①]

为了弥补棉布禁令造成的损失，东印度公司又把目光瞄上了另外一件亚洲出口的大宗国际贸易商品——茶叶！

在 17 世纪，茶叶还是微不足道的商品，英国进口的茶叶仅占进口总额的 1%，但在 1720 年后，则突然增长到 10%，1747 年达到 20%，1760 年更猛增到 40% 以上。[②] 请注意，欧洲人每进口一件商品，都要把魔爪伸向它的主要产地。白银的主要产地是拉丁美洲，于是欧洲人到这里来烧杀抢掠了。黄金象牙的主要产地是西非，于是欧洲人到这里来烧杀抢掠了。香料的主要产地是印度尼西亚，于是欧洲人到这里来烧杀抢掠了。棉布的主要产地是印度，而茶叶的主要产地则是中国，这意味着这两个人口稠密的文明古国，注定将成为欧洲人新的掠夺对象。

---

① 〔德〕李斯特：《政治经济学的国民体系》，陈万煦译、蔡受百校，北京：商务印书馆，1961 年，第 48—49 页。
② 浅田实：《东印度公司》，第 90、142—143 页。

其实英国国内的新兴资本家也不傻，他们很清楚，自己永远不可能捂着物美价廉的棉纺织品，不让它进入英国本土。棉布禁令迟早有一天会被越来越猖獗的走私活动冲得千疮百孔。更何况东印度公司在议会有强大的游说力量，他们无时无刻不想废止棉布禁令。

好，既然堵不住棉布的进口，那么就自己生产棉布。于是，英国的资本开始流向本土的棉纺织替代生产。1765年，哈格里夫斯（James Hargreaves）发明了珍妮纺纱机。三年以后，1768年，阿克莱特（Richard Arkwright）发明水力纺织机。1779年，克隆普顿（Samuel Crompton）又结合了珍妮纺纱机和水力纺织机的优点，发明了骡机。

说起工业革命，人们往往赞扬瓦特如何如何天才，如何如何伟大，赞扬英国的制度如何如何优越，以至于能培养出瓦特这样不世出的天才。那么请问瓦特改良的蒸汽机最初被广泛运用在哪个领域？

1784年，瓦特改良了联动式蒸汽机。第二年，1785年，它就被运用到了棉纺织部门，卡特莱特（Edmund Cartwright）以此为基础，发明了动力织布机。几年以后，英国出现了世界上第一座动力织布机工厂。终于，在兰开夏郡，英国工人也能生产出足以媲美印度棉布的高级布料——平纹细布了。

进入19世纪以后，联动式蒸汽机在棉纺织领域逐步代替了自然水利；换句话说，此时的英国棉纺织生产逐步摆脱自然地理条件的限制，实现成倍扩张。一场**工业革命**就这样开始了，它的起点是**棉纺织业**，再说得确切点，是要实现英国本土对于印度棉布的替代性生产！棉纺织业作为中心，带动了煤炭、冶金等各个行业的发展，也吸收了大量的农村剩余劳动力前往城市。它深刻地改变了英国的人口分布状况，为英国培养了人类历史上第一支现代产业工人大军。

其实此时的英国新兴棉纺织工业仍然是非常脆弱的。印度的手工业生产深入社会的最基层，那里的棉纺织作坊太庞大，工匠的手艺太精巧。英国工厂的棉布仍然打不过印度织工的手工制品，如果放开竞争，结果很可能是新生的英国棉纺织工厂被数以千万计的印度织工打垮。

所以英国殖民者在这一刻做出了一件彻底刷新人类道德下限的事情。几乎与工业革命同时，东印度公司在手工棉纺织业的故乡孟加拉，人为制造了一场惨绝人寰的大饥荒！关于这场大饥荒的来龙去脉，请看下一节。我们这里先看看马克思是如何评价这场变革的：

不列颠入侵者打碎了印度的手织机，毁掉了它的手纺车。英国起先是把印度的棉织品挤出了欧洲市场，然后是向印度斯坦输入棉纱，最后就使英国棉织品泛滥于

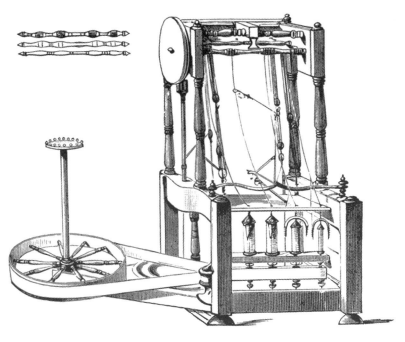

图 3-7　理查德·阿克莱特的水力纺纱机（上）
詹姆斯·哈格里夫斯的珍妮纺纱机（下）

这个棉织品的故乡。从 1818 年到 1836 年，大不列颠向印度输出的棉纱增长的比例是 1∶5 200。在 1824 年，输入印度的不列颠细棉布不过 100 万码，而到 1837 年就超过了 6 400 万码。但是在同一时期，达卡的人口却从 15 万人减少到 2 万人。然而，曾以纺织品闻名于世的印度城市的这种衰败决不是不列颠统治的最坏的结果。不列颠的蒸汽机和科学在印度斯坦全境彻底摧毁了农业和制造业的结合。①

一边是英国本土蓬勃发展的棉纺织工业，另一边是印度饱受摧残的传统手工业。欧亚大陆两端的世界发生了天翻地覆的历史性逆转。

从此以后，亚洲在国际贸易体系中的地位开始从出口奢侈品的产地，变成了进口廉价工业品的市场；欧洲则从消费奢侈品的市场，变成了倾销廉价工业品的产地。

过去，葡萄牙人、西班牙人、荷兰人梦寐以求的事情是垄断从亚洲进口奢侈品的渠道，以尽可能地赚取中间差价。现在，英国人梦寐以求的事情，变成了打开庞大的亚洲市场，以尽可能地倾销过剩商品。一言以蔽之，英国的纺织工业革命和

---

① 马克思：《不列颠在印度的统治》，《马克思恩格斯全集》（第二版）第 12 卷，北京：人民出版社，1998 年，第 141 页。

孟加拉手工纺织作坊的破产，根本颠倒了英印之间的国际贸易地位。

在这个历史性转折的关口，一种新兴的经济学说出现了。1776 年，亚当·斯密出版了他打磨多年的专著《国民财富的性质和原因的研究》。这本书严厉地斥责了英国一贯奉行的重商主义政策，称英国政府是代表生产者利益的政府，而不是代表普通国民利益的政府。斯密说道：

> 在重商主义下，消费者的利益，几乎都是为着生产者的利益而被牺牲了；这种主义似乎不把消费看作一切工商业的终极目的，而把生产看作工商业的终极目的。[1]

英国政府奉行的是维护工商业主利益的经济哲学，斯密不一样，他要发明一种维护普通国民利益的经济哲学。斯密讨论的内容不是怎么增加工商业主的财富，而是怎么增加普通国民的财富。这就是国民经济学的由来。

在书中，斯密猛烈抨击了东印度公司垄断贸易的行径。二十多年后，他的学说开始影响英国决策层。从 1793 年起，英国政府就以斯密的自由贸易学说为依据，逐步收回了东印度

---

[1] 〔英〕亚当·斯密：《国民财富的性质和原因的研究》下卷，郭大力、王亚楠译，北京：商务印书馆，1974 年，第 227 页。

公司的垄断权。

其实与其说斯密这个人有多么大的影响力，倒不如说他的学说迎合了时代的剧变。此时的英国已经不需要通过转销亚洲的商品，以尽可能地谋取中间商差价了。相反，它拥有最强大的工业品生产能力，迫不及待地想要打开一切亚洲市场。垄断贸易变得越来越不合时宜。所以请大家记住，**自由贸易从来都不是工业化的前提，它只是工业强国的特权！**

1813 年，英国出台《印度贸易垄断废止法》，正式废除东印度公司垄断贸易的权力。但这部法律规定了一个例外，就是中国！因为东印度公司还要从中国大量进口茶叶，还要尽可能地压低在中国的茶叶收购价格，抬高在欧洲的茶叶出口价格。

东印度公司垄断来自中国的茶叶贸易，引发了广大英国私商的强烈不满，他们是推动废除公司垄断特权的主要力量。私商们一方面通过"非法"渠道走私商业，另一方面向中国输入了大量鸦片！诚然，公司本身也参与罪恶的鸦片贸易，但其规模远远比不过私商的总和。从这个角度说，鼓吹自由市场的英国私商比东印度公司更具有扩张性，也更渴望砸开中国市场的大门。

通过上面的叙述，读者朋友们不妨自行判断：英国工业革命的动力究竟是科学理性和宪政精神，还是武力扩张和殖民掠夺？英国工业革命的原因究竟是自由贸易，还是贸易保护？亚当·斯密究竟是工业革命的原因，还是工业革命的结果？

随着英国工业革命的开动，东印度公司也完成了它的角色转变。它越来越不像一家公司，而越来越像一个政府了。18 至 19 世纪的东印度公司扮演了英国殖民史上的一个关键的过渡者角色。等到东印度公司解散的时候，英国人的殖民统治进入了全新的阶段，也就是霍布森和列宁所说的帝国主义阶段。

第三章　拥有官僚和军队的殖民公司

英国东印度公司是怎么当上殖民统治者？

它有哪些残忍的恶行值得印度人民永远铭记？

1685 年，英格兰东印度公司经过三年的精心筹备，发动了针对印度莫卧儿王朝的侵略战争。他们共向孟加拉湾派遣了 12 艘战舰，配备了 200 多门大炮和 1 000 多名士兵。舰队由公司董事约瑟亚·柴尔德爵士指挥。为了能够迅速在占领区建立经济秩序，英格兰战舰还携带了全套铸币设备。

12 艘战舰、1 000 名士兵，相比较当时欧洲的海外殖民侵略规模，这无疑是一支强大的力量。但是很不巧，那时的印度莫卧儿皇帝叫作奥朗则布（Aurangzeb）。奥朗则布的时代是莫卧儿帝国的鼎盛时代，在他的统治下，莫卧儿帝国的疆域达到了史上最大。

骄傲的奥朗则布能够乖乖地听从英格兰人的摆布吗？显然不能。所以，开打，英国—莫卧儿战争爆发。然而当时的英格兰人自恃火炮先进，却根本不了解南亚次大陆的基本情况。这些来自欧洲西北部的士兵受不了南亚炎热潮湿的气候环境，水土不服，疾病丛生，导致大量非战斗减员。

莫卧儿王朝呢？依靠法国人和葡萄牙人的援助，装备了同样先进的欧洲火炮。他们在武器装备上并不落后，更利用地形和兵力上的绝对优势，强势反击，差点把英格兰东印度公司轰出南亚次大陆。

就在双方交战的关键时刻，英格兰国王詹姆斯二世垮台了。1688年，英格兰爆发史上著名的"光荣革命"，新教和天主教之间的矛盾空前激烈。为了摆平天主教势力，修理苏格兰和爱尔兰，英格兰人被迫向印度莫卧儿王朝妥协。1689年，双方签订停战协议。英格兰东印度公司自认倒霉，向莫卧儿帝国缴付了巨额战争赔款，请求奥朗则布的原谅。

东印度公司总结教训，得出了一个结论。柴尔德爵士在批评手下人时，就说道：

结果显而易见！已经叮嘱过你们停止战争，为什么还要挑起如此无谋的战争呢？要把主要精力集中在贸易上。①

这番批评多少显示了柴尔德爵士的无耻，当初不是柴尔德本人要打仗的吗？

不管怎么说，柴尔德还是道出了英格兰东印度公司的基本心态：赚钱，赚钱，还是赚钱，而不是卷入深不可测的亚洲政治纷争。不要说打不过印度人，就算把印度人打得落花流水又能怎么样？

当时的南亚次大陆人口估计超过 1 亿，仅孟加拉地区就有2 000 万人。把整个英格兰都填进去也统治不了这么多人。所以英格兰东印度公司不得不采取比较务实的做法，他们把有限的兵力用来守卫几个重要的贸易据点，而不是投入无限的武力征服当中去。毕竟这样开销最小，获得的经济收益却很大。

如果这种情况一直持续下去，英格兰东印度公司也会像法国东印度公司、荷兰东印度公司一样，只是一家贸易垄断公司，还兼带抢劫杀人、收取保护费，而不会成为后来那副模样。

那么问题来了，英国东印度公司是怎么从一家贸易垄断公司，摇身一变，成为实际上的殖民地政府呢？

① 〔日〕羽田正：《东印度公司与亚洲之海》，毕世鸿、李秋艳译，北京：北京日报出版社，2020 年，第 258 页。

一、殖民征服的开端

1853 年，马克思在他著名的社论《不列颠在印度统治的未来结果》当中反问道：

> 英国在印度的统治是怎样建立起来的呢？大莫卧儿的无上权力被他的总督们摧毁，总督们的权力被马拉塔人摧毁，马拉塔人的权力被阿富汗人摧毁；而在大家这样混战的时候，不列颠人闯了进来，把他们全都征服了。这是一个不仅存在着伊斯兰教徒和印度教徒的对立，而且存在着部落与部落、种姓与种姓的对立的国家，这是一个建立在所有成员之间普遍的相互排斥和与生俱来的排他思想所造成的均势上面的社会。这样一个国家，这样一个社会，难道不是注定要做征服者的战利品吗？……印度本来就逃不掉被征服的命运，而它过去的全部历史，如果还算得上是什么历史的话，就是一次又一次被征服的历史。[①]

这番评论说明了一个基本事实：印度从来都不是一个真

[①] 马克思：《不列颠在印度统治的未来结果》，《马克思恩格斯全集》(第二版)第 12 卷，第 245 页。

正的国家，也绝不可能拥有统一的民族意识。它毋宁是由英国殖民者拼凑起来的一张地图。地图里充斥着各个纷繁林立的宗教、部族或种姓。

对于任何外来侵略势力而言，印度的大门都是敞开着的。莫卧儿帝国就是由来自中亚的帖木儿后裔巴布尔建立的。帝国内部相互纷争的封建势力宁可向外来征服者下跪，宁可选择臣服于外来征服者的奴役，也绝不会团结起来共御外侮。《新编剑桥印度史》的作者也说道：

> 欧洲人能够在莫卧儿印度畅行无阻，是因为国家和社会明显地对此漠不关心。在同一时期的中国，所有外国人都受到帝国官员的严密控制。日本在德川时期从日本列岛驱逐了所有欧洲人。……相反，莫卧儿印度对外国造访者完全开放。与其说是国家，不如说是社会对闯入印度格子状社会的人设置了障碍。当他们缴纳关税后，所有外国人都可以自由地在印度各地旅行和任意停留。这导致了一个在次大陆各主要城镇定居的欧洲人网络的形成。[1]

不同于高度中央集权的中国或民族成分单一的日本，南亚地区

---

[1] 〔美〕理查兹：《新编剑桥印度史：莫卧儿帝国》，王立新译，昆明：云南人民出版社，2014年，第278页。

就是一堆政治碎片，这些碎片之间充斥着各种缝隙。这给外来侵略势力施展权谋留出了充分的空间。他们可以游刃有余地分而治之，拉一派，打一派。对于殖民者和探险家来说，印度还真是一片"一切皆有可能"的神奇乐园。

是的，奥朗则布曾经打败过大英，但莫卧儿帝国的天花板，也就是奥朗则布了！

1707 年，英格兰与苏格兰正式合并，联合王国登上了历史舞台。也就是这一年，奥朗则布走到了他生命的尽头。他的去世，为南亚次大陆留下了一个四分五裂的莫卧儿帝国，北边是锡克人，南边的马拉塔人，都威胁着莫卧儿王朝的统治。

三十多年后，在印度东南角的沿海城市本地治里（Pondicherry），当地封建王公为了抵御马拉塔人的威胁，选择了依靠法国人。他们把本地治里附近的两个村庄划给了法国东印度公司，并敦请莫卧儿皇帝给法国人颁发了一张任命书。

从此以后，法国东印度公司摇身一变，竟然成了印度某地的行政长官，当地的税收竟然成了法国东印度公司收入的一部分。这是一个开始，这一事件标志着欧洲殖民者在亚洲的扩张进入了一个新的阶段。

1746 年，法国人以本地治里为据点，海陆并进，两面夹击英国东印度公司。他们以仅仅阵亡 6 人的微小代价，就占领了英国人在印度的主要据点马德拉斯（Madras），史称"第一

次卡纳蒂克战争"（Carnatic Wars Ⅰ）

印度当地的王公贵族在目睹了训练有素的法国军队后，大为折服。他们给法国人贡献了丰厚的酬金，并购买法国武器，聘请法国人充当教官。这是欧洲的东印度公司第一次靠军事行动，而不是靠殖民贸易，获得主要的财政收入。

如果形势这么发展下去，那么亚洲的历史将会大大不同，至少英国人不会垄断在印度的殖民事业。今天也不会出现印度这样一个国际法的主体。

然而，面对军事胜利。法国东印度公司高层的表现却是惴惴不安。他们给本地治里总督和法军指挥官迪普莱克斯（Joseph Francois Dupleix）下达了一份指示。这份指示要求迪普莱克斯不要好高骛远，法国人在印度的主要工作是贸易，贸易，还是贸易，而不是军事：

> 一般来说，在这里比起征服，和平更值得赞赏。我们不需要如此辉煌的战果。我们希望有能更安心开展贸易的局面。为了保护或帮助贸易活动，只要有几个据点就足够了。我们不需要胜利或者征服。公司应该关注如何获得更多的商品和促使薪水进一步提升。①

----

① 转引自羽田正：《东印度公司与亚洲之海》，第 262—263 页。

1750年，法国东印度公司在印度拥有3 000多名士兵，这比十年前扩展了四倍以上。巴黎算了一笔账，这3 000多名士兵需要多少多少武器装备、多少多少后勤给养；为了领导这些军队，又需要设立多少多少指挥和管理机构。这是多么大的一笔财政开支啊！东印度公司每年才能从印度赚多少钱？给付开支都不够！赶紧把这些统统撤了。为此，1754年，巴黎还撤了战争英雄迪普莱克斯的职。

与法国人的短视形成鲜明对比，英国人加强了在印度的武装力量。一个英国殖民史上最负盛名的地痞无赖由此登上了历史舞台！

此人叫作罗伯特·克莱武（Robert Clive）。

二、普拉西战役

1725年，克莱武出生在英国什罗普郡的一个小庄园。这人在学校读书的时候，就充分展现出了他"英雄豪杰"的气质——五年之内被三所学校开除！

毫不夸张地说，"英雄豪杰"到了人厌狗嫌的地步。克莱武的父母嫌这小子整天净惹事，索性把他打发到了曼彻斯特的亲戚家里去，想让亲戚帮忙在曼彻斯特给他谋份差事。

结果呢？亲戚也受不了他，又把他给送回老家了。经过这来回折腾一番，克莱武愈发"英雄豪杰"起来。他的兴趣爱好就是每天爬到教堂顶上拿石头砸路人，或者带着一群小弟挨家挨户收取保护费。显然，这号人物，很适合东印度公司。

1743年，18岁的克莱武离开家乡，来到了印度马德拉斯。据说他走的时候，家乡群众击掌相庆，可算是把这尊瘟神送走了！

克莱武最初的行当是东印度公司的一名低级书记员。但问题是，书记员这类工作对于文化水平很低的克莱武来说，实在太勉为其难了。以至于他整天喝酒赌博、打架斗殴、嫖娼吸毒、调戏妇女，玩累了就往床上一躺，幻想着"唉，还是曼彻斯特好"。

一边打架滋事，一边吸食鸦片，可惜这么"节制规律"的生活都没能毁掉克莱武，它只是让克莱武变成了一个神经质。据说他曾经两次举枪自杀，都因为子弹卡壳而作罢。真是天不长眼！

几年以后，没死成的克莱武终于找到了他的人生归宿——殖民军队！东印度公司的军队里头，这种天生的暴力狂和神经质，居然成了克莱武的强项——他总能在战场上做别人不敢做的事，冒别人不敢冒的险。[①] 因此，他很快晋升为中校军官。

---

① 关于克莱武的早年生平，参见沙玛：《英国史》第2卷，第477—478页。

几年以后，让克莱武大展拳脚的机会终于来了。它不仅让克莱武这样一个地痞流氓功成名就，也深刻地改变了亚洲历史。

事情发生在加尔各答。1756 年，年仅 20 岁的孟加拉王公西拉杰-乌德-达乌拉（Suraj-ud-Daulah）继承了他外公的职位，成为孟加拉地区的封君。

别看达乌拉年纪轻轻，但他已经看英国人不爽好多年了。这群英国佬在孟加拉勾结贪官污吏、私自架设炮台，简直无法无天。于是，达乌拉做出了一件改变他命运的事情——赶走这群讨厌的英国佬！

6 月 16 日，他派遣军队占领了加尔各答的英军要塞，逮捕了 146 名英国人。孟加拉军队把这群英国俘虏统统塞进了一间长 6 米、宽 3 米的牢房当中。6 月 20 日，当牢房门打开的时候，英国俘虏死了 123 个人，史称"加尔各答的黑洞"。

我都不知道，这么小的一个房间是怎么塞进一百四十多号人的，把他们统统压成肉饼都放不进去。可以肯定，英国方面大大夸张了俘虏的人数。

不管怎么样，消息传到伦敦，炸锅了。人们纷纷叫嚣必须好好报复那群印度佬，让他们尝尝英国人的厉害。

东印度公司很快组织了军队，军队的指挥官就是克莱武。1757 年 1 月 2 日，克莱武率领 600 名英国士兵和 900 名印度

图 3-8 加尔各答的黑洞

土兵，突袭加尔各答，并取得了成功。

这回轮到达乌拉坐不住了，他集合 40 000 人的大军，御驾亲征，浩浩荡荡开赴加尔各答，决定剿灭这支胆敢来犯的英军。

一边是 40 000 人，一边是 1 500 人，1 500 人对 40 000 人，但凡正常一点的人都知道这是个什么概念。但问题是克莱武就不是什么正常人。在这一刻，他神经质般的"英雄豪杰"品性展露无遗。2 月 5 日凌晨，克莱武竟然趁着大雾，率队直取敌方主帅大营。

孟加拉人被突如其来的英军打蒙了，他们乱作一团胡乱开枪，等到大雾散去，清点人数，死了将近 2 000 人。这次突袭吓坏了达乌拉，他被迫跟克莱武签订停战协议，灰溜溜地撤离了加尔各答。

事情本来到这一步已经结束了。就在这个时候，法国人来了。他们卖给达乌拉先进的火炮和步枪，许诺将帮助达乌拉战胜英国人。达乌拉因此大为振奋。很快，他率领了一支 70 000 人的大军，配备 53 门法国大炮和 40 名法国炮手，浩浩荡荡地杀回来了。

双方在加尔各答北面的村庄普拉西（Plassey）遭遇。从账面上看，这是一场不成比例的较量——克莱武只有区区 900 名英军士兵和 2 000 名印度土兵。70 000 人对 3 000 人，貌似孟加拉军队每人撒泡尿就能淹死英国佬。

然而事实证明，达乌拉还是太年轻：第一，他不知道法国人靠得住，母猪都上树；第二，他更不知道，身边的重臣米尔·贾法尔（Mir Jafar）早就被英国人收买了。英国人向贾法尔许诺，只要推翻达乌拉，就扶持他当首领。

6 月 23 日，双方开打。这时，天降大雨，吊儿郎当的法国顾问没有告诉孟加拉人，弹药是要防潮的！于是，孟加拉人那 53 门法兰西大炮和几千支法兰西火枪，哑了。而这边英军枪炮齐鸣，孟加拉军队阵脚大乱，死伤无数。

就在这一刻，印奸贾法尔趁机倒戈，孟加拉军队崩溃了。这与其说是一场战争，倒不如说是一场单方面的屠杀。英国人仅仅付出了阵亡 22 人，负伤 53 人的微弱代价，就消灭了孟加拉军队的主力。这场战役史称"普拉西战役"。

战后,达乌拉被处死。贾法尔在英国人的扶植下,成为孟加拉的统治者,建立起傀儡政权。作为回报,贾法尔大笔一挥,直接给了东印度公司24个县的封地。东印度公司可以在封地上制定法律、征收赋税。

普拉西战役是英国人正式统治印度的开始,也是东印度公司从贸易公司摇身一变为殖民地政府的转折点。从此以后,英国人在印度不仅可以中间商赚差价,他们还可以直接征税了!

以孟加拉为根据地,东印度公司的地盘像摊大饼一样,一层层向外铺开。他们很快把法国人轰出了印度,又一步步收拾了印度各方势力。名义上,东印度公司只是印度王公的臣仆,但随着时间的推移,臣仆越来越像主子,而主人越来越像臣仆。

与这个过程相应,东印度公司的组织结构越来越军队化。1763年,东印度公司有114名将领,1769年,猛增到500多名将领,到了1784年,这家所谓的"公司"竟然拥有1 069名将领。到1858年它被解除行政权力时,竟然拥有20多万军队!

顺便交代一下克莱武的结局。1762年,这位地痞流氓被加封贵族头衔,成为克莱武男爵。1764年,他又被封为"孟加拉总督"。

图 3-9　弗朗西斯·海曼所绘普拉西战役后罗伯特·克莱武会见米尔·贾法尔的场景

　　除了大把大把的收税以外，克莱武还垄断了硫磺和鸦片生意。这让他在几年之间就富可敌国。仅仅克莱武向国内寄回的支票就价值 31.7 万英镑。这是一个什么概念呢？在当时，孟加拉总督的年薪 2 300 英镑，英国本土大银行家的年收入大约 2 600 英镑。[①] 也就是说，克莱武仅仅寄回国内的钱就足够让大银行家赚 120 多年！

① 羽田正：《东印度公司与亚洲之海》，第 265 页。

这样穷凶极恶的敛财，让克莱武在英国饱受舆论攻击。但英国议会还是在 1773 年，宣布他"对国家作出了巨大贡献"。什么叫"杀人放火金腰带"？这就是最典型的例子。

一年以后，也就是 1774 年，过度吸食鸦片的克莱武终于精神崩溃，他成了一名彻彻底底的精神病。当年 11 月 22 日，克莱武在伦敦寓所，用小刀割脉自杀，死了，时年 49 岁。这一天，英国政府刚刚下发文件，命他担任北美总督。

当克莱武死的时候，他的功成名就之地孟加拉，正在经历世界近代史上的一场旷世惨剧。

图 3-10　本杰明·韦斯特所绘莫卧尔皇帝沙阿拉姆将一份卷轴交给孟加拉总督罗伯特·克莱夫的场景，后者将孟加拉、比哈尔邦和奥里萨邦的征税权转让给东印度公司

三、孟加拉大饥荒

东印度公司统治孟加拉仅仅十多年，那里就爆发了一场空前的大饥荒。仅 1770 年，就有三分之一的孟加拉人饿死。

传统农业社会靠天吃饭，气候异常就会导致饥荒，这没有什么好稀奇的。稀奇的是，孟加拉饥荒竟会这么大，饿死的人竟会这么多，这很大程度上是因为东印度公司作恶。为了供养迅速庞大的军队和机构，东印度公司强行征收并储存了大量的粮食。

更重要的是，公司的领导层满脑子想着怎么尽可能赚钱，他们根本不愿意为社会治理花费哪怕一分钱。在它的放任之下，各路投机商借着饥荒的有利时机，大量囤积稻米，以便高价出售。总之，一边是天灾，一边是人祸。孟加拉人将相食，成了一座地狱。

饥荒的消息很快传回了伦敦，引发了英国议会的强烈关注。然而英国议会争论的焦点根本就不是怎么救助孟加拉灾民，而是孟加拉大饥荒钱收不上来怎么办？东印度公司承诺每年要向国库缴纳 40 万英镑的税收，总不能耍赖吧。

为了解决征税问题，1772 年，英国政府任命沃伦·哈斯丁斯（Warren Hastings）出任孟加拉总督。这是一个什么样的人呢？一句话评价他：他是一个跟克莱武拥有同样道德水准的人。吕昭义先生这样形容此公的品性：

> 无疑哈斯丁斯属于那些到印度实现黄金梦的人物，他从一般职员爬到英属印度最高统治者的经历，使他熟悉公司职员的滥用职权、敲诈勒索、行贿受贿、贪污走私的惯用伎俩。他办事心狠手辣，果断坚决，善于审时度势，计谋多端，在不同的情况下使用不同的手段达到目的。在印度，在英国，哈斯丁斯都以贪婪残忍而恶名昭著，英国的舆论揭露他为了掩盖其受贿罪行，竟然制造冤案，对举告人进行"司法谋杀"；为了掠取财物，不惜背信弃义，对寡妇弱女施行强暴。英国政治家比特弹劾哈斯丁斯是"残忍的、不公到的和横暴的"。[1]

撒谎行骗、敲诈勒索、贪污受贿、抢劫走私、强暴妇女，杀人越货，英国殖民者的道德水平基本都停留在这个高度。总之，你能想到的坏事和你想不到的坏事，他们都做过。

哈斯丁斯来印度的主要目的只有两个："保住公司的利润，

---

① 吕昭义：《英属印度与中国西南边疆：1774—1911 年》，昆明：云南大学出版社，2016 年，第 23 页。

让英国人收税。"①后来著名的英帝国首相丘吉尔这样评价哈斯丁斯和东印度公司：

> 嫉妒、愚昧、感情用事汇成一股热潮，强烈要求改革。怨言并非空穴来风。九年来，公司职员从孟加拉民众手中搜刮了近 300 万英镑，统统落入了个人的腰包。②

连丘吉尔都认为水平低下的人，你可以想象他得是有多坏。

1772 年 11 月 3 日，上任还不到一年的哈斯丁斯就在给公司董事会的报告中，洋洋得意地说道：

> 虽然本省居民至少减少了 1/3，可是 1771 年的净税收甚至超过了 1768 年。……大灾之后，赋税由于种种影响，相应地减少，这本是意料之中的事。可是赋税并没有减少。其所以如此，是由于用暴力强行保持以前水平的结果。③

英国议会可以对孟加拉人民的死活不管不顾，但他们不会对东

---

① 〔英〕温斯顿・丘吉尔：《英语民族史》第 3 卷 "革命时代"，张庆熠、张颖、王国平译，北京：新华出版社，2017 年，第 147 页。
② 丘吉尔：《英语民族史》第 3 卷，第 147 页。
③ 〔印〕罗梅什・杜特：《英属印度经济史》上册，陈洪进译，北京：生活・读书・新知三联书店，1965 年，第 46 页。

印度公司的低效和腐败放任不理。印度人死了就死了，反正他们繁殖起来很快，但东印度公司贪污横行，损失的可是帝国的财富。

1773 年，英国议会通过了时任托利党首相腓特烈·诺斯（Frederick North）提交的《东印度公司法》。这部法案规定：

一、公司董事会必须把有关税收的文件上报给财政部，并由内阁备案；

二、孟加拉、马德拉斯、孟买三地总督合并为一，统称"孟加拉总统"，任期五年，统一管理印度殖民事务；

三、英国国王直接任命总督，其人选不限于公司成员；

四、成立一个隶属于英国国王的法庭，其首席大法官和三名法官都由国王任命，负责审理在印度的商人和英国臣民案件。

不用奇怪，这就是大英帝国的一贯品性——放任这帮强盗土匪去打、去杀、去抢，搞砸了，它说这不是政府行为，不代表政府意志，锅甩得干干净净；搞成了，它立马来接盘。

英国政府对于东印度公司的改革，有两个要点：第一，架空公司董事会，直接出面在印度建立行政和司法系统；第二，加强对公司的控制，保证公司完全听从政府领导，服从国家利益，而不是公司自己的利益。

1784 年，英国议会又通过了托利党首相小皮特提交的另一部《东印度公司法》，基本内容还是为了强化上述两点。

这一系列改革，使东印度公司从一家贸易垄断企业，变成了英国政府的次级政府。从此以后，"公司"徒有其名，它的实质就是海外殖民政府。

值得强调的是，《1773 年东印度公司法》设立了新的孟加拉总督，统一管理印度殖民地。这就是印度总督的由来。历史上首任印度总督，当然就是极端缺德的哈斯丁斯了。此公后面还会提到，他是英国历史上第一个图谋侵略中国西藏的人！

当然，凭良心说，哈斯丁斯还不是最坏的，后面的总督，比如罗伯特·李顿、乔治·寇松，个个都比他缺德。关键是，这些无耻之徒还以他们坚持不懈的缺德精神，深耕于学术研究，意外繁荣了比较语言学、比较神话学、地理学、博物学等多个学科，坦率地说，这些今天看来颇高大上的学科，都有着浓厚的殖民主义背景。

四、东印度公司的落幕

最后交代一下东印度公司的结局。

1850 年代的大英帝国很忙。首先是 1853 年到 1856 年的克里米亚战争。这是一场十分惨烈的战争，也是人类历史上第一场大规模现代化战争。新式线膛步枪、蒸汽动力战舰、铁路、电报、野战医院、战场护理、战地报道等现代战争元素在这场战争中脱颖而出。

这边克里米亚仗还没打完，那边波斯又出事了。1856 年 11 月，大英帝国刚刚缔结跟沙俄的和约，就腾出手来，发动了第二次波斯战争。

这边第二次波斯战争还没爆发，那边广州又出事了。1856 年 10 月 8 日，大英帝国借口"亚罗号事件"，挑起了第二次鸦片战争。

这边第二次波斯战争刚刚结束，那边印度又出事了。1857 年 5 月，印度爆发反英民族大起义。

这边印度民族大起义刚刚镇压下去，那边第二次鸦片战争又升级了。真可谓"十处敲锣，九处有他"！

除了克里米亚战争以外，大英帝国最感到费劲的就是镇压印度民族大起义。这次起义迫使英国人不得不调整统治印度的方式，他们需要建立对印度更加直接的统治。于是这时的东印度公司完成了它的使命。

请注意一个基本法律问题。在法律上，东印度公司是印度莫卧儿王朝的臣仆。它对于印度的殖民统治是莫卧儿皇帝下旨赐封的。东印度公司铸造的货币需要印有莫卧儿皇帝的名义，理论上，它是定期要向莫卧儿王朝进贡的。

其实英国殖民者十分享受这种臣仆的身份：我是给你打工赚钱的，印度人？那是你莫卧儿王朝的子民，他们是死是活关我什么事？！总之，这种臣仆或者雇员的角色很方便英国殖民者把社会治理的职能甩得干干净净，专心致志地竭泽而渔。

但问题是，现在东印度公司的主人、莫卧儿王朝的末代皇帝巴哈杜尔·沙二世（Bahadur Shah II）居然跟当地群众联合起来造反了。

这是现实版的"陛下何故造反"！在这个问题上，英国人表现得很有"法治精神"。按照道理说，东印度公司作为臣仆，是没有资格宣判皇帝犯有谋逆大罪的。皇帝都谋反了，这个问题法理上说不通。

英国人怎么办呢？不要东印度公司，不就不存在"陛下何故谋反"的问题了吗？于是，1858年，英国政府废除了东印度公司的行政权力，同时审判了莫卧儿皇帝巴哈杜尔·沙二世，把他流放到了缅甸。对此，《新编剑桥印度史》的作者说道：

对东印度公司的废止结束了这种模糊性，因为现在英国的王权成为无可争议的中心，它将其所有的属民都归入了一个单一的等级体系之中，印度和英国都是一样的了。……虽然英国人不能合法地审讯国王的叛国罪，因为他是国王而英国人是臣属，然而，这次审讯以及后来巴哈杜尔·沙向缅甸的流放使得英国人最终能以无可争议的印度统治者身份来代表自己。新的秩序开始了。①

从此以后，英国人不当印度人的臣仆，改做印度人的主人了。

以这种身份转换为界线，英国学术界对于印度人描述发生了一百八十度大转弯。

过去，英国思想界学术界没少巴结印度人。1784 年，首任印度总督哈斯丁斯在孟加拉建立了亚洲学会（Asiatic Society）。他出任名誉主席，学会活动经费全部来自东印度公司拨款。

亚洲学会成立之初的主要工作就是论证英国人跟印度人如何如何五百年前是一家，论证英印亲善如何如何天经地义。比如首任会长威廉·琼斯（William Jones）就提出过一个语言学上的著名假设——梵语、波斯语、古希腊语、拉丁语的同源假说。琼斯指出：

> 不管梵语是一种多么古老的语言，它的结构都令人称

---

① 〔美〕托马斯·梅特卡夫：《新编剑桥印度史：英国统治者的意识形态》，李东云译，昆明：云南人民出版社，2015 年，第 50 页。

奇。它比希腊语更完美，比拉丁文更丰富，比这两种语言更典雅。同时，不管是在动词的词根上，还是在语法形式上，它与希腊语和拉丁语非常相似，其近似程度恐怕远非巧合的说辞就能解释。的确，三种语言如此相似，以至于语言学家如果不认为它们是同源演变而来的话，将不可能深入研究这三种语言。①

在这个判断的基础上，琼斯提出了影响深远的"印欧语"概念。

除了比较语言学以外，亚洲学会还致力于比较神话学研究，比如主要会员卢克·斯克兰顿（Luke Scrafton）、昆汀·克劳福德（Quentin Craufurd）等人就强调，"偶像崇拜只是印度教的一个过失或者祭司制度的次要形式，不是印度教的本质"，"印度教的仁爱精神为古代印度人带来了繁荣，恰恰后世外族征服特别是穆斯林的统治，偏离了印度教的仁爱精神，造成了印度的衰落"②。总之，印度教和基督教，如此不谋而合！印度人和英国人，那都是亲兄弟，一家人。

---

① William Jones, *The Works of Sir William Jones*, Vol.1, London: Printed for G. G. and J. Robinson, 1799, p. 26. 转引自魏孝稷：《"文明"话语与19世纪前期英国殖民话语的转向》，《全球史评论》第21辑，第95页。
② Thomas R. Trautmann, *Aryans and British India*, Berkeley: University of California Press, 1997, pp. 64–66. 转引自魏孝稷：《"文明"话语与19世纪前期英国殖民话语的转向》，《全球史评论》第21辑，第95页。

这种攀亲戚的做法到了 19 世纪发生了改变。比如著名功利主义思想家詹姆斯·密尔 1817 年出版了《英属印度史》(*The History of British India*)，该书宣称印度是人类文明最低级的阶段，英国是人类文明最高级的阶段。最高阶段的文明当然有资格统治最低级阶段的文明。①

他的儿子约翰·密尔在 1836 年出版《论文明》(*Civilization*)一书，这本书同样强调，英国、法国、德国处于人类文明的顶峰，那些欧洲以外的民族则无一例外都是野蛮或半野蛮民族。②

密尔父子的观点在印度反英民族大起义之后，迅速成为英国学术界的主流观点。著名的辉格主义史学家乔治·屈维廉(George. O. Trevelyan)就明确鼓吹，镇压印度反叛者的战争，"不由自主地提醒了我们，我们是至高无上的种族，我们凭借英勇和远见在被征服的土地上立足"③。

总而言之，东印度公司的终结是一个标志和缩影。它预示西方列强迈入霍布森和列宁所说的帝国主义时代。不同于过去的自由资本主义时代，在帝国主义时代，金融资本与工业资本越来越绑定在一起，对于殖民地也越来越饥渴。帝国主义国家

---

① 魏孝稷：《"文明"话语与 19 世纪前期英国殖民话语的转向》，《全球史评论》第 21 辑，第 99 页。
② 魏孝稷：《"文明"话语与 19 世纪前期英国殖民话语的转向》，《全球史评论》第 21 辑，第 101 页。
③ G. O. Trevelyan: *The Competition Wallah*, London: 1864. 转引自梅特卡夫：《新编剑桥印度史：英国统治者的意识形态》，第 45 页。

对于抢夺殖民地的初衷不再仅仅是谋取商业利益，更是谋求国家安全，它们掠取殖民地的财富方式也不再仅仅是商品输出，更是资本输出。

英国东印度公司身上浓缩了西方列强殖民亚洲的三个阶段：它的前 150 年，西方殖民者在亚洲的主要活动是谋求贸易垄断，赚取中间差价；它的后 100 年，西方殖民者开始直接统治亚洲，也开始在亚洲大规模商品输出；等到东印度公司终结的时候，西方殖民者强化了对于亚洲的统治，开始在亚洲大规模资本输出。

余论：海洋帝国的霸权之道

> 掌控世界四百年的海洋霸权道路并非无懈可击：
>
> 陌生的大陆深处是海洋霸权失效的地方……

近代大航海源于西班牙和葡萄牙，但这两个天主教国家仍然是欧陆国家。西班牙的统治者哈布斯堡家族同时是德意志的统治者，欧洲大陆而不是海外贸易才是西班牙的战略重心。第一个严格意义上的世界海洋霸主是荷兰。近代海洋霸权的产生对于国际政治究竟产生了何种影响呢？

一、离 岸 平 衡

须知海洋霸权的要害不在于海军力量本身，而在于它通过海洋贸易路线把全球各个孤立的市场连为一个整体。这使得海洋霸权国家拥有了掌握资本主义世界体系的力量。美国"海权论之父"阿尔弗雷德·马汉（Alfred Mahan）曾经指出，"荷兰发达的商业贸易不仅仅是因为它拥有海上运输，还因为它拥有无数条安全、稳定的海上航线，使其可以便捷、经济地通往荷兰及德国境内。在陆上道路少、路况差、战争频繁、社会也动荡不安的情况下，海上交通相对于陆路交通而言，优势就更为明显，二百年前就是这种情况"①。

然而荷兰的海洋霸权具有太多缺陷，比如国家太小、人口不足，更重要的是，它仍然跟欧洲大陆连在一起。这意味着荷兰在跟英格兰争夺海上霸权的时候还要同时防范法国的入侵。"这迫使他们把兵力集中于陆上，只留下很少的一部分给舰队。"②

与之不同，英国是一个脱离于欧洲大陆的岛国，它可以把全部注意力集中在海上。施米特曾感慨道：

> 大不列颠岛本身，这个以纯粹的海洋性存在为发展方向的世界性帝国的中枢，由此而成为无根的海洋性存在。像一艘船或一条鱼一样，它可以向地球的任何一个地方游

---

① 〔美〕阿尔弗雷德·马汉：《海权对历史的影响：1660—1783年》，李少彦、董绍峰、徐朵等译，北京：海洋出版社，2013年，第19页。
② 〔美〕沃尔特·米德：《上帝与黄金：英国、美国与现代世界的形成》，涂怡超、罗怡清译，北京：社会科学文献出版社，2014年，第123页。

动，因为它是一个世界帝国的可以移动的中心，这个帝国
辐射到了所有的大洲。[①]

英格兰海上力量崛起的标志性事件是 1701—1714 年的西班
牙王位继承战争，尤其是 1713 年 4 月的《乌得勒支和约》
（*Treaty of Utrecht*）。

《乌得勒支和约》的一方是英格兰、联省共和国（荷兰）
和萨伏依公国，另一方是法国和西班牙。和约允许法国的统治
者波旁家族继承西班牙的王位，但西班牙的波旁国王不能同时
兼任法国王位。这就从法律上禁止了西班牙和法国的合并。

根据和约，英格兰从西班牙手里夺取了直布罗陀，并获得
了在拉丁美洲贩卖黑奴的专权，又从法国手里夺取了纽芬兰、
阿卡迪亚和哈德逊湾等北美殖民地，成了这场战争的最大赢
家。取得北美新殖民地和拉丁美洲黑奴专卖权，意味着英格兰
人把法国、西班牙这两个海洋竞争对手挤出了大西洋航线；取
得直布罗陀，则意味着英格兰人控制了从大西洋进入地中海的
通道。

从表面上看，荷兰作为英格兰一方签署《乌得勒支和约》，
也算是胜利国。但从长远而论，它的海洋事业将很快为英格兰

---

① 〔德〕施米特：《陆地与海洋——古今之"法"变》，林国基、周敏译，上
海：华东师范大学出版社，2006 年，第 56 页。

所取代。正如马汉所言，"联合省的衰退要追溯到《乌得勒支和约》时期，真正的衰败可能还要更早，荷兰已经不再属于欧洲强国之列，它的海军已经不再是军事外交的一个重要部分，并且其贸易也随着国家的败落而衰退"[①]。

《乌得勒支和约》在西方历史上第一次将"均势原则"写进了文本。从后续发展来看，所谓的"均势"不仅是海权和陆权之间的力量平衡，更折射出海权国家利用欧陆国家之间的矛盾维系自己霸权地位的策略。从原理上看，英格兰人开创的"离岸平衡"堪称完美，然而他们却不是执行此项策略的最佳人选。

即便合并苏格兰、威尔士和爱尔兰，英国仍然太小了，仍然太靠近欧洲大陆了。英国人可以平衡欧洲的各方势力，却不足以平衡亚太地区的各方势力，"日本的崛起使它成为英国在远东危险的竞争者"[②]。

美国则不同，它既是一个大西洋国家，又是一个太平洋国家。更重要的是，美国比英伦三岛大得多，从美洲的角度看，它是一片大陆，从欧亚大陆的角度看，它又是一个岛国。马汉在 1904 年的一篇文章中，探讨了英美两国重新联合的可能性。在他看来，两国联合的最重要基础不是共同种族、共同语言或

[①]　马汉：《海权对历史的影响》，第 170 页。
[②]　米德：《上帝与黄金》，第 166 页。

共同文化，而是维护海权的需要。海权才是撒克逊民族最根本的共性。施米特这样评价马汉的观点：

> 具有决定性的理由乃是，盎格鲁—撒克逊人对海洋的控制必须保持下去，而这只能在"岛国的"基础上通过两者的联合才能做到。在不断进步的现代世界，英国本身已经显得太过狭小，因此，已经不是原来意义上的那个海岛了。美国才是符合时代发展的真正的海岛。……美国是一个更大的海岛，借助它，英国对于海洋的控制才可能稳固，并且盎格鲁—美利坚民族在世界范围内的海上霸权才能够以更宏阔的方式延续下去。[①]

从这个意义上来说，美国人将英国的离岸平衡战略扩展到了整个地球。用沃尔特·米德（Walter Russell Mead）的话说，"美国人将这种传统的英国进路全球化，很典型的是在任何地缘政治中成为更弱小国家的同盟，倡导这些国家反对最强的国家"[②]。

无可否认，中国曾经也是美式离岸平衡的受益者。太平洋战争爆发后，美国曾扶持摇摇欲坠的国民党政权去制衡日本。

---

① 施米特：《陆地与海洋》，第 59—60 页。
② 米德：《上帝与黄金》，第 126 页。引文中的"地缘政治"原文为"地缘政治学"，有误。

冷战后期，美国又支持中国制衡强大的苏联。现在，东亚、南亚的平衡关系仍然存在，然而我们中国却从当年被拉拢的对象，变成被制衡的对象。

通过上述历史，想必我们能够抛弃幻想：**美国人是不可能放弃旨在遏制中国的印太战略的，这种思维方式已经深入了他们的骨髓。我们应该做的是，认真思考如何才能破局。**

二、非接触战争

施米特在论述近代海洋霸权崛起时，曾特别提及了军事技术的变革。他指出，在 16—17 世纪，荷兰人掌握大海，"在造船业领域他们是无可争议的领航者。他们发明了新的船帆技术和新的帆船类型，这些发明取代船桨，并且使得那种与新发现的大洋相匹配的大规模的海上航行成为可能"。与之相应，海战的模式发生了巨大的改变。以往的海战是军舰之间的对撞，是双方军舰搅在一起后，士兵在甲板上的拼杀，这"只是在船上进行的陆战"。荷兰人把加农炮安装到了船舷，"从船舷向敌人发射成排的火炮。这样一来，海战就成了在远距离进行的以高度的航海技术统领的炮兵战斗"[1]。

---

[1] 施米特：《陆地与海洋》，第 19—20 页。

说的确切些，近代海战创造了"非接触性战争"，双方士兵不再面对面交锋，而是凭借远程武器技术决出胜负。在陆战中，交战的一方可以通过更强的组织能力、对地形的合理运用、群众的大力支持等因素来弥补自己在武器技术上的缺陷。但在海战中，技术决定一切。

第二次世界大战中的大规模无差别轰炸，使得"非接触性战争"进入了一个新的发展阶段。这个阶段的顶峰出现在1999年，北约以"人道主义干涉"为名对南斯拉夫联盟发动了长达78天的狂轰滥炸。起初，轰炸的目标还局限于军事设施，南联盟的防空部队还能组织起有效的反击，战争还带有双方军事力量对抗的意味。随后，北约把目标扩大到医院、桥梁、广播电视台等民用设施，战争的性质才完全显露出来。

传统陆战的目的是占领敌方领土，控制敌方人口和资源，这就需要建立占领者与被占领者之间的保护（protection）与服从（obedience）关系；换句话说，交战双方不只需要考虑怎么击败对手，更需要考虑怎么管理对方的土地和人民。用施米特的话说："由于占领军在被占领土上维持了公共秩序，保护了其人民，因此反过来，被占领土上的人民有义务服从占领当局的统治。"①

---

① 施米特：《大地的法》，刘毅、张陈果中译本，上海：上海人民出版社，2017年，第302页。

然而，"非接触性战争"却不存在保护与服从的问题。近代海战的主要目的是摧毁敌方的舰船，捕获敌方的物资，封锁敌方的港口，切断敌方的对外贸易线。无差别轰炸的目的更加简单，它甚至不涉及捕获敌方的物资，它只是一种纯粹的破坏，通过无差别的破坏瓦解敌方的抵抗意志。

施米特在 1950 年时就说："今天的战争已经转变成为一种打击罪犯、侵扰者和害虫的治安行为。"① 那个时候空战力量仅靠地面雷达站和飞机通讯设备串联起来，而到了科索沃战争时期，浮动在外太空的各种军用卫星已经把北约的空中打击力量编织成了一道紧密的天网。站在外太空俯看地球，这是"上帝"才有的视角。美国人作为"上帝"的"选民"，自诩是在高举起警棍狠狠教训了"不法分子"。人类历史已进入阿甘本（Giorgio Agamben）所说的"全球治安战"的时代。②

必须强调，科索沃战争而不是后来的阿富汗战争、伊拉克战争，才是"全球治安战"的顶点。当美国人尝试着军事占领阿富汗、伊拉克时，才感到问题的复杂性。击败塔利班武装、消灭萨达姆精锐，对于美国人而言都不过是一个军事技术问题，在伊拉克、阿富汗建立起保护—服从关系，却是一个"如

---

① 施米特：《大地的法》，第 305 页。
② 〔意〕阿甘本：《无目的的手段：政治学笔记》，赵文译，开封：河南大学出版社，2015 年，第 139—145 页。

何根植于乡土"的政治问题。海洋性帝国迷恋的技术手段在这类政治问题上，就几乎不起作用了。

从这个意义上说，**在伊拉克和阿富汗的政治失败，而非"9·11"事件，才是当代美国历史的转折点。**这提醒我们，掌控世界四百年的海洋霸权道路并非无懈可击：陌生的大陆深处是海洋霸权失效的地方，不仅美国在伊拉克或阿富汗的遭遇如此，一个多世纪以前英国在非洲大陆的遭遇亦复如是。

第四篇

帝国主义时代的扭曲和癫狂

从北非到南非，从葡萄牙人占领休达开始，到英国人在布尔战争中的惨胜，直至纳米比亚从南非种族隔离的白人政权中获得独立，575 年。本篇述及西方殖民帝国在非洲的累累罪行。在非洲，它们以"科学"的名义和方式烧杀抢掠。"科学"不仅是殖民主义的借口或意识形态外衣，更是一种权力，是一种关于奴役和暴力的现代技艺。

序　章

只要有奴隶贸易，非洲部落社会对于欧洲殖民者就有利用价值。

广袤的非洲大陆是欧洲殖民主义开始的地方，也是欧洲殖民主义落幕的地方。早在 1415 年，葡萄牙国王若昂一世（João I de Portugal）占领了位于北非的休达（Ceuta）地区①，一般认为，这次事件标志着欧洲殖民主义的开端。直到 1990 年 3 月 21 日，纳米比亚从南非白人统治者手里获得独立，欧洲殖民体系才算终结，中间相隔了 575 年。如果算上各种新殖民主义、后殖民主义，那么今天的非洲人民仍然没有从西方列强统治下获得真正的解放。

直接统治或幕后操纵、武力攻占或债务陷阱、商品倾销或资本输出、奴隶贸易或强制"保护"、种族灭绝或"文明"改

---

① 休达今为今西班牙属地，与摩洛哥接壤。

造……西方殖民者的所有手段几乎都在非洲大陆上使用过，这里包含了最丰富的殖民主义样本。在 19 世纪到 20 世纪之交，非洲大陆南端还出现过一场极为"特殊"的殖民主义战争。殖民者是头号资本主义强国，而被殖民对象竟然是同样来自欧洲的白人；殖民者发动战争的理由之一竟然是被殖民对象奴役黑人土著。

总之，欧洲列强入侵非洲的时间跨度太长、非洲东西南北的地域差异太大，这使得非洲成了最丰富的殖民主义样本库；殖民主义的后遗症在非洲表现得太强烈，又使得非洲直到今天仍然是全世界最贫困和动荡的地区。所有这些都不能不让我们特别关注非洲，尤其是撒哈拉沙漠以南的非洲。

对于中世纪和近代早期的欧洲人而言，撒哈拉沙漠以南的非洲大陆就跟美洲"新大陆"类似，都是未知的地带，也都不构成世界秩序的组成部分。在黑格尔的《历史哲学》当中，世界精神起源于中国，经由印度、波斯到古希腊罗马，才算进入了青少年阶段，只有发展到日耳曼，世界精神才算成年，才能演化出现代自由国家。

把黑格尔的"世界精神"改写为"生产方式"，"大体说来，亚细亚的、古希腊罗马的、封建的和现代资产阶级的生产方式可以看做是经济的社会形态演进的几个时代"[①]。

---

① 马克思：《〈政治经济学批判〉序言》，《马克思恩格斯文集》第 2 卷，北京：人民出版社，2009 年，第 592 页。

世界历史从亚细亚生产方式经由古希腊罗马，一直演进到日耳曼封建社会，才最终诞生了现代资产阶级市民社会。北非尚且属于"东方世界"，类似于亚细亚，但撒哈拉沙漠以南的非洲则跟美洲大陆一样，被完全排除在世界历史的范畴之外。

不同于美洲大陆，中世纪后期的欧洲人已经知道撒哈拉沙漠以南确实存在大陆和人类，但那是个什么地方？他们却一无所知。霍赫希尔德（Adam Hochschild）说道：

> 欧洲人在想象撒哈拉沙漠以南的非洲时，浮现在他们脑海里的是一幅梦幻般的景象，是一个恐惧与超自然相结合的神奇之地。大约在 1350 年，本笃会修士雷纳夫·希格登（Ranulf Higden）绘制了那片地域的地图，他声称，非洲人长着一只眼睛，经常把脚放在脑袋上。接下来的一个世纪的一位地理学者说，那个大陆上的人只有一条腿，脑袋像狮子，每个人长着三张脸。1459 年，意大利修士弗拉·毛罗（Fra Mauro）宣称非洲是巨雕的栖息地，那种巨鸟能驮着大象在空中飞来飞去。①

---

① 〔美〕亚当·霍赫希尔德：《利奥波德国王的鬼魂：贪婪、恐惧、英雄主义与比利时的非洲殖民地》，扈喜林译，北京：社会科学文献出版社，2018年，第 9 页。

事实上，欧洲人对于非洲大陆深处的了解，还要晚于他们对于美洲大陆深处的了解。16世纪，西班牙人灭亡阿兹特克帝国和印加帝国，葡萄牙人则建立了巴西殖民地。欧洲人这时已经深入了美洲大陆腹地，但他们深入非洲大陆腹地，却要等到两百年以后。

尽管从大航海时代伊始，欧洲人就开始在撒哈拉沙漠以南的非洲建立了一系列殖民据点，但长期以来，欧洲人似乎对非洲大陆深处没有什么兴趣。直到1876年，欧洲殖民者仍然只控制了非洲沿海据点和南非等个别地区，共318万平方公里土地，只占非洲大陆的10.6%。[①]

1876年以后，西方列强在非洲的殖民地急剧扩大，从1876年到1912年这仅仅36年时间里就瓜分了2 569万平方公里的土地，超过非洲总面积的85%，并建立了六个大殖民帝国（英属、法属、德属、意属、比属和葡属殖民帝国），"无论在时间上和空间上在殖民主义史都是空前的"[②]。

需要强调，欧洲殖民者对于非洲态度的急剧变化，跟奴隶贸易的存废密切相关。非洲内陆长期充斥着原始的奴隶制，它是欧洲黑奴贸易的重要背景。欧洲奴隶贩子常常以低廉的价格

---

① 郑家馨主编：《殖民主义史·非洲卷》，北京：北京大学出版社，1999年，第3页注释。
② 郑家馨：《殖民主义史·非洲卷》，第3页。

从非洲酋长手里购买奴隶，再以高昂的价格出售给美洲的种植园，赚取中间差价。不过相比欧洲人的黑奴贸易，非洲原始的奴隶制显得"更为灵活和仁慈"。① 因为当年的非洲大陆还没有商品关系，各个部落酋长也不知道什么是利润。欧洲庄园主不一样，他们不只让奴隶为本人服务，更让奴隶为整个资本主义原始积累服务，他们需要榨干所有奴隶的所有血汗，毕竟每个奴隶都是要花钱买的。

只要奴隶贸易还广泛存在，非洲部落社会对于欧洲殖民者就有利用价值。一旦奴隶贸易废除了，一切就都改变了。欧洲人开始设想变革非洲社会，让非洲腹地能够符合他们新的利益需求，来迎合他们"推进科学和人道"。19世纪中后期，奴隶贸易彻底退出了历史舞台，非洲腹地就开始迅速沦为欧洲列强的"保护国"。

19世纪以前的奴隶贸易在上一篇已经有过介绍了。本篇的三章内容则主要介绍：19世纪奴隶贸易废除以后，欧洲殖民者是如何掠夺非洲的？为什么欧洲列强会在19世纪后期掀起瓜分非洲的狂潮？非洲内陆的迅速殖民化又会如何影响欧洲的国际关系？

---

① 霍赫希尔德：《利奥波德国王的鬼魂》，第14页。

图 4-1　休达风光（铜版画）

第一章　英法魔爪下的北非

撒泼打滚法兰西，半道截胡英吉利。

英法两国如何在北非攀比下限？

北非地区与欧洲隔地中海相望，这注定了那里不可能不跟欧洲历史紧密地交织在一起。早在公元前264—前146年，罗马就与北非的海上强国迦太基爆发过三次大规模战争，这是罗马成为世界性帝国的最关键步骤之一。

从公元7世纪开始，北非又经历了伊斯兰化和阿拉伯化的过程，直到今天那里仍然是阿拉伯伊斯兰文明的重要组成部分，与地中海对面的欧洲处于两种截然不同的文明。正是在反击穆斯林的战争中，欧洲人开始了他们的殖民事业，第一轮入侵北非的高潮出现在15—16世纪，主要执行者是葡萄牙人和西班牙人。

但值得注意的是，16 世纪以后，西方殖民者对于北非的"兴趣"突然减少了。主要原因可能有两个：第一，奥斯曼帝国开始控制北非，它远比当时的欧洲人强大，欧洲殖民者失去了持续入侵北非的能力；第二，欧洲对外贸易的中心从地中海沿岸转移到了大西洋沿岸，北非的重要性也大大降低了。

欧洲殖民者恢复对北非的兴趣，则要等到 19 世纪后期，主要国家也换成了法国、英国、意大利和德国。国家利益完全取代了宗教热情，成了欧洲殖民者入侵北非的动力。

直到 1950—1960 年代，北非才从欧洲人的手里获得独立，那里变成了六个主权国家，东北非依次是埃及、苏丹、利比亚，西北非依次是突尼斯、阿尔及利亚、摩洛哥。在这六个国家中，埃及和阿尔及利亚最引人注目：前者的历史最悠久，经济最发达，地理位置也最重要，后者受到的奴役时间最早，解放道路则最曲折。其他五国直到 19 世纪后期或 20 世纪初期才正式沦为欧洲的殖民地或"保护国"，但阿尔及利亚早在 1830 年代就失去了自由。

一、一扇子打出的战争

从 16 世纪开始，阿尔及利亚和埃及都成为奥斯曼帝国的行省或属地，它们一方面承认奥斯曼的宗主国地位，另一方面又有很强的独立性。

1798 至 1801 年拿破仑侵占埃及，阿尔及利亚的德伊政府曾向法国军队供应了价值 100 万利弗尔（Livre）的小麦。[①] 这不是挺好了吗？阿尔及利亚当地统治者不也挺开明的吗？但极端傲慢的法国人绝不会这么思考问题，这又是一个农夫与蛇的故事，法国人的逻辑是，阿尔及利亚土地肥沃，气候宜人，为什么不把这块地方抢过来呢？

1807 年，拿破仑和沙皇亚历山大一世在提尔西特秘密谈判，就确定把阿尔及利亚划归法国。第二年拿破仑就派人侦察地形、绘制地图，制定了入侵阿尔及利亚的计划。然而还没等他腾出手来，那边西班牙出事了。随着法国军队深陷西班牙泥潭，征服阿尔及利亚的计划搁浅了。反正阿尔及利亚照样提供小麦，法国人照样装出一副爱好和平的样子。

直到 1815 年，拿破仑帝国彻底垮台，法国共欠下了 1 380 万法郎的巨额购粮债。[②] 事情往往是这样，债欠多了，也就是不是债了。反正复辟以后的波旁王朝打死不还钱。1827 年 4 月 29 日，又到了穆斯林的巴易兰节（Baïram），法国领事皮埃尔·德瓦尔（Pierre Deval）照例前往庆贺。

---

① 德伊，1671—1830 年期间阿尔及利亚的土耳其封建统治者称号；利弗尔，又译里弗，大革命以前的法国货币。1795 年，被法郎取代，法郎与利弗尔的兑换比约为 1∶1。
② 杨人楩：《非洲通史简编》，北京：人民出版社，1984 年，第 355 页。

无论是在欧洲还是在阿尔及利亚，这个德瓦尔都是臭名昭著。法国人自己都承认：

> 不仅阿尔及利亚，而且许多欧洲港口都一致认为，这位法国代表是人们完全有理由怀疑的贪污腐败的人物。……在阿尔及尔，人们简直把他看成皮条客……这位领事太受怀疑了，以致他的同事们把他排除在外交团体之外。马赛商会会认为，同他打交道太没有道义的保证了。[1]

但这种地痞无赖，法国殖民者最喜欢。没有他冲在前头撒泼打滚，法国人还怎么煽风点火、制造事端呢？

阿尔及利亚的德伊（阿尔及利亚统治者的称号）侯赛因（Hussein）就借着这个机会询问德瓦尔，为什么法国政府一直不答复还债的事情。法国领事非常傲慢地回答："我国政府不给您信件，这就是说您的请求无效。"[2] 这下就把侯赛因惹火了，他大发雷霆，吼道："你走，不想见到你。"没想到法国领事就是赖着不动。侯赛因一怒之下，抓起扇子（还有说是苍蝇拍），抽了法国领事一下。

① 〔法〕艾格列多：《阿尔及利亚民族真相》，维泽译，北京：世界知识出版社，1958年，第31页。
② 〔法〕加布里埃尔·埃斯凯：《阿尔及利亚史（1830—1957）》，上海师范大学翻译组译，上海：上海人民出版社，1974年，第2页。

你说一把扇子或者苍蝇拍，隔着衣服打一下人，能有多疼？但法国人不管，虽然法国领事连皮都没蹭破，但我整个法兰西在精神上受到了无比严重的伤害，所以你阿尔及利亚德伊必须向我们法兰西谢罪！这不摆明了撒泼打滚，没事找事吗？如果阿尔及利亚政府因为这件事情就卑躬屈膝，它还怎么向国内交代？

于是德瓦尔这个地痞流氓居然因为挨了一下不痛不痒的打，迅速成为法兰西民族英雄了，"官方的教科书还维护这种印象，并用以教育法国小学生"①。

阿尔及利亚不谢罪，法国人就来劲了。法国国王查理十世竟然就以这样一件微不足道的小事为借口，宣布跟阿尔及利亚断交，并派海军封锁了阿尔及利亚的港口。因为当时法国正在忙着应付国内的政治动荡和希腊独立运动，一直拖到1830年5月25日才正式发动侵略战争。还不上债，大不了就把债主杀了，不就没有债了吗？

法军总共出动了645艘军舰和37 600多名士兵，6月14日登陆阿尔及尔附近的西迪·费鲁希海滩（Sidi Ferruch beach）。29日，法军开始进攻阿尔及尔，7月5日，侯赛因德伊被迫投降。尽管法国侵略军虚伪地表示，"对所有居民的人

---

① 艾格列多：《阿尔及利亚民族真相》，第31页。

图 4-2　1827 年，阿尔及利亚德伊侯赛因用拂尘抽了法国领事皮埃尔·德瓦尔，法国遂以此为借口，在 1830 年向阿尔及利亚发动了侵略战争

身自由、宗教活动和财产所有权给予保证"。但法军攻占阿尔及尔后，照样大肆烧杀抢掠，劫走黄金 15 000 磅，白银 22 万磅，其他珍贵物品更不计其数，总价值高达 5 500 万法郎。[1]战后，侯赛因被流放到了埃及，1838 年死在那里。

　　法国侵略阿尔及利亚的借口是惩罚对方的无理举动，但事实上，当法军占领阿尔及尔的那一刻起，国王查理十世就决定法国将吞并阿尔及利亚。奥地利首相梅特涅就挖苦曾法国人这

---

[1]　杨人楩：《非洲通史简编》，第 356 页。

借口找得也太不像样了："绝不是因为被扇子打一下，就会花一亿法郎和拿四万人去冒险的。"[1] 按照查理十世的如意算盘，吞并阿尔及利亚能够在国内树立威信，让反对者闭嘴。

然而他失算了，法国人丝毫不买查理十世的账。就在法军占领阿尔及尔半个月后，7月27日，法国人民起义，波旁王朝垮了，这很法兰西。粉墨登场的七月王朝为了树立自己的威望，在殖民阿尔及利亚的问题上更加蛮横和毫不掩饰。法国陆军部长热拉尔（Étienne Maurice Gérard）直白地宣称：

> 为了解决我们的人口过剩和推销我们工厂的产品，来交换由于我们的土壤和气候关系以至我们所没有的其他产品，必须开辟一个广泛的出口市场。[2]

11月30日，热拉尔内阁（Gérard）又明确表达了，要在阿尔及利亚"建立一个重要殖民地"的意图。[3]

为了消除阿尔及利亚人民的反抗意志，塑造法国人绝对权

---

① 艾格列多：《阿尔及利亚民族真相》，第32页。
② 〔法〕雷蒙·巴尔勃：《阿尔及利亚真相》，《国际问题译丛》，1955年第5期，第99页，转引自翟象乾：《法国侵占下的阿尔及利亚（1830—1957）》，《历史研究》1958年第6期，第18页。另见艾格列多：《阿尔及利亚民族真相》，第33页。
③ 埃斯凯：《阿尔及利亚史》，第6页。

威的形象，法军在阿尔及利亚大肆屠杀。例如 1832 年 4 月 6 日，在短短一天时间里，法国殖民者就屠杀了 12 000 多名当地居民，陆军部长热拉尔就厚颜无耻地说："应该容忍更进一步压迫和屠杀土著居民，蹂躏、放火、摧毁庄稼，也许是巩固地建立我们统治的唯一方法。"[①]

历史学家克里斯吉安曾经担任过总督府的特别秘书，他在 1846 年的著作《法属非洲》中坦承，法国驻阿尔及利亚总督罗维戈（Rovigo）公爵在 1831 至 1833 年，对阿尔及利亚进行了惨无人道的血腥屠杀。克里斯吉安说道：

> 遵照罗维戈总司令的训令，一团军队于 1831 年 4 月 6 日夜间开出了阿尔及尔城，黎明时刻突然袭击帐篷中酣睡着的部落人民，屠杀了所有这些不幸的艾尔乌菲亚人（按，又译为乌菲阿斯人），而他们中甚至没有任何一人能够自卫。
>
> ……在这次可耻的出征归来时，我们的骑士们把人头挂在长枪的一端……所有的牲口都被卖给了丹麦的领事馆人员；其余的战利品，一场可怕屠杀以后获得的血腥战利

---

① 〔法〕伦当：《阿尔及利亚在极端分子的标志下》，《国际手册》（法文）第 77 期，第 46 页，转引自翟象乾：《法国侵占下的阿尔及利亚（1830—1957）》，《历史研究》1958 年第 6 期，第 18—19 页。

品，便拿到巴巴苏恩港的市场上去贩卖；真可怕，有些女人带的镯子还戴在被砍掉下来的手腕上，耳环还挂在一块一块的肉上。贩卖所得的钱，则由这些杀人者来瓜分；4月8日还下了一道特别命令夸奖这件丑事，说是将军对这些军队表现的智勇感到非常满意。晚上，警察命令阿尔及尔的摩尔人在他们的铺店中张灯结彩。

另一位历史学家奈特芒在 1856 年的著作《征服阿尔及尔史》中写道：

> 我听见在非洲的军队最卓越的军官之一说，他常常同他的将军共进午餐，简直没有想到扔在帐篷角落的口袋中装满了割下来的人头。[1]

法国占领当局各种丑闻层出不穷，尤其是他们的野蛮杀戮遭到了阿尔及利亚人民的奋起反抗。这迫使议会在 1833 年 7 月 6 日组织了阿尔及尔委员会，负责调查阿尔及利亚的真实情况。经过三个月的调查，委员会出具了一份报告。报告承认：

---

[1] 以上两则引文，皆转引自艾格列多：《阿尔及利亚民族真相》，第 45 页。

我们亵渎了神庙、坟墓、屋宇的内室——穆斯林的圣室……我们仅仅由于怀疑某些人就不经审讯而对他们施酷刑，他们犯的罪到后来都始终只是嫌疑犯而已。……我们屠杀了一些携带有通行证的人，我们由于一人有嫌疑而屠杀了所有的人，而这些人后来都查明是无辜的；我们审讯了这个国家中很有声誉的人和受尊敬的人，因为他们不顾我们的疯狂情绪，挺身为他们不幸的同胞说话。……我们把一些部落的酋长关进监牢，因为这些部落让我们的逃兵避难；我们在谈判的掩盖下进行背信弃义的行为，把外交行动变成可耻的阴谋诡计；总而言之，我们的野蛮程度比我们去开化的野蛮人有过之无不及，而我们还叹息未能成功地开化他们呢。①

这份报告是法国议会自己承认的，不是外人的描述。应当说，法国议员们还是讲了几句良心话，但是在法兰西殖民主义面前，良心顶什么用！你看报告承认法国占领军恶贯满盈吧，甚至承认"我们比野蛮人还野蛮"吧，但报告的结论是我们还是应该继续统治阿尔及利亚的。②是啊，我们是恶贯满盈，我们

---

① 艾格列多：《阿尔及利亚民族真相》，第43—44页。
② 参见艾格列多：《阿尔及利亚民族真相》，第43页；埃斯凯：《阿尔及利亚史》，第11页。

是杀人无数，但"抛开事实不谈"，我们仍然是正义的，我们的占领仍然是合法的。一副无赖嘴脸，丝毫不加掩饰！

二、又一场圈地运动

阿尔及利亚原本存在大量集体所有土地，它有利于凝聚当地农牧民，使他们在外族入侵的情况下，团结一致，共同对外。为了消除当地人的反抗力量，侵吞当地人的土地，法国殖民当局在阿尔及利亚推行了激进的土地政策，不亚于一场圈地运动。有学者把这场"圈地运动"概括为"掠夺性"和"个体化倾向"两个主要特征。[①] 其中，法国殖民当局前期的土地政策以"掠夺性"为主，后期则以"个体化倾向"为主。

先看前期的"掠夺性"，它指以军事或行政手段直接抢夺和侵占土地。从 1830 年至 1870 年，是法国殖民者对于阿尔及利亚实行军事征服和军事管制的时期。[②] 在这四十年时间里，法国殖民当局颁布了一系列法令，侵吞了阿尔及利亚大量的地产，主要包括以下四个方面：

---

① 郑家馨：《殖民主义史·非洲卷》，第 306 页。
② 翟象乾：《法国侵占下的阿尔及利亚（1830—1957）》，《历史研究》1958 年第 6 期，第 18 页。

第一，没收任何具有"通敌"嫌疑的阿拉伯人土地；

第二，过去德伊政府的地产和属于寺院的哈布地产^①，一律收归国有；

第三，凡在 1830 年 7 月 1 日以前无法以文件证明其所有权的土地，均予以没收；

第四，部落未使用的轮休地，如果没有证明文件，一律没收。

通过以上种种手段，法国殖民当局掠夺了大片土地。据统计 1850 年法国殖民当局占有 15 万公顷土地，1860 年时就猛增到 36.5 万公顷，1870 年时又激增到 76.5 万公顷。^②

为了同化阿尔及利亚，把它变成"海外版的法国"，殖民当局又开展了大规模的移民计划。1840 年，毕若（Bugeaud de la Piconnerie）元帅出任阿尔及利亚总督，进一步实行军事移民政策，他通过各种手段强迫或诱使服役期满的法军士兵留下来安家落户，并向他们提供土地。在毕若执政期间（1841—1847 年），欧洲移民人口的数量由 3.7 万人增加至 10.9 万人，为法兰西殖民事业打下了基础。到 1870 年代，军事移民政策使阿尔及利亚的欧洲人口超过了整个撒哈拉沙漠以南欧洲人口

---

① 哈布地产（Habous），即寺院地产，又称为教田。奥斯曼帝国统治时期，由于苛捐杂税，迫使许多人把地产转移给宗教慈善机构，遂形成了大量的教田。
② 杨人楩：《非洲通史简编》，第 363 页。

数量的总和。①

毕若总督为了确保法国移民拥有足够的土地，甚至借着镇压起义的机会大肆烧杀，以制造无人区。蒙塔尼亚克（Montagnac）上校在镇压阿尔及利亚人民的反抗运动中阵亡，人们在他的尸体上找到了几封没有寄出去的书信，里面记录了他的部分"功业"：

> ……你来信的一段中，问我怎样处理我们捉住的妇女。有些妇女当作人质被看守着，另一些妇女则拿来换马匹，其余的则当作一整批牲口来拍卖。（1842 年 3 月 31 日的信）

> ……我亲密的朋友，这就是对阿拉伯人作战的情况。把十五岁以上的男人全杀掉，把妇女和儿童全捉起来，装上船运往马基兹群岛或其他地方去；总之，剿灭一切不愿意像狗一样伏在我们脚下的人们。（1843 年 3 月 15 日的信）②

总之，一方面是大规模没收土地，另一方面是大量制造无人

---

① 郑家馨：《殖民主义史·非洲卷》，第 303 页。
② 〔法〕蒙塔尼亚克上校：《一个士兵的信札》，转引自艾格列多：《阿尔及利亚民族真相》，第 45—46 页。

区和大量移民，法国殖民者完成了对阿尔及利亚土地的大规模掠夺。

1870 年，拿破仑三世垮台，法兰西第三共和国成立。法国共和政府撤销了阿拉伯局，建立了民政体制，表面上结束了阿尔及利亚的军事管制状态。至此，军事掠夺土地的阶段告以结束，取而代之的是大规模的土地私有化改革，即"个体化倾向"阶段。

为了更加"文明地"侵吞阿尔及利亚当地人的土地，1873 年，法国殖民当局开始推行大规模土地私有化改革，规定氏族部落的土地应该分配给每个家庭成员，阿拉伯人可以"自由"出售土地。法国人废除了当地人的土地集体所有制，将土地变为可以自由买卖的对象，再凭借法方的资本优势将土地据为己有。

在私有化政策之下，阿尔及利亚的土地越来越集中到少数欧洲人手里。如前所述，1850 年，欧洲人在阿尔及利亚占有约 15 万公顷土地，1870 年时增加到 76.5 万公顷。此后，土地集中化的速度大大加快，仅仅十年工夫，1880 年，欧洲人在阿尔及利亚的土地占有量就猛增到 124.5 万公顷，1890 年则上升到 163.5 万公顷，1900 年时达到 191.2 万公顷。至 1954 年民族解放战争爆发的前夕，2.4 万名欧洲人竟然在阿尔及利亚占有了约 302.8 万公顷土地！相比之下，60% 以上的当地农户人均占有土地不到 10 公顷。①

大规模土地私有化深刻改变了阿尔及利亚的社会结构。大多数农民，特别是分成制佃农，变成了无产者，包括短工和季节工在内的雇佣劳动者人数超过了 200 万。"这支农村无产阶级和半无产阶级大军栖身于阴暗潮湿的茅屋中，起早贪黑地劳动，在法国官吏和农场主的奴役下，受尽煎熬和屈辱，它们构成了阿尔及利亚逐渐成熟的民族革命的群众基础。"②

总之，大规模的土地兼并迫使阿尔及利亚农牧民背井离乡，成为近代化或者半近代化的无产阶级。他们挤在阿尔及尔等个别城市里，严重依附于国际资本主义体系，一旦发生资本主义危机，这些人口会迅速转变为庞大的失业大军。在殖民主义时期，他们成为阿尔及利亚的民族解放的潜在力量。但是在独立以后，他们又会成为阿尔及利亚现代化进程的不稳定因素，随时可能打乱阿尔及利亚的现代化步骤。阿尔及利亚是法国海外殖民地的"典范"，它所面临的困境直到今天同样是埃及、突尼斯、摩洛哥等北非国家的困境。

法国殖民当局以阿尔及利亚为基地，向非洲大陆四面扩张。1883 年，法国茹费理政府胁迫突尼斯统治者阿里·穆达

---

① 〔阿尔及利亚〕卡迪尔·阿里：《阿尔及利亚地理：自然、人文、经济》，北京：商务印书馆，1978 年，第 69、74 页。
② 郑家馨：《殖民主义史·非洲卷》，第 311—312 页。

特（Ali Muddat）签订了《马尔萨协定》（Treaty of La Marsa）。这份条约规定突尼斯接受法国的"保护"，并由法国人主持突尼斯内阁，在突尼斯进行"必要的"行政、经济和司法改革。突尼斯沦为法国事实上的殖民地。

1912 年 3 月，法国又宣布对摩洛哥实行"保护"。至此，除了利比亚和摩洛哥北部一小块地区为意大利和西班牙侵占以外，马格里布（Maghrib，阿拉伯语"日落之地"，即北非中西部地区）大部成为法国的势力范围。

如果说法国人凭借地缘优势，可以在北非中西部地区肆无忌惮地扩张，并以此为跳板强占西非、东非大片土地，建立起它庞大的非洲殖民帝国，那么在埃及他们就没有这么顺利了。

三、运河背后的债务陷阱

法国殖民者对于埃及可谓觊觎已久。早在 1797 年 12 月 7 日，拿破仑就向督政府上书宣称，"我们会亲眼看到奥斯曼帝国的崩溃"，当务之急是要"从奥斯曼帝国手中夺走一个不听中央政府号令的行省——埃及"。当时统治埃及的马木留克集团（Mamluk）一贯不听奥斯曼苏丹的号令。在拿破仑看来，只要往埃及踹上一脚，它就会从奥斯曼帝国的版图上掉落下来。拿破仑坚定的政治盟友塔列朗（Charles Maurice de

Talleyrand-Périgord）更是认为，"夺取新的殖民地会给法国带来优势，而埃及就是潜在的新殖民地之一"[①]。

拿破仑的战略规划不仅仅停留在埃及，他清楚埃及只是一块跳板，通过埃及可以进军亚洲，甚至威胁英国在印度的统治。用拿破仑自己的话说，"成为埃及主宰的强国，也应成为印度脊梁上的支配者"[②]。为了实现拿破仑的"东方梦想"，塔列朗甚至建议，一旦法军占领埃及，就可以开凿一条连接地中海和红海的运河，这条运河将引发欧洲的"商业革命"，并彻底打垮英国在印度的霸权。[③]这是苏伊士运河第一次浮现在欧洲战略家的脑海中。

1798 年 5 月 19 日，拿破仑率领 3 万士兵从土伦港出发，并在 7 月 25 日占领了埃及首府开罗。然而拿破仑的如意算盘落空了，不管奥斯曼苏丹与统治埃及的马木留克集团有多么深的矛盾，他都不愿意让欧洲人染指埃及。为了应付法国人，奥斯曼不惜在 1798 年与宿敌俄国签订了同盟条约。

当然，最坐不住的还是英国人。拿破仑的入侵终结了托利党和辉格党无休无止的议会争吵，两党迅速取得一致。1799

---

① 〔英〕帕特里克·贝尔福：《奥斯曼帝国六百年：土耳其帝国的兴衰》，栾力夫译，北京：中信出版社，2018 年，第 508 页。
② 王治来：《中亚通史·近代卷》，乌鲁木齐：新疆人民出版社，2004 年，第163 页。
③ Hugh J. Schonfield, *The Suez Canal in world affairs*, New York: Philosophical Library, 1953, pp. 10−11.

年，英国与奥斯曼结成同盟，这是英国正式介入埃及的开始。从此以后，英法两国在埃及问题上，就成了一对冤家。双方对于埃及控制权的争夺在 1850 年代达到了高潮。此时，由现代埃及的开创者穆罕默德·阿里（1805—1848 年在位）建立的穆罕默德·阿里王朝已经延续了快 50 年，老君主漫长的统治刚刚结束。

1849 年，阿里之孙阿巴斯一世（Abbas I）继位埃及赫迪夫。[1]1851 年 7 月，他与英国人签订了修建亚历山大港至开罗的铁路，这是西方列强在非洲修建的第一条铁路。按照英国人如意算盘，这条铁路未来可以向东穿过西奈半岛，途径叙利亚、两河流域，一直延伸到波斯湾，从而大大缩短欧洲到印度的距离。

法国人一看，这怎么行？于是当年塔列朗的运河计划又浮现了出来。你英国佬要修铁路是吧？我拦腰一刀，在西奈半岛与埃及本土连接的地方开条运河，直接切断你的铁路。这就是苏伊士运河计划的由来。

问题是阿巴斯一世这人跟前任统治者穆罕默德·阿里不一样，他对耗费巨大的现代化工程没什么兴趣，答应英国人修铁

---

[1] 赫迪夫，又译为赫底威（英语：Khedive、阿拉伯语：خديوي），衍生自波斯语"勋爵"，类似于欧洲意义上的总督，是埃及穆罕默德·阿里王朝统治者的自我称谓。

路本就很勉强了，法国人还要再开运河？门都没有！这倒不是因为阿巴斯这人头脑冬烘，而是他意识到，新式军队、现代工厂、大型水坝、西式学校这些东西看上去很美，但它们会损耗大笔财政，让埃及深陷西方的债务陷阱。相比之下，阿巴斯倒是对休养生息、豁免赋税、减少徭役等维持穷人生存的政策更感兴趣。开通苏伊士运河需要多少资金和徭役？这件事情阿巴斯不干，他拒绝了法国人的提议。

没过两年，1854 年 7 月 13 日，阿巴斯一世在深宫中被两名仆人拿绳子锁喉，死了，赛义德一世（Sayid I）继位。法国人一看，机会来了，立马通过各种关系游说赛义德。1854 年10 月 23 日，法埃双方签订条约，法国获得了开通苏伊士运河并租用周边附属建筑物的权利，运河工程的主持人就是赛义德的法国马术教练莱赛普斯（Ferdinand Marie Lesseps）。1856 年1 月 5 日，法埃双方又签订了补充协议，规定法方出资本，埃及出劳工；法国公司享有对苏伊士运河 99 年的使用权；埃及政府每年可以获得 15% 的纯利，75% 的纯利归其他"持有股票者"，剩下 10% 纳入基本股。[1]

1857 年，"国际苏伊士海运运河公司"成立，负责操作运河项目，法国占据了 52% 的股份，埃及占有 44% 的股份，法

---

① 郑家馨：《殖民主义史·非洲卷》，第 332 页。

国成了运河的实际控制者。这让英国人勃然大怒，使尽浑身解数出手阻挠，然而苏伊士运河还是在 1859 年 4 月 25 日破土动工。英国人看到阻挠失败，索性转而争夺运河的控制权。

毫不夸张地说，苏伊士运河凝聚了埃及劳动人民的血汗。埃及政府每个月征调的劳工平均在两万人左右。他们的劳役极其繁重，工作环境也极为恶劣，苏伊士运河的开凿"对于埃及人来说无异于一场从天而降的灾难，两岸荒地上埃及劳工白骨累累"[①]。

不幸的是，埃及人民无数财力、物力和人力的浩大工程，在交付使用的那一刻起，就不再属于埃及人民了。1863 年，赛义德一世逝世，他 32 岁的侄子伊斯梅尔继位赫迪夫，是为伊斯梅尔一世（Isma'il I）。此人野心勃勃，十分向往欧洲，曾公开宣称，"埃及要冲出穷非洲，进入欧洲强国之列"。伊斯梅尔确实很"现代"，只不过他的"现代"仅仅停留在奢靡无度的生活方式上。

伊斯梅尔的野心和西化，给了英国人施展手腕的充分空间。在英国人怂恿下，埃及政府与法国方面谈判，在 1866 年 1 月 30 日达成协议，埃及拿出 8 400 万法郎的巨款购买"国际苏伊士海运运河公司"的股票，再支付 4 000 万法郎购买其他

[①] 郑家馨：《殖民主义史·非洲卷》，第 333 页。

图 4-3　1869 年埃及塞得港苏伊士运河开通

附属权利。

　　1869 年 11 月 17 日，全长 166 公里的苏伊士运河正式通航。伊斯梅尔一世举行了极尽奢华的典礼，耗资 140 万英镑，占埃及政府年收入的 1/4。这条运河让埃及欠下了巨大的国际债务，到 1876 年，总共欠债高达 9 400 多万英镑，这几乎相当于 1864 至 1875 年埃及全国总收入之和！埃及因此走上了破产之路。[①]

　　英国人一看，奸计得逞：你快破产了是不是？不要紧，我们救你，要钱？很简单，苏伊士运河的股份卖给我。1875 年，

① 郑家馨：《殖民主义史·非洲卷》，第 334 页。

英国人以仅仅不到 398 万英镑的低廉价格从埃及人手中收购了运河 44% 的股份，一跃成为苏伊士运河的第二大股东。一位法国评论家就敏锐地指出，英国购买运河股票"完全是一种政治行动，包含着危险的因素。虽然这件事不等于英国对埃及的占领，却是占领的开端"①。这个预言不幸在七年后得到了应验。

总之，伊斯梅尔全盘西化的所谓"改革"不仅没有使埃及走上强盛的道路，反而使埃及陷入了无法自拔的债务陷阱。为了还债，伊斯梅尔政府一方面被迫向欧洲债权国出卖主权。在英法两国的压力下，埃及被迫任命努巴尔（Nubar）担任首相，组织了所谓的"欧洲内阁"，其财政大臣由英国人查尔斯·威尔逊（Charles Rivers Wilson）担任，建设大臣则由法国人布里尼叶（de Blignieres）担任。英法两国全面控制了埃及的行政、司法和财政。

另一方面，伊斯梅尔政府更加穷凶极恶地榨取劳动人民。这大大加深了埃及半殖民地半封建社会的程度。尽管伊斯梅尔本人占有了大量土地，却不用缴纳一分钱税收，外国地主同样享有免税权。皇亲国戚、官僚缙绅则想方设法买通各级官吏免除或少缴赋税。与之形成鲜明对比，普通劳动人民却饱受各种苛捐杂税的压榨，比如人头税、灌溉税、椰枣树税、互助税、

---

① 杨灏城：《埃及近代史》，北京：中国社会科学出版社，1985 年，第 157 页。

盐税、牲口税、印花税、国防税、埋葬税、入市税，等等。因为急需用钱，政府往往迫使农民预缴九个月至一年以后的赋税。埃及彻底陷入了半殖民地半封建社会的深渊。

四、从"欧洲内阁"到"双重监督"

1879 年初，正当广大人民群众不满情绪日益高涨，群体性事件层出不穷的时候，埃及统治阶级果然毫不令人意外地出来作死了。首相努巴尔提出，我们要削减财政开支。怎么削减呢？裁军，先把 2 500 名埃及本土军官转为预备役，命令他们来开罗上缴武器。努巴尔这么做有一石二鸟的用意：首先，告诉欧洲人，你们看，我都已经准备裁军还债了，请不要再急着催债了；其次，借机排除异己，把那些不满洋教习的本土军官清理出军队。

然而自作聪明的努巴尔怎么也想不到，他的举动竟然点着了埃及。这些本土军官转为预备役后，不仅薪资减半，政府之前拖欠的军饷更要清零，还有一家子人等着吃饭呢！怎么办？索性反了。总共 600 多名军官，在军事学院部分学生和 2 000 多名士兵的支持下，前往英国人把持的财政部门前示威。路上正好撞见努巴尔。军官们堵住努巴尔，高呼："凶狠残暴的人，你整天花天酒地，我们快要饿死了。""把财政部金库里的钱拿出来还给我们！"[1] 惊慌失措的努巴尔下令马车赶紧离开。愤怒的示威军官把他揪下马车，痛打一顿，然后在把他关进了财政部的大楼，史称"二一八"事件。

伊斯梅尔一看，好机会呀，本来就看努巴尔不爽，英法两国通过此人指手画脚，这不正好把他轰走吗？于是他一面安抚埃及军官，另一面要求努巴尔辞职。英法两国当然不愿意自己的代理人打包滚蛋，但面对埃及的汹汹民意，他们只能退而求其次，同意由伊斯梅尔的长子陶菲克（Tawfig）担任首相，但主张欧洲人担任的内阁大臣具有否决权。丢掉了旧走狗，迎来了新走狗，陶菲克内阁只是"继努巴尔内阁之后的第二届'欧洲内阁'"[2]。

新的"欧洲内阁"与最高统治者伊斯梅尔依然矛盾不断。忠诚不绝对，就是绝对不忠诚，这一下西方列强竟然嫌伊斯梅尔碍事了。当年5月19日，英法两国发出了最后通牒，要求伊斯梅尔赶紧下台走人，由百分之百听命于西方的陶菲克继任埃及赫迪夫。伊斯梅尔一心西化，却不管人民死活，结局终不过被西方强权弃之如敝履。此时他彻底沦为了孤家寡人，不得不在5月30日携带金银财宝，离开了埃及，逃往意大利。

---

① 〔埃及〕艾哈迈德·阿拉比：《阿拉比回忆录》上册，第40页，转引自杨灏城：《埃及近代史》，第181页。
② 杨灏城：《埃及近代史》，第183页。

陶菲克登基后，在英法两国的授意下，他任命里亚德（Riaz）担任首相，组织新内阁。埃及统治阶级这时已经完全沦为英法两国的走卒。也许是陶菲克、里亚德太让欧洲列强放心，也许是欧洲列强觉得明目张胆地操纵埃及内政容易激化矛盾，此时英法两国放弃了重建"欧洲内阁"的打算，改为"双重监督制"——英法两国人员不再直接担任财政部长和建设部长，改为担任政府顾问和财政总监，从台前发号施令转向了幕后暗中操纵。

1879 年 9 月 4 日，陶菲克接受了英法两国的"建议"，来自英法的政府顾问和财政总监由此成了埃及真正的主人。

五、"请愿""兵谏"

在英法两国以顾问和总监的形式继续把控埃及朝政时，不满赫迪夫卖国政府的青年军官爱国运动也悄然发展了起来。他们的代表人物叫作艾哈迈德·阿拉比（Ahmad Arabi）。

1841 年，阿拉比出生在一个小地主家庭，13 岁应征入伍。这时恰逢埃及军事现代化改革，阿拉比在军队中接受了来自西方的新思想，尤其当他读到《拿破仑传》时，心潮澎湃。拿破仑能带领法国人民横扫欧洲的封建阶级，为什么埃及出不了一股能够横扫本国封建阶级的力量呢？

1879 年"二一八"事件爆发，阿拉比虽然没有参与，但事后也遭到了牵连，被迫接受审讯。在法庭上，他慷慨陈词，为参加游行示威的军官辩护："驻扎在开罗阿拔西耶兵营的军官们，他们的妻子儿女没有房住，他们没有钱来养活家眷，因为政府不发给他们饼子和口粮。"[1]

这次法庭演讲让阿拉比声名大噪，也进一步燃起了他拯救祖国的信念。当年 11 月 4 日，埃及祖国党改组，阿拉比出任党主席。当天，祖国党就发表了一份声明，印发两万份，散发全国各地。声明号召全国人民团结起来，拒绝那个向欧洲出卖埃及主权的政府：

> 人们不能设想在外国影响下建立起来的政府（按，里亚德内阁）能表达埃及的希求，它缺乏同埃及的联系，它的基础是人为的。列强争先恐后地拼凑了这个政府，埃及民族对它不抱任何希望。因为赫迪夫在开罗执政，真正发号施令的不是他，更不是他的内阁。[2]

应当说，祖国党的声明是比较温和的，它一没有号召人民起来

---

① 阿拉比：《阿拉比回忆录》上册，第 42 页，转引自杨灏城：《埃及近代史》，第 194 页。

② Mary Rowratt, *Founders of Modern Egypt*, London: 1962, p. 47，转引自杨灏城：《埃及近代史》，第 194 页。

革命，只是要求改组内阁；二没有拒绝西方资本，只是要求西方列强不要侵犯埃及主权。正如声明所说："这并不排斥一切外来援助，但埃及不需要代表这个或那个外国影响的大臣们。"[①]然而这份温和的声明却丝毫没有引起埃及统治阶级的重视。

看起来里亚德政府丝毫没有吸取前任努巴尔的教训，反而变本加厉。在英法两国的授意下，里亚德政府继续大批裁撤本土军官。阿拉比领导的祖国党抓住时机，站在了本土军官一边。1881 年 1 月 17 日上午，阿拉比等人向首相里亚德递交了请愿书，要求重新组织内阁，改革国家政治。一个星期以后，首相里亚德召见了他们。里亚德气势汹汹地威胁道："你们递交这份东西是要被判处绞刑的！你们想干什么？想改组内阁？想组织什么样的内阁？想让谁来组阁？"

阿拉比听后，反唇相讥道："帕夏先生，难道埃及是一个只生了八个孩子就不会再生的女人？！"里亚德内阁有八名成员，阿拉比所说的"八个孩子"就是指他们。这让首相大人哑口无言，只好搪塞"认真研究"，匆忙结束了这次召见。[②]

显然，所谓的"再研究研究"只是缓兵之计，埃及统治者

① Mary Rowratt, *Founders of Modern Egypt*, London: 1962, p. 47，转引自杨灏城：《埃及近代史》，第 194 页。
② 布伦特：《英国占领埃及秘史》，第 104 页，转引自杨灏城：《埃及近代史》，第 197 页。帕夏，土耳其语"paşa"的音译（英文"Pasha"），是对有尊贵政治地位人的尊称，相当于英国的"勋爵"。

意识到，必须除掉阿拉比。2月1日上午，陆军部以"开会"为名，诱捕了阿拉比等三名进步军官。消息传出，埃及军队哗变了。愤怒的军人冲进陆军部，赶走了特别军事法庭的审判官，救出了阿拉比等人。重获自由的阿拉比昂首阔步，带领起义军官和士兵浩浩荡荡地前往阿比丁王宫示威，迫使陶菲克一世下令取消裁撤本土军官，并改善军人的待遇。

这次请愿的胜利让阿拉比成为埃及爱国运动的领袖。阿拉比决定趁热打铁，组织更大规模的请愿运动，彻底改革埃及政治，建立西方式的议会民主制，并带领埃及人民摆脱西方列强的奴役。1881年9月9日下午4点，新一轮的请愿运动开始了。在阿拉比和祖国党的领导下，4 000多名军人迈着整齐的步伐，浩浩荡荡地开赴阿比丁王宫，吓得陶菲克一世心惊胆战。

陶菲克在英法主子的陪同下，颤颤巍巍地出面跟阿拉比谈判，他故作镇定地斥责对方："你们无权提出这些要求。朕从祖先那里继承了这个国家，你们算什么东西，不过是受朕恩典的奴隶罢了。"阿拉比坚定地反驳道："真主把我们创造出来，是要我们做自由人，而不是去当人家的什么遗产和产业。我向独一无二的真主起誓：从今以后，我们绝不被人当继承品，也绝不受人奴役！"

英国领事科克森（Charles Cookson）见状不妙，接着威胁阿拉比："言下之意，你想用武力来实现你的建议，这将使你们的国家遭到毁灭!"阿拉比铿锵有力地答复他:"怎么会呢?是谁干涉了我们的内政?你知道:谁敢反对我们,我们将同他作殊死的斗争,直到最后一个人。"科克森又反问道:"你们靠什么来守卫埃及?"阿拉比回答:"必要时,我们将动员一百万人来保卫自己的祖国。他们都听我的话,响应我的号召。"这种英雄气概让英国领事无言以对,默默地退在一旁。[①]

阿拉比胜利了!西方列强及其在埃及代理人被迫妥协,允许祖国党组织内阁,改革埃及政治。这场运动史称"九月兵谏"。

六、转瞬即逝的曙光

遗憾的是,成功总是昙花一现。祖国党内部很快出现了激进派与温和派的分裂,埃及顽固派和英法殖民者更不可能轻易放弃手中的权力。此时封建地主阶级与劳动群众、埃及人民与英法帝国主义的矛盾空前激化。1882 年 6 月 11 日,亚历山大市的英国侨民开枪行凶,打死打伤多人,引发当地群众的激烈反抗。冲突导致 163 名埃及人和 75 名欧洲人死亡。[②] 两天以后,陶菲克一世以避暑为名,携带家眷和金银细软前往亚历山

---

① 阿拉比:《阿拉比回忆录》上册,第 80 页,转引自杨灏城:《埃及近代史》,第 202—203 页。
② 杨灏城:《埃及近代史》,第 217 页。

大，请求英法两国的"出兵保护"。西方列强出兵扼杀埃及爱国运动的时机到了。

然而西方列强之间更加矛盾重重。为了协调分歧，6月26日，英、法、德、奥、俄、意六国在没有埃及和奥斯曼代表参加的情况下，召开了伊斯坦布尔会议，连东道主奥斯曼都没参加！会议通过了一份所谓的"廉洁议定书"，规定缔约国必须协调行动，不得谋求单独占领埃及任何部分或单独享有埃及任何特权；换句话说，伊斯坦布尔会议的宗旨是各国必须统一行动。

就在这个时候，英国人耍起了小心思——这不就是把苏伊士运河据为己有的好机会吗？英国人怎么会放弃这个千载难逢的时机呢？协调？协调个鬼！英国表面上同意"协调一致"的原则，却坚持在议定书里加上一句："在不得已的情况下例外。"于是，所谓"不得已的情况"就毫不例外了。

1882年7月10日，英军趁着法国舰队驶离亚历山大港的机会，赶紧借口"埃及修筑工事，威胁英国海军"，发布了最后通牒，要求埃及军方在次日黎明前全部交出亚历山大港的炮台，否则后果自负！11日早晨，时间一到，英国海军立即开炮进攻，正式武装入侵埃及。

在侵略埃及的过程中，英国殖民者把他们撒谎成性的作风展露无遗。英国人宣布，我们不会违反国际惯例进攻运河区，不会干扰苏伊士运河的正常通航。幼稚的阿拉比竟然信以为真，他觉得英国人还不至于不顾国际信义，欧洲列强也不至于放任英国公然不顾国际信义。于是他把兵力部署在西线，对东线运河区漠然视之。阿拉比失算了，英国殖民者一贯认为，对我有利时，国际信义重如千钧，对我不利时，国际信义轻如鸿毛！

8月20日，英军突然攻占国际运河区，9月15日，占领开罗，成功镇压了阿拉比起义。英国军队先是违反协定单独行动，接着又违反惯例攻占运河区，这引发了国际舆论的强烈谴责。为了平息舆论，英国人又开始撒谎了，格莱斯顿首相公开表示："我们不会采取（长期占领埃及的）措施，因为这样的措施与女王陛下政府的原则和观点相违背，与我们对欧洲的承诺相违背。"[①] 此后英国政府又一再宣称，占领行动只是"暂时的"，一旦埃及恢复秩序就全部撤军。然而事实也一再证明，英国人的承诺一文不值。"据统计，1882年至1922年的四十年间，英国政府的头面人物许下暂时占领或撤军的'诺言'和'保证'达六十六次之多。这些'诺言'和'保证'犹如五彩缤纷的肥皂泡，转瞬即逝。"[②] 英国人一边承诺"我们马上撤军"，另一边赖在埃及，不走了。

1882年10月30日，距离平定阿拉比起义仅仅一个半月

---

① 阿明·赛义德：《埃及政治史——从1798年法国占领到1952年帝制崩溃》，开罗，1959年版，第150页，转引自杨灏城：《埃及近代史》，第231页。
② 杨灏城：《埃及近代史》，第231页。

时间，英国政府就开始盘算如何统治埃及了。在驻奥斯曼大使达弗林伯爵（The Earl of Dufferin）的建议下，英国政府决定仍然采用监督制，不直接掌管埃及政治，而是躲在幕后暗中操纵。埃及成了英国事实上的"保护国"。

第一次世界大战爆发以后，奥斯曼帝国加入同盟国阵营，与协约国为敌。英国政府抓住这个机会，在1914年12月18日，操纵埃及废止奥斯曼帝国的宗主权，进一步强化了对埃及的控制。一战期间，英国总共征用埃及150多万人，搜刮了埃及2/3的牲畜和大量运输工具。英国把埃及拖入了战时经济的轨道，在埃及强征粮食和棉花，这导致了埃及自身粮食奇缺，物价飞涨，100多万农民破产。①

总而言之，英国单独控制埃及的行动引发了法国等欧洲列强的极度不满，很快英国人就会发现，他们在1884年柏林会议和1885年"平狄危机"的问题上，是如此的孤立。

英国占领埃及标志着北非彻底沦为欧洲列强的殖民地。其实从这时开始，贪婪的帝国主义已经不会满足于地中海南岸那片土地了，它们将把魔爪伸向非洲大陆的深处，伸向撒哈拉沙漠以南那片广袤的丛林。

---

① 郑家馨：《殖民主义史·非洲卷》，第341页。

第二章　瓜分非洲狂潮下的血泪史

从 19 世纪后期开始，西方殖民史进入了霍布森和列宁

所说的帝国主义时代。西方列强在非洲的殖民地急剧扩大，

36 年里瓜分的土地超过非洲总面积的 85%。

　　直到 19 世纪中期，英国仍然是无可匹敌的世界头号资本主义强国。它拥有世界上最强大的商品生产能力，掌握着欧亚非大陆主要航线的控制权。这种超然的地位使得英国一定程度上乐于维持它的"非正式帝国"（informal Empire）的地位。所谓"非正式帝国"是指，除了印度以外，英国很少直接吞并海外领土，它情愿选择躲在幕后扶持当地统治者，以换取贸易特权；换句话说，相较于殖民地，英国更喜欢半殖民地。这样做有两个显而易见的好处：首先，英国可以专注于倾销商品，而不用承担社会治理的责任；其次，它很符合英国人鼓吹的"自由贸易"原则，英国乐于跟一切打开大门欢迎其商品的国家或地区做朋友。

当然，有一个国家压根儿懒得搭理英国人这套，没错，它就是英国的撒克逊表亲美国。早在1832年12月2日，美国第五任总统詹姆斯·门罗（James Monroe）就向国会提交了由国务卿小亚当斯（John Quincy Adams）草拟的国情咨文。这份国情咨文的外交部分非常有名，它被人们称为"门罗宣言"。门罗宣言的原则也被称为"门罗主义"。它的核心是"美洲是美洲人的美洲"，主要包括以下三个方面的内容：

第一，欧洲国家不要谋求在美洲建立殖民地；

第二，欧洲国家不要干涉美洲事务；

第三，美国保证不干涉欧洲事务。

门罗主义最初的防范对象是欧洲1815年成立的"神圣同盟"。因为神圣同盟的目的是恢复和维护法国大革命以前的欧洲政治版图与海外势力范围。这引发了美国人的警惕，欧洲人会不会再次入侵美洲？

事实证明，门罗总统和小亚当斯国务卿多虑了，法国大革命和拿破仑战争造成的民族国家浪潮是不可逆的。神圣同盟不可能改变欧洲民族国家化的进程，倒是欧洲的民族国家化改变了神圣同盟。

所以门罗主义提出以后沉寂了二十年，但到了1840年以后却突然喧嚣起来了。因为美国人在这时发现，门罗主义有了新的针对者，它就是打着"自由贸易"旗号，全世界到处武力踹门的大英帝国。美国需要在美洲建立起排他性的贸易保护机制，防止英国人把美洲纳入他们主导的世界贸易体系。

在门罗主义的叫嚣下，1857年，美国调整税率，尽可能地把英国商品挡在大门之外。此时的美国人还想不到，短短十几年后，他们的做法将成为主要欧洲国家的潮流。

一、贸易保护、科技进步与瓜分狂潮

1871年1月18日，普鲁士国王威廉一世在法国凡尔赛宫加冕为德意志皇帝，德意志帝国宣告成立。这是继拿破仑战争以后，欧洲政治版图最大的一次变动。德国统一后，实现了经济腾飞，工业产值超过了英国。这对英国造成了很大的冲击，也改变了英国的经济结构：一方面，随着英国失去倾销廉价工业品的优势，工业资本在英国的地位下降了；另一方面，英国的银行业和证券业依然强势，金融资本在英国的地位越来越高。19世纪后期，英镑成为世界贸易的通货，伦敦的金融资本家比工业资本家拥有了更大的政治影响力。

英国的工业资本家想要贸易保护，金融资本家则想要海外投资。怎么协调两者的矛盾？方法只有一个：**直接统治大片专属殖民地**。这样工业资本家就可以在殖民地建立贸易保护机制，排斥外国商品，而把本国商品，诸如布匹、烟酒、枪炮、钢铁等倾销到那里。金融资本家也可以在这些殖民地上寻找到新的投资机会，进行资本输出。在这个背景下，英国逐步放弃了"非正式帝国"的道路，转变为了正式的帝国。正如英国老牌帝国主义政客寇松（George Nathaniel Curzon）所言："丢掉市场的损失难以弥补，但取得市场对于国家强盛则是极好的收获。"[1] 然而英国亟需更多的专属殖民地，以便在那里建立垄断市场，其他欧洲强国岂不同样如此？

1873 至 1878 年，欧洲发生了大规模经济危机。这场危机进一步迫使欧洲各国放弃自由贸易原则，转而进行贸易保护。1879 年，德国制订高额关税，1902 年再次修订税则。法国则在 1892、1907、1910 年三次调整关税。与此相伴，欧洲列强开辟新殖民地的热情陡然高涨，哪里最适合殖民扩张呢？非洲，尤其是撒哈拉沙漠以南的非洲，在欧洲帝国主义者眼里，那里仍然是一片亟待填补的空白。因此从 19 世纪后期开始，欧洲列强纷纷"在非洲建立自己的殖民地或'保护'区，禁止其他欧洲国家进行贸易活动，或者对此征收重税"[2]。西方殖民史进入了霍布森和列宁所说的**帝国主义时代**。

---

[1] George Curzon, *Persia and the Persian Question*, London: Frank Cass & Co. Ltd., 1892, vol. 2, p. 604.

[2] 〔英〕凯文·希林顿：《非洲通史》，赵俊译，北京：九州出版社，2021 年，第 341 页。

帝国主义时代的科技进步为西方殖民者深入非洲腹地提供了更大的便利。

首先是医学的进步。早在 17 世纪时，欧洲人就已经学会了从金鸡纳树的树皮中提取奎宁，以治疗可怕的疟疾。至 19 世纪后期，欧洲医学家对于疟疾和狂热病的病理原因和预防措施有了更加深入的研究。这些科学成果大大降低了西方殖民者的感染率和死亡率，使他们能够更加大胆地前往非洲深处。

其次是交通工具的进步。1807 年，美国人富尔顿（Robert Fulton）建造了世界上第一艘可以在内河航行的蒸汽轮船。至 19 世纪中期，蒸汽船技术已经十分成熟，西方殖民者可以乘坐蒸汽船从河流的入海口逆流而上，深入非洲腹地。这大大节省了非洲探险的人力、物力和财力，也为殖民军队提供了高效便捷的后勤保障方式。

最重要的技术发明出现在 1884 年，英国著名枪械设计师海勒姆·马克沁（Sir Hiram Stevens Maxim）发明了世界上第一支水冷式自动循环机枪，几年以后，陆续装备欧洲各国军队。马克沁重机枪的出现改变了人类战争的模式，也大大提高了欧洲人殖民非洲的效率。

非洲当地土著手里最先进的武器也不过是前膛步枪。尽管这种武器射程近、准头差、装药慢，但在自动武器没有问世以前，非洲人还是可以凭借地形优势，拿着它跟西方殖民者周旋下去。马克沁机枪的出现改变了这一切。哪怕非洲土著再怎么巧妙地布置伏击阵地，西方殖民者也能迅速地取得压倒性的优势，轻而易举地击溃对方。正如英国诗人西莱尔·贝洛克（Hilaire Belloc）在一首嘲讽英帝国主义的诗里所说：

> 不管风云变化，利器在手；
> 马克沁重机枪，他们没有。①

在上述条件的共同作用下，帝国主义时代的西方列强掀起了一轮轮瓜分非洲的狂潮，列强之间争夺殖民地的斗争也日趋白热化。

二、英法两国的"科学考察"竞争

在欧洲帝国主义者看来，广袤的非洲大陆深处是一片亟待填补的空白，然而他们对于这片土地的知识实在太贫乏，过去奴隶贸易时代积累下来的片面知识实在不够用。想要瓜分非洲，需先了解非洲的自然地理和人文分布。因此，瓜分非洲的狂潮是以"科学考察热"拉开序幕的。

① 希林顿：《非洲通史》，第341页；霍赫希尔德：《利奥波德国王的鬼魂》，第117页。

走在最前面的当然是法国和英国这两个最大的非洲殖民国家。从 1870 年代开始，法国就以它在西非几内亚湾的殖民地加蓬为基地，向非洲腹地的刚果河流域探索前进了。1874 年，法国海军军官布拉柴（Pierre Savorgnan de Brazza）两次深入加蓬河与奥果韦河的上游进行考察。这两次考察让布拉柴意识到，奥果韦河是加蓬最大的河流，顺着它可以摸清非洲中部的地理状况，这将为法国开发非洲腹地提供必要的信息。

因此布拉柴向法国政府建议，必须资助探险队继续探寻奥果韦河的上游，以确定它跟刚果河是不是一个源头，这项工作十分重要，不能让英国人赶在前头。布拉柴的建议立即得到了茹费理（Jules François Camille Ferry）、甘必大（Léon Gambetta）等帝国主义政客的强烈支持。在他们的资助下，布拉柴组建了一支专业的科考队。1879 年，法国海军部长若雷吉贝里（Jauréguiberry）正式命令布拉柴从塞内加尔出发，探索刚果河流域。

这次行动收获颇丰。1880 年，布拉柴在加蓬以东、刚果河以西的地区频繁活动，跟当地酋长签订了一系列"保护"协议，这让法国政府可以拿着这项协议，主张拥有对当地的统治权。为了便利后续行动，布拉柴还在刚果河下游的北岸建立了一座小型基地，它后来将成为法国统治非洲中部地区的重要据点。为了表彰布拉柴的杰出贡献，法国海军正式授予他中尉军衔，法国地理学会更把这个基地命名为"布拉柴维尔"。

1882 年 11 月，法国政府依据布拉柴签订的"保护"协议，把刚果河西北侧的大片土地统统划为殖民地，它将这块殖民地命名为"法属刚果"，也就是今天的刚果共和国（Republic of the Congo），布拉柴维尔则成为法属刚果的行政中心。

英国人对于非洲腹地的"科学"兴趣丝毫不亚于法国人，其中最有代表性的人物当属戴维·利文斯通（David Livingstone）。早在 1840 年，他就开始了非洲探险生涯。1849 年，利文斯通首次穿越了非洲南部的卡拉哈里沙漠（Kalahari Desert）。1855 年，他又深入赞比西河流域。在赞比西河中游，利文斯通发现了一座壮观的瀑布，遂把它命名为"维多利亚瀑布"，奉献给了英国女王。[①] 这些发现让利文斯通成为许多英国人心目中的偶像，他的故事在英国传颂一时，人们相信，他是第一个穿越整个非洲大陆的白人。

1866 年，53 岁的利文斯通又率领探险队寻找尼罗河的源头，几年之内，杳无音信。他的安危又成为全英国的牵挂。直到一个人物的出现，才让人们重新得到了利文斯通的消息。这个再次发现利文斯通的英国人因此名噪一时，然而最让此人载入史册的事情还不是所谓的"科学考察"，而是他助纣为虐，

---

① 维多利亚瀑布今名"莫西奥图尼亚大瀑布"（Mosi-oa-Tunya Falls），位于今天赞比亚与津巴布韦的交界处，1989 年入选联合国《世界遗产名录》。

令当时欧洲最残暴的殖民者都感到羞耻。

三、悲惨童年

故事的主人公出生于 1841 年 1 月 28 日，地点是威尔士登比郡（Denbighshire）的一个集镇。他在教堂登记的名字是"约翰·罗兰兹，私生子"（John Rowlands, Bastard）。小约翰的母亲是一名贫寒的女佣，至于他的父亲，则有好几种说法，具体是谁，就连他的母亲也不知道。

小约翰的母亲在生下孩子以后，就离开了令她蒙羞的登比郡，把孩子留给了外公和两个舅舅照管。外公一贯信奉"棍棒之下出豪杰"。为了把小约翰培养成豪杰，外公动辄加以棍棒。从某种程度上说，外公是对的，因为长大成人后的小约翰确实成了豪杰，而且喜欢对他人加以棍棒，可以说深得外公的真传。

无疑，外公给小约翰造成了严重的童年阴影。直到小约翰 5 岁那年，童年阴影终于死了，然后更大的童年阴影开始了。两个舅舅跟他母亲一样，整天不务正业，花天酒地，真可谓"不是一家人，不进一家门"。他们哪有空照管年仅 5 岁小约翰？于是，两个舅舅索性把他送到了其他人家寄养，答应每个星期付给对方半克朗（koruna）的抚养费。这孩子也太廉价了！

没过多久，那户人家就不干了，每个星期半克朗吃饭都不够，还有别的开支呢，不行，你们得加钱。这两个舅舅就是不肯给，又不是我们的儿子，我们能给他出半克朗已经很不容易好吗？你们爱怎么样就怎么样吧。于是那户人家连哄带骗，告诉小约翰：走，我们带你去找"玛丽阿姨"，然后就把年仅6岁的小约翰卖到了圣阿萨夫联合贫民习艺所（St. Asaph Union Workhouse）。

英国维多利亚时代的贫民习艺所是个什么状况？想必不用多加介绍了。圣阿萨夫习艺所是其中的佼佼者，它汇集了维多利亚时代各种羞耻的事情，也算小有名气。当地的一家报纸就谴责这家贫民习艺所的老板经常喝得醉醺醺的，借着酒劲对女雇员"过于随便"。1847年，也就是小约翰进来的那年，一个委员会还专门调查了圣阿萨夫习艺所。调查报告指出，这家习艺所习惯让男人"从事所有令人不齿的行为"，比如让两个小男孩躺在一张床上，教育他们早早就开始"懂得和实践他们不应该做的事情"。这种风气深刻地影响了小约翰，让他这辈子都很性压抑，也非常惧怕一切跟性亲密行为有关的事情。

更让人拍案叫绝的是，当小约翰长到12岁时，他的亲妈又给习艺所送来了两个同母异父的亲弟弟！又过了三年，15岁的小约翰终于离开这家令人恐惧的贫民习艺所了。

1858年底，小约翰已经是17岁青年了。他当时正在给利物浦的一家肉店打工。这家店的老板，也是他某个舅舅，就命令小约翰给停泊在码头的一艘美国商船送肉。船长一看，这小伙子长得挺结实，就问他："你愿不愿意当海员？"小约翰努力地点了点头，于是他成了船上的海员，生平第一次离开了英国，来到了美国的新奥尔良。后来小约翰还学了一口美式英语，到处骗人说自己是美国人。总之，这次远行让小约翰开启了他不平凡的一生。

也许是觉得"约翰·罗兰兹"这个名字实在太晦气了。趁着 1860 年新奥尔良人口普查的机会，小约翰开始给自己改名。用过了几个名字以后，他想到还是老板的名头响，于是取了一个跟老板差不多的名字——亨利·莫顿·斯坦利（Henry Morton Stanley）。从此以后，这个斯坦利先生借壳上市，终于凭借他的冒险精神和吹牛天赋名扬四海。[①]

四、初次探险

1868 年 6 月，时年 27 岁的斯坦利接到了一个好消息，他被正式聘用为《纽约先驱报》的一名外派记者了。

当时的欧洲探险家喜欢吹嘘他们在非洲的种种新奇经历，

[①] 本小节关于斯坦利早年生平的描述，主要来自霍赫希尔德：《利奥波德国王的鬼魂》，第 27—30 页。

图 4-4　年轻的亨利·莫顿·斯坦利的肖像（1870 年代）

这类故事具有充分编造的空间，又能引起听众的兴趣。比如法国探险家保罗·沙益鲁（Paul Belloni Du Chaillu）就常常在演讲时，大肆渲染什么非洲体格健壮的长毛动物把女人掳到山洞里头做"令人无法启齿的事情"之类的奇谈怪论。[1]

---

[1]　霍赫希尔德：《利奥波德国王的鬼魂》，第 35 页。

报纸也非常乐于报道这类新闻，毕竟它们都是绝佳的卖点。当然，如果哪家报纸能够掌握非洲探险的独家报道，那就再好不过了。1869 年的某一天，《纽约先驱报》的老板突发奇想：探险家利文斯通已经失踪两三年了，全英国都在企盼他的消息，如果这时我们能够打探到他的下落，从他那里带回非洲的一手见闻，报纸就一定能热卖！

老板把这个任务交给了斯坦利，他成就了斯坦利生平第一部著作《我如何找到利文斯通》（*How I Found Livingstone*）。经过了一年多的准备，1871 年春天，斯坦利带着 190 多人的探险队出发前往非洲丛林深处了。直到这时，外公在他幼年时的言传身教才真正体现出了价值——斯坦利十分善于运用拳脚和棍棒，他就像是个最刻薄的监工，时常给队员戴上镣铐，驱赶他们前进。以至于探险队经过当地村庄时，村民还以为又是哪个人贩子押了一队奴隶过来。[1]

探险队经过了 8 个多月的艰难跋涉，战胜了各种毒蛇猛兽、鳄鱼昆虫和阿拉伯奴隶贩子，终于在小镇乌吉吉（Ujiji）找到了利文斯通。[2]根据斯坦利自己的描述，他与利文斯通谈笑风生，愉快交流人生经验，两人结成了忘年交，相伴在坦噶

---

[1]　霍赫希尔德：《利奥波德国王的鬼魂》，第 40—41 页。

[2]　乌吉吉，古时阿拉伯人的奴隶及象牙贸易中心，位于今天坦桑尼亚西部，基戈马市（Kigoma）以南 10 公里，今天仍然矗立着利文斯通的纪念碑。

尼喀湖（Tanganyika Lake）上泛舟而行，寻找尼罗河流经这个湖的入口。然而结合斯坦利善于吹牛的一贯品性，这些描述很可能是夸大其词的。很快，他就与利文斯通告别，返回欧洲了。不久以后，利文斯通在当地去世，年仅 60 岁。斯坦利的描述有多少夸张的成分，已经死无对证了。

图 4-5　亨利·莫顿·斯坦利和大卫·利文斯通在坦噶尼喀湖

寻找利文斯通的队伍当然不只有斯坦利一支，还包括英国皇家地理学会的探险队，他们撞见了正在准备登船回国的斯坦利。皇家地理学会对斯坦利的评价很低，觉得此人压根不是什么专业的科考队员，甚至不是一个正经的英国人，他只是一个靠"耍笔杆子"，给美国低级小报博眼球的家伙。[①]

　　但无论如何，这次经历让斯坦利出名了。他意识到，只有广袤的非洲腹地，才能够让他出人头地。在欧洲巡回演讲结束以后，斯坦利再次踏上了探索非洲的旅途。几年以后，他将遇到真正的"知己"。

五、得遇"知己"

　　斯坦利的"知己"是比利时国王利奥波德二世，斯坦利找到利文斯通的消息传开以后，他就一直密切关注着相关动向。

　　直到 1830 年，比利时这个小国才从荷兰独立出来，1867 年成了永久中立国。该国面积不大，只有 3 万多平方公里，却像是个"大拼盘"：一半地区的主要居民说法语，另一半则说荷兰语，国王却来自德意志。

　　1865 年，利奥波德二世继位，时年 30 岁。此人家庭不

---

① 霍赫希尔德：《利奥波德国王的鬼魂》，第 41 页。

幸，父母的婚姻完全是政治需要的结果，毫无爱情可言。尤其是利奥波德与他父亲的关系，显得十分另类。小利奥波德每次觐见父亲，都需要打报告交申请，而老利奥波德每次向儿子传达指示，则都要通过助手，父子两人的关系寡淡到了极点。

利奥波德二世的婚姻同样糟糕透顶。1853 年，小利奥波德 18 岁时，父亲给他安排了一桩婚事，对象是奥匈帝国公主玛丽－亨丽埃特（Marie-Henriette）。两人自打见面的那天起，就相互讨厌对方，但他们还是在政治联姻的要求下结婚了。虽然夫妻两人完成了生儿育女的政治任务，但他们的关系也就仅止于此了。

极端压抑的家庭氛围造成利奥波德二世"外表腼腆，内心扭曲"的变态型分裂人格。妻子整天逗马，宁可跟马交流也不跟他交流。利奥波德二世只能把精力花在公共事务上，但比利时的法律又对他有各种约束，这促使利奥波德产生了一个大胆的想法：何不在海外占有一块可以供他任意妄为的领土呢？

1876 年 9 月，利奥波德二世在布鲁塞尔成立了"国际非洲协会"，它是一个所谓的欧洲国际"科学研究"机构。与会嘉宾共有 13 名比利时人和 24 名外国人。这些外国人都是当时欧洲有名的探险家或者地理学会成员，包括英国皇家地理学会主席亨利·罗灵逊（Henry Rawlinson）、俄国地理学会副主席彼得·谢苗诺夫（Петр Петрович Семснов-Тяншанский），前者是英国政治地理学的奠基人、英印政府扶持阿古柏伪政权和第二次入侵阿富汗战争的理论导师，后者则是沙俄密谋控制中国新疆的情报先驱。

9月12日，利奥波德二世在国际非洲协会发表演讲：

> 文明开启了地球上这块独一无二的区域，文明还没有渗透其中，但它冲破了黑暗，恩泽于这块大陆上的人民，我敢说，这正是一场无愧于这个进步世纪的十字军东征。①

有志于向非洲"野蛮人"传播"文明"的利奥波德二世，当然不会放弃任何非洲探险的蛛丝马迹。利奥波德二世不会像法国人那样排斥英国探险家，也不会像英国人那样排斥法国探险家，他远比英国人、法国人更加"开放包容"。受到英法地理学界排斥的斯坦利无疑同样处在他的视线当中。

一年多以后，利奥波德偶然间读到了伦敦《每日电讯报》1877年9月17日的一则报道。这篇报道宣称，斯坦利已经抵达了刚果河口。比利时国王兴奋不已，立即拍电报给《每日电讯报》和《纽约先驱报》，表示祝贺，赞扬他们"为科学和文

---

① 转引自〔德〕卡尔·施米特：《大地的法》，刘毅、张陈果译，上海：上海人民出版社，2017年，第197—198页。所谓"东征"实为东侵。

明做出的巨大贡献"①。

《每日电讯报》让利奥波德二世重新启动了他早先的计划——以国际非洲协会的名义在刚果河下游沿岸建立站点，就交给斯坦利来负责。为什么要以国际非洲协会的名义进行这项计划？利奥波德在给比利时驻英国大使的信中说得明明白白：

> （这是）一个纯粹的探索性任务，不会冒犯任何相关方面，还可以为我们在该地区提供一些落脚点……到欧洲和非洲都习惯于我们在刚果河上的存在时，我们就可以发展这些据点。……我不想暴露自己，也不想惊动英国人，但我更不想错过能够在非洲这块大蛋糕分一杯羹的绝好机会。②

这封信暴露了利奥波德"热衷科学发现"的真实面目，科学只不过是个幌子，是为了掩盖他掠夺非洲的野心。英法等列强会对比利时占有非洲殖民地而感到不安，但谁又能对比利时国王"探索人类未解之谜"的科学兴趣说三道四呢？

利奥波德意识到，想要实现他的计划，必须抢在英国政府前头拉拢斯坦利。比利时国王邀请好友、马赛地理学会会长阿

---

① 〔美〕罗伯特·哈姆斯：《泪之地：殖民、贸易与非洲全球化的残酷历史》，冯筱媛译，广州：广东人民出版社，2022年，第121页。
② 哈姆斯：《泪之地》，第122页。

尔弗雷德·拉布阿德（Alfred Rabuad），在斯坦利从非洲返回英国的途中截住他，邀请他去马赛演讲，以便暗中接触。1878年1月13日，斯坦利抵达马赛。第二天，利奥波德的特使就找他商谈，邀请他前往布鲁塞尔。

然而这时的斯坦利还看不上比利时国王，他满脑子想的是怎么获得英国政府的支持。确实，非洲的霸主不是法国就是英国，法国政府已经拥有了布拉柴，英国政府也应该拥有斯坦利，才能与之抗衡。斯坦利在英国出版了游记《穿越黑暗大陆》（*Through the Dark Continent*），又在伦敦、曼彻斯特、利物浦等地巡回演讲，四处推销他在非洲的"伟大发现"和刚果河流域的巨大商业价值，以敦促英国政府宣布对刚果河流域享有"主权"。

利奥波德是幸运的，英国上流社会压根看不起这个来路不明的美国小报记者——毕竟相较于实力雄厚的皇家地理学会，斯坦利实在微不足道；相较于具有英雄传奇色彩的利文斯通，此人也过于浮夸和猥琐。斯坦利后来在日记里抱怨：

> 我发表过公开演讲、餐后会谈，私下里也恳切地提过，尝试提醒他们及早采取措施，确保英国对刚果河流域的掌控权。甚至直到1878年10月、11月我在英国各地演讲时，仍不断努力向他们强调，总有一天会后悔没有及时

采取行动。但统统无济于事。①

在英国四处碰壁以后，斯坦利不得不去利奥波德二世那里碰碰运气。1878 年 8 月 10 日，两人在布鲁塞尔会面了。这一下，斯坦利遇见了"知己"。比利时国王以极高的规格接待了他，"周一在王宫用餐，周二参加了比利时地理学会为他举办的宴会，周三再次与国王共进晚餐"②。斯坦利也没有让利奥波德国王失望，他直截了当地提出了一个方案，核心不是什么修建研究站，而是修建一条从刚果河口到马莱博湖（Malebo Pool）的铁路③，并在刚果河上游使用汽船进行贸易。

利奥波德二世顿感相见恨晚，他当即接受了斯坦利的建议。为了稳妥起见，他们制定了一个计划，分三步走：第一步设立一个"慈善和科学"组织，在刚果河流域建立研究站，以该组织的名义跟当地酋长签订"保护"协议，为后来修建铁路提供地形勘测和法律依据；第二步建立一家"运输和工程"公司，负责修建通往马莱博湖畔的铁路；第三步成立一家"商业贸易"公司，在刚果河上游投放蒸汽船，带动当地商贸往

---

① 哈姆斯：《泪之地》，第 123 页。
② 哈姆斯：《泪之地》，第 124 页。
③ 马莱博湖，在利文斯顿瀑布（Livingstone Falls）的上游，位于今天刚果（金）与刚果（布）之间。

来。① 等到这三个步骤走完，利奥波德二世占有刚果河流域就已经成了既成事实，其他国家就再难反对他享有这片地区的主权了。

为了开启这项计划，1878 年 11 月 25 日，利奥波德二世召集投资者在布鲁塞尔会面，成立了一个名为"上刚果研究委员会"的组织。从名称上看，它是一个科研机构，但实际上是一个具有辛迪加性质的企业组织，最大的股东就是比利时国王本人。凭借"上刚果研究委员会"这个称手的工具，利奥波德二世将完成他在刚果河流域的第一步行动，并为第二步行动奠定基础。

"上刚果研究委员会"确实巧妙，以至于许多欧洲政要、媒体很长一段时间都分不清楚它跟国际非洲协会的区别，甚至以为这两者是同一个机构。斯坦利先跟利奥波德二世秘密签订了一份为期五年的服务合同，再由上刚果研究委员会出面资助他全部的"科学考察"经费。名义上，斯坦利是上刚果研究委员会的科研人员；实际上，他只是利奥波德国王的私人雇员。1879 年 1 月 25 日，斯坦利带着探险队返回了非洲，8 月，他们进入了刚果盆地。1882 年，上刚果研究委员会改组为"国际刚果协会"（International Association of the Congo），继续出

---

① 哈姆斯：《泪之地》，第 124 页。

面"雇用和资助"斯坦利的"科学考察"活动。

斯坦利抵达刚果盆地以后，就开始了他的坑蒙拐骗。比如斯坦利会用欧洲市面上随处可见的机械装置给当地酋长"变魔法"，唬住对方以后，他再拿出一份协议，抬头写着"国际刚果协会"，内容大概是：

> 完全出于资源……无论是自己，还是继承人、接任者都保证永远……将所有土地的主权，以及所有最高权力、管理权让渡给上述协会……并在上述协会需要时，随时在这些领土的任何地方向上述协会提供体力劳动或非体力劳动，工程、修葺和探险工作……该地区的所有陆路和水路，在这些路上的收费权利，以及所有狩猎、捕捞、采矿、森林使用权完全归属上述协会所有。[①]

反正这些非洲酋长也看不懂协议到底是什么意思，就糊里糊涂地在上头签字画押了。斯坦利承诺，他每个月都会给签约的酋长一块布料。仅仅以每月一块布料的代价，利奥波德二世就合法地占有了大片土地！

需要指出，上述协议的内容来自斯坦利本人的报告，鉴于

---

① 霍赫希尔德：《利奥波德国王的鬼魂》，第94页。

此人吹牛撒谎的习性，协议的内容未必是真实的，非洲酋长也未必如此愚昧无知。按照西方研究者的说法，所有协议都被利奥波德二世篡改了，原版协议很可能远没有这么不公平[①]；换句话说，利奥波德二世伪造了协议，然后拿它们哄骗欧洲其他国家——当地酋长已经"合法地"承认我对他们的主权。

无论协议的真相如何，以下事实确凿无疑：斯坦利在刚果盆地总共建立了22个基地，与当地酋长签署了450多份"保护"协议，使"国际刚果协会"名下拥有了234.5万平方公里土地！1884年，斯坦利完成了任务，给利奥波德二世带回来了整整一捆签好的协议。比利时国王的贪婪让斯坦利都看不下去了，他后来抱怨："这位国王的喉咙咽不下一条鲱鱼，却贪婪得要吞下100万平方英里。"[②]

协议已经拿到手了，但问题是，除了比利时以外，没有哪个国家会主动承认斯坦利一个人圈出的殖民地。想要获得国际社会的承认，就只能依靠利奥波德二世主动出击。"外交上的承认在很大程度上取决于先例。只要有一个大国承认了另一个国家的存在，其他国家就会效仿。"[③]谁最有可能率先承认利奥波德生造出来的刚果国呢？

---

① 霍赫希尔德：《利奥波德国王的鬼魂》"注释"，第419页第29条。
② 霍赫希尔德：《利奥波德国王的鬼魂》，第97页。
③ 霍赫希尔德：《利奥波德国王的鬼魂》，第97—98页。

肯定不是英国或法国，也不会是葡萄牙或荷兰，它们原本就是非洲殖民大户，尤其英法两国正在为划分非洲势力范围而斗得不亦乐乎，怎会允许旁人染指？最好选择那些渴望进入非洲的新兴国家，它们会跟利奥波德站在同一条战线上，倘若利奥波德成功了，它们也会拥有进入非洲"分一杯羹"的尚好理由。因此美国和德国成了利奥波德二世的主要活动对象，事实证明他押对了宝。

六、柏 林 会 议

　　果不其然，斯坦利的圈地行动遭到了老牌非洲殖民大户的抵制。葡萄牙宣称它拥有刚果河口的历史权利，并得到了英国的支持。英葡两国在 1884 年 2 月签署了条约，英国承认葡萄牙享有南纬 5 度 12 分以北地区的特殊权利，这些地区包括刚果河口与罗安达。作为交换，葡萄牙承诺刚果河口地区向英国开放。这样比利时和葡萄牙就在刚果河口的归属权上发生了冲突。

　　相比之下，法国的态度就值得玩味了。同样作为老牌非洲殖民大户，法国也不希望再有他人插足，但此时它与英国在非洲的矛盾异常激烈。不到两年前，英国出兵埃及，单方面控制了苏伊士运河区，这让法国政府气急败坏。在它看来，与其让英国和葡萄牙控制刚果河口，倒不如给利奥波德二世做个顺水人情。

美国和德国的态度就比较明朗了，这两个国家正在经历工业腾飞，希望拥有更多的海外市场来倾销廉价工业品。它们都不愿意英国垄断刚果地区的市场，都想让英国明白"大不列颠如果没有有效占领非洲和其他地区就不能宣布控制这些地区"。尤其是俾斯麦政府，还决定借助这个机会抵制英葡两国，"尽可能地缓和法国的复仇主义倾向"①。因此我们看到，英国和葡萄牙是相对孤立的，它们要面对比利时、法国、美国和德国的压力。

1884 年 11 月 15 日，柏林会议在俾斯麦的主持下召开，总共有 15 个西方国家派代表出席会议。这次决定未来非洲命运的所谓"国际"会议，却没有一个非洲代表参加。它是西方列强第一次解决非洲问题的国际会议，"尽管柏林会议达成的殖民地规定和原则被证明未发生多大作用，但柏林会议标志着欧洲在非洲的扩张从此有了国际法"②。

这也是美国首次出席讨论西半球以外事务的国际会议。美国的介入同样将改变传统欧洲的国际公法。

---

① 郑家馨主编：《殖民主义史·非洲卷》，北京：北京大学出版社，1999 年，第 351 页。

② J. D. Hargreaves, *The Berlin Conference, West Africa, and the Eventual Partition*，转引自郑家馨：《殖民主义史·非洲卷》，第 354 页。

图 4-6　柏林会议

　　这些西方政客从来没有真正认识非洲大陆，但这一点也不妨碍他们在地图上胡乱划分各国在非洲的势力范围。经过104天的讨价还价，利奥波德二世得逞了，欧洲国家承认了"国际刚果协会"建立的新国家，并承认利奥波德二世是这个国家的主权者。法国被迫把马莱博湖左岸让给了利奥波德二世，葡萄牙也放弃了对刚果河北岸的诉求。

　　柏林会议最终通过了《总议定书》，这份议定书充分体现了利奥波德二世当年在国际非洲协会上宣扬的"传播文明的责任"：

　　　　为了本着相互友好协商的精神确定发展非洲某些地区的贸易和文明的最惠国条件，并保障各国人民在两条流入大西洋的非洲最大河流（尼日尔河和刚果河）上自由通航的利益；希望避免在占据新的非洲沿海领土时可能发生的不和与纠纷；关切开发土著居民精神和物质财富的方法。①

"文明的"欧洲有责任和义务，对蛮荒的非洲进行科学发现，把先进的物质和道德带给在黑暗中挣扎的非洲人民，让他们能够享受现代科技和文明的进步曙光。然而，带给非洲人民的"重担"不能压在一个欧洲国家身上，这样的"高贵责任"必须是开放的。《刚果总议定书》共有 7 章 38 条，主要分为六个方面。

第一，划定各国享有贸易、传教、旅行等自由和保护权益的地区，并对这些地区的土著、邮政实施保护，责成刚果河国际航行委员会实行监督。

第二，声明禁止把刚果河流域各地区作为奴隶贸易的市场和过境通道。

第三，声明保证贸易和工业的安全，各国有责任保证当地的中立，保证当地不变成军事行动的地区，并发展当地的文明。

---

① 世界知识出版社编辑：《国际条约集（1872—1916）》，北京：世界知识出版社，1986 年，第 81 页。"自由通航"，多么熟悉的词，新老帝国主义在每一个时代都没有什么不同。

第四，规定所有签约国家都有在刚果河及其支流自由航行的权利，刚果河对所有签约国采取统一的、平等的税率。授予国际委员会监督并执行本项内容，但处在主权国家统治下的河段，国际委员会应该与沿岸政权机关进行协商。

第五，规定尼日尔河遵循与刚果河同样的自由航行权，由英法保证其各国在尼日尔河上的自由航行权。

第六，也是最重要的一项，《刚果总议定书》制定了著名的"有效占领"原则，具体包括两项内容：首先，有效占领，指缔约各国如果要在非洲占领殖民地或者建立保护国，必须先在当地建立有效的政权组织，并向缔约国递交相关文件和声明；其次，自由贸易，指各国有义务在非洲的领土上保证其他国家的自由贸易权利。

然而事实证明，自由贸易原则是虚的，每个国家都想在非洲建立排他性的经济权利，都在开放市场上阳奉阴违，国际委员会也不可能实行有效监督。唯一实际的就是"有效占领"，比利时著名法学家费雷拉（Paul Ferrera）甚至宣称：

> 关于这个独立的（刚果）国家主权的来源是很清楚的，既不是来自斯坦利（Stanley）与非洲酋长们签订的四百个协议，也非来自诸大国的承认，而是取决于占领本身，因为这块土地上的居民迄今为止尚未组成一个我们欧

洲意义上的国家。[1]

　　总之，欧洲人开始学会了以占有非洲领土的方式传播"文明"，他们把欧洲人的主权原则带到了非洲，并在刚果生造出了一个享有"现代主权"的非洲国家，只不过这个非洲主权国家的统治者是一名欧洲国王。

　　卡尔·施米特（Carl Schmitt）甚至略带伤感地评论道，柏林会议与《刚果总议定书》是欧洲与非欧洲界线被打破的开始，"当然，欧洲文明会有足够的信心为非欧洲土地上的占取寻找合法资格，但是必然是以一种全球视野内的世俗方式，因为欧洲不再是世界的神圣中心了。占领最终成为一种赤裸裸的现实，所以现在有效占领就成为占取的唯一的合法资格"[2]。

　　姑且不论《刚果总议定书》在国际法上造成了什么样的深远影响，至少在它的指导下，撒哈拉沙漠以南的非洲大陆在短短几十年时间内，出现了一个接着一个所谓的"国家"。这些新国家无一例外都符合现代欧洲主权国家的标准，具有明确的领土、人口和国境线，以及现代政府组织，但它们也无一例外的都是欧洲人的"保护国"。

---

① 《比利时王国的国家法》，图宾根，1909 年，第 418 页，转引自施米特：《大地的法》，第 204 页。
② 施米特：《大地的法》，第 207 页。

欧洲人凭借自己的意志在非洲大陆划分了现代国家的版图，也造成了这些国家内部无休无止的族群冲突。今天喀麦隆约有 100 多个民族，坦桑尼亚约有 120 个民族，刚果民主共和国约有 200 多个民族，尼日利亚更有 250 多个民族。[①]整齐划一的国界线与极端破碎化的民族分布，直到今天仍然是非洲大陆的奇特景象。

七、毫无自由的"自由邦"

利奥波德二世是欧洲殖民者瓜分非洲狂潮的始作俑者，他获得的那块殖民地"比英格兰、法国、德国、西班牙、意大利五国领土加在一起还大"，"它相当于非洲大陆的 1/13，是比利时领土的 76 倍还多"。利奥波德二世最初想自封"刚果皇帝"（Emperor of Congol），后来觉得这样太招摇了，还是低调谨慎一些为好。"1885 年 5 月 29 日，王室颁布法令，国王将他个人刚开始控制的国家称为 État Indépendant du Congo"，这个国家就是"刚果自由邦"。他还找人谱写了国歌，"名曰《向着未来》（*Towards the Future*）"[②]。

---

① 陆庭恩：《瓜分非洲的柏林会议与非洲人民的苦难》，《西亚非洲》1985 年第 2 期，第 9 页。
② 霍赫希尔德：《利奥波德国王的鬼魂》，第 114 页。

这位"刚果自由邦"的主权者宣布，境内土地都是国有的，然后他把许多土地项目的租让给私人公司。这就使得刚果的土地使用权兼具了政府直接控制和私人公司租用这两种形式。

在政府直接控制的土地上，当地人必须以实物的方式缴纳难以承受的赋税，缴纳物品主要包括橡胶、象牙、棕榈油等。赋税额主要由当地官员自行决定。重要的是，"刚果自由邦"的法律规定，当地官员的收入跟当地赋税数量直接挂钩，比如税务官可以抽取橡胶收益的 2% 作为自己的奖金。这相当于鼓励当地政府部门尽可能地提高税额。

非洲人没有缴纳足够的橡胶怎么办？绑架他们的妻子儿女，胁迫他们没日没夜地劳动。非洲人缴纳的橡胶质量不好怎么办？逼他们把橡胶吃下去。名义上的奴隶制早就废除了，但比利时人却在刚果恢复了变相的奴隶制！不堪忍受的非洲人或是拿起武器反抗，或是逃进深山老林。对此，比利时人采取了残酷的连坐法，一人逃亡，全村奴役，一人反抗，全村屠杀。

从 1886 年起，利奥波德二世又开始租让刚果的土地，他赋予签约公司特许权，许可它们代理国家征收赋税、强迫劳动。作为交易，国王可以拥有公司一半的股票，分享一半的红利。至 1906 年，刚果自由邦已经拥有了 85 家特许公司，总资本高达 1.83 亿法郎。

在欧洲殖民者竭泽而渔的压榨之下，刚果从 1890 年开始创造"橡胶奇迹"，特别是在 1894 年至 1896 年这短短两三年时间里，橡胶出口量就翻了四番，总产值达 1 800 万法郎。[1]

与之形成鲜明对比的是，刚果各地村落荒芜，尸骸遍野。瑞典传教士舍布卢姆（E. V. Sjöblom）甚至为我们描绘了这样一幅恐怖的画面：

> 我看到……湖面上漂着一些右手被砍掉的尸体。在我回来之后，那位军官告诉我那些人因为什么事被杀掉。都是因为橡胶……在横穿那条小河的时候，我看到水中的树枝上悬挂着好几具尸体。当我从眼前的这可怕的一幕扭过头去的时候，和我们同行的一个当地下士说："哦，这不算什么，几天前，我打仗回来，给白人长官交回 160 只手，把尸体都扔进了河里。"[2]

有人估计，1880 至 1920 年，刚果人口"至少减少了一半"。也有人保守估算，利奥波德二世统治期间，刚果地区人口锐减了 1 000 多万。[3] 究竟有多少无辜的生灵惨遭杀害？也许确凿

---

① 郑家馨：《殖民主义史·非洲卷》，第 535、537 页。
② 霍赫希尔德：《利奥波德国王的鬼魂》，第 293 页。
③ 霍赫希尔德：《利奥波德国王的鬼魂》，第 301 页。

IN THE RUBBER COILS.

Scene: *The Congo "Free" State.*

图 4-7　英国著名漫画家爱德华·桑伯恩在 1906 年绘制的一幅漫画，画中将利奥波德二世描绘为缠绕在刚果黑人身上的橡胶圈（也可将图中的橡胶圈视为一条长着利奥波德二世的脑袋的毒蛇）。图片下方的注释特意将"The Congo Free State"（刚果自由邦）的"Free"打上了双引号，以示讽刺之意

的数字永远都是一个谜。

最后值得一提，刚果自由邦在 1892 年从中国骗来了 540 名劳工，其中 300 多人死在工地上或者逃亡。据说有人曾在丛林深处看到过几个中国人，他们一直往太阳升起的方向走，想走到非洲东海岸，从那里乘船回家……①

按照利奥波德二世的设想，为了解决劳动力不足的问题，刚果需要建立五个大型中国村，至少招募 2 000 名中国劳工在这里工作。1898 年，他派遣使臣来到天津跟清政府谈判。7 月 10 日，双方签署《中国与刚果国专章》，也称《中刚天津专条》。这是清政府跟非洲国家签订的第一份不平等条约！它的主要内容只有两条：

> 第一，中国与各国所立约内，凡载身家、财产与审案之权，其如何待遇各国者，今亦可施诸刚果自主之国；

解释一下，刚果获得了片面最惠国待遇。也就是说，刚果可以像英、法、俄、德、美、日等西方列强一样，在中国享有领事裁判权、关税协定权等治外法权！

> 第二，议定中国民人可随意迁往刚果自主之国境内侨

---

① 霍赫希尔德：《利奥波德国王的鬼魂》，第 223 页。

寓居住，凡一切动产、不动产，皆可购买执业，并可更易业主。至行船、经商、工艺各事，其待华民与待最优国之人民相同。①

朝廷大概以为，中国人民可以自由地迁往刚果居住和工作，还享有跟当地人一样的待遇，这多么平等！于是高高兴兴地签了字。幸亏清王朝政局变动，这份条约没能落实，否则多少无辜的中国人将在异国他乡遭遇不幸啊！

回望中国近代史上的屈辱，我们应该能够与非洲人民感同身受。19 世纪末期，西方帝国主义掀起了瓜分非洲的狂潮，不也同时掀起了瓜分中国的狂潮？正当西方强盗纷纷在中国开矿山、修铁路、划分势力范围之际，非洲大陆的南端也上演了风云诡谲的一幕，这一幕好戏将深刻影响 20 世纪初的国际政治走向。

---

① 参见艾周昌：《一八九八年中刚（扎伊尔）条约与华工》，《社会科学战线》1983 年第 3 期，第 168—171 页。戊戌时期政局多变，这份条约并没有得到清政府的执行，利奥波德二世也没有实现他招募华工的目的。参见龙向阳、何玲霞：《〈中国与刚果专章〉的考证与评价》，《非洲研究》2015 年第 2 卷（总第 7 卷），第 262 页。

第三章 布尔战争幕后的大国竞争

英国人是如何发明集中营的？

德国人又是如何搞小动作的？

1869 年，美国建成了第一条横贯北美大陆东西两端的铁路干线，把太平洋和大西洋连接了起来。这在当时是一项浩大的工业工程，北美铁路干线预示着美国工业的腾飞。短短几年时间内，美国东部大西洋沿岸的人口和工业设施就凭借这条铁路，源源不断地运往西部太平洋沿岸。北美铁路干线大大推动了美国的西进运动，推动了美国中西部地区的工业化，产生了难以估量的巨大经济效益。对比今天事故频发、管理混乱的美国铁路运输业，真令人不胜唏嘘，诚可谓"此一时也，彼一时也"。

美国铁路大动脉的成功，一下子让欧洲列强红了眼，毕竟

图 4-8　1869 年，美国第一条横贯北美大陆的铁路竣工，这里是在犹他州海角山顶举行金钉刺入仪式的场景

欧洲诸国林立，不可能出现这么长的铁路干线。欧洲是修不了这样的铁路，那为什么不在广袤的非洲大陆修建呢？在美国铁路大动脉和西进运动的启发下，欧洲殖民者纷纷发挥想象力，规划了一条条穿越非洲的大铁路计划。

　　抢在前头的是法国人。1870 年代，法国殖民者提出，拟从阿尔及利亚修建一条穿越撒哈拉沙漠到塞内加尔的铁路干线，将地中海南岸与西非黄金海岸连接起来。随后，法国人继续扩大脑洞，计划把这条铁路从塞内加尔延伸到尼日尔河流域，把整个西非的内陆贸易牢牢抓在自己手里。1879 年，法国议会正式审议了这项宏大的铁路计划。

这让英国人着急得不得了，他们随即提出了一项更为宏大的铁路计划。这里就不能不提到一个重要的人物——英国金融巨鳄塞西尔·罗得斯（Cecil John Rhodes）了。"钻石恒久远，一颗永流传。"他就是创造这个神话的人。1853 年，罗得斯出生在英国的一个牧师家庭。据说他爹讲道时极其散漫，往往宣讲不到 10 分钟就拍屁股走人了。这注定了罗得斯这辈子不会跟上帝与道德结缘。

罗得斯小时候患有严重的哮喘病，英国的空气中却弥漫着各种辛辣刺鼻的工业气息。家里人觉得这孩子不行，在英国怕是养不大，于是把他送到了南非。呼吸着南非香甜的空气，罗得斯的哮喘病，好了。

大概在 15 岁那年，罗得斯开始了人生第一次创业，与人合办棉花种植

图 4-9　塞西尔·罗得斯（1853—1902）

园。其实这个起点不错，棉花行业是当时多少欧美企业家发财致富的捷径，这种劳动密集型企业很适合非洲，毕竟非洲的劳动力都不用花钱买的。

但问题是，罗得斯来晚了。当时美国南北战争已经结束，棉花价格大幅跌落。所以罗得斯在南非的棉花种植业没赚到多少钱。但几年以后，另外一项事业却把他带上了飞黄腾达的道路。

一、钻石与黄金

事情还要追溯到 1866 年，也就是罗得斯 13 岁那年。英国在南非的开普（Cape）殖民地，有一座名不见经传的小镇。请注意，开普的居民都是荷兰人的后裔。当年荷兰东印度公司把他们的祖辈带到了南非，久而久之，就形成了一个新的族群，被称为"布尔人"（Boer），荷兰语的意思是"农民"。这些布尔人又进一步融合了来自法国、德国的移民，逐渐发展为新的民族，也被称为阿非利卡人（Afrikaners），意思是"定居非洲的白人"。

1866 年的某天，在这个小镇附近的一个叫作德卡克（De Kalk）的农场，有一个布尔农民闲来无事，跟他的孩子玩起了"五块石头"的游戏。碰巧他的邻居修克·尼凯克（Schalk van Niekerk）路过，偶然看到了其中一块石头，觉得很特别，就提议"我出钱买下它"。这位农民的妻子听说尼凯克要买石头，就觉得很好笑——石头有什么好买的？你要是喜欢，我送给你！就这样，尼凯克发了一笔小财，这块看似不起眼的石头在伦敦交易市场的估价是500英镑，它被人称为"德卡克钻石"。这也是南非出土的第一颗钻石。

然而，德卡克钻石最初并没有引起多少的关注。按照当时的地质学理论，非洲南部不存在"钻石层"，在那里出现一枚钻石纯粹是偶然。天知道什么时候还有人会交上这种千载难逢的好运？

于是，尼凯克很快又交上了这样的好运了，而且运头远比上次大得多！一位农场的雇员给他带来了一块从奥兰治河边捡到的大石头。尼凯克立即用500头羊、10头牛和1匹马换来了这块石头，然后以1.12万英镑的价格把它卖个了一位商人。最后，这颗重达83克拉的钻石在伦敦以2.5万英镑的价格售出。[1]

一颗钻石那是偶然，这么大一块钻石，还是偶然吗？一时间，南非云集了各路欧洲前来的挖掘者，热闹非凡。在这群淘钻石的人群当中，有一对来自德国的兄弟特别值得一提，他们是弗雷德·斯特鲁本（Fred Struben）和哈里·斯特鲁本（Harry

---

[1]〔英〕马丁·梅雷迪斯：《钻石、黄金与战争：英国人、布尔人和南非的诞生》，李珂译，杭州：浙江人民出版社，2022年，第17—18页。

Struben）。与许许多多梦想着一夜暴富的欧洲人一样，斯特鲁本兄弟也来到了布尔人建立的德兰士瓦共和国，加入了挖钻石的队伍。

1884 年的某一天，这两个人在一座不知名的小农场附近碰运气。费雷德打碎了一块石英表面的岩层，把它碾碎，淘了一遍，想看看能不能找到钻石。不幸的是，兄弟两人的钻石梦落空了，幸运的是，他们竟然得到了一勺子黄金！南非存在绵长的黄金矿脉，这个消息不胫而走，轰动了整个欧洲。农场附近的小镇在十几年内发展成了一座大型城市，名为约翰内斯堡。

丰富的钻石和黄金储量让许多人迅速暴富，罗得斯就是其中的佼佼者。不幸的是，南非钻石矿和金矿的发现不仅带来了财富，更带来了血腥和杀戮，它改变了非洲，甚至欧洲的政治格局。

图 4-10　约翰内斯堡的费雷拉金矿，建于 1886 年

二、"二 C 计划"

这里先交代一下罗得斯这个人。1871 年，罗得斯开始了他的钻石矿生涯。1880 年，他创立了自己的矿业公司。德兰士瓦发现大型金矿以后，罗得斯靠投资黄金开采，赚得盆满钵满，并逐步控制了南非的大多数金矿，成了世界上首屈一指的黄金工业寡头。出身平凡的罗得斯因此跻身英国社会的顶层，成了英国重要的殖民主义政客。

罗得斯去世后，英国媒体将他描述为"金钱之王""黄金王朝的创始者""世界的真正统治者"，当代西方学者则形容"他是一个无情的企业家，手握私兵"[①]。在 1880 年代末，罗得斯正式提出了一项比法国人更加宏大的铁路计划，并得到了英国官方的肯定。这个计划意图修建一条从埃及首都开罗（Cairo）到南非开普（Cape）、纵贯整个非洲大陆的铁路干线，因此被人称为"二 C 计划"。

直到今天，法国人的阿尔及利亚—塞内加尔铁路计划和英国人的"二 C 计划"仍然是一个梦。但这一点也不妨碍欧洲列强依据这个"纸上画的大饼"，迫不及待地瓜分非洲的版图

---

① 梅雷迪斯：《钻石、黄金与战争》，第 10 页。

了。在罗得斯心目中，想要实现"二C计划"，需要从南向北依次清除六道障碍。

第一道障碍就是南非布尔人建立的德兰士瓦共和国和奥兰治自由邦。

第二道障碍是位于今天津巴布韦境内、由祖鲁人建立的马塔贝莱王国，尤其是它的国王洛本古拉（Lobengula）。1888年2月，罗得斯使用诡计，从洛本古拉国王手里骗取了境内金矿的开采权。以此为借口，罗得斯组织一支雇佣军，在1893年入侵并灭亡了马塔贝莱王国。

第三道障碍是位于莫桑比克境内的葡萄牙殖民者，这些葡萄牙人一直试图从非洲东南海岸向内陆的刚果盆地扩张，可能会截断"二C铁路"。但问题是葡萄牙是英国的盟友，但这难不倒英国人，盟友在他们眼里值几个钱？英国首相索尔兹伯里（3rd Marquess of Salisbury）扬言炮轰莫桑比克海岸，迫使葡萄牙人果断认尿，停止向西扩张。

第四道障碍是所谓的"刚果自由邦"。英国政府与比利时国王利奥波德二世签署条约，后者把境内一条狭长地带租给英国，使"二C铁路"可以顺利通过刚果。

第五道障碍位于尼罗河谷地。1885年1月26日，苏丹马赫迪起义军收复了喀土穆，击毙了英国将领戈登，这也截断了预想中的"二C铁路"。1896年，英军恢复了对马赫迪起义军的进攻，1898 年 4 月，夺回了喀土穆。1899 年，英国迫使埃及签订了"共管"苏丹的协定，再次把苏丹纳为殖民地。

第六道障碍来自法国人。为了应对"二 C 铁路"，法国计划将塞内加尔（Senegal）的铁路一直向东，经过尼日尔河流域，延伸至东非的索马里（Somalia），横贯整个非洲大陆，也被称为"二 S 铁路计划"。1899 年 3 月 21 日，英国迫使法国签订协议，退出尼罗河谷地，"二 S 计划"泡汤。

这样一来，唯一的障碍就只剩下最南边的德兰士瓦共和国和奥兰治自由邦了。

三、矛盾乍现

从表面上看来，德兰士瓦与奥兰治最不是问题，因为整个南非的布尔人都在英国的"监视"之下。

1806 年，英国就在南非建立了开普殖民地。当时布尔人的地盘主要是纳塔尔共和国（The Republic of Natal）。1842 年，英国人就以"保护非洲当地土著酋长"为由，出兵讨伐纳塔尔。次年，正式吞并纳塔尔。

不满英国人统治的布尔人纷纷向北迁徙，分别在 1852 年和 1854 年建立了德兰士瓦共和国和奥兰治自由邦，并得到了英国政府的承认。在英国人眼里，布尔人只不过是一群见识浅薄的农民，他们远离南非海岸，威胁不到英国的海上贸易线，根本不值一提。然而随着南非钻石矿的发现，英国人突然觉得德兰士瓦这块地方不错，开始对它垂涎三尺了。

1876—1877 年，德兰士瓦东部的非洲土著起义，反抗布尔人的统治。英国政府一看，机会来了，此时不趁火打劫，更待何时？迅速出兵占领了德兰士瓦首都比勒陀利亚，在 1877 年 4 月，吞并了德兰士瓦共和国。这样英国在南非殖民地就跟祖鲁王国接壤了。1879 年 1 至 7 月，英国挑起祖鲁战争，又吞并了祖鲁王国。

然而，令英国人没有想到的是，他们能够趁火打劫，布尔人就不会趁火打劫吗？英国人消灭了祖鲁王国，这不正好为布尔人除去一劲敌，让布尔人能够专心致志地反抗英国人的统治吗？1880 年 12 月 14 日，祖鲁战争结束仅仅一年以后，布尔人就发动了对英国人的进攻。布尔人打得出其不意，英军一片混乱，两百多名英国守军，阵亡 86 人，受伤 83 人，余下全部被俘，布尔人仅仅损失了一个人。[①] 这次偷袭的成功极大地鼓舞了布尔人的士气，他们越战越勇，屡屡得手。1881 年 2 月 27 日，双方在马朱巴山（Majuba）决战，布尔人大获全胜，一千多名英军士兵阵亡高达 900 余人。这场胜利迫使英国

---

① 张谦让：《英布战争》，北京：商务印书馆，1986 年，第 13 页。

人于当年 8 月 3 日承认德兰士瓦共和国在内政上的"完全独立",在外交上则接受英国"指导",史称"第一次英布战争"或"第一次布尔战争"。

四、错乱的政变

随着南非金矿被发现,德兰士瓦迅速暴富,甚至超过了南边的英国殖民地开普。大量欧洲移民涌向德兰士瓦,这不仅为德兰士瓦带来了丰富的劳动力,也随之产生了一个重要的问题——这些新移民已经形成了越来越庞大的反对派,如果任由事态发展,德兰士瓦的国家认同岂不要被稀释或瓦解?

布尔人基本信奉新教加尔文宗,平时恪守严格的宗教纪律。这充分体现在了德兰士瓦总统保罗·克鲁格(Paul Kruger)身上,他唯一接受的教育来自《圣经》,甚至相信地球是平的。[①] 新移民,尤其是英国移民带来的奢靡资本主义消费文化,令克鲁格极为不满。他时常抱怨这些英国佬在德兰士瓦的土地上大发横财,然后把钱带回英国花天酒地、纸醉金迷,一旦这些英国新移民的数量超过本地布尔人,德兰士瓦岂不要重新变回英国殖民地?

---

① 梅雷迪斯:《钻石、黄金与战争》,第 10 页。

那么克鲁格会如何处理新移民的问题呢？他的计划是，把选举权的门槛从 5 年提高到 14 年，也就是说，只有在德兰士瓦定居 14 年以上，且年龄超过 40 岁的新移民，才有资格选举自己的代表。1892 年，克鲁格向约翰内斯堡的听众解释了他的计划：

> 想象一下，一个人为自己的家园献出了鲜血和生命，并对其他人说——你可以作为一个暂住者在我的农场里落脚，谋求生计。但是，如果这位暂住者反客为主，宣称他对农场拥有和农场主同样的权利，那么，如果这件事被提交到法院，判决也永远不会偏袒暂住者……现在，这个农场是我们从祖先那里继承的。这个陌生人来这儿是为了赚钱，那么把本属于开拓者的权利交给他合适吗？①

往后我们会看到，新移民的选举权门槛就是英国人与布尔人谈判破裂的重要因素。

几乎与德兰士瓦金矿发掘同时，德国人也逐步开辟了他们在非洲的殖民帝国。1884 年，德国建立了西南非洲殖民地，位于今天的纳米比亚。第二年，德国又获得了东非殖民地，包

---

① 梅雷迪斯：《钻石、黄金与战争》，第 313 页。

括今天的坦桑尼亚、卢旺达和布隆迪。这些德属非洲殖民地距离南非的布尔人不远了。这也让布尔人意识到，德国是可以团结的力量，依靠德国人可以打破英国在南、北、西三面的包围。因此，布尔人把境内修建铁路和制造炸药的权利交给了德国，德国资本大量涌入德兰士瓦。

这就让英国人感到恐慌了，如果有朝一日布尔人做大做强，跟德国殖民地连成一片，英国人在南非的霸权岂不要完蛋？1890年，罗得斯出任英国开普殖民地总督，他上任伊始就担忧布尔人会利用德国的力量，反过来控制开普。尤其是德兰士瓦总统克鲁格还一再表现出"亲德"的倾向。1894年，克鲁格公开宣称："如果一个国家（英国）想攻击我们，另一个（德国）会试图阻止。"他一方面竭力限制英国移民的影响力，另一方面却鼓励德国移民的到来。1895年，克鲁格应邀参加了德皇威廉二世的生日宴会，席间大谈"与德国的友谊"，并热烈称赞"德国移民的贡献"。[①] 所有这些都让罗得斯坐立不安。在罗得斯看来，布尔人迟早会沦为德国谋夺英国霸权的帮凶，与其坐以待毙，不如先下手为强——除掉克鲁格，把德兰士瓦变成英国事实上的殖民地。

根据罗得斯的计划，克鲁格抬高公民权的门槛，这势必

---

① 梅雷迪斯：《钻石、黄金与战争》，第327页。

会引发德兰士瓦外来移民的强烈不满，英国人正好利用这种不满，一边发起政变，另一边派兵进攻，里应外合一举拿下德兰士瓦。一方面，罗得斯授意约翰内斯堡的大资本家和矿场主秘密组织了一个改革委员会，负责串联不满布尔人统治的外来移民，伺机暴动。另一方面，罗得斯又命令英国南非公司组织了一支雇佣军，由他的亲信林德·詹森（Leander Starr Jameson）指挥，等暴动一起，就扑向德兰士瓦。

然而，临到紧要关头，内外双方的协调产生了严重的问题。约翰内斯堡的内应觉得准备不足，把暴动时间推迟到了1896 年 1 月 6 日。但狂妄的詹森等不及了，在他看来，"布尔人战斗素养极差，是'本世纪最大的泡沫'。……只要戳一下泡沫，它就完蛋了"[①]。因此詹森竟然毫不理会那些内应推迟暴动的要求，在 1895 年 12 月 29 日，率领 800 多名雇佣兵进攻德兰士瓦了。布尔人得到消息后，很快组织了 500 多人的民兵反击，1 月 2 日，他们全歼了英国雇佣兵，还俘虏了不可一世的詹森。

这场极其失败的政变造成了两个严重的后果。

第一，英国人与布尔人的矛盾彻底激化了。原本潜在的利益纠纷，现在以公开冲突的方式暴露在世人面前。布尔人开始

———————

① 梅雷迪斯：《钻石、黄金与战争》，第 332 页。

严格限制英国人的势力，他们对英国矿业公司课以重税，阻止新的英国移民入境，对已经入境的英国移民加以严格控制。约翰内斯堡的阴谋叛乱团伙被判处死刑，后来又改判巨额罚金，布尔人用这笔罚金从德国购买了许多军火。这进一步促使英国政府考虑用全面战争解决问题。

第二，英国人的政变引发了国际舆论哗然。詹森雇佣军被全歼的第二天，1896 年 1 月 3 日，德皇威廉二世就公开发电报祝贺德兰士瓦总统克鲁格：

> 我向你表示诚挚的祝贺，你和你的人民在没有请求友好国家援助的情况下，凭借自己的力量，对抗闯入你的国家，妄图破坏和平的武装团伙，成功地重建了和平，捍卫了国家的独立，使之免受外来侵略。①

德国的态度又大大激化了英德矛盾。1 月 4 日，索尔兹伯里内阁决定动员海军，向德国人示威。两天以后，1 月 6 日，殖民地事务大臣约瑟夫·张伯伦（Joseph Chamberlain）又公开警告德兰士瓦总统克鲁格，"总统阁下会发现，英国的小指头比德国的腰还粗"②。

---

① 梅雷迪斯：《钻石、黄金与战争》，第 363 页。
② 梅雷迪斯：《钻石、黄金与战争》，第 364 页。

总之，罗得斯失败的政变既激化了英国与布尔人的矛盾，又激化了英德矛盾，更使得英国饱受国际舆论的责骂。英国政府将如何应对这样的局势呢？

五、最 后 通 牒

1897年5月，阿尔弗雷德·米尔纳爵士（Sir Alfred Milner）来到南非，接替罗得斯出任开普殖民地总督兼南非高级专员。此人是比罗得斯还要狂热的帝国主义分子，他甚至为自己的帝国主义和种族主义立场而无比骄傲。米尔纳曾在声明中直言不讳地说道：

> 我是大不列颠帝国的民族主义者。如果我算得上是一个帝国主义者，那是因为这是英语种族的天命所在，因为它遗世独立的地位和长期的海上霸权，因为它能够在世界最遥远的那些地方落地生根。我的爱国主义不分地域，只分种族界限。我是帝国主义者，而不仅仅是一个英格兰本土主义者（Little Englander），因为我是一个大不列颠种族主义爱国者。①

---

① 梅雷迪斯：《钻石、黄金与战争》，第382页。

殖民地事务大臣张伯伦之所以派遣米尔纳出任新的开普总督，就是意图改变之前罗得斯的"软弱"作风，不惜一切代价维护英国在南非"至高无上的"地位。

张伯伦和米尔纳都认为南非是"帝国链条中最薄弱的一环"，德兰士瓦的黄金产量超过全球总量的四分之一，凭借这一雄厚的经济地位，布尔人迟早会控制整个南非，并动摇英国的国际金融中心地位。在张伯伦和米尔纳看来，唯一的解决方式就是趁着德兰士瓦坐大以前，使用各种手段吞并它。

1898 年 2 月，克鲁格击败了英国人支持的反对派，连续第五次当选德兰士瓦共和国总统，任期五年。这让英国政府气急败坏，张伯伦斥责克鲁格是"一个愚昧、肮脏、固执，只知道中饱私囊的人"。英国漫画家则把他画成一个膀大腰圆、表情呆滞、穿着肥大工装外套的偏执狂农民。米尔纳爵士更嚣张地宣称："只要经过一场战斗，克鲁格和布尔人就会'低头认错'。"[1] 毫不夸张地说，米尔纳的到任和克鲁格的继任意味着，英布战争已经不可避免了。

为此，英国人在政治上做了两方面的工作。

其一，外交上纵横捭阖，以尽可能地争取西方列强的"中立"，以孤立布尔人。

---

[1] 梅雷迪斯：《钻石、黄金与战争》，第 11 页。

作为世界头号"搅屎棍",大英帝国当然清楚,要实现这个目标,就尽可能地分化欧洲大陆国家,只有让它们相互猜疑,互相斗争,才能让它们更依赖英国,而不至于站到弱小的布尔人一边。法俄两国已经形成了同盟关系,唯一的办法就是挑拨德国与法俄的矛盾。

在这个过程中,德国政府展现出了他们贱到极点的作风。尽管威廉二世政府一再向布尔人示好,但其目的不是为了遏制英国,而是为了谋得英国的关注。就好比某人撒娇任性、佯装发怒,只是为了其情人能够多哄哄他。一旦英国人表现出了些许友好态度,德国人就欣喜若狂,立即出卖布尔人了。

英国政府怎么哄德国人的呢?1898年8月30日,英德两国秘密签订了瓜分葡萄牙殖民地的协议。英国方面许诺,你看如今葡萄牙政局不稳,经济面临崩溃,我们两国可以共同借债给葡萄牙,以葡萄牙的殖民地担保,一旦葡萄牙财政破产,它的殖民地不就可以用来清偿债务吗?届时我支持你德国占有葡萄牙在莫桑比克的部分殖民地,使它与德属东非连成一片。德国人开心得不得了,转头就要求德兰士瓦向英国人让步。

另一方面,英国政府却在1899年私下与葡萄牙缔结秘密条约,重申了两国的同盟关系。英国方面通过各种手段,为葡萄牙筹措资金，使它永远都不需要向德国借钱。作为回报，葡萄牙政府答应，未来英国与布尔人发生战争，莫桑比克的港口只对英国海军开放。总之，英国人给德国画了一张大大的饼，德国人却自以为得到了英国的青睐。

此外，英国还决定给法国人"尝点甜头"。1899 年 2—3 月，英国两国最后划定了各自在苏丹的势力范围，完成了它们对于非洲中部地区的瓜分。法国得以将北非、西非和中非的殖民地连成一片。①

从后来的历史走向看，英国人纵横捭阖的外交权谋大体上是成功的，但问题是他们恰恰疏忽了最重要的军事环节。

其二，尽管英国人一直在为战争作着准备，但"爱好和平"的样子还是要装一装的。

1899 年 5 月 31 日下午，英国和德兰士瓦的代表在布隆方丹（Bloemfontein）举行了谈判，双方争论的焦点是德兰士瓦选举权的问题。英方坚持，布尔人必须制定法律，承认外来移民居住满 5 年，就自动获得选举权。这显然是布尔人不可能答应的，当时德兰士瓦只有 3 万多本地成年男性公民，却有 6 万多外地人，如果承认后者居住满 5 年即有选举权，就等于把国家拱手让于外人。谈判仅仅持续了六天就破裂了。

---

① 参见李霞：《英国与英布战争（1899—1902）》，北京：首都师范大学硕士学位论文，2011 年 5 月，第 21—22 页。

此后，英布双方又断断续续几次磋商，直到 1899 年 9 月中旬。事实上，当时德兰士瓦共和国已经作了让步，克鲁格总统许诺，居住满 7 年就可以获得选举权。然而英国人早就憋足了劲打仗，箭在弦上，不得不发，又怎么会因为布尔人的让步而放弃战争的念头呢？

9 月 29 日，英国政府起草了一份最后通牒，要求布尔人必须满足他们的七项要求，否则后果自负。没想到布尔人预判了英国的预判，他们意识到除非彻底投降，否则不可能满足英国人的野心。既然如此，晚打不如早打，趁着英军尚未做好准备，率先进攻，也许还能迫使英国人冷静下来。

10 月 9 日，英国人的最后通牒还没有发出，反而是布尔人先发布了最后通牒，要求英国政府必须在 48 小时之内，一、全部撤出在德兰士瓦边境的军队；二、撤离 6 月 1 日以来所有抵达南非的增援部队；三、正在增援途中的英军立即返航，不得在南非任何港口登陆。否则，德兰士瓦共和国将会视英国的行为为"正式宣战"。

第二天早晨，英国索尔兹伯里内阁收到了这份最后通牒，他们的心情是非常愉悦的：好，很好，这可是你们布尔人要打的，不是我们英国人挑起战争。殖民地事务大臣张伯伦开心地叫道："他们先干了这事！"索尔兹伯里也兴高采烈地说道："布尔人解放了我们，我们不用再向英国人民解释为什么我们要打仗了。"①

伦敦的报纸抓住这份最后通牒大做文章，宣称布尔人都是一群战争狂，英国军队将奉命维护和平，这只是一场"下午茶时分的战争"，圣诞节之前，一切都将重归宁静。

六、集 中 营

1899 年 10 月 11 日下午，德兰士瓦共和国和奥兰治自由邦正式向英国宣战，史称"第二次布尔战争"或"第二次英布战争"。

抱着愉快旅行心情的英军士兵怎么也不会想到，政客媒体大肆渲染的"下午茶战争"，竟会是他们的一场灾难——布尔人的战斗力远远超出了英国方面的预料。第二次布尔战争分为三个阶段。

第一阶段从 1899 年 10 月至 1900 年 2 月。战争甫一爆发，布尔人就迅速出动 5 000 人，兵分三路进攻英国殖民地，连战连捷。一个月内就以微小的代价，打死打伤英军 3 700 多人，俘房 2 000 多人。在这堆俘房当中，还有一个名叫温斯顿·丘吉尔的人。

---

① 梅雷迪斯：《钻石、黄金与战争》，第 441—442 页。

然而，与布尔人杰出战术形成鲜明对比的是他们糟糕的战略。布尔人把主要兵力投入在围攻三座城镇，而没有深入英国纳塔尔和开普殖民地腹部，这就相当于放弃了自己灵活机动的特长，转而陷入了他们不擅长的阵地攻坚。

为了挽救危局，英国政府临阵换将，在1899年12月17日，命令罗伯茨勋爵（Lord Frederick Roberts）担任南非远征军总司令，基钦纳勋爵（Lord Herbert Kitchener）担任参谋长。1900年1月10日，罗伯茨和基钦纳抵达开普敦，此时南非战场上已近汇集了18万英军，3月时更增加到25万人，兵力已经远远超过了对方。战争进入下一阶段。

第二阶段从1900年2月至1900年9月。英军总司令罗伯茨到任后作了重大调整，在战略上将主攻方向从纳塔尔转移到对方兵力薄弱的奥兰治地区，在战术上放弃正面强攻，改为迂回夹击。利用兵力和装备的绝对优势，英军很快扭转颓势，于5月28日正式吞并奥兰治自由邦，将其更名为奥兰治河殖民地（Orange River Colony），又于三天以后，即5月31日，攻占了德兰士瓦的中心城市约翰内斯堡。

6月5日，罗伯茨率领英军进入德兰士瓦首都比勒陀利亚，9月1日，他正式宣布吞并德兰士瓦。10月20日德兰士瓦总统克鲁格登上了荷兰女王威廉明娜（Wilhelmina Helena Pauline Maria）派来接他的军舰，从此流亡欧洲。战争的第二阶段结束。

11 月底，心满意足的罗伯茨离开了德兰士瓦，把指挥权移交给参谋长基钦纳。罗伯茨一回到伦敦，就受到了热烈的欢迎，维多利亚女王授予他伯爵的头衔，议会奖励了他 10 万英镑。罗伯茨骄傲地宣称，战争"几乎"已经结束了，剩下的工作只是清剿布尔人的残兵游勇。[①] 然而他没有想到，残酷的下一阶段才刚刚开始。

第三阶段从 1900 年 9 月至 1902 年 5 月。布尔人并没有屈服于大英帝国的淫威，国土的沦陷反而让他们丢掉了包袱，捡起了自己灵活机动的特长。布尔民兵纷纷化整为零，四处出击，时而破坏铁路线，时而伏击补给队，时而炸毁桥梁，时而突袭仓库，时而切断电线，时而抢夺矿区，打了就跑，让英军疲于奔命，抓不住踪影。

常规战争结束了，但英军反而不得不把兵力增加到 45 万。恼羞成怒的英国人开始了对他们白人同胞的疯狂报复。基钦纳将军建造了密集的碉堡和铁丝网，把布尔人的游击区划成了一块块碎片，再分区清理。为了对付那些亦兵亦民的游击队，英国人还采取了残酷的连坐法，然而这并没有消灭布尔人的抵抗意志。就在这种情况下，一项新的事物登上了历史舞台——集

---

① 梅雷迪斯：《钻石、黄金与战争》，第 465—466 页。

中营。

英国军队烧光了布尔人的村庄农村，抢光了布尔人的牛羊马匹，不分男女老幼，把能看到的布尔人统统丢进了集中营。集中营里人满为患，疾病丛生，每一个被抓进去的人都忍饥挨饿，营养不良，所有这些使得游击队失去了赖以生存的广阔空间。

在英国人毫无下限的暴行面前，布尔人屈服了。1902年5月31日，英布双方签订《弗雷尼欣条约》（*Treaty of Vereeniging*），布尔人放弃了独立权，承认去年才登基的英王爱德华七世是他们的"合法主权者"。作为交换，英国人承诺：（1）保护布尔人的自由权和财产权；（2）在学校和法庭可以有限度地保留荷兰语；（3）尽快结束南非的军事管制，赋予当地人自治权；（4）拨款300万英镑帮助布尔人重建家园；（5）答应给布尔人贷款，两年内免息，两年后只收取3%的低息。[①]

看上面的条款，英国人像是捡到了一个钱包，他们把钱包据为己有，却把里面的钱还给了对方。在战前，英国矿业公司就在德兰士瓦"享受着可观的利润和相对温和的统治"。南非最大的兰德（Rand）金矿区，在1899年战前的投资就高达7 500万英镑，"其中大约三分之二是英国资本"[②]。战争并没有

① 李霞：《英国与英布战争》，第42页。
② 梅雷迪斯：《钻石、黄金与战争》，第438页。

扩大英国人在这方面的地位，反而一度造成了大量资本外逃和大批设施被毁。

英国人发动战争的主要目的是遏制布尔人日益滋长的民族主义，结果经历战争磨难的布尔人反而更加团结，他们与其他非洲白人后裔形成了阿非利卡民族。1910 年 5 月 31 日，开普、纳塔尔、德兰士瓦和奥兰治合并为南非联邦，成了英国的自治领。在 9 月的第一次普选中，代表阿非利卡人的南非党大获全胜，击败了代表英国移民的联邦党，组织了第一届南非政府。布尔人的自治化程度并没有因为战争而降低。

更令人感到讽刺的是，英国人开战的一个重要理由就是布尔人残酷压迫非洲黑人土著。1899 年 10 月，张伯伦在议会发表演说，解释战争的必要性，他强调："（德兰士瓦地区的）土著受到的虐待是可耻的，是残酷的，不应是文明国家所为。……如果让有色人种保持他们在战前所处的地位，以此来换取可耻的和平，我们不能同意。"[1]

张伯伦的话讲对了一半，布尔人对待当地黑人确实是极端残酷的，但英国人在战后却跟布尔人联合起来继续残酷对待当地黑人。战争结束了，"南非境内所有的非洲酋长都屈服于白人的统治，他们的大部分土地都因白人的征服和殖民而丧失"，

---

[1] 梅雷迪斯：《钻石、黄金与战争》，第 484 页。

"在关于南非联盟成立的谈判桌上，非洲人被排除在外，宪法草案下的政治权利也被剥夺。一个非洲代表团前往伦敦进行交涉，他们认为英国损害了他们的利益，并为此而抗议，但毫无结果"[1]。

第二次布尔战争正式结束。对于非洲黑人而言，它只意味着蛮横种族隔离统治进入了一个新的历史阶段。

七、"学不完的教训"

第二次布尔战争是英国在"第一次世界大战以前四百多年里发动的二百三十次殖民战争中，出兵人数最多，拖延时间最长，最残酷的一场战争"[2]。这场原本预算仅为 1 000 万英镑的所谓"下午茶战争"，却最终花费了英国 2.17 亿英镑、45 万兵力和 2.2 万人死亡的高昂代价。[3] 英帝国主义的吹鼓手吉卜林（Rudyard Kipling）甚至将这场战争称为"一顿学不完的教训"，"我并不为赢得胜利感到多骄傲"[4]。

英国的巨大损失不仅在于财力、物力、人力等有形资产，

---

① 梅雷迪斯：《钻石、黄金与战争》，第 11 页。
② 张谦让：《英布战争》，第 42 页。
③ Thomas Pakenham, *The Boer War*, London: Weidenfeld and Nicholson, 1979, p. 575; Bill Nasson, *The South African War: 1899–1902*, London: Edward Arnold, 1999, p. 279.
④ 梅雷迪斯：《钻石、黄金与战争》，第 488 页。

更在于许许多多无形资产。

在内政上，这场战争充分暴露了英国糟糕的社会治理。据1900 年征兵医疗数据显示，1 000 名参军的人当中有 565 人在标准身高（5 英尺 6 英寸，约合 167.6 厘米）以下。在曼彻斯特，应征入伍的 1.1 万名士兵中，只有 1 200 人符合条件，而有 8 000 人因为体质完全不达标而被淘汰。在战争中丧生的 2.2 万名士兵当中，有将近 2/3 的人死于疾病。[①] 毫不夸张地说，英国的社会福利和基层治理已经远远落后于欧洲大陆。

在殖民地事业上，英国的地位和形象并没有因为战争而提高，反而下降了。在战争期间，英国政府从全世界各处殖民地抽调人手前来支援。这些殖民地人员却因此激发了自己的民族感，催生了他们脱离英国控制的念头，殖民地的自治运动更加高涨了。

最有名的例子就是印度的甘地。1893 年，24 岁的甘地受雇于一家印度商业公司而来到南非。在战争爆发之初，甘地感到这是一个向英国主子表现忠心和价值的好机会。他很快组织了专业的医疗救护队，经常穿梭在火线中营救伤员。甘地希望能用他的行为打动英国主子，使英国主子给予亚洲人更加平等的地位。他曾经写道：

---

① 李霞：《英国与英布战争》，第 44 页。

> 印度人祈求的东西非常少。他们承认英语种族应该是南非的主要种族。他们不要求政治权力。他们承认限制廉价劳动力涌入的原则。他们所要求的只是自由贸易，自由行动，拥有土地……他们还要求废除对他们加以残害的法律。[①]

毫无疑问，甘地很快就会失望。英国殖民者比布尔人更加热衷于将"亚洲人"排除在公民之外，更加热衷于把"亚洲人"限制在隔离点，禁止他们自由旅行和拥有地产。

这让甘地失望透顶，他意识到亚洲人无论再怎么努力表现自己，都不可能跟欧洲人取得平等的地位，这促使甘地转而寻求其他办法。布尔人在战后争取自治的运动，深刻地启发了他。正是在南非，甘地提出并实验了后来著名的"非暴力不合作"主张。

不过布尔战争给英国人带来最大的冲击，还在于外交。尽管是布尔人率先发动了进攻，但任何心智正常的人都知道，英国才是侵略者。中国的香港、马来半岛、缅甸、印度、波斯湾、苏伊士运河、非洲南端、直布罗陀……可以说欧亚非大陆的主要航道都把控在英国人手里，但英国人尤贪心不足，还要全盘控制南非的金矿和钻石矿。如果说其他欧洲列强对待海外

---

① 梅雷迪斯：《钻石、黄金与战争》，第 527 页。

殖民地的态度是"分我一杯羹",那么英国对待海外殖民地的态度则是"我全都要"。这不能不引发全欧洲的强烈反感,英国的国际声誉跌倒了谷底。

最乐于看见这番景象的当然是它的老对手沙皇俄国。战争爆发后不久,俄国外交大臣穆拉维约夫(Михаил Николаевич Муравьёв)就试图利用这次机会,撺掇一个大陆反英联盟。遗憾的是,法国人顾忌德国的威胁,担心他们一旦反对英国,就会腹背受敌,所以不愿意参加。德国人倒是希望英俄矛盾激化,但威廉二世的目的不是削弱或遏制英国,而是贱兮兮地期望英国能更加依赖德国。因此德国人一方面挑动欧洲大陆的反英情绪,另一方面却绝不参与反英活动。这种首鼠两端的做派非但没能拉进他们与英国的距离,反而进一步让他们疏远了法俄等国。

穆拉维约夫左等右等,等来的却是威廉二世前往温莎拜访外婆维多利亚女王的消息,俄国人纠集大陆反英联盟的愿望落空了。尽管几乎所有欧洲大陆强国都在道义上支持布尔人,但没有一个国家以实际行动支援布尔人,尤其是德国,在关键时刻果断地出卖了他们的"朋友"。

不过孤立的处境依然警醒了英国当政者——光荣孤立的政策也许过时了。英国绝非超然物外,它也需要跟欧洲强国结成联盟关系,至少是部分联盟关系,才能保证其国家安全。首选的结盟对象是谁呢？显然不是法国，至少法国不会放弃跟俄国的盟约，而俄国又是英国的宿敌。在这里，德国就摆到了优先的位置上。

英国殖民地事务大臣张伯伦曾一再宣称，英、美、德三国应该联合起来，共同抵御来自法俄同盟的威胁。为此，1899年11—12月，英国在南太平洋作出让步，放弃战略位置重要的萨摩亚群岛（Samoan Islands），将该群岛西部的两大主岛让与德国，东部则让与美国。看上去，威廉二世的"娇嗔"政策奏效了，他不仅获得了"阳光下的地盘"，更引发了英国的疼爱。

然而，张伯伦的联盟政策在国内不受认可，更引不起美国的兴趣。布尔战争以后的英德关系不是更近了，而是更远了。

八、《克劳备忘录》

1907年1月1日，英国外交部高级职员艾尔·克劳（Eyre Crowe）提交了一份题为"关于英国与法德两国关系现状的备忘录"，简称《克劳备忘录》。尽管克劳具有德国血统，但这丝毫没有妨碍此人对于德国的深仇大恨。他在备忘录里坦率地指出，德意志帝国的根本精神源自普鲁士精神，而普鲁士精神的核心原则就是占有新的土地和控制新的人口，这至少从腓特烈大帝抢夺西里西亚开始就已经注定了。只不过在普鲁士王国的扩张事业仅限于在中欧地区获得更多的生存空间，离英国的海洋霸权还很远，但德意志帝国的扩张却演变为全球性的事业，它将严重挑战英国的霸主地位。①

因此克劳提醒英国当政者，尽管从表面上看，德国人的撒娇佯嗔只是为了能让英国多看他们一眼，但这并不能改变两国截然不同的民族品格。克劳这样解释德国的政策：为了避免两线作战，德国人必须拉拢英国以牵制法俄同盟，但俾斯麦很清楚，英国人不会轻易放弃"光荣孤立"，那么就只有对英国加以恐吓，使其不敢远离德国，以至于"到俾斯麦卸任时，恐吓和冒犯英国的习惯几乎已经成了德国外交的传统"②。这在布尔战争当中表现得尤其明显！

如果说德国人始终都能像俾斯麦这么理智，那么英国人也不是不能接受。然而遗憾的是，"俾斯麦的继任者们几乎没有继承他的政治才能和单一目标，他们似乎已经将这种习惯当成一种政策，而不是一种用来实现终极目标的外交手段"。在这个思维定式下，似乎恐吓英国本身就是目的，"俾斯麦的成功

---

① 〔英〕艾尔·克劳：《关于英国与法德两国关系现状的备忘录》，吴征宇编译：《〈克劳备忘录〉与英德对抗》，桂林：广西师范大学出版社，2014年，第47—48页。
② 克劳：《关于英国与法德两国关系现状的备忘录》，《〈克劳备忘录〉与英德对抗》，第69—70页。

经验已经让他们喜欢上这种方式且不必担心有激起英国持久敌意的风险"[1]。

克劳建议，不能再向德国人妥协了，这样会助长他们无休无止的任性妄为，否则撒娇将会成为德国人的权利，而爱抚则会成为英国人的义务，一旦撒娇任性形成习惯，再相爱的情人也会分手。须知德国人是哄不好的，一味纵容只能鼓励他们肆无忌惮地寻找外遇。对待德国人的撒娇，英国人应该学会握紧手中的鞭子。

布尔战争已经提醒英国人，必须寻求新的合作者以替代德国的位置。新的合作者是谁呢？克劳特别强调了1904年4月8日签订的《英法协约》。这份协约的核心内容是，英国承认法国在摩洛哥的特权，以换取法国承认英国对埃及的保护权，从而解决了两国在北非问题上的最大冲突。不能只由得德国任性，英国也需要适时地向法国靠拢，给德国一点颜色瞧瞧。

《克劳备忘录》几乎预言了七年半以后的第一次世界大战。因此有学者甚至将这份备忘录与乔治·凯南在四十年后的"长电报"相提并论，差别只在于："凯南对美苏冷战的形成产生了直接并且是决定性的影响，克劳却完全是因为历史发展验证

---

[1] 克劳：《关于英国与法德两国关系现状的备忘录》，《〈克劳备忘录〉与英德对抗》，第70页。

了他的论断从而为后世所敬仰。"① 《克劳备忘录》是否有这么大的魅力另当别论，但它起初确实没有得到英国当政者应有的关注。然而仅仅一年多以后，局面就出现了反转。

1908 年 10 月 28 日，英国《每日电讯报》发表了一篇德皇威廉二世接受匿名采访的文章。这篇文章纤毫毕露地展现了德国人贱兮兮的样子，引发了英国舆论的反感和嘲笑。在采访中，威廉二世就英德"友谊"谈了三个方面的问题。

其一，德国海军建设方面。威廉二世表示，德国增强海军建设只是为了防御日本可能在太平洋上发动偷袭，完全不是针对英国的。但问题是，日本的首要假想敌是俄国，而不是德国，况且德国也远不只是在太平洋上加强海军力量，难道德国海军在大西洋的扩张也是为了防止日本的偷袭吗？威廉二世的表态让英国舆论觉得非常虚伪。

其二，威廉二世披露，在布尔战争期间，法俄两国曾私下怂恿德国参加大陆反英联盟，共同对付贪得无厌的英国，但他严词拒绝了。不仅如此，为了彰显英德友谊，威廉二世还特意向他的外婆维多利亚女王提供了赢得布尔战争的建议。这又是一番自作聪明的辩解。俄国人确实有过反英联盟的建议，但威廉二世把反英联盟的破产说成是自己的功劳，显得十分滑稽。

---

① 吴征宇：《导论:〈克劳备忘录〉与英德对抗的起源》,《〈克劳备忘录〉与英德对抗》，第 7 页。

更要命的是，威廉二世的话无异于向英国人邀功，似乎英国能打赢布尔人，完全有赖于他的帮忙。这番话不仅得罪了英国人，也得罪了德国人，毕竟德国舆论普遍同情布尔人，皇帝陛下的表态让他们感觉到了背叛。

其三，威廉二世宣扬德国大部分人都很反感英国，但他本人则是一名"亲英派"，全赖他本人的努力，德国才能保证与英国的友谊。这些表态更加激化了矛盾——英国人咒骂德国人的反英情绪，而德国人则咒骂英国人的反德情绪。

总之，威廉二世的表态更像是抱怨英国人不体谅他维护英国的苦心。这在英国人看来是莫大的讽刺。据媒体的后续相关报道，德国皇帝的话大体上是真实的，但又是非正式的，它应该是威廉私下发的牢骚，而绝非正式外交声明。

无论如何，素来善于捕风捉影的英国报纸绝不会放弃这种炒作新闻的好机会。威廉二世的采访在《泰晤士报》等英国主流媒体的一再解读和渲染之下，被层层放大引发了英国公众的声讨。按理说，这次新闻事件只是20世纪初欧洲大国关系的一个小插曲，不足以真正影响英德两国的外交关系，但它无疑预言了后来的历史走向。

随着英法关系的缓和与英德矛盾的显露，英国政府已经走到了一个岔路口：一边是德奥，另一边是法俄，该何去何从？宿敌沙俄的态度在这时就重要了起来。

余论：安全、科学与帝国扩张

> "科学"不仅是殖民主义的借口或意识形态外衣，
> 更是一种权力，是一种关于奴役和暴力的现代技术。

布尔战争是 19 世纪的最后一场大规模殖民战争，也是 20 世纪的第一场大规模殖民战争。这场战争的规模超过了以往历次欧洲殖民者在亚非拉的侵略行动，面对只有民兵组织的布尔人，头号资本主义强国竟然动用了 45 万大军，这多少预示了往后 20 世纪的战争将会呈现前所未有的巨大规模，造成前所未有的破坏杀伤。

布尔战争的根源是什么？为什么欧洲列强会在 19 世纪后期突然加快全球扩张的脚步，掀起瓜分非洲的狂潮？为什么 20 世纪上半叶的战争又会如此惨烈？

一、经济决定论的非议

罗莎·卢森堡在《资本积累论》中有言："资本主义是第一个自己不能单独存在的经济形态，它需要其他经济形态作为传导体和滋生的场所。"[1] 以经典马克思主义的视角看，扩张是资本的本性。资本主义内在危机的根源是生产过剩，这就意味着资本主义必须不断开辟新的外部市场，以倾销过剩商品，才能缓解内部危机。可以这么说，外部市场是哺育资本的乳娘。资本主义每开辟一片外部市场，都会改变当地的社会生产关系，将它纳入资本主义体系内部。终有一天，当资本主义覆盖全球，扩无可扩时，它的末日就要来临。

我们可以凭借这一标准，把布尔战争纳入资本扩张的逻辑中来进行解释。然而当我们细究布尔战争的原因、过程和结果，又会发现它很不同于过往的资本主义殖民扩张。

霍布森（John Atkinson Hobson）和列宁这两位帝国主义理论的翘楚，都对布尔战争抱有浓厚的兴趣。1900 年，英布双方激战正酣之际，霍布森就撰写了著作《南非战争：它的原因和影响》，分析了这场战争的起因。在霍布森看来，这场战争

---

[1] 〔德〕卢森堡：《资本积累论》，北京：生活·读书·新知三联书店，1995年，第 376 页。

完全不符合英国工商业主的利益，如果说过去几十年前的英国对外扩张，都还是为了开辟市场、倾销商品，那么布尔战争完全没有这种功能。布尔人并没有妨害英国商品的销路，英国政府为什么会"轻率地"对布尔人大动干戈呢？

按照霍布森的解释，南非金矿产业的发达催生了以罗得斯为代表的大批金融寡头，他们绑架了英国政治，像米尔纳这样的"战争急先锋"只不过是金融寡头的代理人。金融寡头与政治门阀的紧密绑定，主导了帝国主义的世界扩张。[①]

1902 年，在布尔战争行将结束时，霍布森又出版了名著《帝国主义》，进一步把他对布尔战争的思考，上升到了更普遍的帝国主义理论。该书敏锐地指出，从 1870 年代，西方资本主义国家对于领土的兴趣突然大大增加了，它们以前所未见速度瓜分了世界。以此为界，1870 年代以前是殖民主义时代，而 1870 年以后则是帝国主义时代；换句话说，1870 年以后的殖民地"都显然是帝国主义精神的代表，而不是殖民主义精神的代表"[②]。

帝国主义快速扩张不是因为殖民的需求，那些新增加的领土并没有吸引多少欧洲移民。帝国主义快速扩张不是因为扩大

---

① 参见 John Hobson, *The War in South Africa: Its Causes and Effects*, London: J. Nisbet and Co., 1900。

② 〔英〕霍布森：《帝国主义》，纪明译，上海：上海人民出版社，1960 年，第 4 页。

贸易和倾销商品的需求，霍布森解释道："从商业观点来看，近代帝国主义的显著特征是使我们的帝国增加了热带和亚热带地区，而我们同这些地区的贸易是微少的、不稳定的和停滞不前的。"它更不是因为殖民的需求，那些新增加的领土并没有吸引多少欧洲移民，"新帝国之无补于殖民，更甚于无补于有利的贸易"①。那为什么帝国主义国家还会如此热衷于扩张版图呢？

通过对布尔战争的研究，霍布森发现，真正大发横财的只是极少数黄金投机家。也正是这些投资者更倾向于强硬的对外政策，霍布森说道：

> 金融操纵着政治家、军人、博爱主义者和商人所产生的爱国力量；从这些来源发出的扩张热虽是强烈而真实的，却是不规则和盲目的；金融势力有为帝国主义行动所必需的集中能力和精明的推断能力。野心的政治家、边防军人、狂热的传教士、奋进的商人可以建议甚至着手帝国主义扩张的步骤，也可以培养爱国的舆论以应新扩张的迫切需要，但最后的决定系于金融势力。②

应当承认，霍布森的帝国主义理论似乎有些经济决定论的味

---

① 霍布森：《帝国主义》，第31、37页。
② 霍布森：《帝国主义》，第49页。

道，仿佛金融资本是某个操纵世界的神秘力量，当我们解释不清混乱和战争时，就把它们统统归结为金融资本的阴谋，一切就都不是问题了。

这种"金融阴谋论"时至今日仍然弥漫于各种互联网平台，但它不可能不遭到严肃学者的批判。按照霍布森的说法，金融家为了争夺有利的投资市场，而主导了英国政府的对外决策：

> 英国愈来愈广泛地变成一个依赖外来贡纳而生存的国家，那些坐享贡纳的阶级也有愈来愈多的动机利用国家的政策、国库的金钱，以及国家的武力来扩充他们私人投资的领域，并保卫和改善他们的投资。这或许是近代政治中最重要的事实，这种隐藏的阴影已构成我们国家极严重的危机。[1]

如果霍布森是对的，那么英国资本的必然大量输向 1870 年代以后占领的非洲新殖民地。然而这不符合基本事实。菲尔德豪斯（Fieldhouse）就针对上述观点指出，1870—1893 年的英国大部分资本仍然投向美国、加拿大、阿根廷、澳大利亚和南

---

[1] 霍布森：《帝国主义》，第 44 页。

非。除了南非以外，其他国家或地区都不是英国扩张的对象。在他看来，霍布森把帝国主义简单地视为资本主义经济发展的必然产物，显然是错误的。[①]

事实上，霍布森自己也承认，"把金融家说成有那么大的权力，似乎陷于狭隘的经济史观"[②]。诚然，他的学说仍有经济决定论之嫌，但他的学说的影响则不局限于经济决定论。

列宁同样重视布尔战争，他把布尔战争与稍早发生的美西战争同列为帝国主义时代的标志性事件。[③]

霍布森对列宁的影响是显而易见的，列宁也以 1870 年代为分界线，把之前的阶段称为自由资本主义，把之后的阶段称为帝国主义。他也强调帝国主义时代的特点是金融资本与国家政权高度绑定。正如他所说，"金融资本和同它相适应的国际政策，即归根到底是大国为了在经济上和政治上瓜分世界而斗争的国际政策"[④]。

但与霍布森不同，列宁重在强调，金融资本发达必然导致垄断资本主义的产生。在垄断资本主义时代，资本的扩张必须以民族国家为形式。因此我们在看待帝国主义时，不能把眼光

---

① D. K. Fieldhouse, "'Imperialism': An Historiograhical Revision", *Economic History Review*, Vol.14 (2), Dec.1, 1961, pp .187-209.

② 霍布森：《帝国主义》，第 49 页。

③ 列宁：《帝国主义是资本主义的最高阶段》，《列宁选集》（第三版修订版）第 2 卷，北京：人民出版社，2012 年，第 583 页。

④ 列宁：《帝国主义是资本主义的最高阶段》，《列宁选集》第 2 卷，第 648 页。

局限于资本的增值，更应看到**国家权力**的因素。

垄断资本与民族国家形式的结合，不仅表现在托拉斯和金融寡头能够操纵国家政策，更表现在托拉斯和金融寡头有能力实现自上而下的社会福利和国家动员。列宁把后者称为"收买"：

> 帝国主义意味着瓜分世界……意味着极少数最富的国家享有垄断高额利润，所以，它们在经济上就有可能去收买无产阶级的上层，从而培植、形成和巩固机会主义。①

无论我们把它称为"动员"还是"收买"，都应承认，从19世纪后期开始，主要资本主义国家的凝聚力大大增强，而这背后跟一整套社会改革和福利政策密不可分。

国家动员意味着庞大的兵力，社会福利则意味着高素质的产业大军和批量化生产的新式装备。所有这些都促成了战争规模和烈度的急剧扩大，国家安全的范围不再局限于少数精英阶层，更延伸到工业化社会生产的方方面面。反过来也可以说，工业化生产是为了增进国家的战争潜力，以便在未来的战争中取得优势。"安全"成了19世纪后期欧洲国家的首要任务。除

---

① 列宁：《帝国主义是资本主义的最高阶段》，《列宁选集》第2卷，第665页。

了加快扩张的脚步，获得更广阔的缓冲区和后备基地以外，还能有什么更好的方法保卫国家安全呢？

因此我们看到，在帝国主义时代，殖民扩张的理由不再仅仅是贸易特权，更是所谓的"安全"。英国看到法国正在扩张，甚至认为法国将要扩张，就会担忧安全受到了威胁，便以更快的速度扩张。法国对待英国、德国对待俄国，亦复如是。19世纪后期欧洲列强的疯狂扩张，乃是建立在对于国家安全的高度恐慌心态之上。英国人对于布尔人不正是抱有某种恐慌心理吗？他们不正是担忧布尔人将威胁纳塔尔和开普殖民地的安全吗？

二、帝国扩张与科学进步

1867年，下议院领袖迪斯累利（Benjamin Disraeli）倡导通过了《第二次改革法案》（*Second Reform Act*），进一步扩大了选民的范围。正是在他的主导下，保守党一改以往的精英主义形象，仿佛代表起了工人群众的意志。迪斯累利直白地说出了此举的目的："劳工阶层一旦能自己投票，就不会变成发起革命的'特洛伊木马'，而会走向反面，变成'最纯粹、最清高的保守派'，以这种身份，他们会'为祖国而骄傲，希望保持祖国的伟大之处；因身为伟大帝国的一分子而自豪，并竭尽所能让帝国延续；相信大英帝国的伟大，完全要归功于这个国家的古老体制'。"①

事实上，比比欧洲大陆，英国人的脚步仍然算慢的。这里举法国帝国主义政治家茹费理（Jules Ferry）为例。1879年2月4日，共和派上台执政，茹费理加入内阁，先后出任教育部长和外交部长。1880—1881年、1883—1885年，茹费理两次出任法国总理，是法国近代史上有名的社会改革家。他的成就主要有以下几点。

第一，改革1875年宪法，扩充议会权力，并赋予人口多的城市或社区以更多的代表权。

第二，推进地方自治，使得"除巴黎以外的任何市镇议会都有权选举他们自己的市长和副市长（此前他们一直是由中央任命的）"②。

第三，推动立法，以维护公众的集会、结合和新闻出版自由。"通过取消第二帝国强加的各种束缚措施（预先授权制，保证金制度，印花税），取消了针对新闻出版的轻罪法庭以及重罪法庭的裁决，对于相关的案件尽量宽大处理，新闻出版自

---

① 〔英〕西蒙·沙玛：《英国史》第3卷，刘巍、翁家若译，北京：中信出版社，2018年，第329页。
② 〔法〕乔治·杜比主编：《法国史》中卷，吕一民等译，北京：商务印书馆，2010年，第1156页。

由得以重建。"①

第四，推动教育的世俗化。事实上，当时法国人的识字率在当时的欧洲是非常高的。茹费理掌权以前，"在1871年至1875年期间，这一比率为72%；成年男人，也就是选民的这一比率为78%，女人的这一比率只有66%。当然，在法国也存在一些落后地区（布列塔尼、中央高地、朗德），而法国北部的一些地区男人的识字率超过了80%，在东部的某些地区甚至达到了90%"。②

因此，茹费理教育改革的主要目的不是普及教育，而是教育的世俗化。"共和派希望的是从教会手中夺回那些接受初等教育的人，也就是未来的公民（至少他们是这么认为的）。"③为此，茹费理政府首先大力推动免费的义务教育制度，把初等教育的主导权从教会手里抢过来；其次，禁止宗教团体介入大中学校。

然而，就是这样一位政治和社会改革家，却同时是一名急进的帝国主义者。"按照他的理论，无论是出于军事原因（能够在全世界的范围内获得补给站和海军基地）、经济原因（能够提供巨大的海外市场）和政治原因（对于维护一个国家的声

---

① 杜比：《法国史》中卷，第1155页。
② 杜比：《法国史》中卷，第1156页。
③ 杜比：《法国史》中卷，第1156页。

誉来说是必要的，能把某国的'语言、风俗、旗帜、武器和精神'带到世界各地），殖民扩张对于法国这样的大国来说必不可少。"①

茹费理信奉法国实证主义哲学家孔德（Auguste Comte）的学说。孔德在 1830—1842 年陆续出版的皇皇巨著《实证哲学教程》中，把人类知识的演进分为了三个历史阶段：神学阶段、形而上学阶段和实证科学阶段。这三个人类知识阶段又对应为三种政治或社会形态。

在中世纪，宗教几乎构成了人们社会生活的全部内容，教权往往显得高高在上、威严无比。三十年战争和《威斯特伐利亚和约》严重打击了教会权力，为近代主权国家的出现奠定了基础。此后欧洲主要国家纷纷建立绝对王权，思辨哲学代替了宗教信仰，成为这一时期人类知识的基本形态。

孔德设想，理性的实证科学终将代替思辨哲学，成为未来人类社会唯一的知识形态。在那个时代，精密的数学计算和严谨的科学归纳将掌握人类社会的全部规律，把人类生活安排得有条不紊。那是一个人道的、社会主义的社会。人道教会取代宗教神学或对抽象王权的崇拜，成为未来人类的唯一信仰体系。在 1842 年的长篇论文《论实证精神》中，孔德强调：

① 杜比:《法国史》中卷，第 1160 页。

我们已经从各个方面充分说明今天全面普及实证教育所具有的头等重大意义，尤其是向无产者普及更为重要，目的是今后为哲学创建提供必需的精神基础与社会基础；哲学创建必然会逐步带来现代社会的精神重建。①

对于共和派而言，孔德的实证哲学无疑是他们对抗保皇派或教会力量的精神支柱。正如法国学者所说，"同天主教相对的，则是理性主义"，两者的对抗"在法国表现出了一种最为激烈的形式"。"之所以如此，或许是因为共和派正在狂热地寻求某种学说，某种意识形态，某种信仰。他们从奥古斯特·孔德那里找到了他们要寻找的体系。"②

不过值得我们警惕的是，尽管孔德表面上鼓吹人道教，鼓吹用实证科学代替宗教迷信或抽象思辨，但他的体系本质上包含了极为浓厚的**文明等级论**。正如法国学者自己承认的那样：

法国人自认为对殖民地的征服可以给当地的和平、安全和进步带来巨大的好处，法国人并没有意识到"殖民帝国主义"会引发良心上的危机，只是认为找到了一种为落后地区

---

① 〔法〕孔德：《论实证精神》，黄建华译，北京：商务印书馆，1996 年，第 67 页。
② 杜比：《法国史》中卷，第 1157 页。

人民提供世界上最先进的文明（法国人以为的）的办法。[1]

如果说 18 世纪的文明等级论建立在理性主义思辨哲学的基础上，那么 19 世纪的文明等级论则以实证科学为基础。黑格尔曾说，"东方各国只知道一个人是自由的，希腊和罗马世界只知道一部分人是自由的，至于我们知道一切人们（人类之为人类）绝对是自由的"[2]。他以**理性发展的不同阶段**划分文明等级的次序。但到了 19 世纪后期，文明等级的标准已经完全变成了**生物学**。

因此我们不会奇怪，那些帝国主义理论家往往具有浓厚的博物学或医学背景。随着非洲大陆深入的"开发"，人种和物种的丰富性大大增加了，所有这些都成了医学和博物学研究的对象，并进而成了文明等级的依据。

1897 年，世界博览会在布鲁塞尔召开。比利时国王利奥波德二世煞有介事地向欧洲观众展出了 267 名黑人，包括男人、女人和孩子。这些刚果土著被安排进两个村子，一个是"文明"村，另一个是"未开化"村。

在"未开化"村里，非洲人使用他们从刚果带来的工具和

---

① 杜比：《法国史》中卷，第 1161 页。
② 〔德〕黑格尔：《历史哲学》，王造时译，上海：上海书店出版社，2001 年，第 19 页。

乐器，住在简陋的窝棚里，表演原始的劳作方式和唱歌跳舞。好奇的欧洲游客纷纷向他们投喂食物，就像给动物投食一样。为了防止这些黑人消化不良，展览馆还特意竖了一块告示牌，要求人们"禁止投喂"，上面写着："黑人由管理委员会喂食。"

在"文明"村里，90名穿着制服的公安军士兵在旁边军乐队的伴奏下，迈着整齐的步伐，喊着嘹亮的口号，向观众展示"教化"的成果。在博览会结束后，这些公安军士兵作为客人，应邀出席了利奥波德二世的宴会。现场有一名黑人中士起身提议向国王敬酒，感谢国王把他们从蒙昧中拯救出来，宴会的气氛因此达到了高潮。比利时新闻媒体迅速报道了这一幕场景，一家报纸这么描述利奥波德二世的伟大善举："比利时的灵魂伴随着他们，就像朱庇特的盾保护着他们一样。但愿我们永远是全世界人性的表率！"

类似的人类展览在当时蔚然成风。1906年，一名叫作奥托·本伽（Ota Benga）的刚果人在纽约布朗克斯区动物园的猴子馆里被展出，他跟一只猩猩关在一起。报纸新闻常说黑人经常野兽那样磨牙，以便吃人的时候更加便利，于是游客们纷纷围观奥托·本伽的牙齿是否锋利。为了满足游客的好奇心，动物园的管理员还专门给本伽打磨了牙齿，并在他身边丢了好几块骨头，以便他随时向游客展示其锋利的獠牙。有人在《纽约时报》上发表过一首诗，赞扬了这项了不起的"科普"工作：

远离黑暗的故国，

来到自由的国度。

为了科学的利益，

以及广大全人类。①

　　无疑，烧杀抢掠不是近代西方人的特点，这种行为古已有之。近代西方人的特点是以"科学"的名义和方式烧杀抢掠。"科学"不仅是殖民主义的借口或意识形态外衣，更是一种权力，是一种关于奴役和暴力的现代技艺。

---

① 霍赫希尔德：《利奥波德国王的鬼魂》，第 230—232 页、第 230 页注释。

第五篇

俄国的东进和美国的西进

俄国的东进和美国西进是同样重大的历史事件。俄国征服中亚的尝试启自 1715 年,但直至 1864 年才开始真正的征服进程,俄国的东进实际上也是英俄两大强权在近东与中亚持续近百年的"大博弈",深刻塑造了彼时世界的格局,也影响了中国的历史进程。至于美国史则在很大程度上是一部对美国西部边疆的拓殖史,印第安部落及其土地的存在和收缩,以及美国定居地的向西推进,可以说明美国的发展。

序　章

　　　　　　　　所有这一切在 19 世纪中叶以后被彻底颠覆：
　　清王朝平定了准噶尔，填补其权力真空的却是沙皇俄国。

　　让我们的目光从非洲腹地来到亚洲腹地。本篇的故事从俄国征服中亚开始，最重要的史料来自捷连季耶夫（M. A. Терентьев）1906 年出版的《征服中亚史》。捷连季耶夫是俄国军官，参与了部分征服中亚的军事行动。从 1869 年底开始，他花费了三十年时间写作此书（至 1899 年脱稿），其中既包含了丰富的亲身经历，也采纳了大量文献资料。时至今日，《征服中亚史》仍然是相关领域的权威著作。

　　值得注意，该书的俄文标题是 "История завоевания Сердней Азии"，而不是 "История завоевания Центральной Азии"；换句话说，捷连季耶夫使用的 "中亚" 是 "Средняя Азия" 而不是

"Центральная Азия"。它不是我们理解的广义上的中亚，而是狭义上的中亚，不包括哈萨克斯坦或阿富汗。[①] 在俄国人的眼里，"Средняя Азия" 指的是哈萨克草原以南，兴都库什山脉以北，帕米尔高原以西，里海以东的区域。这片区域又以锡尔河与阿姆河之间的绿洲为中心，称为"河中地区"。那里位于地理学家所谓"泛第三极核心区"之内，地形地貌复杂，自然条件多变，造就了当地特殊的政俗民情。

如何理解中亚的政治经济结构？马克思的"亚细亚生产方式"始终是我们绕不开的话题。

1853 年 6 月，马克思在社论《不列颠在印度的统治》中这样形容亚洲的经济形态：古老的亚洲地区大概有三个部门——对内掠夺的部门，即税收部门；对外掠夺的部门，即军事部门；公共工程部门。税收部门和军事部门，欧洲国家也有，不值赘论，唯独亚洲的公共工程部门大有特点。马克思指出，亚洲经济分散，社会自治力量弱小，必须依靠专制强权才能实现如水利灌溉等公共工程。他这样形容亚洲地理条件与水利工程的关系：

　　气候和土地条件，特别是从撒哈拉经过阿拉伯、波

[①] 关于"Средняя Азия"的具体含义，笔者曾得到北京大学外国语学院施越老师的提醒，谨表谢忱。

斯、印度和鞑靼区直至最高的亚洲高原的一片广大的沙漠地带，使利用水渠和水利工程的人工灌溉设施成了东方农业的基础。无论在埃及和印度，或是在美索不达米亚、波斯以及其他地区，都利用河水的泛滥来肥田，利用河流的涨水来充注灌溉水渠。节省用水和共同用水是基本的要求，这种要求，在西方，例如在佛兰德和意大利，曾促使私人企业结成自愿的联合；但是在东方，由于文明程度太低，幅员太大，不能产生自愿的联合，因而需要中央集权的政府进行干预。所以亚洲的一切政府都不能不执行一种经济职能，即举办公共工程的职能。这种用人工方法提高土壤肥沃程度的设施归中央政府管理，中央政府如果忽略灌溉或排水，这种设施立刻就会废置，这就可以说明一件否则无法解释的事实，即大片先前耕种得很好的地区现在都荒芜不毛，例如巴尔米拉、佩特拉、也门废墟以及埃及、波斯和印度斯坦的广大地区就是这样。同时这也可以说明为什么一次毁灭性的战争就能够使一个国家在几百年内人烟萧条，并且使它失去自己的全部文明。①

正因为农业灌溉等基本社会工程必须依赖专制王权，所以亚洲

---

① 马克思：《不列颠在印度的统治》，《马克思恩格斯文集》第2卷，北京：人民出版社，2009年，第679—680页。

不具备自发产生市民社会的基础。资产阶级市民社会只可能诞生于日耳曼封建社会。马克思在《〈政治经济学批判〉序言》中指出："大体说来，亚细亚的、古希腊罗马的、封建的和现代资产阶级的生产方式可以看做是经济的社会形态演进的几个时代。"[1] 其中"亚细亚生产方式"的基本特点就是水利工程与专制王权的结合。

应当承认，马克思对于世界历史演进图式的理解与黑格尔《历史哲学》是一致的。古老的亚洲是世界精神的婴幼儿阶段，表现为亚洲社会中只有一个人或极少数人具备理性，绝大多数人都为欲望或狂想所支配。世界精神的最高阶段——日耳曼自由国家则是所有人都是理性的。从这个意义上说，马克思以生产方式重新论证了黑格尔的命题。

历史的局限总是存在的。在许多 19 世纪欧洲人的眼里，尽管他们已经意识到殖民主义是罪恶的，但它促成了古老亚洲唯一真正的社会革命，充当了"历史不自觉的工具"，因此还是有一定进步意义的。[2] 而佩里·安德森（Perry Anderson）则认为：

迄今为止，如果说对欧洲历史已经进行了大量翔实的学

---

[1] 马克思：《〈政治经济学批判〉序言》，《马克思恩格斯文集》第 2 卷，第 592 页。
[2] 参见萨义德：《东方学》，第 198—202 页。

术研究，那么相比之下，对于非欧广大地区的历史在多数情况下仅仅是走马观花，隔靴搔痒。但是，在程序上有一个十分显然的教训，即绝不能先建立欧洲进化的规范，然后把亚洲的发展情况归入遗留的一个统一范畴。……只有在无知的黑夜，一切不熟悉的形象才会具有相同的颜色。[①]

在安德森看来，尽管"亚细亚生产方式"曾经发挥过正面的作用，但其蕴含的"欧洲进化的规范"不足以毫无争议地涵盖广大亚非拉地区。历史已经证明，不存在一个现成的欧洲模板可以供亚非拉人民照抄，唯有破除对欧洲模板的迷信，第三世界研究才可能具有真正的独立性。

弗兰克则指出：

从来就没有过这样一些时代。从一种"生产方式"向另一种"生产方式"的直线阶段性转变的概念，无论这种转变是"社会的"还是世界范围的，都不过是转移人们对真实历史进程的注意力，而真实的历史进程是世界范围的，但在横向上是整体性的，在纵向上是周期性的。[②]

---

① 安德森：《绝对主义国家的系谱》，第566—567页。
② 〔德〕贡德·弗兰克：《白银资本：重视经济全球化中的东方》，刘北成译，成都：四川人民出版社，2017年，第328页。

弗兰克的说法是有道理的。"亚细亚生产方式"的实质是把欧洲描绘成动态的世界，把亚洲描绘成静止的世界，只有开放进步的欧洲才可能打破亚洲封闭静止的状态，为亚洲带来真正的活力。类似的思维方式实际上割裂欧亚大陆广泛的历史联系，忽略亚洲之于欧洲资本主义现代化的巨大能动作用。只有打破欧亚两洲之间的人为割裂，把欧洲与亚洲同样看作为动态开放的系统，我们才可能拥有真正的人类整体史的视野。

上述批判者，无论他们立足于马克思主义、东方学还是人类整体史，都富有深刻的洞见。诚然，马克思不够了解中国或印度，然而当我们回顾中亚近代史时，又会觉得马克思的相关说法依然有其洞见所在。

从北非到中亚的同纬度广阔地带确实是"一片广大的沙漠地带"，那里星星点点地分布着绿洲经济。每一块绿洲都太小，不得不与其他绿洲互通有无；绿洲之间又太分散，很难通过商贸形成统一的国家意识。只有当某个绿洲格外强大，压服周边其他绿洲时，中亚或西亚才会出现王朝国家的形式。

以中亚为例，初到那里的欧洲游客往往会震撼于高大的宫殿和广场上的残酷刑罚，这些景观无疑展示了当地统治者至高无上的权威。然而酷刑和暴力并不总是意味着权力发达，相反，它往往是权力虚弱的表现。如果权力足够强大，又何必需要酷刑来展示自己呢？

中亚汗王没有职业官僚体系，他们只能通过本族亲属掌握税收、军队和水利工程等几个有限的部门，他们对于王朝各个地区的威信仅仅依赖于暴力。一旦汗王在对外战争中失败，这些地区甚至常常主动叛变，墙倒众人推。

中亚绿洲的社会基层处在王权控制的范围以外，由当地部落或宗族"自治"，王朝税收和征兵都要通过部落宗族长老进行。因此伊斯兰教对于中亚的基层治理格外重要，各地的清真寺不在汗王的政权体系之内，它们具有独立的管区、地产和组织。清真寺的毛拉（宗教学者）不仅需要传授经文，更需要承担民间教育和司法的职能。[①]

总之，中亚和西亚、北非的广大地区缺乏职业官僚体系的支撑，一方面，王权必须依靠血腥暴力进行统治，另一方面，社会基层则依赖部落、宗族势力得以维持。一边是专制王权，一边是松散社会，只有伊斯兰教才能弥合这两者。直到工业技术高度发达的今天，这样的社会形态仍然深刻影响着中亚、西亚和北非的政治结构。

根据上面分析，我们可以认为，"亚细亚生产方式"尽管具有浓厚的欧洲中心论色彩，但它仍然包含部分真理。马克思的结论当是来自欧洲探险家对于中亚、西亚的游记或考察报

---

① 以上两段关于中亚政治社会结构的简介，参见李硕：《俄国征服中亚战记》第 5 章第 4 节"近看中亚"，北京：中信出版社，2020 年。

告，而非单纯的想象。公正地理解亚洲腹地的政治社会结构，是我们思考俄国入侵中亚的前提。以下简要地介绍中亚的政治背景。

历史上，阿姆河、锡尔河之间的中亚绿洲曾属于波斯人，但他们长期受到北方游牧民族的侵扰，也部分地融合了北方游牧民族的文化。16 世纪初，昔班尼（Muhammad Shay-bani Khan）自称是成吉思汗长子赤术的后裔，他率领草原游牧部落南下征服了河中地区，建立了布哈拉汗国（Khanate of Bukhara）。16 世纪末，希瓦汗国（Khanate of Khiva）从布哈拉获得独立，地处布哈拉的西北侧。18 世纪初，费尔干纳盆地也脱离了布哈拉汗国的统治，1740 年正式建立了浩罕汗国。中亚三汗国，加上它们西侧的土库曼部落，就构成了俄国 19 世纪吞并的对象。

事情还要追溯到 18 世纪中叶。清乾隆二十二年（1757），清王朝平定阿睦尔撒纳叛乱，彻底击败准噶尔。准噶尔的崩溃在中亚造成了巨大的权力真空。对于清王朝而言，那里地处边陲，鞭长莫及，这就给浩罕等中亚国家的兴起提供了便利。尤其是清军在击败准噶尔与平定大小和卓叛乱的过程中，带入大量的白银。这些白银通过边境贸易，流入费尔干纳盆地，间接地养肥了浩罕汗国。

浩罕最初很畏惧清王朝，但随着时间的推移，他们的野心随之膨胀起来。1820—1827 年，在浩罕的扶持下，中国新疆爆发了为祸剧烈张格尔叛乱。清政府虽然平定了这场叛乱，却没有能力打击它的幕后指使者浩罕。通过张格尔叛乱的试探，浩罕统治者看准了清政府的软弱。为了进一步榨取好处，他们又相继煽动 1830 年的玉素普叛乱、1847 年的七和卓之乱、1852 年的铁完库里和卓之乱、1855 年玉散霍卓依善叛乱、1857 年倭里罕和卓叛乱，这一系列叛乱统称"和卓末裔叛乱"。[①]

中亚封建统治者的残暴程度即令沙俄殖民者都叹为观止，例如库罗帕特金（Алексéй Николáевич Куропáткин）曾描述倭里罕叛乱，"他以蔑视的态度对待本地人，对他们课以前所未有的苛捐杂税。除了交纳钱粮之外，居民还必须承担围攻城池的繁重劳动"。倭里罕不仅横征暴敛，亦不仅以极尽严苛的方式推行伊斯兰教法，更动辄大开杀戒：

> 妇女不戴盖头不得上街，不准结发辫。对于违反后一项规定的人由专门派出监视的警察把发辫剪掉。所有男性居民从六岁起必须缠头巾，一天要到清真寺去祷告五次；对于这一切，倭里罕表现得异常残忍。没有哪一天不处决

---

① 参见潘志平：《中亚浩罕国与清代新疆》，北京：中国社会科学出版社，1991 年，第 158—163 页。

几十个人⋯⋯人头砍下来堆放在科则勒苏河岸边，他极为关心这堆人头的增高。他的最大乐趣之一就是亲手砍下被指控者的头，而犯过失者是不乏其人的。在君主面前动作笨拙，言词不妥，打呵欠，所有这一切都可能招致死刑。[①]

倭里罕的所作所为不过只是中亚统治者的常态，原始简陋的权力结构和行政组织迫使他们只能通过极其疯狂的杀戮和极端严苛的教法来维持自己的权威。

所有这一切在 19 世纪中叶以后被彻底颠覆：清王朝平定了准噶尔，填补其权力真空的却是沙皇俄国。

---

① 〔俄〕A·H·库罗帕特金：《喀什噶尔：它的历史、地理概况、军事力量，以及工业和贸易》，中国社会科学院近代史研究所翻译室译，北京：商务印书馆，1982 年，第 135—136 页。

第一章　俄国东进中亚

几乎在昔班尼挥刀河中地区同时，从 1501 至 1508 年，什叶派穆斯林举兵起义，建立萨法维王朝（Safavid Dynasty），领土囊括今天的阿塞拜疆、亚美尼亚、伊朗和伊拉克大部。1510 年，萨法维王朝在谋夫（Merv）大败布哈拉汗国[①]，击杀汗王昔班尼，遏制了布哈拉西进的势头。直到 1514 年，它才败于奥斯曼军队，停止扩张的势头。

与此同时，位于中国西北的准噶尔、叶尔羌与吐鲁番正大打出手。苦于西北边患的明王朝不得不闭关绝贡，亚欧间贯通的陆上通道就此断绝。当时人无论如何也想不到，这些地缘政治的变化无意间打开了英、俄两国通往世界性帝国的大门。

1557 年，英国女王玛丽一世任命安东尼·詹金森

---

① 谋夫，又译"梅尔夫"，今属土库曼斯坦南部的马雷省。

（Anthony Jenkinson）率队出使俄国，他的任务是"使用一切可能的方法与手段了解怎样能够取陆路或海路从俄国到中国去"。沙皇伊凡四世同样迫切地想打开前往中国的通道，他热情款待了远道而来的詹金森使团，并委任詹金森担任自己的使者。手持两国文书的詹金森造访了希瓦和布哈拉，他可能是西方历史上首位中亚专家。詹金森在当地发现大量俄罗斯奴隶，便把这一情况报告给伊凡雷帝。沙皇至此才了解俄国人被贩卖到中亚为奴的情况。奴隶问题因此成了俄国征服中亚的理由。①

一、失败的三次尝试

18 世纪初，在彼得一世的改革下，俄国军事实力大增。这让彼得大帝萌生了一个大胆的想法，取道中亚，占领印度，获得印度的资源和出海口。1715 年，彼得一世派遣东西两路远征军，分头前往中亚。东路军共有 4 000 多人，从西伯利亚出发，却在途中惨败给了准噶尔，仅剩 700 余人逃回。西路军共有 6 000 多人，从里海北侧出发，却陷入茫茫荒漠，缺水缺粮，减员近半，不得不退回到里海东岸，就地安营扎寨。

就在俄军铩羽而归的时候，希瓦使臣来到俄国，表示愿

---

① 参见王治来：《中亚通史·近代卷》，乌鲁木齐：新疆人民出版社，2004年，第 55、59 页。

意"归顺"沙皇。这令彼得一世大喜过望，他命令里海东岸的3 600名俄军火速前往希瓦汗国受降。1717年6月，俄军拔营出发，经过两个多月的艰难跋涉，才到达希瓦汗国，途中减员严重，马匹、骆驼几乎全部死亡。

不知汗王本有阴谋，还是使臣转述有误，希瓦实际上根本没有臣属沙俄的意思。这3 600名俄军到达希瓦后，先受到假意款待，继而被分散在各个城市，分别遭到屠杀，少数幸存者统统被卖为奴隶。这是俄国人第一次尝试征服中亚，1万多人几乎折损殆尽。以当时的俄国人口而论，失败不可谓不惨痛。

80年后，1796年11月，保罗一世继位沙皇。此人性格乖张、反复无常，1800年，他在罕有人支持的情况下与拿破仑结盟反英。保罗一世主动向拿破仑提议，俄法两国共同出兵中亚，取陆路占领英属印度。也许是因为这个提议太突然，令人猝不及防，更可能是因为法军正深陷埃及战争的泥潭，无力分兵，总之，拿破仑婉言谢绝了保罗一世的提议。沙皇没有气馁，他决定独自行动。1801年1月24日，保罗一世就命令驻扎顿河的哥萨克部队长官，在边境城市奥伦堡（Оренбург）组织一支3.5万人的大军，出征中亚。①

---

① 〔英〕彼得·霍普柯克：《大博弈：英俄帝国中亚争霸战》，张望、岸青译，北京：中国青年出版社，2015年，第52页。奥伦堡位于里海北侧，在1735年建为要塞城市，是俄国经略西伯利亚和中亚的军事重镇。其后，俄国又以它为中心，升级为省，继而升级为军区。

正当俄军磨刀霍霍之际，宫廷发生政变。3 月 23 日晚，保罗一世被刺身亡，长子亚历山大一世继位。征服印度的军事行动就此无疾而终。这是俄国历史上第二次尝试征服中亚。

随着时间的推移，俄国与中亚汗国关于奴隶贩卖的矛盾越来越尖锐。历任沙皇都会派遣使团前往希瓦等国，要求释放俄国奴隶。如果俄国使臣的礼物足够丰厚，对方会象征性地释放少量奴隶，但这相当于哄抬了奴隶价格，促使更多的人参与劫掠奴隶，俄国奴隶不减反增。

时至 1830 年代，沙皇尼古拉一世终于忍无可忍。此时英俄两国中亚"大博弈"的帷幕业已徐徐拉开，1839 年春，英军越过波伦山口（Bolan Pass），入侵阿富汗。[①] 这让尼古拉一世异常紧张，他担忧英军一旦征服阿富汗，很快就会北进中亚绿洲。必须抢在英国佬前头控制中亚！基于这一战略考量，尼古拉一世不顾朝臣的反对，决意以奴隶问题为借口，一举征服中亚。

执行该任务的是奥伦堡省长彼罗夫斯基（Василий Перовский）。也许是 1717 年远征的教训太惨重，让俄国人至今都对夏天的荒漠心有余悸，彼罗夫斯基特意把出征的时间定

---

① 波伦山口，巴基斯坦西部俾路支境内托巴－卡卡尔山脉（Toba Kakar Range）的山口，距离阿富汗边境 120 公里。该山口具有重要的战略价值，历史上进入南亚的商队、入侵南亚的军队都要经过这条通道。

在了冬天。事实证明，这将是一个灾难性的决定。

1839 年 11 月，由 5 200 多人组成的远征军分批从奥伦堡出发，踏上了第三次征服中亚的路途。彼罗夫斯基没有想到，冬季远比夏季更不适合出征。截至次年 1 月底，俄军已经减员四分之一，对于后勤至关重要的骆驼正以每天 100 头的速度死去。天气还在继续恶化，据哥萨克侦察兵报告，前方的积雪更深，几乎无法找到燃料或饲料。2 月 1 日，彼罗夫斯基不得不痛下决定，放弃出征希瓦的计划，全军撤回。直到 5 月份，这支伤兵满营的远征军终于回到了奥伦堡，死伤超过 3 000 人，还失去了 200 匹马和几乎所有的骆驼。

1717 年和 1839 年的两次失败证明，从里海东岸或奥伦堡出兵中亚不是好的路线，以当时的运输能力根本难以保证庞大远征军的后勤。俄国想要征服中亚，必须参考历史上的成功经验，从哈萨克草原南下，而不是从里海沿岸东进。①

1831 年 12 月和 1832 年 1 月，沙俄就举行西伯利亚和亚洲问题委员会会议，其中专门研讨如何控制哈萨克草原的问题。俄国人意识到，通过西伯利亚进入哈萨克，必须取道中国新疆的西北部。他们因此制定了割占伊犁和塔尔巴哈台以西中国领土的方案。在这个方案的指导下，1830—1840 年代初，

---

① 王治来：《中亚通史·近代卷》，第 218 页。

沙俄的侵略势力已经扩张到了楚克里克河、爱古斯河（阿亚古斯河）和勒布什河。也正是从这时候开始，中国铿格尔图喇以西的新疆地区同沙俄之间才产生了由于沙俄的入侵而造成的边界问题。[1]

　　1845 年 8 月，俄国地理学会正式成立，总部位于圣彼得堡。该组织名义上是一个学术机构，实际上由俄国陆军支持，历任主席都是皇室成员。1856—1857 年，在俄国地理学会的资助下，谢苗诺夫（Петр Петрович Семснов-Тяншанский）系统考察了中国天山山脉，并撰写《天山游记》，给俄国侵略新疆提供了大量军事情报。[2] 谢苗诺夫直言不讳地说道：“就我看来，完全有必要在这个边区建立一条牢不可破的边界线，为此，就需要迅速使布古人加入俄国籍，然后再使萨雷巴吉什人也加入俄国籍。……这样一来，俄国的国界线，包括整个伊塞克湖区域在内，将以天山的雪脊为屏障，通过占领楚河河谷的防御点，封锁外伊犁边区入口的钥匙就不难找到了。”[3] 为了表彰谢苗诺夫的“杰出贡献”，沙皇甚至特许他在姓氏上冠以“天山”（Тяншанский）字样。

---

① 参见新疆社科院民族研究所编：《新疆简史》第 1 册，乌鲁木齐：新疆人民出版社，1980 年，第 343 页。
② 张艳璐：《沙俄天山研究第一人——谢苗诺夫》，《黑龙江史志》2014 年第 24 期，第 50—51 页。
③ 〔俄〕谢苗诺夫：《天山游记》，李步月译，乌鲁木齐：新疆人民出版社，1989 年，第 284 页。布古人，即布里亚特蒙古人。

1861 年，沙皇亚历山大二世任命年仅 34 岁的德米特里·米柳京（Дмитрий Алексеевич Милютин）出任陆军大臣（1861—1881）。此人与弟弟尼古拉·米柳京（Николай. А. Милютин）正是当年推动俄国地理学会的骨干力量。①

至此，经由哈萨克南下中亚的条件逐步具备了。

二、失之欧洲，得之亚洲

1853 年 10 月，沙皇俄国与奥斯曼帝国爆发了著名的克里米亚战争，又称第九次俄土战争。次年 2 月，英法两国加入土耳其一方，正式介入战争。1856 年 1 月，俄国被迫承认战败。3 月 30 日，英、法、俄、土以及奥地利、萨丁王国共同签署了《巴黎和约》及其附件《海上国际法原则宣言》。条约禁止俄国人拥有黑海舰队，俄国不仅丢掉了黑海洋面的霸权，还丢掉了 1812 年吞并的多瑙河口和比萨拉比亚。对俄国而言，往后三十年的主题在某种程度上就是怎么摆脱克里米亚战争的阴影，恢复它往日在黑海的霸权。

这场战争是拿破仑战争以后，欧洲国家间爆发的第一场大

---

① *The Cambridge History of Russia*, Volume Ⅱ : "Imperial Russia, 1689-1917", edited by Dominic Lieven, Cambridge: Cambridge University Press, 2006, p. 598.

图 5-1　1856 年《巴黎和约》签署

规模战争，也是人类历史上第一场现代化战争。新式线膛枪、新式蒸汽动力战舰、新式水雷、新式后膛炮等新技术兵器纷纷在战场上得到应用。更重要的是，许多战场上的发明很快转化为民用，进一步促进了西方现代社会治理手段。

英法联军首次在战争中大规模铺设铁路进行军队调动和后勤补给，革新了铁路管理制度；首次使用有线电报掌控千里之外的战场，革新了现代通讯管理制度；首次设立野战医院，创造了现代医院护理制度；首次在战争中组织气象观测网，分析绘制天气图，创造了现代气象站和天气预报制度……为了缓解前线士兵的精神压力，英法联军甚至在军队中大量分发香烟，刺激了现代烟草行业的发展。

尤为值得一提，克里米亚战争刺激了一场新闻革命。"克里米亚战争爆发后，首批战地记者跟随军队并且编辑稿件。他们用快船和火车将报道寄回。10 天到 14 天后，这些报道即可见报。1855 年 5 月，这一时间间隔缩短到了 48 小时。这是因为，在巴克拉瓦（Baklava）军事基地建立了一个电报站。此后，人们就能获得有关帝国战争的第一手材料。"①

相比之下，俄国人的落后是全方位的。他们不仅输在武器装备上，更输在后勤管理能力和兵力动员体制上。在英法联军使用铁路运输军队和后勤物资时，俄军还在使用落后的畜力大车补给前线。对于俄军来讲，这本应是场家门口的战争，但他们反而比远道而来的英法联军更像是在异国他乡作战。

战争的失败迫使新任沙皇亚历山大二世发起农奴制改革和建立中央铁路管理系统。更重要的是，俄国被迫调整了它的对外扩张政策。罗斯托夫斯基（Labanov Rostovsky）指出：

> 克里米亚战争真正推动了俄罗斯在太平洋沿岸建立起一个庞大的新帝国。同理，征服中亚也可以视作为同一场战争的后遗症。……这一点也不奇怪：俄国历史上有一条

---

① 〔英〕劳伦斯·詹姆斯：《大英帝国的崛起与衰落》，张子悦、解永春译，北京：中国友谊出版公司，2018 年，第 204 页。

铁律，即每当俄国发现自己在欧洲受到挫折时，它都会加快在亚洲的扩张。①

当俄国人被迫转向亚洲时，才倏然发现他们与老对手英国人的优劣位置颠倒了。克里米亚战争的胜利并没有让英国政府有一刻轻松下来：1856—1857 年，英国发动波斯战争；1857—1859 年，英国出兵镇压印度民族大起义；1856—1860 年，英国又伙同法国挑起了第二次鸦片战争。从近东到中东再到远东，大英帝国几乎挨个打了个遍。

英国军队四处侵略、炫耀武力，反而给了俄国人纵横捭阖的机会。这里就不能不提及一位欧洲近代外交舞台上的名角——尼古拉·伊格纳季耶夫（Никола́й Па́влович Игна́тьев）。1856 年，年仅 24 岁伊格纳季耶夫参加了旨在结束克里米亚战争的巴黎会议，从此开始了他坑蒙拐骗的外交生涯。

英国学者霍普柯克（Peter Hopkirk）就评价此人是"杰出的大博弈参与者"，让英国人"吃尽苦头"。在印度民族大起义期间，伊格纳季耶夫是俄国驻伦敦大使馆的随行人员，他力劝圣彼得堡当局充分利用英国人手忙脚乱的机会，"在亚洲和其

---

① Prince A. Labanov-Rostovsky, *Russia and Asia*, New York: the Macmillan Company, 1933, p.147.

他地区进行偷袭，以抢占先机"①。

伊格纳季耶夫的建议得到了俄国政府的重视。1858 年，沙皇任命他率团出使希瓦和布哈拉，任务是侦察英国人对于中亚的渗透程度，并破坏他们在那里的影响力。这一任命真可谓"所托得人"！

当时布哈拉与浩罕两国正处于敌对状态，随时都有可能开战。生性残暴的布哈拉埃米尔纳斯尔·阿拉赫·巴哈杜尔（Nasr Allah Bahadur Khan）为得到俄国人的支持②，不惜大开空头支票。他向伊格纳季耶夫承诺，将释放所有俄国奴隶，积极开展两国贸易往来，更答应以后不接待任何英国使节，严禁英国人渡过阿姆河。埃米尔甚至主动提议，"如果希瓦汗国继续拒绝俄国船只从咸海进入阿姆河，那么布哈拉和俄国就应该联手瓜分希瓦国土"③。

愚昧无知的布哈拉统治者毫无现代外交意识，更从来不

① 霍普柯克：《大博弈》，第 326 页。按，引文原文中把"伊格纳季耶夫"翻译成"伊格那提耶夫"，乃依据英文转写"Ignatiev"，其中俄语"ть"的拉丁字母转写为"ti"，但俄语此处有软音变化，发音不同于英语，故引用时改之。

② 埃米尔（Emir、Amir），又译为"异密"，源于阿拉伯语，意为"掌权者"，本指那些效忠阿拉伯倭马亚王朝的封建领主或行省总督，后来泛指中亚、西亚的封建君主。

③ 霍普柯克：《大博弈》，第 328 页。事实上，纳斯尔·巴哈杜尔二十年前曾想联英抗俄。1840 年俄军远征希瓦失败，1842 年英军被迫撤出阿富汗，这让纳斯尔产生可以战胜英俄的错觉，他转而处决了英国军官康诺利（Arthur Conolly）和斯托达特（Charles Stoddat）。

图 5-2　尼古拉·伊格纳季耶夫（1832—1908）

把信誉当回事，只要他乐意，明天就可以矢口否认今天说过的话。不幸的是，纳斯尔这回遇到了真正的高手。他怎么也没有想到，眼前这位俄国外交官看似年轻好骗，其实比他还懂两面三刀、阳奉阴违。

伊格纳季耶夫听到布哈拉埃米尔这番明显夸大其词的"承诺"，索性顺水推舟，骗取埃米尔答应给予俄国船只在阿姆河上的航行权。他心里压根儿没把埃米尔的话当真，却装出一副信以为真的样子，明面上跟埃米尔大谈两国友谊，背地里却建议俄国政府"立即吞并中亚汗国，以免英国人抢占先机"[①]。

必须强调，这个人类历史上不世出的俄国外交骗子在1858年10月11日与布哈拉埃米尔签订完条约以后，就马不停蹄地来到了中国，伪称"调停"第二次鸦片战争，不费一枪一弹就骗取了中国东北一百多万平方公里土地以及大量的商业特权。一位英国历史学家后来评价此事："自1815年以来俄罗斯没有缔结过如此有利的条约，也从未由如此年轻的外交家成就如此恢宏的伟业。俄罗斯在1860年取得的胜利完全抹平了人们对克里米亚战争的痛苦记忆，而且这个胜利还是在完全蒙蔽了英国人的情况下取得的。"[②]

其实我们想了解克里米亚战争与大清王朝之间千丝万缕的

---

① 霍普柯克：《大博弈》，第328页。
② 霍普柯克：《大博弈》，第330—331页。

联系，用不着远求他人，马克思、恩格斯就有过专门的评论。马克思曾说：

> 约翰牛自己通过进行第一次鸦片战争，使俄国得以签订一个使它有权沿黑龙江航行并在陆上边界自由贸易的条约；而通过进行第二次鸦片战争，又帮助俄国获得了鞑靼海峡和贝加尔湖之间价值无量的地域——这是俄国无限垂涎的一块地方，从沙皇阿列克谢·米哈伊洛维奇到尼古拉，一直都企图把它弄到手。①

恩格斯的评论更加直白：

> 俄国由于自己在塞瓦斯托波尔城外遭到军事失败而要对法国和英国进行的报复，现在刚刚实现。②

俄国人在欧洲耗费无量鲜血和金钱未曾推进一步，却在亚洲仅凭一张三寸不烂之舌就成功攫取了大量领土和特权，诚可谓"失之欧洲，得之亚洲"。

亚洲的成功对沙皇来说，无疑是一种巨大的鼓励和启发。

---

① 马克思：《中国和英国的条约》，《马克思恩格斯文集》第 2 卷，第 648 页。
② 恩格斯：《俄国在远东的成功》，《马克思恩格斯文集》第 2 卷，第 649 页。

伊格纳季耶夫等人很快发现，尽管英国人在欧洲强硬无比，但在亚洲却绵软无力。既然俄国在欧洲走不通，为什么不在亚洲多发展发展呢？因此我们看到，1860 年 11 月 14 日《中俄北京条约》签订以后，俄国开始了它在亚洲疯狂扩张的进程。

三、肢 解 浩 罕

1861 年 4 月，美国南北战争爆发，其南部的棉花出口中断，导致全球棉花价格飞涨。俄国人意识到，河中地区的费尔干纳盆地具备大规模种植棉花的潜力。亚历山大二世下定决心，要抢在英国人前头"夺取中亚的产棉区，或者至少是那里的棉花"[1]。

1861 年，米柳京出任陆军大臣，伊格纳季耶夫出任外交部亚洲司司长。这两人都强硬地主张武力征服中亚。亚历山大二世也曾希望通过和平贸易的方式从中亚进口棉花，这样既可以避免流血冲突和战争支出，也不会触怒英国人，但伊格纳季耶夫以他的亲身经历告诉俄国决策层，"中亚汗国的统治者缺乏诚信，绝不会遵守任何协议，武力征服是唯一有效的方法，也只有这样才能把英国人拒之门外。他的观点得到米柳京伯爵

---

[1] 霍普柯克：《大博弈》，第 333 页。

的支持，最终占据上风"①。

这一年以前，俄国与中亚汗国的分界线是锡尔河。②从这一年开始，俄国军队就不断越过锡尔河，在锡尔河畔建立一个又一个军事要塞，步步蚕食中亚。中亚三汗国成倒"品"字形分布，东北侧和西北侧分布是浩罕、希瓦，南侧是布哈拉。过去俄军从奥伦堡东进，首当其冲的是希瓦，如今俄军从哈萨克草原南下，首当其冲的则是浩罕。这里就不能不提及一位名叫米哈伊尔·切尔尼亚耶夫（Михаил Черняев）的俄军将领。

1828年，切尔尼亚耶夫出生在俄国莫吉廖夫省（Могилёвская губерния，今属白俄罗斯）的贵族家庭，父亲是位军官。但切尔尼亚耶夫出生时，家道已经衰落，虽空有血统，却无权无势，家境贫寒，这反而养成了他的坚韧品质。切尔尼亚耶夫19岁军校毕业，成为军官，平时作风检点、吃苦耐劳，战时身先士卒、冲锋在前，颇得士兵爱戴。1854年，26岁的切尔尼亚耶夫参加了克里米亚战争，因作战机智勇敢，荣升中校军衔。克里米亚战争后，切尔尼亚耶夫被调往奥伦堡军区，从此与中亚结下不解之缘。

---

① 霍普柯克：《大博弈》，第333—334页。
② 〔俄〕捷连季耶夫：《征服中亚史》第1卷，武汉大学外文系译，北京：商务印书馆，1980年，第245页。

图 5-3　米哈伊尔·切尔尼耶夫

　　1863 年 12 月 20 日，亚历山大二世终于下决心打通奥伦堡总督区和西伯利亚总督区，把锡尔河线与西伯利亚线连接起来。此时切尔尼亚耶夫正在圣彼得堡述职，他借机提出一整套关于中亚的战略构想，赢得了陆军大臣米柳京的赏识。米柳京把他调往西伯利亚军区，负责指挥东线进攻。苏联历史学家指出，"1863 年 12 月 20 日沙皇的命令标志着俄罗斯帝国在中亚的对外政策新阶段开始"①。从此以后，俄国征服中亚的步骤摁下了快进键。切尔尼亚耶夫大展拳脚的机会来了。

1864 年，俄军兵分两路开始进攻浩罕。一支为外楚河部队约 2 600 人，隶属西伯利亚军区，由切尔尼亚耶夫指挥，自东向西于 5 月 1 日从维尔内（Verny/Верный）出发，在 6 月初攻克奥里耶-阿塔（Aulie-ata/Аулие-Ата）②；另一支为锡尔河部队约 1 600 人，隶属奥伦堡军区，由维锐夫金指挥，自西向东于 5 月 22 日从彼罗夫斯克（Perovsk/Перовск）出发，在 6 月 9 日攻占重镇突厥斯坦（Turkestan/Туркестан）。③两军东西对进，会师于卡拉套山（Karatau/Каратау）的重镇希姆肯特（Shymkent/Чимкент）。④

7 月，陆军大臣米柳京向前线传达沙皇谕旨，宣布两军由切尔尼亚耶夫统一指挥，建立新浩罕防线：

皇上有旨，新浩罕防线，是由楚河到锡尔河亚纳库尔

---

① 〔苏〕哈尔芬：《中亚归并于俄国》，莫斯科 1965 年版，第 153 页，转引自王治来：《中亚通史·近代卷》，第 251 页。
② 维尔内，1921 年改名为阿拉木图，哈萨克斯坦最大城市，1991 年至 1997 年间为哈萨克斯坦共和国首都。奥里耶-阿塔，即今天的塔拉兹（Taraz），哈萨克斯坦江布尔州首府。
③ 彼罗夫斯克，即克孜勒奥尔达（Kyzylorda/Кызылорда），今哈萨克斯坦克孜勒奥尔达州首府。
④ 突厥斯坦，又译为土尔克斯坦，位于希姆肯特西北侧，两城皆位于今天哈萨克斯坦南端。

干的一系列要塞组成，以连接锡尔河线与西伯利亚线。为在新浩罕防线上统一指挥，该防线从楚多赫纳库顿河流域起，包括维锐夫金将军的部队在内，统归切尔尼亚耶夫少将指挥。①

在切尔尼亚耶夫的指挥下，9月22日，俄军以仅仅损失两人的代价攻克希姆肯特，费尔干纳盆地门户洞开。10月4日，切尔尼亚耶夫又尝试进攻浩罕第二大城市塔什干，因为兵力不足而被迫放弃。

值得一提，此时塔什干的守军当中，就有我们熟悉的阿古柏。在切尔尼亚耶夫从塔什干城下撤军的三天以后，10月7日，俄国诱使清政府签订《勘分西北界约记》，不费一兵一卒就鲸吞了中国西北44万平方公里的土地。

俄军攻占希姆肯特并尝试进攻塔什干的消息传到欧洲，舆论哗然。为了避免过分刺激英国人，10月31日，俄国外交大臣亚历山大·戈尔恰科夫（Александр Горчаков）请求亚历山大二世发布命令：今后不要进一步改变中亚边界线。11月21日，戈尔恰科夫又根据上年12月20日沙皇谕令新国境线的精神，向列强发表了一份外交通告。这份通告强调，俄国的行动

---

① 转引自王治来：《中亚通史·近代卷》，第252页。

纯属防卫性质，是为了抵御草原游牧部落的袭扰，让中亚农耕部落接近文明；俄国不会寻求进一步扩张，不会改变位于卡拉套山脉的新国境线。①

戈尔恰科夫的话是否真心实意并不重要，重要的是，"只要俄罗斯帝国的旗帜在一个地方升起，它就永远不能降下"（尼古拉一世语）。即使俄国政府没有下令扩张，它也会放任前线将领擅自行动。如果取得胜利，就能得到朝廷的首肯，如果不幸失败，朝廷也能把责任甩得干干净净。正如捷连季耶夫所说：

> 这样，我们在中亚就制定了一种特别的行动方式：部队的下级长官有开创局面的自由，动辄违背政府的方针，而他们进取的结果，又被政府看做既成事实，当作"历史财富"而予以承认；有进取精神的先进人物，挨了一顿呵斥之后，马上又得了嘉奖。②

1865 年 2 月 12 日，俄国成立突厥斯坦省。"这个省由锡尔河线与新浩罕线组成，把新占领的地区都包括了进来，它隶

---

① 参见王治来：《中亚通史·近代卷》，第 257 页。
② 捷连季耶夫：《征服中亚史》第 1 卷，第 455 页。

属于奥伦堡总督管辖。"①切尔尼亚耶夫将军成了突厥斯坦省的首任最高行政长官。新官上任的切尔尼亚耶夫根本不在乎外交大臣戈尔恰科夫说了什么,他像米柳京和伊格纳季耶夫一样,只关心如何消灭浩罕,夺取费尔干纳的棉花产地。四个月后,6月17日,俄军卷入重来,正式占领了塔什干。早在半年前,阿古柏已经入侵中国新疆,尽管浩罕汗国被俄军打得落花流水,却在另一个战场部分地延续了它的国祚。

切尔尼亚耶夫无疑那种"有进取精神的先进人物",在得到了"挨了一顿呵斥之后,马上又得了嘉奖"。"因为攻占塔什干有功,他违抗命令的举动不仅获得了原谅,还被沙皇称为'壮举'。"亚历山大二世十分满意地接受了切尔尼亚耶夫的礼物,并很快授予他圣安娜勋章,"各级军官均论功行赏,其他人员获得每人两卢布的额外奖赏"②。这次行动令切尔尼亚耶夫声名大噪,他因此被誉为"塔什干雄狮"。

在攻下塔什干之后,切尔尼亚耶夫又把目光瞄准了浩罕的邻国和死敌——布哈拉汗国。他得出结论:如果攻占布哈拉城市治扎克(Dzizak/Дизаг)、忽毡(Khujand/Худжанд)、乌腊提尤别(Ura-Tjube)等地,就能"使布哈拉汗国同浩罕汗国最

---

① 王治来:《中亚通史·近代卷》,第261页。
② 霍普柯克:《大博弈》,第341页。"每人两卢布的额外奖赏"疑似有错,但原文确系"两卢布"。

终互相隔离，于是便可以征服它们"①。

愚蠢的中亚封建统治者在大难临头之际，仍然忙着内斗。不用奇怪，他们脑子里绝不会有什么"唇亡齿寒"的概念。俄国人打过来了，他们尚且可以苟延残喘，要是隔壁汗王或埃米尔打过来，就死无葬身之地了。1865 年，布哈拉埃米尔穆扎法尔·丁·巴哈杜尔（Muzaffar ad-Din Bahadur Khan，1860—1885 年在位）利用俄国进攻浩罕之际，背后捅刀，率领大军入侵费尔干纳盆地，占领了浩罕首都浩罕城，并扶持自己岳父胡达雅尔汗（Khudayar）再次登上了浩罕埃米尔的宝座。

志得意满的穆扎法尔随即派遣一个使团前往圣彼得堡，向沙皇索要俄军占领下的塔什干。使团被奥伦堡总督区拦了下来，布哈拉这等野蛮小国，岂有与沙皇平起平坐、讨价还价的道理？索要塔什干不成，埃米尔又向切尔尼亚耶夫派遣了一名高级使臣，建议俄国使者访问布哈拉，谈判边界问题。不仅如此，布哈拉使臣还向切尔尼亚耶夫透露，某些来自阿富汗的欧洲人已经到达了布哈拉，如果俄国人不抓紧行动，那些欧洲人

---

① 塔吉克共和国科学院多尼什历史研究所：《塔吉克民族史》（俄文），第 2 卷，第 2 册，莫斯科，1964 年，第 134 页，转引自吴筑星：《沙俄征服中亚史考叙》，贵阳：贵州教育出版社，1996 年，第 222 页。治扎克，又译吉扎克，今乌兹别克斯坦东部城市；忽毡，又译"苦盏"或"胡占德"，位于费尔干纳盆地谷口，临锡尔河，为今天塔吉克斯坦第二大城市；乌腊提尤别，又译"乌拉秋别"，即古之"贰师城"，位于今塔吉克斯坦首都杜尚别以北。

就会捷足先登。

切尔尼亚耶夫没有经历过类似的"东方式"外交，他真派遣了一个使团出访布哈拉，然后这队使团就被扣为人质。埃米尔傲慢地宣称，如果俄国不答应交出塔什干，他就不会释放人质。切尔尼亚耶夫勃然大怒，1866 年 1 月底，他率兵渡过锡尔河，进攻治扎克。

不幸的是，切尔尼亚耶夫又失算了。达到治扎克城下的俄军发现该地城高墙厚，守军众多，己方则粮草耗尽，缺乏后援。切尔尼亚耶夫担心强行开战未必能胜，反而可能导致使团成员被害，不得不下令撤退。一则派出使团遭到囚禁，再则报复不成被迫撤军，这大大有损俄国在中亚的形象。布哈拉埃米尔更因此无限膨胀，他到处宣扬大败俄军，把切尔尼亚耶夫"剃光了眉毛"，一时间好不威风。[①]

切尔尼亚耶夫没有想到，这场不算战败的撤军竟然是他任内最后一场军事行动。因为人事倾轧，3 月 26 日，俄国政府撤换切尔尼亚耶夫，改由罗曼诺夫斯基（Романовский）出任突厥斯坦省长。与此同时，奥伦堡总督克雷扎诺夫斯基（Николай Крижановский）前往塔什干，统帅征服中亚汗国的战争。公正地说，相比切尔尼亚耶夫，克雷扎诺夫斯基和罗曼

---

① 参见捷连季耶夫：《征服中亚史》第 1 卷，第 399 页。

诺夫斯基要平庸得多，但俄军具有碾压性的优势。切尔尼亚耶夫的离任至多延缓了俄军征服中亚的脚步，多耗费俄国人力物力而已，这并不能丝毫改变中亚封建政权灭亡的命运。

四、臣服布哈拉

1866 年 5 月 7 日，大约 3 600 人的俄军从塔什干出发，沿锡尔河左岸行动，次日下午在治扎克和忽毡之间的伊尔贾尔遭遇了布哈拉军队主力约 4 万人。这场看似众寡悬殊的遭遇战却成了一边倒的大屠杀，俄方仅以阵亡 1 人，伤 12 人的代价，就打死布哈拉 1 000 多人，击溃了布哈拉军队，并缴获了 10 门大炮。半个月后，5 月 25 日晨，俄军仅以阵亡 5 人、负伤 122 人、失踪 6 人的微弱代价，攻克了忽毡。[①] 三个多月后，1866 年 8 月，克雷扎诺夫斯基正式宣布，包括塔什干、忽毡等地永久地纳入俄罗斯帝国版图。

俄国人一路大获全胜，才使得布哈拉埃米尔清醒过来。他不仅释放了所有在押的俄国人，还于 9 月初派遣使臣前往忽毡，表示愿意接受俄国的一切条件。先是盲目自大，不把俄国人放在眼里，接着懦弱求和，跪地求饶，布哈拉埃米尔这些离

---

① 捷连季耶夫：《征服中亚史》第 1 卷，第 402—403、410 页。

谱的举动强化了俄国人的基本判断，"布哈拉人没有得到应有的教训是不会醒悟过来的"①。

为了一劳永逸地让中亚封建统治者"醒悟过来"，俄国的军事打击不会就此结束。克雷扎诺夫斯基假惺惺地向布哈拉使臣提出了以下几个和平条件：一、允许派驻俄国代表，保护俄国商业利益；二、俄国臣民可以在布哈拉汗国任何地方建立商队客栈；三、俄国商人在布哈拉所缴纳的税收不能高于布哈拉商人在俄国所缴纳的税收；四、赔款10万提拉（相当于40万卢布）。布哈拉使臣表示愿意接受所有条款，除了战争赔款外。

然而，9月5日，克雷扎诺夫斯基却写信报告陆军大臣米柳京，"说他正出发前去攻占乌腊提尤别和治扎克"②。这表明他根本就不打算真的议和，就算布哈拉人全盘接受他的条件，他也会想方设法破坏和谈。八天后，即9月13日，克雷扎诺夫斯基向布哈拉使臣下达最后通牒，限期10天缴清10万提拉的战争赔款，否则俄军将要重新开始进攻。他之所以提出10天期限，就是为发动新一轮战争寻找借口，因为从忽毡到布哈拉汗国首都布哈拉城的距离"超过300英里"，这么短的时间内根本无法往返一个来回，更别说筹集赔款了，"而实际上俄

① 捷连季耶夫：《征服中亚史》第1卷，第399页。
② 捷连季耶夫：《征服中亚史》第1卷，第420页。

军在 10 天期限未到之前的 9 月 20 日就从忽毡出动，向布哈拉进军了"[1]。

10 月 2 日，俄军以阵亡 3 名军官和 14 名士兵的代价，攻克乌腊提尤别。18 日，俄国人在不等布哈拉谈判代表到来的情况下，攻入了要塞重镇治扎克，对布哈拉守军展开疯狂的追击。这不是战争，而是一边倒的屠杀，捷连季耶夫说道：

> 将近四千名骑马的和步行的守敌，彼此撞来撞去，乱成一团。我们迅猛地跟踪追击，冷酷无情地对着已经放下武器的守敌开枪扫射。城门边人尸和马尸堆积如山。幸存者想越过这座尸山也是枉然，因为俄国人的子弹不断把他们撂倒在大尸堆的上层！从这个尸堆里，时而伸出一只人手或人腿，时而露出一个马脸或马蹄……至少有三千具尸体躺在这里。在这个旷古未闻的、阻止我方士兵前进的尸体街垒后面，约有一千五百名守敌蜷缩在墙边，他们能免于死亡，只是因为我们的部队受到尸堆的阻隔只得停了下来。[2]

此役仅仅经历了一个多小时，俄军以阵亡 6 人的代价，击毙了

---

① 王治来：《中亚通史·近代卷》，第 288—289 页。
② 捷连季耶夫：《征服中亚史》第 1 卷，第 441 页。

6 000多名中亚士兵。乌腊提尤别和治扎克两地长期以来都是布哈拉汗国和浩罕汗国争夺的地盘，"现在被俄国占领，这种争执也就结束了。俄国占领其地，就控制了泽拉夫善河谷地。从那里可以随时进军，轻取撒马尔罕"①。至此，俄军正式将浩罕和布哈拉切割成了两个互不交界的部分。

　　1867年春，为了管理和统治这些新占领的中亚土地，沙俄政府成立了一个委员会，由陆军大臣米柳京担任主席。在委员会的建议下，7月11日，沙皇颁布谕令，升格突厥斯坦省为突厥斯坦总督府，不再隶属于奥伦堡总督府，其首府就设在塔什干。陆军大臣米柳京的老朋友，康斯坦丁·考夫曼将军（Константин Петрович фон-Кауфман，清代史料写作"高甫满"）成为首任突厥斯坦总督。六天以后，17日，沙皇给考夫曼颁发全权证书，赋予他单独同中亚所有汗王和独立领主进行谈判并缔结条约的权力，他有权决定发动战争，而不必事先得到圣彼得堡的批准。"此人能力超群、目光远大，后来终于成为中亚的无冕之王，是俄罗斯帝国在那里重大政策的缔造者。"②中亚人对考夫曼心惊胆寒，称之为"半个沙皇"（也里木·帕的沙）。③

---

① 王治来：《中亚通史·近代卷》，第280页。
② 霍普柯克：《大博弈》，第342页。
③ 王治来：《中亚通史·近代卷》，第281页。

次年，即 1868 年 5 月，俄军占领撒马尔罕，6 月，进入布哈拉城。6 月 18 日和 23 日，双方签订了《俄国与布哈拉的商业条约》及三项补充条款，除了前述 1866 年 9 月克雷扎诺夫斯基的条件外，布哈拉埃米尔还正式承认忽毡、乌腊提尤别和治扎克归属俄罗斯帝国，并支付了 50 万卢布的战争赔款。从此，布哈拉成为俄罗斯的属国。穆扎法尔不仅积极帮助俄国人吞并浩罕，更带领俄军扑灭包括自己儿子在内的各种反俄起义，真不愧"沙皇的忠实臣民"！不用奇怪，这就是中亚的封建统治者，他们极端血腥残忍，也极端懦弱无能。当他们觉得你软弱可欺时，就会作威作福，竭尽所能地对你任意妄为。一旦他们发现你远比他们强有力时，又会立即毕恭毕敬，做你的忠实走狗。

更可笑的是，早在 1866 年 5 月 28 日，俄军攻克忽毡仅三天时，那位由布哈拉扶持起来的浩罕君主胡达雅尔汗就派人前往俄军营地，送来了一封信，声称"他'尊敬和爱护'前来的俄国人，'胜过自己的臣民'"。这位中亚的统治者不明白，自己两面三刀的行径绝不会让俄国侵略者高看他一眼。无论他再怎么卑躬屈膝，俄国的中亚政策始终包括征服浩罕，这是由英俄对抗的大形势决定的。正如陆军大臣米柳京在一份备忘录中所说，"俄国占领中亚，是与英国谈判中唯一真正称手的工具"，"如果发生欧洲战争，我们就应该特别重视控制该地区，它将把我们带到那个国家。通过统治浩罕，我们就可以不断地威胁英国在东印度的领土"①。

因此，胡达雅尔汗无论如何也想不到，罗曼诺夫斯基在 7 月下旬接到的训令是："对浩罕要傲视，对胡达雅尔汗要鄙视，此人按其地位只是俄国的附庸而已。要是他感到受委曲而对我们采取行动，那就更好，就为我们提供了推翻他的口实。"② 不到两个月后，罗曼诺夫斯基再次接到政府训令：

> 供您对浩罕采取进一步行动时参考，请阁下遵守下述普遍原则：即浩罕汗国剩下的全部国土直至天山山脉，迟早都将转归俄国统治……
>
> 因此，不应同浩罕缔结可能束缚我们下一步行动的任何形式的和约，但是，在我们的力量足以完全征服这一地区以前，拖延同它的谈判是有好处的。可以准许浩罕商队来往。③

1868 年 3 月，浩罕被迫与俄国签订保护条约，从此成了沙俄的"保护国"。讽刺的是，这个血腥残暴的政权连"被保护"的资格都不具备！

---

① Michael Edwardes, *Playing the Great Game, a Victorian Cold War*, London: Hamish Hamilton Ltd, 1975, pp. 85–86.
② 捷连季耶夫：《征服中亚史》第 1 卷，第 411 页。
③ 捷连季耶夫：《征服中亚史》第 1 卷，第 411—412 页。

五、再 攻 希 瓦

1872 年 12 月 4 日，突厥斯坦总督考夫曼向沙俄政府特别会议提交了一份关于中亚形势的长篇报告，其中专门论述"希瓦同俄国的不正常关系"，主张进攻和征服希瓦。12 月 12 日，沙皇批准了考夫曼的计划。[①]

相较于浩罕和布哈拉，希瓦汗国受到的压力更大。此番俄军不仅出动了突厥斯坦总督区的军队，还调动了奥伦堡和高加索两个总督区的军队协同作战，总计兵力超过 1 万人。1873 年春，俄军开始行动。在向印度和波斯求援未果后，希瓦统治者选择向俄国人投降，5 月 29 日，在遭遇零星抵抗后，突厥斯坦总督考夫曼趾高气扬地进入了希瓦汗国首都希瓦城。

8 月 12 日，双方签订了《俄国—希瓦和约》。条约大概有以下几方面内容：一、希瓦汗国支付 220 万卢布的战争赔款；二、割让阿姆河右岸等大片领土；三、向俄国开放全境，允许俄国人在其境内购置房产；四、免除一切俄国商品的税收；五、承认俄国人在希瓦境内所有地方都享有的领事裁判权；六、废除奴隶制，"解放"所有奴隶；七、希瓦汗国放弃所有

---

① 王治来：《中亚通史·近代卷》，第 310 页。

外交活动，不管是商业还是政治，它们全部由俄国人"指导"。作为回报，沙皇承认希瓦汗国的"独立地位"。

滑稽的一幕出现了，在本国完全拒斥政治体制改革的俄国人，居然开始帮助希瓦埃米尔穆罕默德·拉希姆·巴哈杜尔汗（Muhammad Rahim Bahadur Khan）推行政治改革了。在俄国人的操纵下，政治权力由咨议会（divan）掌握，该咨议会由七人领衔，其中四人由考夫曼任命，另外三人由穆罕默德·拉希姆·巴哈杜尔汗任命。[1]"希瓦汗国丧失了全部外交和内政的独立性，比起布哈拉汗国，在更大的程度上成为沙皇政府的附庸国。"[2]

此时距离 1717 年彼得大帝首次尝试征服希瓦，已经过去了 156 年。经过一个半世纪的不断尝试，俄国终于奠定了它对中亚三汗国的统治。

三汗国之中，最可笑的是浩罕，尽管浩罕埃米尔胡达雅尔汗"是那样地'恭顺'"，"他不仅不打算采取任何行动去摆脱俄国的奴役和控制，去收复失地，反而更可悲地是对自己的儿皇帝身份心满意足，甚至利用这种身份来对付汗国内部的异己势力以巩固自己的统治"[3]。然而，俄国人还是准备直接吞并浩

---

① 以上希瓦条约的内容，参见王治来：《中亚通史·近代卷》，第 311—312 页。
② 吴筑星：《沙俄征服中亚史考叙》，第 251 页。
③ 吴筑星：《沙俄征服中亚史考叙》，第 253—254 页。

罕，他们所欠缺的只是一个借口。

借口很快就来了。在胡达雅尔汗的横征暴敛下，浩罕群众发动了多次起义。例如 1873 年，奥什（Ош）和安集延发生了大规模的吉尔吉斯牧民起义。[①] 这个埃米尔不仅血腥地镇压了起义，而且赶紧遣使塔什干，向考夫曼求援。然而俄国人正忙于入侵希瓦汗国，这个吞并浩罕的大好时机被浪费掉了。

美国驻俄大使馆秘书斯凯勒就建议俄国当局，不妨"采用英国的方式对待浩罕"，即"要用'不声不响而又体面'的手段占领浩罕，无须招惹英国方面多余的议论、外交照会或抗议"。美国人的具体方法是：

> 向浩罕派遣俄国驻扎官，并有哥萨克负责警卫，其经费由俄国政府或者浩罕政府承担。这样，俄国商人便会自然而然地聚集在驻扎官的周围，浩罕人熟悉了俄国人，就再也不敢欺负和排挤他们了。浩罕政府本身也会通过总督代表慢慢地养成服从总督意志的习惯。这样的政策执行若干年以后，当汗王去世（或者更早一些），一旦情况需要，便能顺利地使浩罕并入帝国。[②]

---

① 奥什，今属吉尔吉斯斯坦。
② 捷连季耶夫：《征服中亚史》第 2 卷，第 393 页。

这个主意无疑是要复制英国人吞并印度的步骤。不过俄国人根本没工夫拖这么久，他们倒是更心仪美国人西进运动的做派。捷连季耶夫说道：

> 这个建议很好，而以英国为例则更妙。但这种曲意奉承、狡诈伪善的手腕是和俄罗斯人的性格不相称的。我们斯拉夫人的单刀直入的办法要比这好得多。此外，胡达雅尔汗不管臣民怎样经常作乱，他一意孤行，继续盘剥臣民，对反抗分子像对牛羊似的加以屠杀。这一切将直接导致自身的崩溃，我们只要等待着这一天的到来就是了。①

捷连季耶夫估计得不错，这一天很快就到来了。1875 年 7 月下旬，浩罕再次爆发大规模起义，甚至连胡达雅尔汗的儿子和亲信都倒向了起义的队伍。当月底胡达雅尔汗仓皇逃亡塔什干，寻求俄国人的庇护。考夫曼随即派遣斯科别列夫（Михаил Дмитриевич Скобелев）率军前去镇压。

跟过去的一切中亚封建军队同样，浩罕起义军也喜欢把头缩在掩体后面，将枪举过头顶凭空乱放。捷连季耶夫嘲笑道：

---

① 捷连季耶夫：《征服中亚史》第 2 卷，第 393 页。

"土著居民一般都深深地躲藏在掩蔽物的里面，他们自己往往看不到射击的对象，他们坚定地相信命运：'人射击，上帝掌管子弹的方向'。"[1] 如此糟糕的战术素养几乎不可能给俄军造成什么伤亡。

10月中旬，考夫曼给斯科别列夫下达了一份具有种族灭绝性质的命令，要求他率军"消灭希布察克人及其家小"。奇怪的是，俄国人一方面斥责胡达雅尔汗对待反叛者过于凶残，另一方面自己却远远凶残于胡达雅尔汗。即令一贯为俄国侵略摇旗呐喊的捷连季耶夫也承认，这是"如同在希瓦一样灭绝妇孺的野蛮行为"[2]。短短几个月内，斯科别列夫就血腥屠杀了当地4万多人。

次年，1876年3月2日，沙皇俄国正式吞并浩罕汗国，改名费尔干纳省，隶属于突厥斯坦总督府。布哈拉和希瓦名义上的"独立地位"则要到1920年才告终结。这个斯科别列夫将军并没有随着中亚三汗国的陷落，而放下屠刀，不久以后，他将用同样的方法血洗土库曼斯坦，并最终完成俄国对中亚的征服。

---

① 捷连季耶夫：《征服中亚史》第2卷，第438页。
② 〔俄〕捷连季耶夫：《征服中亚史》第2卷，新疆大学外语系译，北京：商务印书馆，1983年，第451页。希布察克人，属于布鲁特部（柯尔克孜人），中国历史文献多译为，"奇卜察克部""乞卜察克部"。

六、被征服者虚构的"国族"

俄国征服中亚的尝试启自 1715 年，但直到 1864 年才开始真正的征服进程。这一年的 6 月 9 日，维锐夫金率领奥伦堡军区的部队攻克重镇突厥斯坦。半年以后，1865 年 2 月，俄国人以突厥斯坦市为中心成立突厥斯坦省。又过了两年，1867年 7 月，俄国人又将其升格为突厥斯坦总督区，让这里成为统治中亚的基地。短短不到三年时间，突厥斯坦就从城市升级为省，再从省升级为总督区，其升级速度有如火箭。此举造成了一个意想不到的后果。

"突厥斯坦"或"土耳其斯坦"来自隋唐时期的波斯语。从构词来看，"斯坦"指"……之地"，"突厥斯坦"指"突厥部落之地"。波斯人是农耕民族，他们嘴里的"突厥"本有蔑称的意味，泛称哈萨克斯坦草原的游牧蛮族。尽管今天的语言学家喜欢把从中亚到土耳其的诸多民族语言统统划为突厥语族，隶属阿尔泰语系。但这些民族当年并不自认突厥人，他们倒是乐意称自己是蒙古人的后裔。

直到 19 世纪中叶，突厥斯坦都仅仅指锡尔河中游北岸的一小块地区，即今天哈萨克斯坦南部的突厥斯坦市周边。然而，俄国人的到来改变了这一切。他们以突厥斯坦城为中心，建立庞大的军区，把中亚民族统统纳入突厥斯坦总督府的管辖。久而久之，许多中亚民族竟都变成了"突厥斯坦人"。沙俄统治者万万想不到，他们当初图一时之便的举动，反而强化了中亚民族的身份，促使他们团结起来反对自己。

另一方面，"突厥"一词传入欧洲以后，又被欧洲人胡乱指称来自小亚细亚的"奥斯曼人"，但奥斯曼人并未自认突厥后裔。随着时间的推移，在强势欧洲文化的侵袭下，奥斯曼人渐渐习惯成自然，接受了"突厥"的称呼。直到1920—1930年代，凯末尔推行民族国家化改革，"突厥"竟成为奥斯曼人的"国族"，尽管他们在历史上与中亚草原部落毫无关系。

"突厥"从外来蔑称一变为部落名，再变为地名，再变为区域名，最后竟成为某"国族"。在这一概念演变的背后，总离不开殖民扩张和强权政治。

七、血洗土库曼

在征服希瓦汗国的过程中，俄国人与土库曼部落的冲突尖锐起来。相较于中亚汗国，土库曼人的文明程度更低，他们还没有形成完整的政权组织。

1879年1月21日，圣彼得堡召开了一场决定"外里海政策"的特别会议。会议决定放弃使用小规模部队逐步蚕食土库曼斯坦的策略，改为使用大部队直取阿哈尔－帖克绿洲的中心区域格奥克－帖佩（Geok Tepe）。两天以后，沙皇亚利山大二世批准了该方案，并任命拉扎列夫将军负责本次军事行动。

然而俄军此时却交上了坏运气。6月18日，俄军先头部队从里海东岸的军事基地切基什利亚尔出发，扫清前往格奥克－帖佩的通道。这时总指挥拉扎列夫却突然水土不服而深染重病了，不多久他的两肩长出了硕大的痈疮。主力部队更是拖拖拉拉直到8月11日才做好出发的准备，倒霉的拉扎列夫又染上了肺气肿，26日凌晨死在军中。洛马金暂代主帅之职，继续指挥军队出征。

9月初，俄军主力抵达格奥克－帖佩地区的中心据点坚基利－帖佩要塞。[①] 趾高气昂的洛马金根本没有把土库曼人放在眼里，他对下属训话说："帖克人跟塔什干人一样；而在塔什干，1 500个俄国人打败了20万当地人。"[②]

9月9日，傲慢的俄国人在既没有同土库曼人举行任何谈判，又不曾要求对方投降的情况下，直接开炮轰击帖克大营。土库曼首领表示愿意投降，要求俄军暂停炮击射击2个小时，

---

① 国内大多数著作都把坚基利－帖佩要塞，误认为"格奥克－帖佩"，根据捷连季耶夫的相关记录，"格奥克－帖佩"是绿洲名，为阿哈尔绿洲的一部分，"坚基利－帖佩"则是建立在绿洲之中某座山上的要塞。参见〔俄〕捷连季耶夫：《征服中亚史》第3卷，西北师范学院外语系译，北京：商务印书馆，1986年，第20页注释。
② 吴筑星：《沙俄征服中亚史考叙》，第294页。

好让他去说服帖克守军和居民放下武器。洛马金无情地拒绝了。凶残的俄国侵略者对于当地任何人，不管有没有武器，不管是不是妇女儿童，一律赶尽杀绝。

一名帖克妇女曾跪倒在俄国骑兵的马蹄旁，举着还在吃奶的婴儿，痛哭失声地喊道："即使你们要把我们杀光，也请至少可怜这些孩子吧！"根据洛马金的电报："在 6 个小时当中，我们的 12 门大炮继续不断地对村庄居住区轰击，那里集中了阿哈尔的几乎所有的居民，包括妇女和儿童，超过 2 万人。"当屠杀的消息传回国内时，竟然没有一家报纸对此表示谴责和反对。①

事实证明，洛马金这人除了残杀妇女儿童是把好手外，其他地方一无是处。俄军的暴行反而激起了土库曼人的殊死抵抗，他们利用地形和工事作掩护，全民皆兵四面出击，打得俄国侵略军落荒而逃。1879 年征服土库曼的行动失败了。

发了狠心的俄国统帅部从突厥斯坦军区调来了赫赫有名的斯科别列夫，让他兼任外高加索军区总司令。这个坚信"用大炮才能唬住东方人"的浩罕刽子手为本次出征做了细致的准备工作，他甚至发明了一种装满石油的炮弹，据说算得上

---

① 王治来：《中亚通史·近代卷》，第 363—364 页。引文中"阿哈尔"原文译为"阿喀耳"。

"原始的凝固汽油弹"，专门用来招呼土库曼人的地堡工事。[①]
更重要的是，为了解决后期保障的难题，斯科别列夫赴任时还带上了安南科夫将军（General Annenkoff，又译为 M. N. Annenkov），以统一指挥协调军事运输。这个安南科夫将军对于修建跨里海铁路起到了至关重要的作用。[②]

1881 年 1 月 1 日，俄军兵分三路，直扑格奥克－帖佩地区。12 日，斯科别列夫下令总攻。俄军引爆地雷，炸开了坚基利－帖佩要塞的围墙，不由分说一口气杀光了藏在地堡里的 6 500 名土库曼人。接着斯科别列夫又下令，烧毁一切附近村庄，如遇村民不分男女老幼一律处决。他的骑兵部队一直追到了 15 公里远，几个小时内就杀害了 8 000 个毫无抵抗能力的土库曼平民。

在正式占领坚基利－帖佩要塞后，俄国人又整整抢劫了四天四夜，"头一天里，士兵们强行拿走的只是吃的东西：绵羊、鸡、糁米"，"第二天就开始拿地毯、钱、妇女的装饰品……"俄国士兵把抢劫来的物品贱卖给随军而来的亚美尼亚商人，"常常用一杯白酒就获得一件价值一百卢布的东西"[③]。一名亚美尼亚翻译官后来对他的英国朋友说："整个城市堆满了尸体。我

① Alex Marshall, *The Russian General Staff and Asia, 1800–1917*, London and New York: Routledge, 2006, pp. 61–62.
② Charles Marvin, *The Russians at Merv and Herat, and Their Power of Invading India*, London: W. H. Allen & Co., 1883, pp. 358–359.
③ 捷连季耶夫：《征服中亚史》第 3 卷，第 258—259 页。

亲眼见过被刺刀砍成碎块的婴儿。许多妇女先被强奸，后被杀死。"斯科别列夫这样为他的暴行辩解，"我坚信一项原则，对敌人屠杀得越彻底，所获得的和平就越长久。你对他们打击得越狠，他们保持安静的时间就越长。"[1] 某种程度上他是对的，一名英国观察员后来报告说："突厥人在听到俄国军乐队演奏时，都能瑟瑟发抖。"这种恐惧感源于"格奥克-帖佩的风暴"[2]。

谁都没有想到，就在俄国人刚刚取得征服土库曼的胜利时，意外发生了。1881年3月13日，亚历山大二世在检阅完部队返回冬宫的途中被刺身亡。继任的亚历山大三世把注意力转回国内事务和欧洲矛盾，对于他而言，强化在国内的警察统治远比对外扩张更为迫切，欧洲的外交事务也远比亚洲的领土扩张更为重要。直到这位沙皇在1894年11月驾崩为止，俄国在亚洲的扩张进入了为期十年的缓和期。随着政策转向，首先倒霉的就是斯科别列夫。

5月6日，俄国正式宣布兼并土库曼斯坦，将其置于高加索总督区的管辖之下，斯科别列夫荣膺第一任土库曼省省长。他的好运到头了。亚历山大三世很快以土库曼大屠杀引发舆论不满为由，解除了斯科别列夫的职务，但真实原因很可能是他

---

① 霍普柯克：《大博弈》，第434—435页。
② George N. Curzon, *Russia in Central Asia*, London: Longmans, Green, and Co., 1889, p. 84.

不满意斯科别列夫飞扬跋扈的作风。不久前还风光无限，如今却一无所有，这让斯科别列夫无论如何都接受不了，他整日寻花问柳，借酒消愁。不到一年以后，即 1882 年 7 月 7 日，这个中亚刽子手因心脏病突发暴毙而亡，据说是在莫斯科的一家妓院里倒下的。[①]

八、尾 声

不过亚历山大三世的政策转向，还是没能约束中亚前线俄国军官的私自行动。1884 年 2 月 14 日，俄军兵不血刃地攻占了土库曼东南的战略要地谋夫。1885 年 3 月 31 日，俄军又占领了一个原本不为人知的偏远绿洲小镇平狄（Pandjeh，又译为"彭狄"），兵锋直指阿富汗西北战略重镇赫拉特。英国政坛震动，4 月 27 日，格莱斯顿内阁经由议会授权，特别拨款 1 100 万英镑作为战争预算。这是自克里米亚战争以来英国最大战争拨款。[②] 全面战争一触即发，史称"平狄危机"。

"平狄危机"让英国政府意识到，仅凭在印度的陆军实力，

---

① 霍普柯克：《大博弈》，第 435 页。
② 赵军秀：《英国对土耳其海峡政策的演变：1875—1915 年》，北京：首都师范大学博士学位论文，2001 年 5 月，第 49—50 页。该学位论文后来以《英国对土耳其海峡政策的演变：18 世纪末至 20 世纪初》为题出版（北京：社会科学文献出版社，2007 年）。

不足以对抗俄国，而强大的皇家海军对于中亚山区的事件则爱莫能助。在中亚找寻可靠的盟友牵制俄国，从此成了英国的远东外交政策。它直接导致了 1902 年的英日同盟和 1904—1905 年的日俄战争。

在英国方面，1904 年 4 月 8 日，《英法协约》缔结，暂时消除了法俄两国协同进攻英国及其属地的可能性。1905 年 8 月 12 日，《第二次英日同盟条约》，条约规定，如果俄国进攻印度，日本则至少为印度提供 15 万兵力，俄国对于南亚的威胁也暂时消除了。

在俄国方面，1904 年日俄战争的失败和 1905 年革命的冲击，迫使沙皇尼古拉二世不得不把主要精力放到国内改革上。英俄两国和解的条件具备了。

从 1906 年初到 1907 年 8 月 31 日，英俄两国进行了一系列复杂的谈判，最终签订《英俄协约》，划定了双方的势力范围：第一，俄国答应不将阿富汗划为自己的势力范围，英国则承诺不单方面改变阿富汗现状；第二，两国承诺"不干涉"我国西藏地区事务；第三，波斯一分为三，包括德黑兰、大不里士和伊斯法罕在内的北部地区归属俄国势力范围，中部狭长地带为中立区，南部靠近波斯湾的部分归属英国势力范围。

第一次世界大战的两大阵营至此基本形成。人类历史将开启新的阶段。

第二章　美国的西进运动与印第安的血泪

美国人是怎么隔离印第安人的？

极其虚伪，却十分平庸。

2019 年 4 月 15 日，时任美国国务卿迈克·蓬佩奥（Mike Pompeo）在得克萨斯州农工大学演讲。在回答学生提问时，他骄傲地说："我曾担任中央情报局局长。我们撒谎、我们欺骗、我们偷窃。我们还有一门课程专门来教这些。这才是美国不断探索进取的荣耀。"①

确实，中情局擅长撒谎、欺骗、偷窃，然而蓬佩奥宣称

---

① I was the CIA director. We lied, we cheated, we stole. It's—it was like—we had entire training courses. It reminds you of theglory of the American experiment. 引自《蓬佩奥称"作为 CIA 前局长，我们撒谎、欺骗、偷窃……"引发热烈掌声》，观察者网：https://www.guancha.cn/internation/2019_04_22_498675.shtml，最后访问日期：2023 年 4 月 13 日。

它们都是美国"不断探索进取的荣耀",岂不意味着撒谎、欺骗、偷窃是美国的历史传统?蓬佩奥的态度并不稀奇,前小布什政府的高级参谋、伊拉克战争的鼓吹者、美国历史学家罗伯特·卡根(Robert Kagan)曾有专著《危险的国家》。

卡根以十分骄傲地口吻在书中列举了种种史实,指出美国绝不是和平温柔的天使,它从诞生的那天起就是个"危险的国家",扩张成性,迷恋干涉。比如他说道,美国国父们在创立这个国家的时候,就想着如何宰割西班牙人和印第安人:

> 在这种自由世界观看来,美国文明对这两种劣等人民的胜利最终不能建立在对欧洲战争的幻想之上,不能依靠欧洲均势态度的剧变,也不能对"欧洲灾难"的其他表现形式抱有幻想。如果假以时日的话,在这片大陆上夺取西班牙和印第安人的土地是必然的事情。①

卡根说得不错,美国精神确实包含着狂热的扩张主义倾向,美国通过西进运动,消灭印第安人,又通过1898年的美西战争,第一次武力干涉西半球以外的事务。

然而卡根又是夸大其词的,与同时期的欧洲相比,美国的

---

① 〔美〕罗伯特·卡根:《危险的国家:美国从起源到20世纪初的世界地位》,袁胜育等译,北京:社会科学文献出版社,2016年,第82页。

扩张精神又十分平庸。20 世纪以前的美国人，没有出现欧洲人那样精彩的战略博弈，他们只是简单地杀戮和入侵。相比较欧洲史，20 世纪以前的美国史如此乏味单调，总让读者昏昏欲睡，也许屠杀印第安人和美西战争是为数不多可供卡根之流炫耀的谈资。

本章即以美国的印第安政策为例，展示美国精神的扩张主义本性。

一、走私犯点燃的导火索

1773 年 12 月 16 日晚，北美殖民地马萨诸塞州的港口城市波士顿，夜色笼罩之下，几十个黑影匆匆而过，看样子像是印第安人。他们拿着武器，冲上了三艘英国东印度公司运送茶叶的商船，二话不说，把船上的 342 箱、总价值超过 1.8 万英镑的茶叶统统倒进了大海。一时间，狭小的港湾里漂满了茶叶和散架的大箱子，涨潮时，海水把它们冲上了岸……

事后查明，这些破坏分子总共有 60 个人。他们不是真正的印第安人，而是英格兰殖民者，为了混淆视线，才有意化妆成印第安人。组织这次行动的是一个叫作"自由之子"（Sons of Liberty）的组织，领头人物是一个叫作塞缪尔·亚当斯（Samuel Adams）的激进分子。这就是历史上有名的"波士顿倾茶事件"。

事件的导火索是半年前英国议会制定的《救济东印度公司条例》。当时的英国东印度公司连年亏损。为了挽救公司的财务状况，英国议会决定：第一，公司可以不经由英国本土，而直接把茶叶销往北美殖民地；第二，大幅降低出口到北美殖民地的茶叶税率；第三，对于公司已经进口到英国本土的茶叶，允许返还其进口税，再出口到北美殖民地。显然，英国政府和议会希望通过在北美殖民地倾销茶叶，来让东印度公司获得更大的利润，挽救财务状况糟糕的东印度公司。

过去，东印度公司需要先把茶叶运到英国本土，缴纳超过100%的高额关税，再支付高昂的出口税，才能把茶叶运往北美大陆。北美殖民者想要喝上来自中国的茶叶，不得不支付比英国本土高出好多倍的价钱。现在，这一切都不需要了，北美人民可以直接喝到来自东印度公司物美价廉的茶叶，东印度公司也可以在北美清空它库存的茶叶。英国政府认为，这是一件双赢的事情，虽然政府损失了税收，但对东印度公司和北美人民来说都是好事，北美人有什么理由拒绝呢？

然而令英国政府没有想到的是，长期以来的高税率早就养肥了北美大批大批的走私商，他们通过各种渠道，绕开英国政府的缉私部门，从荷兰、法国和瑞典的东印度公司那里低价走私大批茶叶，运往北美销售。茶叶走私养活了马萨诸塞州的许多殖民者，如今英国政府却让他们无利可图，这不是把他们逼上绝路吗？

"波士顿倾茶事件"令英国政府勃然大怒。四个月后，1774 年 3 月，英国政府连续颁布五项法令：

第一，波士顿港口禁令（Boston Port Bill）：封锁波士顿港，禁止波士顿对外通商，直到当地殖民者赔偿东印度公司的损失；

第二，司法管理法例（Administration of Justice Act）：倾茶事件的犯罪嫌疑人必须引渡到其他殖民地，甚至引渡到英国受审；

第三，马萨诸塞政府法案（Massachusetts Government Act）：削减马萨诸塞州的自治权，增加英国执政官的权力；

第四，驻营条例（Quartering Act）：北美的英国军队可以征用私人住宅；

第五，魁北克法（Quebec Act）：加强加拿大魁北克省政府的权力，规定天主教为魁北克省的官方宗教，把俄亥俄河以北，宾夕法尼亚以西的大片土地划归魁北克省管辖。（这项法令虽然与北美十三州没有直接的关系，但十三州殖民者认为，英国政府在有意识地扶持魁北克天主教势力抗衡自己。）

北美殖民者把这五条法令称为"不可容忍法令"（Intolerable Acts）。1774 年 9 月 5 日到 10 月 26 日，十三州代表在费城召开第一届大陆会议。一年以后，美国独立战争爆发。这是一场由茶叶走私贩点燃的独立战争。

战争爆发后，北美民兵就面临一个问题：周边的印第安人怎么办？

不同于阿兹特克人或印加人，北美的印第安人没有形成国家或政治组织，他们仍然保留着原始的狩猎和采集生活。许多北美印第安部落尚处于母系氏族公社阶段，他们相信土地是大自然的恩赐，理应为所有人共同所有。然而英格兰清教徒却一贯认为，人可以通过耕作享有对土地的私人占有权。这种私有产权观念与印第安人的共有观念格格不入。正如卡根所说，"美国人无法领会印第安人控制土地的观念，因为在盎格鲁－撒克逊人的眼里，这些土地是闲置不用的"[1]。

因为土地纠纷，英格兰清教徒殖民北美伊始，就与印第安部落冲突不断。在他们眼里，印第安人是有害的、不安全的。如今他们与英国政府爆发战争，而英国政府似乎在拉拢印第安人对付自己。如何防范印第安人，就成为北美民兵要考虑的问题。

二、"文明的赐福"

1776 年 7 月 4 日，第二届大陆会议通过了著名的《独立宣

---

[1] 卡根：《危险的国家》，第 88 页。

言》。《宣言》历数英国国王的罪状，其中一条这样痛斥英王：

> 他在我们中间煽动内乱，并竭力挑唆那些残酷无情、
> 没有开化的印第安人来杀掠我们边疆的居民；众所周知，
> 印第安人的作战法则是不分男女老幼，一律格杀勿论。

显然，在北美殖民者眼里，印第安人就是英国政府的帮凶，是
自己的敌人，消灭印第安人，是自己获得独立的应有之义。

　　然而事实上，并不是所有印第安人都站在英国政府一边，
他们中有不少人还帮助北美民兵，反抗英国政府。这就决定了
美国独立之初，没有采取一概消灭印第安人的措施。1787 年
美国联邦宪法（United States Constitution）通过，1789 年正式
生效。宪法没有把印第安人列入选举人口，因为当时美国人
看来，印第安部落是另外一个国家。1790 年，国会将印第安
部落界定为"印第安人"，明确承认印第安人享有独立的主权，
并通过了《贸易和往来法》（*Trade and Intercourse Act*），其中
规定了应该如何与印第安人交往贸易。①

　　所以美国和印第安的关系，最初是国与国的关系。怎么处
理这种国际关系呢？当时不少理想主义者认为，美国人有义务

---

① 参见陈青：《20 世纪以来美国政府印第安民族政策演变研究》，银川：宁夏
　大学博士学位论文，2014 年 4 月，第 23 页。

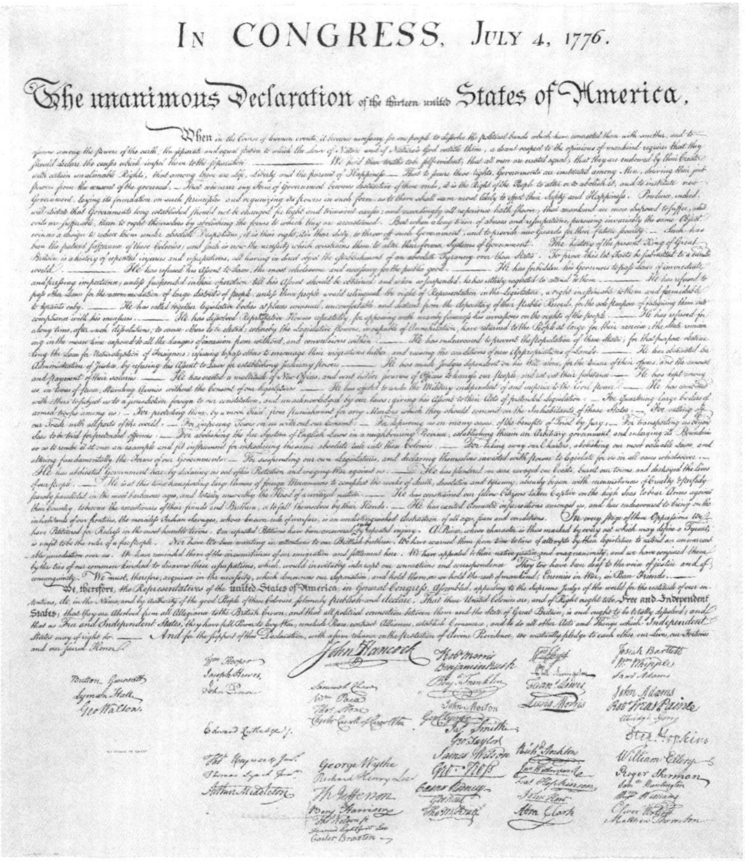
IN CONGRESS, JULY 4, 1776.

The unanimous Declaration of the thirteen united States of America,

图 5-4 《独立宣言》

“教化”印度安人，让印第安人过上跟他们一样的“文明”生活。例如第三任总统托马斯·杰斐逊（Thomas Jefferson）就制定政策：一方面，维持与印第安人的友好关系；另一方面，诱使印第安人把土地卖给美国人，推动印第安人放弃狩猎传统，迈入农耕生活，让印第安人融入美国社会。[1]

然而这些温和的政策却包含着潜在的隐忧。杰斐逊等人的态度显得自命不凡：美国人是文明开化的、符合历史潮流的，印第安文化则是愚昧落后的、必定被历史淘汰的，美国人有义务"帮助"印第安人变得更加"文明"。用美国"国父"们的话说："印第安人将会把土地交给先进的美国农民，但作为回报，他们将收到价值不可估量的文明礼物。"[2] 这种态度决定了美国人不可能跟印第安人和平共处。

早在 1787 年，战争部长亨利·诺克斯（Henry Knox）曾领导一个调查印第安人的委员会。在向国会提交的报告中，诺克斯等人承认："在我们的人中，有些人对大片大片的土地贪婪成性，还通常采取不平等的手段"，这是"与印第安人发生纠纷的主要根源"。怎么样才能避免美国人与印第安的纠纷呢？诺克斯的策略是："要么这一方或另一方必须迁移得更远一些，要么是政府采取使双方都畏惧的强硬手段，迫使他们表现得温和和公正。"[3] 政府采取"强硬的手段"压服双方，这在当时仍然是做不到的，那就只有使双方或其中一方后退，脱离接触。美国人显然不可能后退，那只能让印第安人"迁移得更

---

① 参见宋银秋：《美国政府强制同化印第安人教育政策的制订与实施（1877—1928）》，长春：东北师范大学博士学位论文，2012 年 5 月，第 23 页。
② 卡根：《危险的国家》，第 94 页。
③ 卡根：《危险的国家》，第 85 页。

远一些"，主动远离美国人了。

卡根得意地说道："可以肯定的是，即使是 18 世纪要求尊重那些权利的美国人也有强烈的伪善。在印第安人拒绝自愿割让他们的土地时，诺克斯和杰斐逊都批准了对印第安人发动战争的命令。杰斐逊有时还表达出'要给予印第安人痛击'的要求。"[1]

对印第安人"迁移得更远一些"的要求，在不久以后成了现实的政策。1829 年，绰号"老胡桃木"的安德鲁·杰克逊（Andrew Jackson）当选美国第七任总统。相比较自由主义知识精英色彩浓厚的杰斐逊，杰克逊就是个彻头彻尾的美国南方农民，也是美国尚武民风的化身。尽管两人的气质天壤之别，却有类似的追求，他们都竭力反对融入欧洲，都主张尽可能地体现美国本土的特色。沃尔特·米德（Walter Mead）指出：

> 杰斐逊派和杰克逊派以各自不同的方式认定，美国特定的文化、社会和政治遗产是值得保存、保护和传承给后代的宝贵财富；他们为独一无二的宝贵财富而欢呼，为美国生活的元素而欢呼，并且相信外交政策的目标应该是在国内捍卫这些价值观，而不是将其扩展到国外。[2]

---

[1] 卡根：《危险的国家》，第 96 页。
[2] W. Mead, *Special Providence: American Foreign Policy and How It Changed World*, New York: Alfred A. Knopf, 2001, p. 175.

美国与欧洲的根本不同之处在哪里呢？欧洲人口拥挤，国家林立，国与国的边界线都非常精确严格，但北美却拥有一大片可待开垦的广袤空间。联邦政府往往把印第安人的土地描述为"多余的土地"[①]，只要把印第安人都清理出去，这片土地就会成为美国人可兹利用的丰厚资源。

美国边疆拓荒者最希望如此，"对于许多边境定居者来说，印第安人就是'害人精'，需要被看作没有自然权利的半人类物种"。杰克逊总统的上台标志着，美国边疆拓荒者的愿望实现了，"他采取的印第安人政策更加符合西部边疆定居者的态度，而不符合采取开明行为的东部人的意见。所以，要给印第安人带来'文明的赐福'的使命最终失败了"[②]。总之，以 1830 年为界，美国人的印第安政策从"文明赐福"转向了"武力迁徙"。

三、"血泪之路"

值得注意，尽管今天的人们喜欢把美国视为英国文化的天然继承人和弘扬者，但美国人在独立之初反而想处处"去英格兰化"。当时的美国更亲近支持他们独立的法国，也更提防前

---

① 卡根：《危险的国家》，第 88 页。
② 卡根：《危险的国家》，第 90、95 页。

宗主国英国。

1805 年 10 月 21 日，拿破仑的舰队在特拉法加海战中，惨败给纳尔逊（Horatio Nelson）指挥的英国海军。此役粉碎了拿破仑登陆大不列颠的梦想，恼羞成怒的拿破仑在 1806 年 11 月 21 日于柏林发布敕令，建立了针对英国的大陆封锁体系。作为回应，英国也同样构筑了针对法国的海洋封锁体系，其中规定，所有美国商船必须在英国卸货，切断了美国与欧洲大陆的直接贸易往来。

这让美国人勃然大怒，再次站到法国一边。1812 年 6 月 18 日，美国国会投票向英国宣战，史称"1812 年战争"。这是美国独立以后第一场对外战争。为了牵制美国军队，英国政府拉拢印第安人，给予他们武器和其他物资。美国与印第安的矛盾进一步激化。

1814 年 12 月 24 日，美英双方代表在比利时城市根特（Ghent）签署和约，正式停战。战后，美国政府开始对印第安人采取新的政策，加快对印第安部落的"文明化"改造，即试行"份地分配制"，划给每个部落成员 640 英亩土地作为个人保留地，其余土地一律开放卖给白人。[①] 不仅如此，1824 年，美国还专门成立了"印第安事务办公室"（Office of Indian

---

① 李剑鸣：《美国印第安人保留地制度的形成与作用》，《历史研究》1993 年第 2 期，第 161 页。

图 5-5 "华盛顿之火"，描绘 1812 年美英战争期间，英国人火烧华盛顿的场景

Affairs，简称 OIF），隶属于美国陆军部，其主要职责是"协调美国政府与印第安人之间的关系，具体从事的工作包括对保留地事务、土地的管理及向印第安人提供各种服务"①。我们注意，该机构隶属于美国陆军部，意味着当时美国与印第安之间的战争，还是国与国的战争。印第安人当然奋起反抗美国的殖民侵略，双方土地纠纷愈演愈烈。

这促使美国人最终决定，把印第安人赶出密西西比河

---

① 杨恕、曾向红：《美国印第安人保留地制度现状研究》，《美国研究》2007年第 3 期，第 63—64 页。1947 年，该机构更名"印第安事务署"（BIA）。

以东；美印两国以密西西比河为界，并水不犯河水。1830年5月，在杰克逊政府的推动下，美国国会通过《印第安人迁徙法》，它标志着美国正式建立对印第安人的种族隔离制度。[1] 正如1831年时，一名白人传教士所说："白人与印第安人之间的联合，如同人与其他动物的联合一样，乃是绝对不可能的。"[2] 从此以后，美国开始了大规模武力灭绝印第安人的历史。

原居住在密西西比河以东的切罗基族、乔克托族、奇卡索族、克里克族和塞米诺尔族等北美印第安民族（约24万人左右），被迫背井离乡，迁徙到密西西比河西岸的路易斯安那荒野上。这是印第安历史上悲壮的一页，大批印第安人风餐露宿、忍饥挨饿，还要遭受美国军队的残酷迫害，不少人在途中死去。印第安人把这次西迁称为"血泪之路"。[3]

美国人觉得，这下一劳永逸地解决了印第安人问题，反正密西西比河以西是"美洲大沙漠"，环境气候都不利于人居住，没有多少利用价值，让给印第安人也罢。[4] 1842年，陆军部在报告中称："在密西西比河以东已没有什么土地未被出让而令

---

① 陈青：《20世纪以来美国政府印第安民族政策演变研究》，第24页。
② 李剑鸣：《美国印第安人保留地制度的形成与作用》，《历史研究》1993年第2期，第161—162页。
③ 吴洪英：《试论美国政府对印第安人政策的轨迹》，《历史研究》1995年第6期，第28页。
④ 陈青：《20世纪以来美国政府印第安民族政策演变研究》，第28页。

我们想望得到的了。"① 然而事实证明，这只不过是残暴血腥的开始。

四、保留地制度

19 世纪的美国，到处弥漫着一股"天定命运"的思潮。清教文化本来就具有浓厚的"命定论"思想，在美国就表现为浓厚的"上帝选民"意识，这种意识在 19 世纪得到了膨胀。用美国南方人的话说，"我们的人民将走向南部，与墨西哥人和西班牙人在一起，而且带去我们的文明和自由之爱"，"但是他们准备要带去的文明是包含着奴役关系的一种南方文明"②。也许在美国人的词典里，"我与谁在一起"就表示"谁应该接受我的领导"，美国的扩张不是"帝国主义"，而是"拯救的义务"。须知"美利坚合众国"（The United States of America）这个国号不同于"法兰西""德意志"或"俄罗斯"，它没有任何民族的色彩，只有地域的色彩。这意味着任何一个美洲国家或民族，都有可能成为美国下属的一个邦（State）。

---

① 李剑鸣：《美国印第安人保留地制度的形成与作用》，《历史研究》1993 年第 2 期，第 161 页。
② 卡根：《危险的国家》，第 256 页。

美墨战争就是在这一思潮的指导下进行的。1835 年，美国政府唆使得克萨斯奴隶主发动武装叛乱，墨西哥政府出兵镇压。美国以此为由，出兵干涉，并宣布得克萨斯"独立"。美墨双方矛盾迅速激化。

1845 年，詹姆斯·波尔克（James Knox Polk）就任美国第 11 任总统。此人是安德鲁·杰克逊的忠实信徒和模仿者，是个狂热的扩张主义者，绰号"小山胡桃木"。他的上台标志着美国南方意识成了联邦政府的主流，"在南部的压力下，19世纪 40 年代和 50 年代的连续几届美国政府尽力去获取更多的墨西哥领土"[①]。

在强硬路线的主导下，1846 年 5 月 13 日，美国正式向墨西哥宣战。1847 年 9 月 14 日拂晓，美军攻破墨西哥首都墨西哥城。1848 年 2 月 2 日，墨西哥被迫签署《瓜达卢佩-伊达尔戈条约》（*Treaty of Guadalupe Hidalgo*），割让 230 万平方公里土地，竟占全国一半以上的领土！这些土地构成了美国得克萨斯州、加利福尼亚州、犹他州、内华达州、新墨西哥州以及亚利桑那州的大部分、科罗拉多州和怀俄明州的一部分。

约而言之，1873 年美国根据《巴黎和约》，从英国手里索取了密西西比河以东大片领土；1803 年从法国手里购得路

---

① 卡根：《危险的国家》，第 257 页。

易斯安那；1810—1819 年陆续从西班牙手里抢得佛罗里达；1848 年从英国手里抢得俄勒冈。加上这次霸占的墨西哥领土，美国完成了它从大西洋沿岸到太平洋沿岸的扩张，国家版图（除阿拉斯加和夏威夷外）基本定型。

随着美墨战争和美国领土急剧西扩，美国人对于印第安人的看法又发生了改变。既然从大西洋到太平洋的广袤土地都是美国的领土，生活在美国领土上的印第安人又怎么能是主权实体呢？越来越多的人主张，印第安人只是美国"保护"下的"国内依附族群"，美国与印第安的关系不是国与国的关系，印第安事务不应该归陆军部管辖。1847 年，印第安事务办公室从陆军部划归内政部管辖。从法理上讲，此时美国吞并了印第安国。它标志着美国处理印第安事务又进入新的阶段。

印第安从美国领土之外的异国，变成了美国领土之内的异族。那么美国人就不能以划分国界的方式来处理印第安问题了。怎么办？种族隔离！美国人很快发明了一项新的制度——"保留地制度"。他们迫使印第安人放弃大范围游猎的生活方式，把他们统统赶进美国人划定的保留地内居住。

为了把印第安人骗进保留地，美国人向印第安人许诺，会保证他们在保留地不受侵犯的权利。1851 年，美国与印第安部落签订了《拉勒米堡条约》（*Treaty of Fort*

Laramie）。这份条约总共只有八款。大体内容是印第安部落允许美国政府在保留地上修建铁路、招募军队和修建岗哨；作为回报，美国政府承诺保护印第安人，使他们免受破坏和袭击，并每年提供价值5万美元的家畜、农具等生产工具，分10年缴清。①

条约乍看上去十分仁慈和平等，但事实上，美国人留了后手，它规定如果印第安人侵犯路过或生活在其境内的白人，白人有权索赔。这相当于规定，美国人可以无限使用印第安人的领地，而印第安人不得阻拦。

在美国人的期满诈骗、武力胁迫之下，保留地纷纷建立。至1880年，全美建立了141个印第安保留地。"至此，保留地制度完全建立起来。"②这项制度一直延续到今天。

讽刺的是，美国人在迫使印第安人签订条约，把他们迁入保留地后，又往往破坏了保留地。随着工业化进程的展开，美国人倏然发现，原本贫瘠的保留地之下，竟可能埋藏着矿产资源。

于是当某块保留地被发现矿产后，各路采矿者蜂拥而至，又把印第安人赶到新的、更加贫瘠的保留地。一边划定保留

---

① 参见〔美〕彼得·科曾斯：《大地之泣：印地安战争始末》，朱元庆译，北京：北京大学出版社，2021年，第18—19页。
② 李剑鸣：《美国印第安人保留地制度的形成与作用》，《历史研究》1993年第2期，第165—166页。

地，另一边破坏保留地，印第安人在美国军警的驱赶下流离失所，大批死亡。这一过程在南北战争以后达到了高潮。

五、"割头皮"的艺术

1863 年 3 月 26 日上午，11 位印第安部落酋长在美国印第安事务办公室官员的陪同下，觐见了"伟大的父亲"亚伯拉罕·林肯总统。其中一位绰号"瘦熊"的酋长起立，要求跟林肯谈话。看得出来，"瘦熊"很紧张，他努力地吸着旱烟镇定自己。"瘦熊"诚恳地向林肯表示，会把这位"伟大父亲"的话珍藏心里，不折不扣地传达给他的族人。

"瘦熊"接着说道，总统您住在华丽的宫殿，是一位大首领，我没有您这样的宫殿，但在家乡也是一位大首领，我们共同祈祷战争的结束，为此您需要劝说白人子民们避免暴力，因为我们必须返回自己的家园。

林肯听完这番话，温婉却高傲地给对方上起了"地理课"。林肯说道，地球是一个"到处都是白人的大圆球"，然后他叫人拿来了一个地球仪，指着地球仪告诉"瘦熊"，世界上到处都有白人的存在，到处都是居住着白人的国家，然后他指了指北美大陆，说这里也不例外。

林肯接着说："我只能说，我看不出你的种族会像白人那

样繁荣昌盛，除非像白人一样通过耕种土地生活。"林肯保证，
"与你和我们所有的红色同胞和平相处是本届政府的目标"，但
他随即狡猾地补充道："如果我们的孩子们不那么循规蹈矩而
违反条约，那违背了我们的愿望。你知道，任何父亲都不可能
让他的孩子完全按照他的意愿去做。"说完这番话，林肯还煞
有介事地给瘦熊等印第安酋长颁发了和平奖章和证书。[①] "瘦
熊"酋长感谢了总统，起身离开。……

诚然，林肯是一位宽厚善良的政治家，但他很难违拗美
国人剿灭印第安部落的狂热情绪。在接待"瘦熊"等人的前一
年，1862 年，林肯曾下令绞死 38 名印第安酋长，须知这还
是总统尽己所能争取减刑后的结果。[②] 林肯没有欺骗"瘦熊"，
他不能制止"孩子们不那么循规蹈矩"，于是"孩子们"就肆
无忌惮地开始违反条约了。

1862 年，美国国会通过《宅地法》(Homestead Act)，次
年 1 月 1 日，正式生效。著名美国历史学家弗雷德里克·特
纳（Frederick J. Turner）甚至宣称，"奴隶制的问题只是一个偶
发事件"。西进运动才是南北矛盾的根本焦点，真正击败南方
蓄奴州的不是奴隶解放，而是《宅地法》。因为，"拓荒者需要

---

① 科普斯：《大地之泣》，第 2—3 页。
② 参见 Dee Brown, *Bury My Heart at Wounded Knee: An Indian History of the American West*, New York: Holt, Rinehart and Winston, 1970, pp. 59-61。

沿海的货物，因此重大的一系列的内部改良和铁路立法勃然兴焉，产生了强有力的民族化的影响（nationlizing effects）"①。

总之，美国西进运动很快进入了高潮，美国军民屠杀印第安人的运动也随之进入了高潮。

比如 1864 年 11 月 29 日拂晓，一群由地痞流氓组成的"科罗拉多第三骑兵团"扫荡了印第安人在沙溪镇的村庄。其实当地的印第安人根本没有伤害美国人，恰恰相反，他们之前已经主动向美国人求和了。但这完全没有妨碍美国白人发了疯似的看到印第安人就杀。村子里两百多个夏延部落（Cheyenne）的印第安人无一幸免，其中包括三分之二的女人和孩子。一名随军翻译后来说：这些印第安人"被割了头皮，脑浆四溢"；"那些 [士兵] 用刀剖开女人的肚子，用棍棒殴打孩子，用枪托猛击他们的头，直至脑浆四溅，并用各种方式肢解他们的尸体"。这些刽子手非但没有遭到任何惩罚，反而在杀完人以后大摇大摆地纵马进入丹佛，受到了英雄般的欢迎。这次事件史称"沙溪大屠杀"（Sand Greek Massacre）。② 类似的屠杀数不胜数，陆军上尉布里顿·戴维斯（Britton Davis）评价美国人的所作所为：

① 〔美〕弗雷德里克·特纳：《边疆在美国历史上的重要性》，李明译，张世明、王济东、牛丽丽主编：《空间、法律与学术话语：西方边疆理论经典文献》，哈尔滨：黑龙江教育出版社，2014 年，第 81 页。
② 科曾斯：《大地之泣》，第 26 页。

我们对印第安人的阴险狡诈早有耳闻。但与"高贵的白人"相比，若论阴险狡诈，比如位高权重者背信弃义、谎话连篇、偷窃、残杀手无寸铁的女人和孩子，以及干出违背人性、罄竹难书的罪恶勾当，印第安人就纯属"业余"了。[1]

在一场又一场的大屠杀当中，美国军民训练出了一套成熟的"割头皮"艺术。当时印第安人留着长发。美国人一手抓着头发，另一只手拿着小弯刀，熟练地在印第安人的头盖骨底下划出一道三英寸宽的切口，猛地一把揪下头皮，瞬间发出"像爆米花"一样"噗"的一声。被割下头皮的人不会马上死去，他们会因为颅骨暴露在空气和沙尘当中而生不如死。[2]

也许在美国西部拓荒者眼里，印第安战争倒不如说是一场场"狩猎游戏"，印第安人不是敌人，而是猎物。

六、伤膝河惨案

1868 年的《印第安和平专员报告》直言不讳地承认：

如果白人的土地被占，"文明"赋予他合理的理由抵

---

① 科曾斯：《大地之泣》，扉页。
② 科曾斯：《大地之泣》，第 50 页。

抗入侵者。"文明"能做的还不止于此；如果他向错误低头，他就会被贴上懦夫和奴隶的标签。而如果蛮族拿起武器抵抗，"文明"一手拿着《十诫》，一手拿着刀剑，要求立即将其灭绝。①

就在这一年，美国政府与印第安苏族（Sioux）部落签订了第二次《拉勒米堡条约》。1868年的条约规定了大苏族保留地（Great Sioux Reservation）的范围，其中包括他们的圣地黑山。

然后美国人毫不令人意外地撕毁了条约。1874年，美国人在黑山发现了金矿，大批淘金者蜂拥而至，把苏族的圣地挖掘得不像样子。这引发了苏族人的反抗。联邦政府非但不制止本国人民背信弃义的行为，反而出动联邦军队大举进攻苏族部落，把他们轰出了黑山，被迫挤在5个狭小的保留地里。

事情远没有结束，美国人不仅会因为利益而屠杀印第安人，没有利益他们也会屠杀印第安人。尽管美国一贯标榜"尊重个人自由""崇尚文化多元"，但印第安人的土著文化却可能使他们遭受杀身灭族之祸，尽管这些文化没有在任何程度上妨害到美国人。

---

① 科曾斯：《大地之泣》，扉页。

1890 年 10 月初的一天，某位印第安先知在聚会时告诉酋长们，神会帮助他们战胜那些抢夺土地和带来瘟疫的白人，让他们回到从前的日子，可以自由自在地捕猎北美野牛，前提是印第安人必须跟祖先的灵魂共舞。很快，幽灵舞就在印第安部落当中传开了，尤其是丢掉了黑山的苏族。

美国政府知道这件事情后，竟大为恐慌，派出军队前去抓捕跳舞的人。1890 年 12 月 29 日凌晨，美国军队屠杀了至少 146 名苏族人（还有一说是 300 多人），包括成年男性 84 人，妇女 44 人，儿童 18 人。史称"伤膝河惨案"（Wounded Knee Massacre）。[1] 美国人把尸体填进沟壑，还大摇大摆地拍了好几张照片，让我们今天的人也能目睹当年印第安人的惨状。科曾斯（Peter Cozzens）如是评价这场惨案：

> 妥协行不通，打仗打不赢。弹痕累累的"鬼衫"和穿着它们的人一起被埋在伤膝溪孤零零山丘上的万人冢里，充分说明印第安人的宗教也没用。西部已无印第安人的立足之地，只有待在经政府许可认为合适的地方。[2]

"伤膝河惨案"标志着美国"印第安战争"基本结束。一位

---

[1] 对"伤膝河惨案"的研究，参见 Brown, *Bury My Heart at Wounded Knee*。
[2] 科曾斯：《大地之泣》，第 502 页。

年长的拉科塔（Lakota）酋长目睹了从 1851 年《拉勒米堡条约》到 1890 年"伤膝河惨案"的一系列事件。他对一个白人朋友说："政府给了我们很多承诺。我已记不清有多少了，但他们只兑现了一个承诺：他们承诺要拿走我们的土地，他们做到了。"①

从 1863 年至 1891 年，这样的"战争"总共进行了 1 000多次。美国成立前，北美大陆总共生活着数百万印第安人，在枪炮、疾病和饥饿的蹂躏下，至 19 世纪末，仅仅剩下了 25 万印第安人。

七、名不副实的"土著人民日"

按照美国的传统，10 月第二个星期一是"哥伦布日"，为了纪念 1492 年 10 月哥伦布发现美洲新大陆的"壮举"。美国人有理由感谢哥伦布，他为美国人创造了世界上最得天独厚的地理环境。但对于印第安人来讲，哥伦布的到来却是噩梦的开始。

当今反种族主义、反殖民主义呼声高涨，许多美国人纷纷抵制"哥伦布日"，他们把这一天改称为"土著人民日"，以纪念印第安人遭受的不幸和苦难。

---

① 科曾斯：《大地之泣》，第 502 页。拉科塔族，即苏族中的一支。

2021 年 10 月 14 日，又到了"土著人民日"。美国总统拜登宣布，承认"土著人民日"，他向印第安人为美国作出的贡献表示敬意，并坦承印第安人在历史上遭受了残酷的种族歧视和灭绝。毫无疑问，这番表态只不过是当前"政治正确"下的作秀，但终归聊胜于无。

在历届美国政府的驱赶之下，今天的印第安人大多挤在中西部贫瘠地区的保留地里，最大的面积约 6.5 平方公里，最小的只有 0.5 平方公里。尽管这些保留地位于世界头号资本主义强国，但其生存条件却类似于西非内陆或中亚山区，那里交通不便，人迹罕至，普遍缺乏干净的饮用水、宽带网络和完备的医疗设施，是全美国最贫困的地方。

据美国人口普查局 2020 年的统计报告，2020 年 6 月美国印第安人的失业率达到 12.4%，几乎是白人的两倍。2019 年，约 25.4% 的美国印第安人生活在贫困线以下，几乎是白人的 3 倍。在某些地区，印第安居留地的失业率甚至高达 70%—80%，有 40% 的家庭处于贫困线以下。例如在怀俄明州，居留地内印第安人的平均寿命比全州平均水平低 16.3 岁因糖尿病、慢性肝病死亡的人数分别是白人的 4.6 倍和 8 倍！ [1]

---

[1] 参见张梦旭：《"印第安人一直遭受美国政府歧视和不公正对待"》，《人民日报》2021 年 8 月 9 日第 16 版；《在美国印第安人保留地体会"绝望"》，《环球时报》2021 年 10 月 14 日第 7 版。

不仅如此，美国人还习惯在印第安人的居留地储存核废料。^①那里是与发达资本主义文明平行的另外一个世界，尽管它们同处于一个国家。

滑稽的是，这些与文明隔绝的印第安居留地，倒为某些作家提供了丰富的想象空间。1931 年，英国保守派作家阿道斯·赫胥黎（Aldous Leonard Huxley）出版名著《美丽新世界》，书中塑造了野蛮人约翰（The Savage John）的印第安人形象。在人们像宠物一样被圈养起来的大工业福利社会时代，野蛮人约翰顽强地恪守基督教义，他相信人具有自由意志，甚至常常用鞭子抽打自己，以像上帝忏悔。纸醉金迷的消费主义文化让野蛮人约翰无所适从，最终选择了上吊自杀。^②

被美国人隔离在外的印第安人竟然避免了文明的"乌托邦统治"，成了保守派人士"礼失求诸野"的对象，这不能不说是一个巨大的讽刺。真不知道当年丧生于美国清教徒枪炮的印第安人泉下有知，会作何感想？

---

① 美联社 2000 年 12 月 2 日电：《美国在印第安人保留地贮存核废物》，伍浩松译，哈琳校，《国外核新闻》2000 年第 12 期，第 31 页。
② 参见〔英〕赫胥黎：《美丽新世界》，王波译，重庆：重庆出版社，2005 年。

第三章　作为西太平洋国家的美国

美国人从什么时候开始在中国的家门口搞小动作的？

从古巴到菲律宾。

哥伦布为后来的美国人创造了得天独厚的地理条件，他们拥有大西洋和太平洋这两条世界上最宽的护城河，可以使美国能够远离欧亚大陆的政治纷争，专心致志地掠取印第安人的土地、发展其工业。这也造成了美国人长期以来的孤立主义传统。

对于美国人而言，西半球以外的世界是陌生的。直到1884年，他们才第一次参加西半球以外的国际会议，即柏林会议。但柏林会议的主题是瓜分非洲，美国没有直接参与其中，他们仍像是发表个人意见的旁观者。这种情况到了19世纪最后一两年时，才有所改变。

1898 年 4 月 25 日至 8 月 12 日，美国与西班牙爆发了一场战争，史称"美西战争"。通过这场战争，美国人掠取了西班牙在亚洲的殖民地菲律宾。滑稽的是，战争开始后，除了美国海军以外，绝大多数美国人都不知道菲律宾在哪里，就连时任美国总统麦金莱（William Mckinley）也是如此！

麦金莱坦承："我们收到来自海军上将的电报，他告诉我们已经占领菲律宾，我开始在地球仪上查找他的位置。我也不知道这些该死的岛屿究竟在什么地方。"1898 年《北美评论》上刊登了一篇题为"远东的古巴"（"The Cuba of the Far East"）的文章，"美国公众这才第一次公开谈到菲律宾独立革命"[1]。为了引起美国公众的关注，美国媒体不得不把菲律宾类比古巴，这两个地方都是西班牙的殖民地，也都爆发了反抗西班牙统治的人民革命，只有将菲律宾跟古巴扯上关系，才能让美国读者看得懂那里发生的事情。

当时的美国人还在热情洋溢地歌颂菲律宾人民起义，但短短一年以后，情况颠倒了。1899 年 11 月 21 日，麦金莱总统会见传教士领袖，他主动谈起决定占领菲律宾的动机，他说菲律宾是"来自上帝的礼物"。[2] 从"远东的古巴"到"来自上帝

---

[1] 〔美〕詹姆斯·布拉德利：《1905 帝国巡游：美国塑造亚太格局的伏笔》，刘建波译，北京：北京联合出版公司，2016 年，第 68 页。

[2] 李靖：《美国殖民菲律宾的过程、原因及影响——基于 1898 年马尼拉之战的研究》，北京：北京大学博士学位论文，2021 年 5 月，第 3 页。

的礼物"，这中间发生了什么？美国人会如何对待菲律宾反抗
西班牙统治的人民革命？

一、滑稽的战争

1893 年，美国爆发严重的经济危机，当年就有超过 500
家银行倒闭，1.5 万家公司破产，制造业里至少三分之一的工
人失业。至 1894 年冬季，芝加哥共有 10 万失业者，差不多每
五个工人中就有两个失业。[①] 为了尽快摆脱经济危机的阴影，
1894 年，民主党主导国会通过了《威尔逊–戈尔曼关税法案》
（*Willson-German Tariff Act*）：第一，降低关税；第二，开始征
收 2% 的个人所得税；第三，把糖从免税清单中删除。正是这
第三点打中了古巴的要害。

19 世纪后期以来，古巴人民一次又一次地发起了反抗西
班牙统治的运动，但无一例外地遭到西班牙殖民当局的血腥镇
压。1893 年的美国经济危机也严重影响到古巴。1894 年，正
当古巴百业萧条之际，《威尔逊–戈尔曼关税法案》正式生效，
原糖价格瞬间崩溃，许多古巴人因此而失业。1895 年 2 月 24
日，愤怒的古巴人民把怒火发泄到西班牙殖民当局头上，他们

---

① 〔美〕卡罗尔·帕金等：《美国史》中册，葛腾飞、张金兰译，上海：东方
　　出版中心，2013 年，第 391 页。

发起新一轮的人民革命。

1896 年，西班牙派遣新任总督维勒尔–尼古拉乌（Valeriano Weyler y Nicolau）前往古巴镇压革命。此人冷酷无情，屠杀了大量古巴平民，引发美国舆论的一致声讨。当年 4 月 6 日，美国参众两院通过决议，要求政府支持古巴反抗者，"帮助"古巴获得独立。

次年 4 月 19 日，西奥多·罗斯福（Theodore Roosevelt）就任美国海军部长。他上任不久即责成美国海军做好与西班牙开战的准备。又过了不到一年，1898 年 2 月 9 日，《纽约日报》曝光一封西班牙驻美公使恩里克·杜普伊·德洛美（Enrique Dupuy de Lome）发往哈瓦那的信件，据说这封信件是由古巴革命者截获并转交给美国人的。信里挖苦麦金莱总统是"软弱的人，喜欢哗众取宠"，并暗示西班牙政府承诺在古巴的实施改革只不过故作姿态。[①] 信件一经披露，美国舆论大哗，反西班牙的呼声更加高涨，战争一触即发，缺的只是一个借口。几天以后，借口来了。

2 月 15 日，停泊在哈瓦那港口、以保护美国侨民安全的美国缅因号战列舰突然大爆炸，260 多名官兵丧生，军舰沉没。尽管没有任何证据表明是西班牙人的所作所为，但美国政

---

① 帕金等：《美国史》中册，第 413 页。

府还是决定抓住机会大做文章。海军部长罗斯福当即指责西班牙"背信弃义""残暴不仁"。一时间，美国公众纷纷喊出"记住缅因号"的口号。①

4 月 20 日，美国国会两院联合宣布，承认古巴独立。两天以后，美国海军封锁古巴港口，美西战争爆发。这场战争的原因是美西两国争夺对古巴的控制权，菲律宾不过是个"添头"。因此美国舆论只有把菲律宾人民反抗西班牙的斗争与古巴革命等同起来，才能让公众支持美军在菲律宾的行动。

西班牙是 16 至 17 世纪的欧洲霸主，美国则是当今世界的霸主，前者在 19 世纪末时早已衰落，后者则尚未崛起。双方的军事实力决定了战争规模十分有限。以当时欧洲军事强国的标准看，美西战争还多少有点可笑。

早在 1891 年，西班牙海军将领德尔·里奥（Del Rio）就建议加强菲律宾的防务，尤其应在苏比克湾（Subic Bay）配置强大的岸防炮阵地和海军预备队。苏比克湾位于菲律宾吕宋岛西部，是扼守马尼拉的门户。德尔·里奥设想，如果敌军进攻苏比克湾，则西班牙守军正好利用这里主航道狭窄的有利地形，通过岸防炮挨个"点名"敌方军舰；如果敌军绕过苏比克湾，直接进攻马尼拉，则西班牙海军预备队可以前出截断敌军

---

① 几年后，一份调查报告表明，缅因号爆炸的原因很可能是内部火灾。参见帕金等：《美国史》中册，第 413 页。

登陆部队的后勤路线。然而，当时西班牙却在这个战略要地兵力薄弱，德尔·里奥忧心忡忡地说道：

> 如果敌军的将领发现苏比克其实并无驻军，他自然就牢牢占据住马尼拉。那我们的舰队能有何作为？如果敌军攻击位于甲米地的军火库，我们的舰队就几乎只能眼睁睁地发现自己一步一步被敌军歼灭，却无能为力。[①]

应当说这个的建议是务实且富有洞见的，它很快得到了西班牙军方的采纳。然而西班牙殖民军队每天只关心怎么享受阳光、美女、海滩和休假，根本不在乎军事上防患于未然。哪怕战争迫在眉睫，他们也是无所谓的心态。各部门相互推诿，工程部指责海军没有按期运送水泥，海军说那都是军械部的责任，直到 1898 年战争爆发时，苏比克湾的军事基地仍然停留在各种计划当中。

美国人比西班牙人上进得多，但他们同样粗枝大叶，对于现代战争极端重视纪律性和保密性无甚概念。后来连美国人自己都痛斥："美国对马尼拉的攻击可以说战争史上保密最糟糕的战争之一，杜威开赴马尼拉的情报，由于美国外交官透露给

---

① 转引自李靖：《美国殖民菲律宾的过程、原因及影响》，第 59 页。

了德国外交官，然后又从德国通过电缆传到了西班牙国内；更荒唐的是，《纽约太阳报》(*the New York Sun*) 甚至撰文，告知它的读者们，让他们注意即将发生的战争。"①

西班牙政府至少在 1898 年 1 月，也就是战争爆发的前三个月就掌握了美国的军事计划，但西班牙人却丝毫不打算做什么，他们"正怀着紧张而又听天由命的复杂心态等待着美国人的到来"②。这就好比一个严重的拖延症患者，明明知道如果不在最后期限（Deadline）到来以前，完成上司交办的任务，将会面临严重的后果，但他就是赖在床上，鼓不起劲下床干活。

1898 年 4 月 27 日，美国海军亚洲舰队司令乔治·杜威（George Dewey）率军离开中国的香港岛，向菲律宾进发。5 月 1 日早晨，双方在马尼拉附近海面爆发战斗，美西两军的战舰比是 7 : 10，西班牙还要多三艘，但结果是海战仅仅进行到中午，西班牙舰队就全军覆灭，阵亡 381 人，美军仅仅 1 人死去，还是因为中暑！ 6 月 21 日，一艘美国巡洋舰进攻关岛，岛上的西班牙守军竟然不知道战争已经爆发，美舰一到，他们就立即乖乖地投降了。③

---

① Brad Berner, ed., *The Spanish-American War: a Documentary History with Commentaries*, Madison: Fairleigh Dickinson University Press, 2014, p. 162. 转引自李靖：《美国殖民菲律宾的过程、原因及影响》，第 59 页。
② 李靖：《美国殖民菲律宾的过程、原因及影响》，第 59 页。
③ 帕金等：《美国史》中册，第 415 页。

图 5-6　美西战争期间的马尼拉湾海战

　　古巴的战争也同样滑稽，海军部长罗斯福为了享受"作战的乐趣"，满足当英雄的自我期待，决定亲自率兵上前线参战。他定制一套粉蓝色的陆军制服，急急忙忙组织"第一义勇骑兵团"，成员包括大学体育健将、刑满释放人员、南方农民和印第安人。当第一义勇骑兵团在古巴西南部登陆后，立即乱成一团，后勤部门更是忙中出错，把马送到了其他地方，结果所谓的"骑兵团"只有罗斯福一人骑马。尽管第一义勇骑兵团并没有在战争中发挥多大作用，但罗斯福却摆足了威风，全国各地报纸纷纷赞扬他是"战斗英雄"。[1]

　　总之，经过一百多天的"激烈"战斗，美军以微弱的代价赢得了这场玩世不恭的战争。8月12日，西班牙政府请求停战。12月10日，美西双方在巴黎签订和约，西班牙承认古巴"独立"，把关岛和波多黎各割让给美国。此外美军还顺带夺取了威客岛。

　　需要强调，尽管美国政府一再声称"对于古巴没有野心"，

图5-7　1898年12月，美西战争结束，双方在巴黎签订和约

---

① 帕金等：《美国史》中册，第416页。

但它仍然全方位地控制古巴的内政外交，古巴名义上"独立"了，但它成为美国事实上的"保护国"，直到1959年卡斯特罗兄弟带领古巴人民革命成功。

相比古巴，"远东的古巴"更为荒唐！

二、"马洛洛斯共和国"

1896年8月，菲律宾爆发反抗西班牙殖民统治的人民革命。事实证明，西班牙军队在西方强国面前不堪一击，但镇压群众却是一把好手。1897年12月，在西班牙殖民军的残酷镇压下，菲律宾独立运动受到严重挫折，陷入低潮。独立运动领袖埃米利奥·阿奎纳多（Emilio Aguinaldo）被迫与西班牙人妥协，隐退香港。

不久以后，美国人找上门来了。1898年3月16日至4月6日，亚洲舰队"海燕"号军舰的舰长爱德华·伍德（Edward P. Wood）在香港多次会晤阿奎纳多，他向阿奎纳多保证，美国会支持他的独立事业。伍德信誓旦旦地说："美国是一个伟大而富足的国家，不需要，也不要求殖民地。"①

后来阿奎纳多因为财产纠纷来到新加坡，他与伍德的谈判

---

① 金应熙主编：《菲律宾史》，开封：河南大学出版社，1990年，第385页。

暂时中断。美国驻新加坡领事普拉特（Spencer Pratt）又找上门来，他向阿奎纳多保证，美国对近在咫尺的古巴都毫无攫取的意思，更不用说万里之遥的菲律宾了。阿奎纳多不相信，要求跟普拉特签订一份书面协议。普拉特连忙宣称，没有必要，杜威总司令和美国领事的话"实际上是最庄严的誓约"，他们的口头许诺和保证"比书面协议更神圣，不会像西班牙人那样食言"。最终，阿奎纳多同意配合美军的行动。①

1898年6月12日，阿奎纳多在菲律宾甲米地省（Cavite）的卡维特市（Kawit）发表独立宣言，庄严宣布菲律宾已经从西班牙的统治下解放出来了。98名来自各个阶层的代表在"独立宣言"上签字。随后，菲律宾革命者组织了自己的军政府部门，并任命了各部部长。

8月1日，菲律宾全国各镇主席会议在巴科奥尔市（Bacoor）召开，共有16个省份的各镇地方行政官出席会议。会议批准6月12日的卡维特独立宣言，109名镇主席在文件上签名，声明他们"庄严地向全世界宣告菲律宾独立"，并承认阿奎纳多为革命政府的总统。②

总之，菲律宾民族独立运动严重打击了西班牙殖民统治者，有力地配合了美军的行动。西班牙在菲律宾的统治再也维

---

① 金应熙主编：《菲律宾史》，第385页。
② 参见金应熙主编：《菲律宾史》，第389—390页。

持不下去了。美国军舰早已封锁马尼拉附近海面，美国陆军已经准备妥当，只等一声令下，美军和菲律宾革命军就能两路夹击马尼拉，正式终结西班牙殖民政府。

然而令人愤怒的一幕出现了，正当菲律宾革命者满怀欣喜地等待即将到来的胜利时，美国人在干什么呢？他们迟迟不发动进攻，反而私下与西班牙殖民者秘密谈判。双方达成协议，为了保全西班牙人的面子，美军假模假样地发动一场进攻，西班牙稍作抵抗，就把马尼拉"转让"给美军，而不让菲律宾革命军染指。

不知真相的菲律宾革命军从北、东、南三个方向奋力进攻马尼拉，与西班牙守军爆发激烈的战斗。美军却装模作样地在马尼拉西侧空放大炮。

8月13日下午1时，美军向马尼拉发起"总攻"。西班牙军队象征性地抵抗一阵就缴械投降了。是役，美军仅仅阵亡6人，伤44人，却俘虏1.3万西班牙军人，缴获2.2万件武器，1 000多万发子弹。美军进城后，立刻严密布防，阻止菲律宾革命者进城，彻底撕下了"盟友"的伪装。[1]

在美军的压力下，菲律宾革命军政府被迫"迁都"至马洛洛斯镇（Malolos）。9月15日，马洛洛斯国会召开，29日，

---

① 参见金应熙主编：《菲律宾史》，第391—392页。

正式确认了 6 月 12 日卡维特独立宣言。随后，国会选举阿奎纳多为菲律宾历史上第一位总统。11 月 29 日，国会又通过了菲律宾历史上第一部人民宪法，史称"马洛洛斯宪法"。宪法规定菲律宾主权属于全体人民，采用三权分立的政治体制，奉行政教分离的原则。次年 1 月 21 日，阿奎纳多总统正式颁布宪法，1 月 23 日，菲律宾共和国宣告成立，史称"菲律宾第一共和国"或"马洛洛斯共和国"。

无论从哪个角度看，菲律宾共和国都符合美国人鼓吹的"文明"标准。然而美国人恰恰不允许他们这么快就"文明"！

三、"训练自治"

1898 年 12 月 10 日的美西《巴黎和约》(*Treaty of Paris*) 明确规定，西班牙以 2 000 万美元的价格把菲律宾"出售"给美国！"这是美国历史上第一份让其取得新的领土但未赋予当地居民美国公民权的条约"，"美国已经成为一个殖民国家"[1]。从西班牙人手里"买"来的东西，怎么能轻易让给菲律宾人民呢？

1899 年 1 月 9 日，美菲双方代表在马尼拉开始谈判。谈判持续了 20 天之久，美方非但不肯承认菲律宾共和国，还要

---

[1] 帕金等：《美国史》中册，第 418 页。

求菲律宾革命者放下武器，向美军投降。菲律宾革命者当然不答应这些无理要求，尤其不会答应美国人成为他们的"主权者"，1月29日，谈判破裂。此时美军已经做好了发动新一轮战争的准备。

2月4日晚8时左右，美军开枪打死一名菲律宾士兵，美菲战争爆发。尽管美国人当初口口声声要"帮助菲律宾人民摆脱西班牙的残酷统治"，但事实上，美军对待菲律宾革命军要远比对待西班牙殖民军来得残酷。美国政府共投入3亿美元，出动12.6万名士兵，残忍杀害1.6万名菲律宾革命者，另有20万菲律宾平民死于饥饿和瘟疫。

在镇压菲律宾人民的战争中，一个叫作阿瑟·麦克阿瑟（Arthur MacArthur）的美国陆军准将"战功卓著"，美国报纸纷纷赞扬此人的"丰功伟绩"。战后，麦克阿瑟荣登菲律宾的军事总督。

没错，他就是大名鼎鼎的道格拉斯·麦克阿瑟（Douglas MacArthur）的父亲。1922年底，道格拉斯子承父业，出任马尼拉军区司令。1937年12月31日，此人又出任菲律宾陆军总司令，成为菲律宾实际上的统治者。第二次世界大战以后，他又充当日本的"太上皇"，成了东亚最有权势的人。

1901年3月23日，菲律宾总统阿奎纳多被美军俘虏，随后被押往马尼拉。在阿瑟·麦克阿瑟的威逼利诱之下，阿奎纳多选择了妥协。4月1日，他公开声明"效忠美国"。4月19日，阿奎纳多又发表宣言，规劝人民接受美国的统治，号召人民"停止流血"，"终止流泪和悲叹"。[①] 阿奎纳多的叛变严重打击了菲律宾革命军的士气，起义很快走向失败，菲律宾第一共和国就这样覆亡了。

毫无疑问，背信弃义、恩将仇报、卸磨杀驴、过河拆桥……这些只不过是西方殖民史中再常见不过的套路，美国人的所作所为一点也不比欧洲人更凸出。然而美国人终归不同于欧洲人，不是因为他们有更高尚的道德品质，而是因为他们善于找更冠冕堂皇的理由。

美国人总是认为，他们是自由、开明和包容的，是人类文明进步的象征。跟工于算计的欧洲权棍判然有别，美国人性格耿直、处事公道，不会沉湎帝国主义事业。然而热衷于传播共和理念的美国人如今却推翻了一个倾向他们的共和政府，这个悖论该如何解释呢？

1899 年，耶鲁大学社会学家威廉·萨姆纳（William Sumner）就宣称，美国西进运动不是帝国主义，它只是"理性扩张"，目的是为更多的人带来自由与繁荣。[②] 同年，著名

---

① 金应熙主编：《菲律宾史》，第 434 页。
② William Sumner, *The Conquest of United States by Spain*, Dana Estes & Company, 1899, p. 10.

社会学家富兰克林·吉丁斯（Franklin Giddings）也撰文宣称，美国侵占菲律宾的目的是商业扩张，因此要远胜过专制排外的"东方帝国"。吉丁斯接着指出，既不同于"俄罗斯帝国"或"中华帝国"，也不同于"拿破仑帝国"，"盎格鲁－撒克逊人"联合起来的"帝国"将有助于民主共和体制的扩展。①

这类说法不仅出现在学术界，也频繁见诸政客的笔端。1899 年，海军部长西奥多·罗斯福撰写《扩张与和平》一文，声称美国绝不推行帝国主义的扩张，它推行的是"文明与和平的扩张"。罗斯福说道："文明的每一次扩张都带来和平；换言之，每一个文明大国的扩张都意味着法律、秩序和正义的胜利。"在罗斯福看来，美国在菲律宾所做的正是这样的事情。他警告说，倘若"文明"国家放弃扩张，便会让"野蛮"国家得利，进而危害世界和平。② 罗斯福绝非等闲之辈，他深受美国人的爱戴。1901 年，麦金莱总统被刺身亡，罗斯福接任总统职位。他被誉为美国历史上最出色的总统之一，其雕像与华盛顿、杰斐逊、林肯一道矗立在拉什莫尔山国家纪念公园（Mount Rushmore National Memorial）。罗斯福的言论，应该具

---

① Franklin Giddings, "Imperialism?", *Political Science Quarterly*, Vol. 13, no. 4 (December 1898), pp. 589, 604.

② Theodore Roosevelt, "Expansion and Peace," *Outlook*, Vol. 4, no. 101 (January 6, 1900), pp. 736–737. 以上三条，转引自刘义勇：《美国外交中的"扩张"与"帝国主义"话语（1898—1914）》，《世界历史》2022 年第 2 期，第 4、6 页。

有广泛的代表性。

既然美国侵略菲律宾的理由是带去"民主共和"或"和平正义",那么他们需要论证菲律宾人没有独自建立共和国的能力,否则美国推翻一个"三权分立"的共和国就是不正当的。对此,麦金莱总统解释道:

> 我们不能放任它们不管,因为它们并不适合自治(self-government),如果我们放任不管,那里会很快陷入比西班牙统治更糟糕的无政府和暴政状态中……我们别无选择,只能全盘接手这些岛屿,教育、提升(uplift)、教化(civilize)那些菲律宾人,并使他们皈依基督教……[1]

1899年1月,麦金莱任命第一届菲律宾委员会(the Philippine Commission),又称为"舒尔曼委员会",以调查菲律宾的基本情况,为统治菲律宾提供资政信息。一年以后,1900年1月,舒尔曼委员会提交了一份详细的报告,其基本结论是,美国在菲律宾的目标是建立"一个自由、自治并统一的菲律宾联邦",实现该目标的唯一手段,就是美国的占领、

---

[1] James Ford Rhodes, *The McKinley and Roosevelt Administrations, 1897 - 1909*, New York: Macmillan Company, 1922, pp. 106-107. 转引自吴双:《文明、进步与训政:孙中山训政思想与美帝的菲律宾经验》,《开放时代》2019年第6期,第114页。

指导和教化。

报告把菲律宾群岛居民统称为"Filipinos"，他们源于三大种族——矮黑人（Negrito）、印度尼西亚人（Indonesian）和马来人（Malayan）。显然，这些暗黄色人种或者棕色人种都是"野蛮"或"半文明"的种族，生性懒惰又桀骜不驯，缺乏起码的自治能力。报告进一步把三大种族分成84个小部落，又将这些部落划分成从"野蛮"到"文明"的不同等级。"这种划分暗含的逻辑是，既然'Filipinos'只是多个截然不同的人群的松散集合，尚未形成统一的民族，也就不存在所谓'菲律宾民族'或者'菲律宾人民'这个主权权力主体，因此菲律宾群岛的局面尚不具备独立建国的能力；换言之，不具备'自治能力'。"①

既然菲律宾人尚且不具备自治能力，那么阿奎纳多领导的菲律宾共和政府岂不就是个早熟的怪胎？美国人出尔反尔，推翻菲律宾共和国，不也正当合理吗？通过上述"科学研究"或"理性判断"，美国人完成了侵略菲律宾的自我正当化叙述。

按照这个逻辑，美国人统治菲律宾的目的，就是为了训练菲律宾人民的"自治能力"，让他们将来能够成为"合格的"共和国。1902年7月，美国国会通过了《菲律宾组织法》，

① 吴双：《文明、进步与训政：孙中山训政思想与美帝的菲律宾经验》，《开放时代》2019年第6期，第115页。

"监督"菲律宾选举议会、组织政府。由美国政府任命的"菲律宾委员会"成为菲律宾实际上的统治者，它的主席就是兼任菲律宾总督的威廉·塔夫脱（William Howard Taft）。很大程度上得益于在菲律宾的表现，塔夫脱深受老罗斯福的厚待，并在1908年成功当选美国第27任总统。

四、美菲战争与近代中国

1898年吞并夏威夷、侵占菲律宾，美国在这一年正式完成了它"跨越太平洋"的壮举，从美洲国家一跃而为亚洲国家，亚太主义从此渐渐成为美国外交的重要面相。次年，美国就正式提出针对中国的"门户开放"政策，意图从英、法、俄、日、德等国手里"分我一杯羹"。[①]

美国的侵略与菲律宾的反抗不可能不引发中国进步人士的关注。1899年，欧榘甲就发表文章《论非律宾群岛自立》，号召国人以菲律宾革命军为榜样："夫以小岛而抗大国，转辗周岁，而大国卒无如何，而终听其自主，况我中国土地之大、人数之众，万万于菲律宾者乎！非律宾尚可自立，安有中国不可

[①]〔美〕欧文·拉铁摩尔：《亚洲的决策》，曹未风等译，北京：商务印书馆，1962年，第11—12页。

自立之理哉？"①梁启超也撰文《论美菲、英杜之战事关系于中国》，提醒国人千万注意美国针对中国的野心：

> 美之构难于菲立宾也，实美人经略亚洲之第一著也。美国自开国以来，守闭关独立主义，不与闻他洲之事。近岁以来，为生存竞争之力所迫，不能不伸其远踪于西半球之外，于是一举而干预古巴，再举而合并檀岛，三举而经营菲立宾。比者瓜分中国与欧人均沾利益之议，且明见诸公文矣。今兹之役使美国而胜，则太平洋东、西岸（西岸，本国；东岸，菲立宾。）与中央（檀香山。）之海权，皆归于美国之手。美人用菲立宾以经略中国东南海岸诸省，其力不让与欧洲列雄，而我卧榻之侧又增一虎矣。故美国而胜，可以速中国瓜分之局。②

这番关于美帝国主义的论述，无疑发人深省，极具洞见。不仅如此，梁启超还热情洋溢地歌颂菲律宾革命者勇于抗争的精神："菲立宾之逐西而抗美也，实我亚洲倡独立之先锋，我黄种兴民权之初祖也。菲立宾而胜，可以为黄种人吐气，而使白

---

① 无涯生：《论非律宾群岛自立》，《清议报》第 25 期，1899 年，第 2a 页（文页）。
② 梁启超：《论美菲、英杜之战事关系于中国》，汤志钧、汤仁泽编：《梁启超全集》第 2 集，北京：中国人民大学出版社，2018 年，第 211—212 页。

种人落胆。"①

这些进步人士中，尤为值得一提的是孙中山。孙中山先生曾经与菲律宾革命者有过往来。1900 年 10 月，兴中会发动惠州起义，还得到过菲律宾革命者提供的武器。这使得孙中山也曾梁启超一样，拿德兰士瓦和菲律宾的例子鼓舞国人："那非洲杜国不过二十多万人，英国去灭他，尚且相争至三年之久；菲律宾岛不过数百万人，美国去灭他，尚且相持数岁；难道我们汉人，就甘心于亡国！"②

然而，当美国在菲律宾殖民统治日趋稳固以后，孙中山的看法变了。尤其是美国训练菲律宾人"自治"的做法，又不经意间启发了他。以至于孙氏经常拿菲律宾的例子宣扬"训政"的重要性。比如《建国方略》鼓吹：

> 美国之欲扶助非岛人民以独立也，乃先从训政着手，以造就其地方自治为基础。至今不过二十年，而已丕变一半开化之蛮种，以成为文明进化之民族。今菲岛之地方自治已极发达，全岛官吏，除总督尚为美人，余多为

---

① 梁启超：《论美菲、英杜之战事关系于中国》，《梁启超全集》第 2 集，第 212 页。

② 孙中山：《在东京〈民报〉创刊周年庆祝大会的演说》，广东省社会科学院历史研究室等合编：《孙中山全集》第 1 卷，北京：中华书局，1981 年，第 324 页。

土人所充任，不日必能完全独立。将来其政治之进步，民智之发达，当不亚于世界文明之国。此即训政之效果也。美国对于菲岛何以不即许其独立，而必经一度训政之时期？此殆有鉴于当年黑奴释放后之纷扰，故行此策也。我中国人民久处于专制之下，奴性已深，牢不可破，不有一度之训政时期以洗除其旧染之污，奚能享民国主人之权利？①

1920 年 11 月，孙中山在上海国民党本部会议的演说中强调：

> 中国奴制已经行了数千年之久，所以民国虽然有了九年，一般人民还不晓得自己去站那主人的地位。我们现在没有别法，只好用些强迫的手段，迫着他来做主人，教他练习练习。这就是我用"训政"的意思。斐律宾的自治，也是美国人去训政，现在二十年了，他们已经懂得自治，所以美国给他自治；不过中央政府还要美国派一个监督去训练他。②

---

① 孙中山：《建国方略》，《孙中山全集》第 6 卷，北京：中华书局，1985 年，第 211 页。
② 孙中山：《在上海中国国民党本部会议的演说》，《孙中山全集》第 5 卷，北京：中华书局，1985 年，第 401 页。

这也算是美国殖民菲律宾给中国带来的一个意外影响吧！ ①

孙中山"训政"理论究竟如何？历史自有公论。但毫无疑问，他对于美国野心的认识，远远比不上梁启超。菲律宾距离美国太远，人口又多，美国人很难正式兼并它，何不如扶持傀儡政权，暗中操纵？这样既能控制战略要冲、捞取商业利益，又不用承担社会治理之指责，此乃英国殖民者"非正式帝国"的把戏。所谓"训练菲律宾人自治"充其量不过扶持亲美政权的必要步骤而已，即便菲律宾二战后获得"独立"，美国势力又何曾真正离开过？

---

① 孙中山"训政"学说与美国殖民菲律宾的关系，参见吴双：《文明、进步与训政：孙中山训政思想与美帝的菲律宾经验》，《开放时代》2019 年第 6 期，第 108—125 页。

余论：西进运动、门户开放与冷战的根源

> 什么是美国精神？美国精神从哪里起源？
>
> 英格兰清教徒在不断戕害印第安人的生命、圈占印第安人的土地、灭绝印第安民族的过程中，变成了真正的美国人。

历史学研究过去，却总在反映当下。美国的历史源头在哪里？这个问题往往关乎美国精神是什么。

罗马史学家塔西佗（Publius Cornelius Tacitus）曾描述古代日耳曼部落的军事民主制及其粗朴醇厚的民风，这对于欧洲近代共和主义的影响深远。许多美国学者也乐于把美国自由宪政的源头追溯到古代日耳曼社会。这种观点无疑在强调，美国精神的源头在欧洲。

这套说辞在 1893 年遭到了致命打击。这一年，弗雷德里克·特纳在美国历史学协会上宣读了论文《边疆在美国

图5-8 美国的精神？林肯纪念堂的亚伯拉罕·林肯雕像

历史上的重要性》，正式提出美国历史的"边疆假说"。特
纳宣称：

> 美国史在很大程度上是一部对大西部的拓殖史。一个
> 自由土地区域的存在及其不断的收缩，以及美国定居地的
> 向西推进，可以说明美国的发展。①

---

① 特纳：《边疆在美国历史上的重要性》，《空间、法律与学术话语》，第58页。

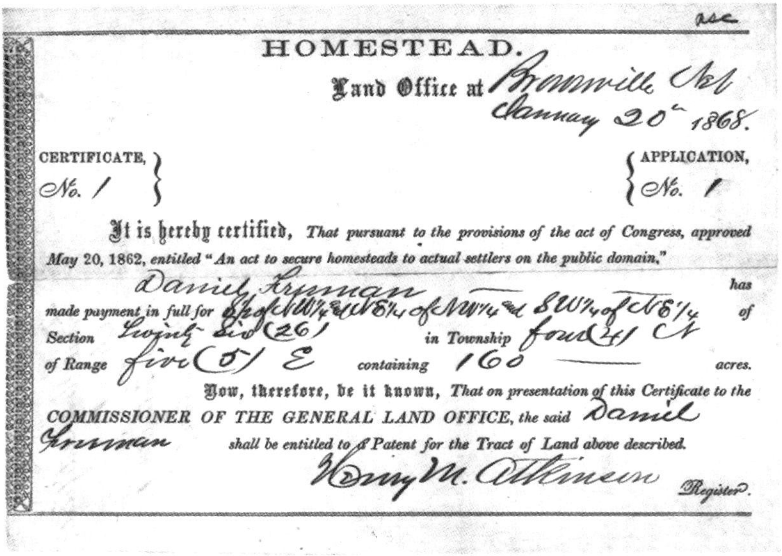

HOMESTEAD.

Land Office at Brownville Neb
January 20th 1868.

CERTIFICATE, No. 1

APPLICATION, No. 1

It is hereby certified, That pursuant to the provisions of the act of Congress, approved May 20, 1862, entitled "An act to secure homesteads to actual settlers on the public domain," Daniel Freeman has made payment in full for S½ of NW¼ & NE¼ of NW¼ & SW¼ of NE¼ of Section Twenty Six (26) in Township four (4) N of Range five (5) E containing 160 acres.

Now, therefore, be it known, That on presentation of this Certificate to the COMMISSIONER OF THE GENERAL LAND OFFICE, the said Daniel Freeman shall be entitled to a Patent for the Tract of Land above described.

Henry M. Atkinson Register.

图 5-9　1862 年宅地法案

一、西进运动与美国精神

美国的边疆不同于欧洲国家的边界。欧洲国家的边界是精确严格的界线，而美国的边疆则是一片广阔的地带，它培养了美国人迥异于欧洲人的精神气质。随着边疆拓殖的深入，美国人距离欧洲人越来越远，也越来越获得欧洲人不具备的品格。用特纳的话说："边疆的推进意味着一场远离欧洲影响的持续的运动，一种在美国的轨道上独立性的持续增长。"①

引人注目的是，特纳还专门讲到英格兰殖民者与法国殖民者对待北美印第安土著的不同态度：

> 法国人的殖民由其贸易边疆所决定，英国人的殖民由其农业边疆所决定。这两种边疆之间的对立就如同这两个国家的对立一般。迪凯纳（Duquesne）对易洛魁人说："难道你们不知道英国国王和法国国王之间的差别吗？去看一看我们国王已经构筑起的堡垒，你就会明白，你将依然能在他们的墙垒之下打猎。这些堡垒为了你们的利益而设置在你们时常出入的地方。而英国人恰恰相反，一旦占有了一块地方后，他们就将猎物赶跑。在他们前进时，森林被夷为平地，土地被暴露出来，以至于你几乎找不到用以建造一处窝棚的过夜之所。"②

简单地说，法国人想着怎么低买高卖，以贸易的形式从印第安人手里套取金银。英格兰人不同，他们想的是怎么把印第安人的土地圈过来。特纳是对的，英格兰清教徒极力想把印第安人的土地变成他们的农场，英格兰清教徒对印第安人采取了最不

---

① 特纳：《边疆在美国历史上的重要性》，《空间、法律与学术话语》，第 60 页。
② 特纳：《边疆在美国历史上的重要性》，《空间、法律与学术话语》，第 71 页。

宽容的策略。

英格兰清教徒在不断戕害印第安人的生命、圈占印第安人的土地、灭绝印第安民族的过程中，变成了真正的美国人。一场又一场的胜利或屠杀使美国人养成了乐观豁达的精神：

> 其结果是，美国智慧的最突出特性的形成归功于边疆。粗鲁与活力加上敏锐与好奇，务实的、创造性的气质倾向，迅速地发现计策，熟练地控制物质，做出的东西缺乏艺术感却强有力让人产生伟大的感觉，那些永不满足的和强健有力的力量，个人主义的突出，全力以赴为善与为恶，热爱自由并且加之保持乐观的心情和生气勃勃的行动——这些是边疆的特征，或者是由于边疆的存在而在别处被焕发出来的特征。①

无疑，在特纳看来，西进运动造就了美国人不受约束的自由个性，这才是美国宪政体制的基石。然而他在讲这番话时，似乎忘掉了俄国人。美国具有广阔的西部边疆，俄国也具有广阔的东部边疆，东部边疆岂不也造就了俄国人截然不同于

① 特纳：《边疆在美国历史上的重要性》，《空间、法律与学术话语》，第92—93页。

欧洲人的精神气质？

俄国的欧亚主义者确实认定，俄罗斯精神不在圣彼得堡，那里太欧洲化了，俄罗斯精神应该源于欧亚大陆的深处，毕竟俄罗斯不是纯粹的欧洲国家，它也是亚洲国家。

真正的"西进运动"并没有终止于太平洋的东岸。当美国完成西进运动伊始，就积极地介入亚洲事务，当它攫取菲律宾后，也成了亚洲国家。美国人的亚太主义与俄国人的欧亚主义不可避免地将在东亚发生激烈的碰撞。

二、"门户开放"与冷战的根源

当代美国冷战史权威约翰·加迪斯（John Gaddis）便把美苏冷战的根源上溯到了 19 世纪末。他这样描述道：

华盛顿的反应是"门户开放"政策，显然这是历史一贯手法的一个例子，即通过宣布公正不阿来追求自身利益。那一战略反映的到底是天真的理想主义还是狡猾的算计，人们可能如同美国历史学家一样充满分歧；也可能是二者兼有。毫无疑问，对从经济上进入中国并保持中国领土完整的美国利益的肯定，与俄国在 1896 年后与中国人达成的安排所建构的势力范围——四年后在义和团起义中俄国加以单方面扩展——是相抵触的。①

我们知道，20 世纪美苏冷战的起点是 1947 年的马歇尔计划和
1948 年的柏林危机，首先爆发于欧洲，然后才是亚洲。但加
迪斯的说法却与这类常识截然不同，**冷战的起点不是欧洲，而
是亚洲，不是 1947 或 1948 年，而是 1896 年。**

那一年的 5 月 18 日，新任沙皇尼古拉二世举行了盛大的
登基大典。狡猾的俄国政府特别指定清王朝派遣李鸿章为特命
全权大使，前往观礼。李鸿章果然没有让俄国人失望。他在 4
月 30 日到达圣彼得堡，仅用了一个月的时间，就在 6 月 2 日
那天与俄方签订了著名的《中俄密约》。本次谈判的俄方代表、
财政大臣维特（Сергей Юльевич Витте）便直言不讳地承认，
李鸿章的所作所为不啻把铁路周边的广大地区割让给了俄国：

> 中国同意割让给我们一条足以建筑和经营这条铁路的
> 狭长的土地。在这片土地以内，铁路公司可以自置警察并
> 行使完全的、不受任何妨碍的权力。关于铁路的修筑或运
> 用，中国不负任何责任。②

---

① 〔美〕加迪斯：《长和平：冷战史考察》，潘亚玲译，上海：上海人民出版
社，2011 年，第 4 页。
② 〔俄〕谢·尤·维特：《维特伯爵回忆录》，〔美〕亚尔莫林斯基编，傅正译，
北京：商务印书馆，1976 年，第 70 页。

令人诧异，这位被今天许多学者目为现代化标杆的洋务派领袖，居然完全看不出《中俄密约》背后的玄机。上海英资媒体《字林西报》通过贿赂得到了所谓的"密约复制本"，并在第一时间抢先曝光，立即引发舆论哗然。尽管《字林西报》披露的内容与真实的条约文本相差很大，但这一"爆料"足以引发西方列强的不安，它们唯恐俄国占得先机，纷纷起而效法，设租界，放贷款，修铁路，开矿山，各自划分势力范围，掀起了瓜分中国的狂潮。

此时的美国人刚刚完成西进运动，两年以后，他们才击败西班牙并占领了菲律宾，正式涉足亚洲事务。此时的列强业已完成了对中国势力范围的划分，美国人来晚了一步。更重要的是，对于世界头号工业强国而言，统一的市场远比地方保护主义更为有利。

自 1898 年 9 月到 12 月，美国务院先后训令驻英、俄、德、法、意、日等六国大使，向各驻在国递交了一份照会。这份照会大概有三项原则构成：第一，各国对他国在中国的利益范围，一概不加干涉；第二，中国现行的税则适用于所有势力范围内的一切口岸（自由港除外）所装卸的货物，不论其所属何国籍，各项关税只能由中国政府征收；第三，各国在势力范围内对他国船只的入港费或他国货物的运输管理费，均不得高于本国船只的入港费或同类货物的运输管理费。它就是近代史上有名的"门户开放"政策。

在美国主流学界看来,美苏冷战的基础就是"门户开放"与"势力范围"之间的矛盾,半个世纪后的马歇尔计划和莫洛托夫计划只不过是这个矛盾的延续。用今天流行的学术语言来说,这是一场"普世帝国"与"大空间"的冲突。[1] 持有类似观点的人当然远不止加迪斯一人,拉费伯尔(Walter Lafeber)在一部再版了十几次的美国大学教材中同样指出:

> 俄国人在兼并了亚洲的土地之后就关闭了这些地方的市场,将他们无力与之竞争的外国商人排除在外,以此确保对帝国领土的控制。这就预示了两国在 19 世纪 90 年代的问题:美国相信,美国要保持繁荣,中国富庶的满洲地区的贸易的"门户开放"就会越来越有必要;而俄国人则决心对满洲的一些地方实施殖民并予以关闭。两个相互敌对的体系相互对抗,这种对抗的严重程度接近两者 1945 年在东欧的对抗,其原因也是庶几类之。[2]

须知"门户开放"既是一项经济政策,又是一项意识形态,此

---

① 例如方旭:《以大空间秩序告别普世帝国》,《开放时代》2018 年第 4 期。
② 〔美〕拉费伯尔:《美国、俄国和冷战》(修订第 10 版),牛可等译,北京:世界图书出版公司,2014 年,第 2 页。

亦如自由贸易既是经济理论，又是道德标签。它直接的对手就是处于东进中的俄国。俄国的工业消费品生产远远落后于欧美国家，这促使俄国总是在周边设立排他性的经济空间，这与"门户开放"截然对立。

三、巨大的隐患

1900 年，美国"海权论"之父马汉（Alfred Thayer Mahan）曾这样评价亚洲局势："日本加入欧洲大家庭的行为充分显示了该国的优秀品质。……亚洲大陆的其他国家看到日本的变化后，也会寻求同样的革新力量使自己复兴。"[1] 马汉这么说的目的，显然是希望扶持日本对抗俄国，毕竟当时美国在远东的力量还太弱，不足以干预俄国侵占中国东北的行动。

也许他的愿望很快就能实现。仅仅过了不到四年时间，日俄战争爆发，西奥多·罗斯福总统随即呼应了马汉的评价："日本是'一个美好而文明的民族，它应该拥有与其他文明国家完全平等的地位'。"[2] 然而美国人失算了，日本人在战胜俄国后，同样划定自己的排他性经济空间，他们也不欢迎美国的

---

[1] 〔美〕马汉，《亚洲问题》，《海权对历史的影响》附录，李少彦等译，北京：海洋出版社，2013 年，第 515 页。

[2] 〔英〕西姆斯：《欧洲：1453 年以来的争霸之途》，孟维瞻译，北京：中信出版社，2016 年，第 250—251 页。

"门户开放"政策。

1944 年，拉铁摩尔（Owen Lattimore）在著作中嘲讽美国的"门户开放"政策是在养虎为患：

> 在这种形势之下有一种感觉，就是日本或可发展成为一只对付俄国的好的看家狗。一个好的看家狗当然有权在南满（俄国的大门口）盘踞一个好狗窝，尽管南满是中国的领土。美国舆情是拥护这种国策的，因为他们认为日本是一个有用而决无危险的国家，因为沙皇从不为美国所欢迎，而沙皇流放政治犯到西伯利亚的作风断非美国人所赞许。因此，西奥多·罗斯福很容易出马担当日俄谈判的斡旋人物，而军事胜负虽未完全定局，朴资茅斯条约竟使日本比它理应得到的还更有利的条件。[①]

拉铁摩尔是正确的，但问题还不止于此。"门户开放"政策根植于亚太主义，亚太主义则源于西进运动，但西进运动还造就了美国任意妄为的政治品格。

特纳一再强调，西进运动培养了美国人有别于欧洲人的独特乐观精神。这种乐观精神是宗教上的"选民"意识。在 20

---

① 拉铁摩尔：《亚洲的决策》，第 11—12 页。

世纪以前，它表现为政治上的孤立主义。"山巅之城"傲然于世外，美国人不关心西半球以外的事务，不关心欧洲人的纷争，他们只在乎怎么从印第安人手里圈地盘。但20世纪以后，尤其是第二次世界大战以后，它就表现为蛮横的单边主义：美国人天命昭昭，有资格代替全人类选择道路，他们可以蔑视其他一切人的观念，独自引领人类的进步。

新保守主义骨干罗伯特·卡根在《天堂与实力》一书的开篇，就气势汹汹地宣称："现在到了停止假装的时候了，我们不能再假装认为欧洲和美国对这个世界拥有共同的看法，甚至也不能再假装认为他们拥有同一个世界。"[1]强健有力的美利坚和柔弱不堪的欧罗巴形成了鲜明的对比，卡根接着说道：

> 强国与弱国对世界的看法自然不同。他们对危险和威胁的估计和判断不同，对安全的定义不同，对不安全的承受力也不同。军事强国比弱国更趋向于认为实力是解决国际关系的有效手段。
>
> ……
>
> 在过去的十几年的时间里，美国和它的欧洲盟国在到底是什么构成了对国际安全和世界秩序无法抵挡的威胁这

---

① 〔美〕罗伯特·卡根：《天堂与实力：世界新秩序下的美国与欧洲》，肖蓉、魏红霞译，北京：新华出版社，2004年，第1页。

个问题上，越来越频繁地发生实质性分歧。例如，在伊拉克问题上，他们就存在很大的分歧。而这些分歧首先反映了彼此的实力差异。①

因此美国可以不在乎任何人的想法，即便是盟友的想法也不重要。只要美国认定是对的，就没有人可以阻拦。卡根的观点不就是特纳学说在当代的延伸吗？如果特纳是对的，那么今天美国的霸权主义岂不在当年的西进运动中就已经生根发芽了吗？

① 卡根：《天堂与实力》，第40、43—44页。

終篇

新帝国与新帝国主义

特朗普主义的诞生标志着逆全球化已经成为谁都无法否认的基本事实。埃伦·伍德和哈特、奈格里都曾认定资本主义全球化是其立论的前提，区别只在于这场全球化是以国家实体推动的，还是以超国家力量主宰的。然而在今天，资本主义全球化本身都成为疑问。全世界民族主义浪潮愈演愈烈，也许在不久的将来，民族国家化会再度成为主流。届时，世界上各个强国会不会在金融和互联网领域划分主权边界？世界政治会不会回归 19 世纪的某些原则？

进入 21 世纪，本已沉寂多年的"帝国"突然再度成为学术界热议的话题。2000 年，两位西方马克思主义理论家美国人迈克尔·哈特（Michael Hardt）和意大利人安东尼奥·奈格里（Antonio Negri）合著《帝国》（*Empire*）一书出版，立刻引发西方思想界学术界的热议。例如阿甘本（Giorgio Agamben）、维尔诺（Paolo Virno）、巴里巴尔（Etienne Balibar）、齐泽克（Slavoj Žižek）、巴迪欧（Alain Badiou）、马舍雷（Pierre Macherey）、拉克劳（Ernesto Laclau）等当红西方左翼学者纷纷介入争论，一时间热闹非凡。

2003 年 1 月，江苏人民出版社即翻译出版《帝国》一书。① 然而当时中国思想界学术界的主流声音仍然是迫不及待地卷入美国主导的全球化秩序，对于这种批判全球化的著作，自然会感到十分隔膜。

当时国人想不到，仅仅十余年后，全球化批判与"帝国"研究也同样成了国内学界的时尚。这显然与中国深度参与国际

---

① 〔美〕哈特、〔意〕奈格里：《帝国：全球化的政治秩序》，杨建国、范一亭译，南京：江苏人民出版社，2003 年。

产业分工有关。必须强调，哈特、奈格里所说的"帝国"是资本主义全球化本身，而不仅是美国霸权，两位作者甚至认为，美国连"帝国"中心都算不上，它只是帝国网络中的某个节点。"帝国"权力是弥散的，没有中心与边缘之分，因此它是超国家的存在；换句话说，"帝国"的崛起削弱了包括美国在内一切国家的主权权力。

一、超帝国主义的"帝国"

我们稍加对比哈特、奈格里出版《帝国》的时代背景，就不难发现，"帝国"会再度得到重视，跟彼时新自由主义全球化浪潮密不可分。如果说苏联解体引发了二战结束以来最后一波民族国家独立浪潮，那么紧接着到来的新自由主义全球化却让"国家主权"再度成了问题。正如克里尚·库马尔（Krishan Kumar）所说，"帝国出现在民族国家之前，或许在将来会再次取代民族国家"①。在 21 世纪伊始，"帝国再次取代民族国家"的时刻似乎即将来临。

美国战略学家罗伯特·卡普兰（Robert Kaplan）甚至大胆地宣称，随着民族国家的萎缩，世界将要再度迈入封建化，只

①〔美〕克里尚·库马尔：《千年帝国史》，石炜译，北京：中信出版社，2019年，第 3 页。

不过新的封建主义是"一种宽厚的封建主义","由于更多和更好的全球机构扩大了对非正义的惩罚范围，国内道德和外交道德之间的鸿沟缩小了。这个世界的联合程度就像波斯古帝国一样，既不多，也不少，我们研究古代越仔细，对这个新世界的了解就越多"①。

毫无疑问，新的全球性帝国绝非如卡普兰预言的那样"宽厚"。这么说也许更准确，"新的封建主义"照样是一种等级制度。这已经成为批判理论界的共识，只不过沃勒斯坦、萨米尔·阿明（Samir Amin）等人认为，当代封建等级制度不仅塑造了中心国家与边缘国家的差异，也塑造了各个国家精英阶层与社会底层的差异；哈特和奈格里则乐观地认为，新帝国不存在严格的中心国家与边缘国家界线，其封建制度的多元差异性将不可避免地创造多元差异的新反抗主体——诸众（the Multitude）。

约而言之，思想界对于新帝国的结构产生了两者截然不同的理解：一种观点认为，新帝国的实质是新帝国主义，它维护美国资本集团在世界体系的中心位置，未来的斗争将发生在边缘国家与中心国家之间；另一种观点则认为，传统帝国主义仍然以国家为主导，但新帝国超越于一切国

---

① 〔美〕罗伯特·卡普兰：《武士政治》，丁力译，西安：陕西人民出版社，2014 年，第 181 页。

家，它不仅侵蚀了第三世界国家的主权，也侵蚀了美国的主权，未来的斗争将是跨国统治集团与跨国革命主体之间的斗争。

上述两种观点的分歧可以追溯到列宁与考茨基的争论。

"帝国主义"最早在英语世界中，专指法国政府的军事扩张政策，"在很长一段时间里，帝国主义作为波拿巴主义或拿破仑主义的同义词，仅出现于公共媒体。拿破仑主义在公共媒体上则意味着'命令与控制整个世界'的恐怖企图"①。

考茨基仍然在这个层面上理解帝国主义，他认为"帝国主义"只是资本主义列强的争霸政策，而不构成资本主义列强的本质，在未来的"超帝国主义"阶段，世界资本主义将形成超国家联盟，届时世界资产阶级与世界无产阶级的决胜时刻才会来临。

对此，考茨基甚至设想："正是资本主义经济受到资本主义国家的对立的最严重威胁。任何一个有远见的资本家今天都要向他的伙伴们大声疾呼：全世界资本家联合起来！"他接着说道，"资本主义还不一定因此就到了穷途末路。从纯粹经济观点看来，它能够继续发展，只要老资本主义国家日益发达的工业还有可能促成农业生产的相应扩

---

① 殷之光：《平等的肤色线——20世纪帝国主义的种族主义基础》，《开放时代》2022年第2期，第73页。

展……在没有达到这个限度以前，它固然可能因为无产阶级日益增长的政治反抗而垮掉，但是它不一定会由于经济崩溃而毁灭"[1]。

列宁则认为，帝国主义不只是政策，更是资本主义列强的本质和必然归宿。未来的历史不存在"超帝国主义"阶段，帝国主义就已经达到了资本主义的最高峰。**在帝国主义阶段，资本扩张的本质与民族国家的形式是高度绑定在一起的。**资本不会超越于某个具体的国家，它只可能以帝国主义国家的方式进行扩张。因此全世界范围内的斗争不只发生在资产阶级与无产阶级之间，也发生在资本主义列强之间，后者对于无产阶级解放运动同样重要。[2]

列宁的名著《帝国主义是资本主义的最高阶段》对于后来的苏联而言十分重要，因为资本扩张必须以帝国主义国家的方式进行，所以反抗资本主义的主要力量也应该以国家的方式存在。**无产阶级当务之急是创立自己的祖国，是创造一个社会主义世界体系与既有的资本主义世界体系相对抗，而不是局限在资本主义世界内部进行斗争。**考茨基设想的阶级斗争是资本主义世界内部的两个阶级的斗争，而列宁设想的阶级斗争则主要

---

[1] 〔德〕考茨基：《帝国主义》，史集译，北京：生活·读书·新知三联书店，1964 年，第 16—17 页。

[2] 参见列宁：《帝国主义是资本主义的最高阶段》，《列宁选集》（第三版修订版）第 2 卷，北京：人民出版社，2012 年，第 623—665 页。

是两个世界之间的斗争。

　　苏东剧变与新自由主义全球化浪潮似乎证明了考茨基的正确。比如帕特奈克（Prabhat Patnaik）就说，虽然列宁的分析框架在 1914—1945 年是有效的，但是第二次世界大战后的形势变化削弱了其当代解释力。[①] 又如威廉姆斯·罗宾逊（William I. Robinson）也指出，当今时代跨国资本流动频繁，列宁以民族国家为基础的帝国主义分析框架已经不再适用于资本主义全球化的新形势。[②]

　　尽管哈特和奈格里在《帝国》三部曲中对于列宁始终抱有敬意，并多次正面引用列宁的观点，但这并不妨碍他们得出与考茨基类似的结论，由全球跨国资本形成的"帝国"已经取代了具有民族国家形式的帝国主义，成了今天世界的统治力量。[③] 例如齐泽克便十分犀利地察觉到哈特、奈格里的《帝国》可算作当代考茨基主义的作品，他在批判《帝国》时针锋相对地提

[①]　参见 Prabhat Patnaik, "Lenin, Imperialism, and the First World War," in *Social Scientist*, Vol. 42, No. 7/8, 2014, pp. 29–46。

[②]　参见 William I. Robinson, "Global Capitalism: The New Trans-nationalism and the Folly of Conventional Thinking," in *Science & Society*, Vol. 69, No. 3, 2005, pp. 316–328。

[③]　参见 Michael Hardt and Antonio Negri, *Empire*, Boston: Harvard University Press, 2000; *Multitude*, New York: The Penguin Press, 2004; *Commonwealth*, Boston: Belknap Press of Harvard University Press, 2009. 其中第三部 *Commonwealth* 的中译本可参见〔美〕哈特、〔意〕奈格里：《大同世界》，王行坤译，北京：中国人民大学出版社，2015 年。

出"回到列宁"的主张。①

综上所述，列宁与考茨基之争会以帝国之争的方式重现于 21 世纪，其主要历史背景是，在新自由主义全球化浪潮之下，主权国家还有多大的效力？

二、"帝国"与"资本的帝国"

哈特和奈格里的《帝国》遭到了埃伦·伍德（Ellen M. Wood）的激烈批评，伍德嘲讽道："我们不断地被告知——不仅是被传统的'全球化'理论，而且也被诸如迈克尔·哈特和安东尼奥·内格里的《帝国》这样的时髦论著——民族国家正在衰亡。"又说："迈克尔·哈特和安东尼奥·内格里在他们名为《帝国》的书中宣称，民族国家已让位于一种新的无国界的'主权'形式，这种主权无处不在，却又看不见摸不着。"对此，伍德认为，他们"不仅忽略了一些在当今全球秩序中真正关键的东西,同时也使我们在与资本帝国的抗衡中处于无力状态"②。

---

① 参见〔斯洛文尼亚〕齐泽克：《哈特和奈格里为 21 世纪重写了〈共产党宣言〉吗？》，何吉贤译，载罗岗编：《帝国、都市与现代性》（"知识分子论丛"第 4 辑），南京：江苏人民出版社，2006 年。这篇文章亦以《〈帝国〉：21 世纪的〈共产党宣言〉？》（张兆一摘译）为题发表于《国外理论动态》（2004 年第 8 期）。

② 〔加拿大〕埃伦·伍德：《资本的帝国》，王恒杰、宋兴无译，上海：上海译文出版社，2006 年，第 2 页（平装本序页）、第 5 页（导言页）。

新帝国干了些什么？它是在弱化一切主权权力，还是在弱化大部分国家主权的同时，强化极少数国家的主权权力？哈特和奈格里的答案是前者，而埃伦·伍德的答案是后者。

在哈特、奈格里出版《帝国》的前一年，1999 年 1 月 1 日，欧盟开启了统一货币政策。2002 年 1 月 1 日，欧元正式发行流通。比欧洲统一货币更早几年，1995 年 3 月 26 日，《申根协议》正式生效，此后申根国家的范围不断扩大，它们之间相互开放边界，不再限制跨国人口流动。人口流动和货币流通共同推动了欧洲统一市场的建立，欧盟开始作为单一经济体崭露头角。至 2007 年，欧盟 GDP 超过正如日中天的美国，高达 14.73 万亿美元，占比全世界生产总值的 25.2%，跃居世界第一大经济体。

彼时的欧洲思想界，民族国家"过时论"洋洋盈耳，各种后国家理论层出不穷。1999 年 4 月 29 日，正当北约联军对南斯拉夫联盟共和国的桥梁、道路、工厂、发电站、电视台等民用公共设施狂轰滥炸时，著名德国公共知识分子哈贝马斯却在《时代》周刊上发表文章《兽性与人性：一场法律与道德边界上的战争》，为北约的侵略行动大声辩护。此时这位享誉世界的哲学家倒像是"一位蹩脚的西方宣传机构从业员"，喋喋不休地重复着北约联军"人权高于主权"的论调。[1] 他声称：

---

[1] "一位蹩脚的西方宣传机构从业员"，语见张汝伦：《哈贝马斯和帝国主义》，《读书》1999 年第 9 期，第 35 页。

"只有当人权在一个世界民主法律秩序中有了'一席之地',如同人的基本权利明文写进我们国家的宪法那样,我们方可在全球范围内说,人权接受者同时也可以自我理解为人权的制定者。……不错,在科索沃进行军事干预的国家,是在为那些人权遭自己政府践踏的人伸张正义。"①

须知哈贝马斯并非凭空发表此论调,他本身就是欧洲"后国家理论"的重要鼓吹者,这在他介入欧盟宪法的讨论中显得格外明显。哈贝马斯在《欧洲是否需要一部宪法》中声称,民主国家的公民用民族属性的意识取代了地方主义和封建主义的效忠观念。果真如此,我们就没有理由认为,这种公民团结的形成不能越出民族国家雷池一步。正是在所谓"超民族的公民社会"标签下,哈贝马斯划分了科索沃战争之道德与非道德的边界。他进而又声称,美英两国是出于民族国家的地缘政治考量,发动科索沃战争,人权政治只不过是实现其地缘政治的借口;欧盟(除英国外)则是单纯地为了世界公民权利原则,发动科索沃战争,它毫无地缘政治的私心。

科索沃地处中欧德意志地区的东南大门,却离英美两国千里万里,到他哈贝马斯嘴里,反而是美英为了地缘政治的目的,以德国为代表的欧洲大陆国家"主要是着眼于未来的世界

① 〔德〕哈贝马斯:《兽性与人性:一场法律与道德边界上的战争》,《读书》1999 年第 9 期,第 49 页。

公民权利原则"！此公的脸皮实在令人佩服，撒出个连小学生都骗不了的谎言，居然脸不红心不跳。

从这个意义上说，哈特、奈格里当然是有道理的，至少欧盟对于资本帝国全球治理的作用，一点也不亚于美国。我们确实不能仅仅把美国作为帝国的中心，而忽略了欧盟的作用。更重要的是，奈格里整天听见看见类似哈贝马斯之流的政客学阀摇唇鼓舌，自然免不了也认为民族国家正在走向消亡。可以说，《帝国》的背景不仅仅是新自由主义浪潮，还有欧洲的后民族国家化。

然而距离哈贝马斯公然撒谎过不了多久，小布什当选美国总统，新保守主义全面控制美国内政外交。其骨干成员罗伯特·卡根曾肆无忌惮地谴责欧盟不识好歹。他不满地说道："今天许多欧洲人认为克林顿时期是大西洋两岸关系融洽的时期，但正是那个时候，欧洲人开始抱怨冷战后美国的强大和傲慢。"[1] 看看前引哈贝马斯有关美英与欧洲大陆国家不同"科索沃战争观"的论述，卡根的抱怨倒是显得合情合理。此人不像哈贝马斯那样虚伪，却远比哈贝马斯粗鲁傲慢，他叫嚣美国拥有欧洲无法匹敌的军事实力，完全不用在乎欧洲长舌妇的絮絮叨叨，"现在到了停止假装的时候了，我们不能再假装认为欧

---

[1] 〔美〕罗伯特·卡根：《天堂与实力：世界新秩序下的美国与欧洲》，肖蓉、魏红霞译，北京：新华出版社，2004年，第65—66页。

洲和美国对这个世界拥有共同的看法，甚至也不能再假装认为他们拥有同一个世界"①。

类似的单边主义狂妄完全是小布什政府的基本外交底色。在小布什时代，美国政府可以完全不顾国际准则而自行其是，即便这些国际准则是美国主导制订的，美国也完全可以弃之不顾。在小布什时代，美国拒绝批准《京都议定书》，拒绝批准《保护儿童权利公约》，退出美苏《反弹道导弹条约》，退出美俄《第二阶段削减战略武器条约》，退出《禁止生化武器协定》，推迟执行《禁止核试验条约》；又不顾俄罗斯的反对，推动了史上最大规模的北约东扩，并在全世界范围内部署国家导弹防御系统。所有这些又昭示了当代帝国仍然是由某个帝国主义国家主导的，帝国并没有超出帝国主义国家的范畴。

埃伦·伍德《资本的帝国》出版于伊拉克战争的前夜，因此他在"序言"的开头就说道："本书付印之时，全世界将仍在静观美国是否真的会因受到威胁而对伊拉克发动战争。其论调之强硬仍一如既往，在该地区的军事部署仍在继续。"② 假使此书晚出版半年，伍德必然更有批判哈特和奈格里的底气。伍德强调，当代帝国仍然表现为帝国主义国家，只不过美国不再

① 卡根：《天堂与实力》，第 1 页。
② 伍德：《资本的帝国》，第 1 页（序言页）。

像 19 世纪的帝国主义那样直接攫取殖民地，它不是殖民的帝国主义，而是资本的帝国主义，"这样讲并不是因为它是第一个拥有帝国的资本主义力量，而主要是因为它在很大程度上是通过'操纵'资本主义的经济机制来控制整个世界"[①]。

在我看来，埃伦·伍德《资本的帝国》与哈特、奈格里《帝国》的分歧，正好体现了后冷战时代国际霸权形式的波动，它甚至可以体现为美国民主、共和两党的轮替。

三、逆全球化的挑战

从苏联解体到 2000 年小布什上台的这段时间，主要是民主党把持美国政局。美国与欧洲盟友更多地呈现紧密合作的姿态，世界霸权往往呈现为某种超民族国家的全球化规则。前英国首相布莱尔的外交顾问罗伯特·库珀（Robert Cooper）甚至提出"合作帝国主义论"："'合作性帝国'摆脱了以领土管辖范围占有为标志的'旧帝国'传统形象，在人权高于主权的'普世价值'观念的统辖下，向'失败国家'输出'秩序'和'制度'，使之从'失序世界'回归到'有序世界'。"[②]哈特和

[①] 伍德：《资本的帝国》，第 2 页（平装本序页）。
[②] 方旭：《"帝国主义"向"新帝国主义"话语转换之本质》，《重庆理工大学学报》（社会科学）2020 年第 11 期，第 165 页。

奈格里会提出超国家的帝国理论，并不令人感到奇怪。

2001 年小布什上台至 2009 年奥巴马上台，尽管"合作性帝国"仍然是英国追随美国的理论依据，也同样可以用来解释全球反恐战争，但这一时期的国际社会却充斥着超级大国的为所欲为。埃伦·伍德的"资本帝国主义"理论则更符合新保守主义全球化特点。

至 2009 年奥巴马上台时，几乎没有人会怀疑，美国无法游刃有余地同时处理阿富汗和伊拉克这两个战争泥潭；全球金融危机更加揭示美国权力并不像人们想象的那么强大；美国外交政策又回到了克林顿时代那种与欧洲盟友紧密合作的姿态。2009 年，哈特与奈格里合作出版《帝国》的最后一部《大同世界》，系统地回应了来自各方面的批判，仿佛超国家的帝国仍然是个无法回避的现实。然而形势的风云突变很快既挑战了哈特、奈格里的论述，也挑战了埃伦·伍德的论述。

2016 年，特朗普意外当选美国总统，美国又回到了单边主义的道路。然而这次的单边主义却截然不同于小布什时代的单边主义。极具象征意味的场景出现在 2018 年 9 月 26 日，美国总统特朗普在联合国大会上的发言竟然几十次谈及国家主权。遥想 1993 年 6 月的维也纳世界人权大会，时任美国国务卿沃伦·克里斯托弗毫不掩饰地鼓吹"人权的普遍性"，

"摒弃有人鼓吹的'文化相对论'"①。两者对比鲜明。美国总统不谈"普遍人权",反而强调"国家主权",这是多么破天荒的事情!

特朗普主义的诞生标志着逆全球化已经成为谁都无法否认的基本事实。埃伦·伍德和哈特、奈格里都曾认定资本主义全球化是其立论的前提,区别只在于这场全球化是以国家实体推动的,还是以超国家力量主宰的。然而在今天,资本主义全球化本身都成为疑问。全世界民族主义浪潮愈演愈烈,也许在不久的将来,民族国家化会再度成为主流。届时,世界上各个强国会不会在金融和互联网领域划分主权边界?世界政治会不会回归 19 世纪的某些原则?

所有这些问题都迫切地需要我们讨论!回望西方近代从殖民主义兴起到民族帝国主义高潮的这段历史,无疑会为我们思考当下提供诸多启发。

---

① 〔美〕乔姆斯基:《新自由主义和全球秩序》,徐海铭、季海宏译,南京:江苏人民出版社,2000 年,第 148 页。

参考文献

理论经典

《马克思恩格斯通信集》第 1 卷，李季译，北京：生活·读书·新知三联书店，1957 年；

《马克思恩格斯全集》（第二版）第 12 卷，北京：人民出版社，1998 年；

《马克思恩格斯文集》第 2、3 卷，北京：人民出版社，2009 年；

《列宁选集》（第三版修订版）第 2 卷，北京：人民出版社，2012 年。

工具书和史料集

《辞海》编辑委员会编：《辞海》（缩印本），上海辞书出版社，1979 年；

联合国教科文组织出版办公室：《十五至十九世纪非洲的奴隶贸易——联合国教科文组织召开的专家会议报告和文件》，黎念等译，北京：中国对外翻译出版公司，1984 年；

世界知识出版社编辑：《国际条约集（1872—1916）》，北京：世界知识出版社，1986 年。

专著和文集

顾卫民：《荷兰海洋帝国史：1581—1800》，上海：上海社会科学院出版社，2020 年；

——：《葡萄牙海洋帝国史（1415—1825）》，上海：上海社会科学院出版社，2018 年；

顾准：《希腊城邦制度——读希腊史笔记》，北京：中国社会科学出版社，1982 年；

季羡林：《文化交流的轨迹——中华蔗糖史》，北京：昆仑出版社，2010 年；

金应熙（主编）：《菲律宾史》，开封：河南大学出版社，1990 年；

李伯重：《火枪与账簿：早期经济全球化时代的中国与东亚世界》，北京：生活·读书·新知三联书店，2017 年；

李春辉：《拉丁美洲史稿》上卷，北京：商务印书馆，1983 年；

李硕：《俄国征服中亚战记》，北京：中信出版社，2020 年；

梁启超：《梁启超全集》第 2 集，汤志钧、汤仁泽编，北京：中国人民大学出版社，2018 年；

梁英明、梁志明等：《东南亚近现代史》上册，北京：昆仑出版社，2005 年；

吕昭义：《英属印度与中国西南边疆：1774—1911 年》，昆明：云南大学出版社，2016 年；

潘志平：《中亚浩罕国与清代新疆》，北京：中国社会科学出版社，1991 年；

钱穆：《中国历代政治得失》，北京：生活·读书·新知三联书店，2001 年；

孙中山：《孙中山全集》第 1 卷，广东省社会科学院历史研究室等合编，北京：中华书局，1981 年；

——：《孙中山全集》第 5 卷，广东省社会科学院历史研究室等合编，北京：中华书局，1985 年；

——：《孙中山全集》第 6 卷，广东省社会科学院历史研究室等合编，北京：中华书局，1985 年；

王加丰：《西班牙、葡萄牙：帝国的兴衰》，西安：三秦出版社，2005 年；

王通：《中说译注》，张沛译注，上海：上海古籍出版社，2011 年；

王治来：《中亚通史·近代卷》，乌鲁木齐：新疆人民出版社，2004 年；

吴征宇（编）：《〈克劳备忘录〉与英德对抗》，桂林：广西师范大学出版社，2014 年；

吴筑星：《沙俄征服中亚史考叙》，贵阳：贵州教育出版社，1996 年；

新疆社科院民族研究所编：《新疆简史》第 1 册，乌鲁木齐：新疆人民出版社，1980 年；

严复：《严复全集》第 2 卷，汪征鲁等主编，张华荣点校，福州：福建教育出版社，2014 年；

杨灏城：《埃及近代史》，北京：中国社会科学出版社，1985 年；

杨人楩：《非洲通史简编》，北京：人民出版社，1984 年；

张枬、王忍之：《辛亥革命前十年间时论选集》第 1 卷下册，北京：生活·读书·新知三联书店，1978 年；

张谦让：《英布战争》，北京：商务印书馆，1986 年；

张世平：《帝国战略：世界历史上的帝国与美国崛起之路》，北京：解放军出版社，2011 年；

章永乐：《万国竞争——康有为与维也纳体系的衰变》，北京：商务印书馆，
　　2017 年；

郑家馨（主编）：《殖民主义史·非洲卷》，北京：北京大学出版社，1999 年。

学位论文

陈青：《20 世纪以来美国政府印第安民族政策演变研究》，银川：宁夏大学
　　博士学位论文，2014 年 4 月；

李靖：《美国殖民菲律宾的过程、原因及影响——基于 1898 年马尼拉之战
　　的研究》，北京：北京大学博士学位论文，2021 年 5 月；

李霞：《英国与英布战争（1899—1902）》，北京：首都师范大学硕士学位论
　　文，2011 年 5 月；

宋银秋：《美国政府强制同化印第安人教育政策的制订与实施（1877—
　　1928）》，长春：东北师范大学博士学位论文，2012 年 5 月；

赵军秀：《英国对土耳其海峡政策的演变：1875—1915 年》，北京：首都师
　　范大学博士学位论文，2001 年 5 月。

专题论文

艾周昌：《一八九八年中刚（扎伊尔）条约与华工》，《社会科学战线》1983
　　年第 3 期；

曹文姣：《法统抉择与政治妥协：从 1916 年民国约法之争说起》，《政治与法
　　律评论》第 6 辑，北京：法律出版社，2016 年；

翟象乾：《法国侵占下的阿尔及利亚（1830—1957）》，《历史研究》1958 年
　　第 6 期；

方旭：《"帝国主义"向"新帝国主义"话语转换之本质》，《重庆理工大学
　　学报》（社会科学）2020 年第 11 期；

——：《以大空间秩序告别普世帝国》，《开放时代》2018 年第 4 期；

黄洋：《迈锡尼文明、"黑暗时代"与希腊城邦的兴起》，《世界历史》2010
　　年第 3 期；

李剑鸣：《美国印第安人保留地制度的形成与作用》，《历史研究》1993 年
　　第 2 期；

李永斌：《殖民运动与希腊城邦的兴起》，《首都师范大学学报》（社会科学
　　版）2020 年第 4 期；

刘文明：《"大清帝国"概念流变的考察》，《历史研究》2022 年第 3 期；

刘义勇：《美国外交中的"扩张"与"帝国主义"话语（1898—1914）》，《世界历史》2022 年第 2 期；

龙向阳、何玲霞：《〈中国与刚果专章〉的考证与评价》，《非洲研究》2015 年第 2 卷（总第 7 卷）；

陆庭恩：《瓜分非洲的柏林会议与非洲人民的苦难》，《西亚非洲》1985 年第 2 期；

唐晓峰：《地理大发现、文明论、国家疆域》，载刘禾主编：《世界秩序与文明等级：全球史研究的新路径》，北京：生活·读书·新知三联书店，2016 年；

王锐：《近代西方"文明等级论"的基本特征与话语实践》，《政治学研究》2021 年第 5 期；

魏孝稷：《"文明"话语与 19 世纪前期英国殖民话语的转向》，《全球史评论》第 21 辑；

吴洪英：《试论美国政府对印第安人政策的轨迹》，《历史研究》1995 年第 6 期；

吴双：《文明、进步与训政：孙中山训政思想与美帝的菲律宾经验》，《开放时代》2019 年第 6 期；

吴于廑：《希腊城邦的形成和特点》，《历史教学》1957 年第 6 号；

杨恕、曾向红：《美国印第安人保留地制度现状研究》，《美国研究》2007 年第 3 期；

殷之光：《平等的肤色线——20 世纪帝国主义的种族主义基础》，《开放时代》2022 年第 2 期；

俞可平：《论帝国的兴衰》，《山西大学学报》（哲学社会科学版）2022 年第 1 期；

张铠：《秘鲁历史上的米达制》，《世界历史》1982 年第 6 期；

张汝伦：《哈贝马斯和帝国主义》，《读书》1999 年第 9 期；

张艳璐：《沙俄天山研究第一人——谢苗诺夫》，《黑龙江史志》2014 年第 24 期；

周东辰、王黎：《再论十六世纪法国—奥斯曼同盟外交的特点》，《世界近现代史研究》（第十辑），北京：社会科学文献出版社，2013 年。

新闻社论

美联社 2000 年 12 月 2 日电：《美国在印第安人保留地贮存核废物》，伍浩松译，哈琳校，《国外核新闻》2000 年第 12 期；

无涯生：《论非律宾群岛自立》，《清议报》第 25 期，1899 年；

张梦旭：《"印第安人一直遭受美国政府歧视和不公正对待"》，《人民日报》2021 年 8 月 9 日第 16 版；

——：《在美国印第安人保留地体会"绝望"》，《环球时报》2021 年 10 月 14 日第 7 版。

译著

〔阿尔及利亚〕阿里，卡迪尔：《阿尔及利亚地理：自然、人文、经济》，北京：商务印书馆，1978 年；

〔德〕奥斯特哈默，于尔根：《世界的演变：19 世纪史》Ⅱ，强朝晖等译，北京：社会科学文献出版社，2016 年；

〔德〕弗兰克，贡德：《白银资本：重视经济全球化中的东方》，刘北成译，成都：四川人民出版社，2017 年；

〔德〕黑格尔：《历史哲学》，王造时译，上海书店出版社，2001 年；

〔德〕康托洛维茨：《国王的两个身体》，徐震宇译，上海：华东师范大学出版社，2018 年；

〔德〕考茨基：《帝国主义》，史集译，北京：生活·读书·新知三联书店，1964 年；

〔德〕克劳塞维茨，卡尔：《战争论》第 3 卷，军事科学院译，北京：商务印书馆，1978 年；

〔德〕李斯特：《政治经济学的国民体系》，陈万煦译、蔡受百校，北京：商务印书馆，1961 年；

〔德〕卢森堡：《资本积累论》，北京：生活·读书·新知三联书店，1995 年；

〔德〕施米特，卡尔：《大地的法》，刘毅、张陈果译，上海：上海人民出版社，2017 年；

——：《陆地与海洋——古今之"法"变》，林国基、周敏译，上海：华东师范大学出版社，2006 年；

——：《论断与概念：在与魏玛、日内瓦、凡尔赛的斗争中（1923—1939 ）》，朱雁冰译，上海：上海人民出版社，2006 年；

〔俄〕捷连季耶夫：《征服中亚史》第 1 卷，武汉大学外文系译，北京：商务印书馆，1980 年；

——：《征服中亚史》第 2 卷，新疆大学外语系译，北京：商务印书馆，1983 年；

——：《征服中亚史》第 3 卷，西北师范学院外语系译，北京：商务印书馆，1986 年；

〔俄〕库罗帕特金：《喀什噶尔：它的历史、地理概况、军事力量，以及工业和贸易》，中国社会科学院近代史研究所翻译室译，北京：商务印书馆，1982 年；

〔俄〕维特，谢·尤：《维特伯爵回忆录》，〔美〕亚尔莫林斯基编，傅正译，北京：商务印书馆，1976 年；

〔俄〕谢苗诺夫：《天山游记》，李步月译，乌鲁木齐：新疆人民出版社，1989 年；

〔法〕埃斯凯，加布里埃尔：《阿尔及利亚史（1830—1957）》，上海师范大学翻译组译，上海：上海人民出版社，1974 年；

〔法〕艾格列多：《阿尔及利亚民族真相》，维泽译，北京：世界知识出版社，1958 年；

〔法〕布罗代尔，费尔南：《菲利普二世时代的地中海和地中海世界》，唐家龙等译，吴模信校，北京：商务印书馆，1996 年；

〔法〕杜比，乔治（主编）：《法国史》中卷，吕一民等译，北京：商务印书馆，2010 年；

〔法〕福柯，米歇尔：《知识考古学》，谢强、马月译，北京：生活·读书·新知三联书店，2003 年；

〔法〕格尼费，帕特里斯；伦茨蒂，埃里：《帝国的终结》，邓颖平等译，深圳：海天出版社，2018 年；

〔法〕孔德：《论实证精神》，黄建华译，北京：商务印书馆，1996 年；

〔法〕列维－施特劳斯，克洛德：《忧郁的热带》，王志明译，北京：生活·读书·新知三联书店，2000 年；

〔法〕卢梭，让－雅克：《论人与人之间不平等的起因和基础》，李平沤译，北京：商务印书馆，2007 年；

〔法〕孟德斯鸠：《论法的精神》上册，许明龙译，北京：商务印书馆，2017 年；

〔法〕莫斯，马塞尔：《礼物——古式社会中交换的形式与理由》，汲喆译，陈瑞桦校，上海：上海人民出版社，2002 年；

〔荷〕格劳秀斯：《海洋自由论》，宁川译，载《海洋自由论·新大西岛》，上海：上海三联书店，2005 年；

〔荷〕克罗斯特，维姆：《荷兰海洋帝国的兴衰——17 世纪大西洋世界的战争、贸易与殖民》，杨淑青译、刘一冰校，成都：天地出版社，2023 年；

〔加拿大〕伍德，埃伦：《资本的帝国》，王恒杰、宋兴无译，上海：上海译文出版社，2006年；

〔美〕阿米蒂奇，大卫：《现代国际思想的根基》，陈茂华译，杭州：浙江大
　　学出版社，2017年；

〔美〕安德森，本尼迪克特：《想像的共同体——民族主义的起源与散布》
　　（增订版），吴叡人译，上海：上海人民出版社，2011年；

〔美〕邦尼，理查德：《经济系统与国家财政：现代欧洲财政国家的起源：
　　13—18世纪》，沈国华主译，上海：上海财经大学出版社，2018年；

〔美〕本内特，朱迪斯；霍利斯特，沃伦：《欧洲中世纪史》，杨宁、李韵
　　译，上海：上海社会科学院出版社，2007年；

〔美〕布拉德利，詹姆斯：《1905帝国巡游：美国塑造亚太格局的伏笔》，刘
　　建波译，北京：北京联合出版公司，2016年；

〔美〕蒂尔尼，布莱恩；佩因特，西德尼：《西欧中世纪史》，袁传伟译，北
　　京：北京大学出版社，2011年；

〔美〕蒂利，查尔斯：《强制、资本和欧洲国家（公元990—1992年）》，魏
　　洪钟译，上海：上海人民出版社，2007年；

〔美〕杜兰，威尔：《世界文明史》第7卷，幼狮文化公司译，北京：东方
　　出版社，1998年；

〔美〕福斯特，林恩：《中美洲史》，张森根、陈会丽译，上海：东方出版中
　　心，2016年；

〔美〕哈姆斯，罗伯特：《泪之地：殖民、贸易与非洲全球化的残酷历史》，
　　冯筱媛译，广州：广东人民出版社，2022年；

〔美〕哈特、〔意〕奈格里：《大同世界》，王行坤译，北京：中国人民大学
　　出版社，2015年；

——：《帝国：全球化的政治秩序》，杨建国、范一亭译，南京：江苏人民
　　出版社，2003年；

〔美〕胡克，马克：《荷兰史》，黄毅翔译，上海：东方出版中心，2009年；

〔美〕华勒斯坦：《历史资本主义》，路爱国、丁浩金译，社会科学文献出版
　　社，1999年；

〔美〕霍夫曼，菲利普：《欧洲何以征服世界》，赖希倩译，北京：中信出版
　　社，2017；

〔美〕霍赫希尔德，亚当：《利奥波德国王的鬼魂：贪婪、恐惧、英雄主义
　　与比利时的非洲殖民地》，扈喜林译，北京：社会科学文献出版社，
　　2018年；

〔美〕加迪斯：《长和平：冷战史考察》，潘亚玲译，上海：上海人民出版

社，2011 年；

〔美〕卡根，罗伯特：《天堂与实力：世界新秩序下的美国与欧洲》，肖蓉、魏红霞译，北京：新华出版社，2004 年；

——：《危险的国家：美国从起源到 20 世纪初的世界地位》，袁胜育等译，北京：社会科学文献出版社，2016 年；

〔美〕卡普兰，罗伯特：《武士政治》，丁力译，西安：陕西人民出版社，2014 年；

〔美〕科曾斯，彼得：《大地之泣：印地安战争始末》，朱元庆译，北京：北京大学出版社，2021 年；

〔美〕库马尔，克里尚：《千年帝国史》，石炜译，北京：中信出版社，2019 年；

〔美〕拉波特，迈克：《1848：革命之年》，郭东波、杜利敏译，上海：上海社会科学院出版社，2019 年；

〔美〕拉费伯尔：《美国、俄国和冷战》（修订第 10 版），牛可等译，北京：世界图书出版公司，2014 年；

〔美〕拉铁摩尔，欧文：《亚洲的决策》，曹未风等译，北京：商务印书馆，1962 年；

〔美〕赖斯，尤金；〔美〕格拉夫顿，安东尼：《现代欧洲史·卷一：早期现代欧洲的建立 1460—1559》，安妮、陈曦译，北京：中信出版集团，2016 年；

〔美〕理查兹：《新编剑桥印度史：莫卧儿帝国》，王立新译，昆明：云南人民出版社，2014 年；

〔美〕马汉，阿尔弗雷德：《海权对历史的影响：1660—1783 年》，李少彦、董绍峰、徐朵等译，北京：海洋出版社，2013 年；

〔美〕麦夸里，金：《印加帝国的末日》，冯璇译，北京：社会科学文献出版社，2017 年；

〔美〕梅特卡夫，托马斯：《新编剑桥印度史：英国统治者的意识形态》，李东云译，昆明：云南人民出版社，2015 年；

〔美〕米德，沃尔特：《上帝与黄金：英国、美国与现代世界的形成》，涂怡超、罗怡清译，北京：社会科学文献出版社，2014 年；

〔美〕帕金，卡罗尔，等：《美国史》中册，葛腾飞、张金兰译，上海：东方出版中心，2013 年；

〔美〕普雷斯科特，威廉：《秘鲁征服史》，周叶谦等译，北京：商务印书馆，2009 年；

〔美〕乔丹，威廉：《企鹅欧洲史·第 3 卷·中世纪盛期的欧洲》，傅翀、吴昕欣译，北京：中信出版社，2019年；

〔美〕乔姆斯基：《新自由主义和全球秩序》，徐海铭、季海宏译，南京：江苏人民出版社，2000年；

〔美〕萨义德，爱德华：《东方学》，王宇根译，北京：生活·读书·新知三联书店，2007年；

〔美〕斯蒂福夫，丽贝卡：《达·伽马和其他葡萄牙探险家》，吕志士、马建威译，北京：世界知识出版社，1998年；

〔美〕斯塔夫里阿诺斯，勒芬：《全球通史：1500年以后的世界》，吴象婴、梁赤民译，上海：上海社会科学院出版社，1999年；

〔美〕塔克，理查德：《战争与和平的权利：从格劳秀斯到康德的政治思想与国际秩序》，罗炯等译，南京：译林出版社，2009年；

〔美〕塔克，理查德：《哲学与治术：1572—1651》，韩潮译，南京：译林出版社，2013年；

〔日〕福井宪彦：《近代欧洲的霸权》，潘德昌译，“讲谈社·兴亡的世界史”第7册，北京：北京日报出版社，2019年；

〔日〕浅田实：《东印度公司：巨额商业资本之兴衰》，顾姗姗译，北京：社会科学文献出版社，2016年；

〔日〕羽田正：《东印度公司与亚洲之海》，毕世鸿、李秋艳译，北京：北京日报出版社，2020年；

〔西〕卡萨斯，拉斯：《西印度毁灭述略》，孙家堃译，北京：商务印书馆，1988年；

〔西〕卡斯蒂略，迪亚斯：《征服新西班牙信史》上册，江禾、林光译，北京：商务印书馆，1989年；

〔新〕塔林，尼古拉斯（主编）：《剑桥东南亚史·第1卷·从早期到公元1800年》，贺圣达等译，昆明：云南人民出版社，2003年；

〔意〕阿甘本：《无目的的手段：政治学笔记》，赵文译，开封：河南大学出版社，2015年；

〔印〕杜特，罗梅什：《英属印度经济史》上册，陈洪进译，北京：生活·读书·新知三联书店，1965年；

〔英〕安德森，佩里：《绝对主义国家的系谱》，刘北成、龚晓庄译，上海：上海人民出版社，2001年；

〔英〕贝尔福，帕特里克：《奥斯曼帝国六百年：土耳其帝国的兴衰》，栾力夫译，北京：中信出版社，2018年；

〔英〕赫胥黎：《美丽新世界》，王波译，重庆：重庆出版社，2005年；

〔英〕霍布森：《帝国主义》，纪明译，上海：上海人民出版社，1960 年；

〔英〕霍尔，丹尼尔：《东南亚史》，中山大学东南亚历史研究所译，北京：商务印书馆，1982 年；

〔英〕霍普柯克，彼得：《大博弈：英俄帝国中亚争霸战》，张望、岸青译，北京：中国青年出版社，2015 年；

〔英〕吉布森，卡丽：《帝国的十字路口：从哥伦布到今天的加勒比史》，扈喜林译，北京：社会科学文献出版社，2018 年；

〔英〕克劳利，罗杰：《征服者：葡萄牙帝国的崛起》，陆大鹏译，北京：社会科学文献出版社，2016 年；

〔英〕洛克，约翰：《政府论》上篇，瞿菊农、叶启芳译，北京：商务印书馆，1982 年；

——：《政府论》下篇，叶启芳、瞿菊农译，北京：商务印书馆，1964 年；

〔英〕梅雷迪斯，马丁：《钻石、黄金与战争：英国人、布尔人和南非的诞生》，李珂译，杭州：浙江人民出版社，2022 年；

〔英〕蒙蒂菲奥里，西蒙：《罗曼诺夫皇朝：1613—1918》上册，陆大鹏译，北京：社会科学文献出版社，2018 年；

〔英〕默里，奥斯温：《早期希腊》（第二版），晏绍祥译，上海：上海人民出版社，2008 年；

〔英〕丘吉尔，温斯顿：《英语民族史》第 3 卷 "革命时代"，张庆熠、张颖、王国平译，北京：新华出版社，2017 年；

〔英〕沙玛，西蒙：《英国史》第 2 卷 "不列颠的战争：1603—1776"，彭灵译，北京：中信出版社，2018 年；

——：《英国史》第 3 卷，刘巍、翁家若译，北京：中信出版社，2018 年；

〔英〕莎士比亚，威廉：《莎士比亚全集》第 4 卷，朱生豪译，北京：人民文学出版社，2010 年；

〔英〕斯密，亚当：《国民财富的性质和原因的研究》下卷，郭大力、王亚楠译，北京：商务印书馆，1974 年；

〔英〕西姆斯，布伦丹：《欧洲：1453 年以来的争霸之途》，孟维瞻译，北京：中信出版社，2016 年；

〔英〕希顿-沃森，休：《民族与国家——对民族起源与民族主义政治的探讨》，吴洪英、黄群译，北京：中央民族大学出版社，2009 年；

〔英〕希林顿，凯文：《非洲通史》，赵俊译，北京：九州出版社，2021 年；

〔英〕詹姆斯，劳伦斯：《大英帝国的崛起与衰落》，张子悦、解永春译，北京：中国友谊出版公司，2018 年。

译文

〔美〕特纳，弗雷德里克：《边疆在美国历史上的重要性》，李明译，张世明、王济东、牛眴眴主编：《空间、法律与学术话语：西方边疆理论经典文献》，哈尔滨：黑龙江教育出版社，2014年；

〔斯洛文尼亚〕齐泽克：《哈特和奈格里为21世纪重写了〈共产党宣言〉吗？》，何吉贤译，载罗岗编：《帝国、都市与现代性》（"知识分子论丛"第4辑），南京：江苏人民出版社，2006年。

中文网络文献

《帝国回旋镖效应①：殖民地的镇压方式如何回归帝国大都市》，杜云飞译，微信公众号"澎湃思想市场"：https://mp.weixin.qq.com/s/ZeNTvWLU2KR6gcH6holkiQ，发布日期：2021年3月24日；

《蓬佩奥称"作为CIA前局长，我们撒谎、欺骗、偷窃……"引发热烈掌声》，观察者网：https://www.guancha.cn/internation/2019_04_22_498675.shtml，发布日期：2019年4月22日。

外文专著

Brown, Dee, *Bury My Heart at Wounded Knee: An Indian History of the American West*, New York: Holt, Rinehart and Winston, 1970.

Canny, Nicholas(edited), *The Oxford History of the British Empire*, Volume Ⅰ: "The Origins of Empire", Oxford: Oxford University Press, 1988.

Curzon, George, *Persia and the Persian Question*, London: Frank Cass & Co. Ltd., 1892.

——, *Russia in Central Asia*, London: Longmans, Green, and Co., 1889.

Edwardes, Michael, *Playing the Great Game, a Victorian Cold War*, London: Hamish Hamilton Ltd, 1975.

Gabai, Rafael Varón, *Francisco Pizarro and His Brothers: The Illusion of Power in Sixteenth-Century Peru*, Translated by Espinoza, Javier Flores, Norman: University of Oklahoma Press, 1997.

Hobson, John, *The War in South Africa: Its Causes and Effects*, London: J. Nisbet and Co., 1900.

Israel, Jonathan I., *Dutch Primacy in World Trade*, 1585−1740, Oxford: Clarendon Press, 1989.

Labanov-Rostovsky, *Russia and Asia*, New York: the Macmillan Company, 1933.

Lieven, Dominic (edited), *The Cambridge History of Russia*, Volume Ⅱ: "Imperial Russia, 1689−1917", Cambridge: Cambridge University Press, 2006.

Marshall,Alex, *The Russian General Staff and Asia, 1800–1917*, London and New York: Routledge, 2006.

Marvin, Charles, *The Russians at Merv and Herat, and Their Power of Invading India*, London: W. H. Allen & Co., 1883.

Mead, W., *Special Providence: American Foreign Policy and How It Changed World*, New York: Alfred A. Knopf, 2001.

Michael Hardt and Antonio Negri, *Empire*, Boston: Harvard University Press, 2000;

——, *Multitude*, New York: The Penguin Press, 2004;

——, *Commonwealth*, Boston: Belknap Press of Harvard University Press, 2009;

Pakenham, Thomas, *The Boer War*, London: Weidenfeld and Nicholson, 1979, p. 575; Bill Nasson, *The South African War: 1899−1902*, London: Edward Arnold, 1999.

Schonfield, Hugh J., *The Suez Canal in world affairs*, New York: Philosophical Library, 1953.

Working, Lauren, *The Making of an Imperial Polity: Civility and America in the Jacobean Metropolis*, Cambridge: Cambridge University Press, 2020.

外文论文

Fieldhouse, D. K., "'Imperialism': An Historiograhical Revision", *Economic History Review*, Vol.14(2), Dec.1, 1961.

Foxhall, Lin, "Bronze to Iron: Agricultural Systems and Political Structure in Late Bronze Age and Early Iron Age Greece," *The Annual of the British School at Athens*, vol.90, Centenary Volume(1995).

Heil, John-Paul, "Assassinations, Mercenaries, and Alfonso V of Aragon as Crusader King in the Thought of Aeneas Silvius Piccolomini", *The Catholic Historical Review*, Washington Vol. 107, Iss. 3, Summer 2021.

Hume, David, "Of National Characters", in *Political Essays*, edited by Knud Haakonssen, Cambridge: Cambridge University Press, 1994.

Northrup,David, "Vasco da Gama and Africa: An era of mutual discovery, 1497−1800", *Journal of World History* (Honolulu), Vol. 9, Iss. 2, Fall 1998.

Patnaik, Prabhat, "Lenin, Imperialism, and the First World War," in *Social Scientist*, Vol.42, No.7/8, 2014.

Robinson, William I., "Global Capitalism: The New Trans-nationalism and the Folly of Conventional Thinking," in *Science & Society*, Vol.69, No.3, 2005.

Tsetskhladze, G. R., "Greek Penetration of the Black Sea," in G. R. Tsetskhladze and Franco De Angelis eds., *The Archaeology of Greek Colonization*, Oxford: Oxford University School of Archaeology, 2004.

Wolff, Larry, "Verdi's Emperor Charles V: Risorgimento Politics, Habsburg History, and Austrian-Italian Operatic Culture", *Austrian History Yearbook* (Houston), Vol. 54, May 2023.

Working, Lauren, "Tobacco and the Social Life of Conquest in London, 1580–1625", *The Historical Journal* (Cambridge), Vol. 65, Iss. 1, Feb 2022.

外文网络文献

Woodman, Connor, "The Imperial Boomerang: How colonial methods of repression migrate back to the metropolis", *Versoblog*:
https://www.versobooks.com/blogs/4383-the-imperial-boomerang-how-colonial-methods-of-repression-migrate-back-to-the-metropolis, comments, 9th June 2020.

后　记

　　我本人的主要研究方向是中国近代思想史和中西哲学思想比较研究，再说得确切一点，研究"西学东渐"，主要追问：斯宾塞、卢梭等思想家在欧洲是一番模样，为什么到了中国会变成另外一番模样？想解释好这类的问题，中国经学史、子学史、史学史与西方哲学史、政治思想史都要涉猎。我读研期间花大量时间研习外国哲学课程因缘于此，这是我接触西学的开始。

　　后来我会专门花时间补习西方政治史，主要是因为哲学思想史研究遇到了瓶颈。我逐渐意识到，没有伯罗奔尼撒战争，柏拉图未必会探讨理念；没有大航海贸易，笛卡尔不会萌发怀疑论；没有美洲殖民，洛克不会提出劳动占有权理论；没有耶拿惨败，黑格尔未必会与浪漫派决裂；没有道威斯计划，海德格尔恐怕也不会重新讨论存在。大思想家总是在回应其所处时代的根本政治问题，尽管回应的方式往往是形而上学式的。

所有这些促使我在几年前放下手头的工作，猛补西方政治史和殖民史，其带来的震动和惊奇超乎预期。我们中国很早就完成了大一统，并实现对周边地区的文明辐射，老祖宗为今人带来的丰厚遗产无须多言，但同时造成我们陌生于文明的冲突。试问早已习惯了文明冲突的西方人，怎么可能相信中国人会"以和为贵"呢？

吾友孔元是欧洲问题专家，某次他跟我聊起，西方自19世纪民族国家化以来，经历了百年斗争才形成当今的内部互信机制，这种互信机制很难轻易向陌生的中国开放。我与孔元交谊多年，十分信任他的价值立场和业务能力，他的判断应该是准确的。回想今天网络上流传这样的说法："西方人会栽赃中国，只是因为他们曾经做过。"此诚不我欺！按照西方的殖民经验，怎么可能会有某个头号商品出口大国不把其贸易地位升级为政治权力或军事征服呢？

既然我们不可能不与西方国家打交道，那么我们就不能不在乎他们的思维方式。理解他们的思维方式，前提就是理解他们的历史经验和宗教哲学。我写作本书的初衷正在于此。观察西方历史上的阴暗面不是自我封闭，不是妖魔化西方，恰恰是接触西方而不得不为之。说来还要感谢当前西方学术界思想界的"反传统"风气，没有他们的自我揭露，我们还没这么容易洞悉其历史上的丑陋往事。

除了那些勇于自我揭露的西方学者以外，我首先要感谢的是硕士导师王玉华教授。王老师是章太炎专家，古文功底深厚，精通诗词歌赋。通过他的教育，我知晓太炎先生早在一百多年前中国社会最混乱、最缺乏文化自信的时代，就号召国人不要盲目崇拜西方的政治体制。太炎先生曾激烈批判西方殖民者打着"进化公例""自由理性"的旗号东征西讨，杀戮无穷。他奔走呼号，希望亚洲人民有朝一日能够团结起来赶走帝国主义。前贤之言犹在，我辈学人不能反不如昔。

及本书结集成册之际，王老师不幸去世。此书出版算是对他在天之灵的告慰吧！

感谢社科院哲学所的张志强研究员，没有他的支持，我很难安下心来从事相关写作。感谢清华大学的汪晖教授和人民大学的刘小枫教授，他们敏锐的洞见为我学习世界史提供了许多有益的启发。感谢北京大学法学院的强世功教授和章永乐教授，他们让我参与研究生课堂的教学讨论，促使我抓紧学习相关知识。

感谢中国出版集团东方出版中心的万骏同志，没有他的鼓励，我不会下决心参与普及西方殖民史。感谢观察者网的何宜芳同志，她为本书查找了全部插图，并对我的写作提供了很大的帮助。感谢清华文科高研所的同仁和北大法学院的师弟师妹，与他们切磋交流，推动我进步。

还需要特别感谢我的妻子张洋云，她无微不至的照顾使我能够全身心地投入工作。

本书的大部分内容曾以视频的方式在哔哩哔哩弹幕网（B站）播出，修改成书稿时，我犹豫再三，决定保留部分口语化的表述和网络段子，以使本书正文部分更加活泼、更贴地气。值得强调，B站网友给予了我巨大的精神支持，并为我纠正了许多知识上的错误，他们的鼓励是我最大的动力。

我的知识结构仍然偏重哲学思想史，而非政治史或军事史，本书错漏讹误和立论偏颇之处在所难免。我不敢奢望读者的好评，只要本书能激发读者些许的讨论兴趣，我的努力就没有白费。

一切文责由本人独自承担，与他人无关。

傅　正

2023 年 11 月 28 日